dtv

Eduard VIII. war ein äußerst beliebter König und schon als Thronfolger hatte er sich durch sein Engagement für die benachteiligten Bevölkerungsschichten, seine ausgedehnten Reisen durch die Commonwealth-Staaten und sein natürliches Auftreten viel Sympathie erworben – und das Mißtrauen konservativer Kreise. Seine Liebe zu der geschiedenen Amerikanerin Wallis Simpson wurde zu einem weltweit verfolgten Skandal. Die Auswertung bisher unzugänglicher Dokumente läßt das Ereignis in neuem Licht erscheinen und fragt auch nach den politischen Interessen, die im Vorfeld des Zweiten Weltkriegs zu dem spektakulären Thronverzicht geführt haben.
«Decaux konstruiert kein sensationslüsternes Rührstück. Sein Zugang zu den Archiven, Autobiographien und Biographien der Hauptpersonen und zu den Erinnerungen Churchills und weiterer Politiker ermöglicht ihm eine fast lückenlose Rekonstruktion der Ereignisse, der es weder an politischer Brisanz noch an emotionaler Ehrlichkeit fehlt.» (das neue buch/buchprofile)

Alain Decaux, 1925 geboren, Historiker und Mitglied der Académie française, hat sich durch über fünfzig Buchveröffentlichungen und zahlreiche Beiträge in Radio, Fernsehen und anderen Printmedien einen Namen gemacht. Seine Arbeit wurde mit vielen renommierten Preisen und Ehrenmitgliedschaften ausgezeichnet. Zum Rücktritt Eduards VIII. betrieb er jahrelang Studien, nachdem ihm 1977 als erstem Historiker Zugang zu den einschlägigen Archiven gewährt wurde.

Alain Decaux

Eduard VIII. und Wallis Simpson

Triumph der Liebe über die Politik?

Eine Windsor-Biographie

Aus dem Französischen von Peter Stein

Deutscher Taschenbuch Verlag

Juni 1999
Deutscher Taschenbuch Verlag GmbH & Co. KG,
München

(Titel der französischen Originalausgabe:
‹L'abdiction›)

(ISBN 3-545-34142-9)
Umschlagkonzept: Balk & Brumshagen
Umschlagfoto: © SSI/Bavaria Bildagentur
Gesamtherstellung: C. H. Beck'sche Buchdruckerei,
Nördlingen
Gedruckt auf säurefreiem, chlorfrei gebleichtem Papier
Printed in Germany · ISBN 3-423-30725-0

Für Jean Piat

Prolog

Mit ernstem, abwesendem Gesichtsausdruck betrachtet er, der seit einigen Stunden nicht mehr König von England ist, das Mikrofon, das am Ende eines langen Stativs befestigt ist. Seine Hände sind auf der hölzernen Tischplatte übereinandergelegt. Die Stirn ist «durchschnittlich», wie auch der Mund und das Kinn. Als ererbtes Kennzeichen der Familie weist die Spitze seiner Nase nach oben, eine «Himmelfahrtsnase», wie man in seiner Kindheit sagte. Ein tadelloser Scheitel teilt sein wohlgeordnetes Haar. Die Perfektion seines Krawattenknotens kann es mit der Eleganz seines Ziertuchs aufnehmen.

Gleich wird er an diesem Abend des 11. Dezember 1936 dem englischen Volk erklären, warum er auf den Thron verzichtet hat. Er wirkt weder besonders verwirrt noch selbstsicher. Er wartet einfach. Dann eine Stimme: «Hier ist Schloß Windsor. Das Wort hat Seine Königliche Hoheit Prinz Eduard.» Und er ergreift das Wort: «Ich möchte Sie wissen lassen, daß der Entschluß, den ich gefaßt habe, einzig und allein meine Entscheidung war. Nur ich konnte diese Entscheidung treffen.»

Noch nie in der bisherigen Geschichte hatten so viele Männer und Frauen gleichzeitig einer Radioansprache zugehört. Eduard, der achte seines Namens, wendet sich an die ganze Welt. Alle Radiosender, ob englischsprachig oder nicht, verbreiten seine Worte. Während der Ausstrahlung wird in New York kein einziges Telefongespräch geführt. Mitten im Bürgerkrieg überträgt

Radio Madrid die Rede. In den Straßen von Jerusalem, in denen der Verkehr ins Stocken gerät, hören Araber, Juden und britische Soldaten gemeinsam die Ansprache. In London haben die Kinos ihre Vorstellung unterbrochen und die Theater die Pausen zwischen den Akten verlegt.

Überrascht es da, daß so viele Kommentare – ob Wahrheit, ob Lüge – ein solches Ereignis begleitet haben? Diejenigen, die sich vom Sensationsaspekt der Geschichte anziehen ließen, haben sich kaum eingestanden, daß die Abdankung schon im Raum stand, seit der Prinz von Wales – unverhofft und zufällig – einer Amerikanerin, Wallis Simpson, geborene Warfield, begegnet war. Die Leidenschaft, die auf beiden Seiten daraus entstand, ist über den Privatbereich der beiden hinausgegangen und wurde zur Angelegenheit des Volkes von Großbritannien und der Dominions. Seitdem waren dieser Mann und diese Frau einem so gnadenlosen Druck ausgesetzt, daß die Lösungsmöglichkeiten, die sie hätten erwägen können, hinweggefegt wurden. Der König wollte sich seinen Thron erhalten, aber er wollte auch die Frau behalten, die er liebte. Man hat es ihm verboten.

Wenn es auch mehr als genug Augenzeugenberichte und Kommentare zu den Ereignissen gibt, so bleiben doch berechtigte Zweifel über die wahren Beweggründe und die tatsächlichen Gefühle der beiden Protagonisten. Gewiß haben sowohl Eduard als auch Wallis ihre Memoiren geschrieben – ich werde in diesem Buch auf sie zurückgreifen – aber man kann berechtigterweise den Wahrheitsgehalt dieser literarischen Gattung in Zweifel ziehen, dient sie doch häufiger der Selbstrechtfertigung, als daß sie eine objektive Darstellung bietet. Um die Wahrheit zu kennen, hätte man den Briefwechsel des Königs mit seiner zukünftigen Frau lesen müssen. An diesem Problem ist man in der Vergangenheit gescheitert.

Der Leser, die Leserin wird sich vorstellen können, wie erstaunt ich war, als mir 1977 angeboten wurde, in diesen Briefwechsel Einsicht zu nehmen. Einige Zeit vor seinem Tod hatte der Herzog von Windsor den Wunsch geäußert, daß die Briefe, die in diesen entscheidenden Jahren zwischen ihm und Wallis ausgetauscht worden waren, einem Historiker zugänglich gemacht würden. Später stimmte auch die Herzogin von Windsor diesem Wunsch zu. Sie waren mehr als andere das Opfer von Verleumdung und übler Nachrede gewesen, die einen großen Teil ihres Lebens verdüsterten. In ihren Augen sollten diese Archive der Wahrheit wieder zu ihrem Recht verhelfen. Aus diesem Grund bekam ich die Erlaubnis, die Briefe des Königs und seiner späteren Frau zu lesen, dazu noch viele andere, die ein Licht auf ihre Geschichte warfen. Darunter waren besonders die Briefe, die Wallis an ihre Tante schrieb und in denen sie ohne jede vorsichtige Zurückhaltung das wirkliche Tagebuch der «Affäre» schrieb.

Ich muß dem Leser ein Geständnis machen: Als mir der Vorschlag gemacht wurde, mit Hilfe dieser Archive ein Buch zu schreiben, war ich versucht abzulehnen. Wenn ich mich auf eine Biographie einlasse, muß ich eine innere Verbindung zwischen mir und der ausgewählten Person fühlen. Doch nichts zog mich wirklich zum Herzog und zur Herzogin von Windsor hin. Das war aber nur ein offensichtlicher Beweis für die verheerende Wirkung, die Unterstellungen und Gerüchte bei einem Zeitgenossen haben können, selbst wenn er die Ereignisse nur aus der Distanz kennt.

Bevor ich mich entschied, wollte ich zuvor die ersten Briefe lesen, die man für mich aus dem königlichen Archiv geholt hatte. Sicher waren es keine Meisterwerke der Briefliteratur. Es sprang jedoch ins Auge, daß sich in ihrer Authentizität, ja manchmal Schlichtheit, jene Wahrheit widerspiegelte, nach deren Anerkennung der ehemalige König sich so sehr gesehnt hatte. Ich entdeckte einen wahrhaftigen Mann und eine wahrhaftige Frau. Nach und nach haben diese Briefe eine starke Anziehungskraft auf mich ausgeübt. Sie haben mich überzeugt, daß ich es mir schuldig war, gestützt auf die Dokumente die Geschichte neu zu schreiben. Was bisher und oft auf so subtile Art als Wahrheit gehandelt wurde, mußte ins Reich der Legende verwiesen werden. Dabei schien es mir eine Notwendigkeit, ja eine historische Pflicht, nicht der Versuchung zu erliegen, eine neue Heiligenlegende zu schreiben, sondern mit Hilfe der neu aufgetauchten Dokumente die Abdankung eines Königs zu erhellen.

Dieses Buch wäre ohne die Unterstützung von Suzanne Blum, der Testamentsvollstreckerin des Herzogs und der Herzogin von Windsor, nicht zustande gekommen. Sie hat mir deren Archive zugänglich gemacht, wofür ich ihr zu großem Dank verpflichtet bin. Gleichermaßen Dank schulde ich Sabine Robert Aron, die die ersten Klassifikationen und Übersetzungen vornahm, André Séailles, der sich nicht nur mit weiteren Übersetzungen befaßte, sondern mir auch äußerst wichtige Informationen verschaffte, Michael Bloch, einem jungen britischen Rechtsanwalt, der mir in jenem Augenblick zu Hilfe kam, als ich in diesem Ozean unterzugehen glaubte und dem es statt meiner gelang, die Briefe chronologisch einzuordnen und eine große Zahl der dort erwähnten Personen zu identifizieren und schließlich Jean-Luc Barré, der die abschließende Korrektur der Übersetzungen (ins Französische) vornahm.

Als dieses Buch 1982 beendet war, zwangen mich unerwartete Schwierigkeiten in bezug auf die Benutzung der Archive des Prinzen, die Veröffentlichung hinauszuschieben. Heute sind all diese Hindernisse beiseite geräumt. Mein Dank gilt allen, die mir geholfen haben.

A. D.

I

Ein Prinz betritt die Bühne

Vor meinen Augen habe ich ein berühmtes Foto. In dessen Mitte sieht man eine beleibte alte Dame, ganz in Schwarz und mit einer Tüllhaube auf dem Kopf: Königin Viktoria. Dahinter steht zu ihrer Rechten, dick und mit Bart, ihr Sohn, der zukünftige Eduard VII. Zu ihrer Linken, dünn und ebenfalls mit Bart, sieht man ihren Enkel, den nachmaligen Georg V. Und auf den Knien der Königin liegt in sein langes weißes Spitzenkleidchen eingewickelt ihr Urenkel David[1], der spätere Eduard VIII.

Vier Generationen und vier Herrscher wurden hier aufs Bild gebannt. Das erspart dem Biographen manche Erklärung. Am 23. Juni 1894 hatte der Vater des Mannes, dessen Geschichte wir hier erzählen wollen, in sein Tagebuch notiert: «Um 10 Uhr Geburt eines entzückenden kleinen Jungen. Er wiegt acht Pfund.» Wie die Leserinnen und Leser sich denken können, fehlte es nicht an Prophezeihungen um diese Wiege. Die merkwürdigste war die von Ralph Shirley, der sich 1903 sicher gab, daß dieser Prinz von Wales nie den englischen Thron besteigen würde. Und wenn er doch auf den Thron gelangen sollte, dann nicht für lange, denn sein Bruder Bertie würde schon bald seinen Platz einnehmen. War das nun schlichter Zufall oder hellseherische Fähigkeit?

Der Biograph eines Königs hat den Vorteil, daß ihm im Überfluß Informationen über die Kindheit seines Helden zur Verfü-

1 Eduard VIII. wurde unter anderen auf den Namen David getauft und allgemein so gerufen.

gung stehen. In unserem Fall wimmelt es nur so von ihnen. Man sieht ihn, wie er wohlerzogen und bereits untadelig gekleidet mit seinen Eltern, seinen Brüdern und Schwestern vom Buckingham-Palast nach Schloß Windsor zieht und wie die Familie sich im Rhythmus eines beinahe unumstößlichen Kalenders von einer prunkvollen und schönen Residenz zur anderen begibt. Bis zum Alter von sieben Jahren lebt David in einem Umfeld, das von der erdrückenden Persönlichkeit der Königin Viktoria geprägt, er selbst sagt *heimgesucht*, ist. Als er mir 1951 anläßlich des Erscheinens seiner Memoiren ein Interview gab, sprach er hauptsächlich über diese «Halbgöttin».

Mit zwölfeinhalb Jahren, als er zur Aufnahmeprüfung für die Kadettenschule der Kriegsmarine antritt, ist er kleiner und zerbrechlicher als der Durchschnitt der Bewerber. Die Auswahlkommission, in der die Strenge von Admirälen und Professoren herrscht, stellt ihm eine grundlegende Frage: «Fürchten Sie sich im Dunkeln?» Er zittert, antwortet aber mit Nein. Daraufhin wird er zur schriftlichen Prüfung zugelassen. Am 18. Februar 1907 notiert sein Vater stolz: «Ich bin glücklich zu sagen, daß er bemerkenswerten Erfolg gehabt hat. Man hat erklärt, daß er der beste aller Bewerber war, was uns sehr geschmeichelt hat.» David selbst war nicht allzu sicher, eine solch positive Beurteilung zu verdienen.

Wenn man sein Fotoalbum durchblättert, verblüfft einen immer wieder die Garderobe, die man das Kind anzuziehen zwingt. In jedem Alter herrscht der Matrosenanzug vor, eine Verbeugung vor der britischen Marine. Aber man vergißt auch nicht den Kilt, das Jagdkostüm und alle anderen uniformähnlichen Kleidungsstücke. Er wächst nur langsam, ein eigenes Gesicht bildet sich aus. Warum lächelt er nie? Warum ist sein Blick fast immer dermaßen traurig?

Als er gerade sechzehn ist, wird sein Vater König: «Krönungstag von Papa und Mama. Papa hat mich zum Fähnrich ernannt.

Ich habe zeitig gefrühstückt und um neun Uhr Papa und Mama besucht. Danach habe ich die Tracht des Hosenbandordens angelegt und bin mit Mary und meinen Brüdern in der Staatskarosse losgefahren. Wir sind um 10 Uhr 30 in der Abtei angekommen, ich bin durch das Kirchenschiff und den Chor zu meinem Platz vor den Peers[1] geschritten. Alle unsere Verwandten und die anderen Anwesenden verbeugten sich im Vorbeigehen vor mir. Als Papa und Mama angekommen waren, hat die Zeremonie angefangen. Nach der Ausrufung zum König und der Salbung folgte die Krönung von Papa. In diesem Augenblick habe ich gleichzeitig mit den Peers meine Krone aufgesetzt. Dann habe ich Papa auf dem Thron gehuldigt. Ich war innerlich sehr bewegt.»

Seit diesem Augenblick ist sein Leben eins mit dem Leben Englands. Aber welchen Englands? Es erscheint unpassend, wirklichkeitsfremd und unzeitgemäß, sich das England jener Zeit anders denn als Monarchie vorzustellen. Der neue König Georg V. ist fünfundvierzig Jahre alt und mit seinem blonden Bart, den blauen, ein wenig hervorstehenden Augen, den langsamen Bewegungen und seiner schüchternen Zurückhaltung die vollkommene Verkörperung des Gentleman und bietet so genau das Bild, das die Engländer sich von einem britischen Herrscher machen. In ihm schätzen sie den perfekten Seemann, den vollkommenen Christen, den vollkommenen Jäger und den vorbildlichen Ehegatten.

David, seit damals Prinz von Wales, bemüht sich, seine Verhaltensweisen denen seines Vaters anzupassen, wie dieser es in bezug auf seinen eigenen Vater gemacht hatte. Er ist genauso schüchtern wie Georg V., aber so wohlgenährt der König ist, so dürr ist er. Er lebt im Schatten seines Vaters, während er gleich-

1 Angehörige des englischen Hochadels mit Sitz im Oberhaus.

zeitig im Rampenlicht der Öffentlichkeit steht, ohne daß er etwas Eigenständiges dazu beitragen könnte. Nicht die kleinste Handlung, nicht die geringste Geste entgeht der Öffentlichkeit, ob er es will oder nicht.

Er hat immer gewußt, daß der Mechanismus der britischen Gesellschaft seinen Angelpunkt beim König hat. Man erinnert ihn immer wieder daran, daß die Kinder, die Brüder, die Schwestern, die Cousins und Cousinen des Herrschers eine politisch unbedeutende, aber symbolisch herausragende Rolle spielen. Sie sind das Band zwischen dem König und der regierenden Klasse. Das erlegt besonders dem Prinzen von Wales schwere Verpflichtungen auf. Und David denkt nicht daran, ihnen aus dem Weg zu gehen.

Wer bildet nun seine Umgebung? Die *Großen Familien*. Während seiner ganzen Zeit als Prinz und als König – von dem Zwischenspiel im Krieg abgesehen – ist er von ihnen umstellt, ja in ihren Netzen verstrickt. Er bildet das Epizentrum, ist die Hauptfigur in einem Schauspiel, dessen exklusives Publikum sie sein wollen. Sie sind ein kleinliches, anspruchsvolles Publikum, das keine Abänderung in der Inszenierung duldet wie ein Kind, das keine Änderung erträgt, wenn die Mutter ein schon tausend- und abertausendmal gehörtes Märchen erzählt. Sie sind öffentliche Darsteller wie auch Richter, die immer bereit sind, das zu verbrennen, was sie angebetet haben, wenn der Hauptdarsteller sich auch nur den geringsten Fehltritt leisten würde.

Die Einzigartigkeit dieser Geschichte rührt her von dem schrittweisen Abrücken des Prinzen von Wales von dieser Welt, deren Manieren, Verhaltensweisen und sogar Ticks er seit seiner frühesten Jugend angenommen hat. Als er gewahr wird, daß er Gefangener dieser Umgebung ist, versucht er rastlos, daraus auszubrechen. Seine Wärter werden ihm das nie verzeihen, egal, ob sie schon jahrhundertelang oder erst seit einem Jahrzehnt zu dieser Schicht gehören.

Schon sehr früh hat die Liebe – das Wort ist nicht zu stark – der englischen Proletarier zur königlichen Familie David in Erstaunen versetzt. Am Tag der Parlamentseröffnung sieht er sie, wie sie dicht gedrängt am Straßenrand die Vorbeifahrt der goldverzierten Kutschen beobachten. Mit vor Bewunderung weit offenem Mund betrachten sie den Herrscher mit der Krone auf dem Haupt und dem Hermelinpelz um die Schultern und lassen wonnevoll ihren Gefühlen freien Lauf. Mehr noch als sie es bei den anderen Adeligen tun, machen sie die Windsors zu den Ihren. Geburtstage, Hochzeiten, Todesfälle: Alles, was von der königlichen Familie kommt, rührt und berührt sie genauso wie die Dinge, die sich in ihrem eigenen Leben ereignen. Seltsamerweise verlangen diese Menschen, die nichts besitzen und für die das Morgen oft mit Angst verbunden ist, eine unantastbare Monarchie, wie sie ihrem Wunschtraum entspricht. Wehe dem, der sie enttäuscht und ihren Glauben in den Schmutz zieht.

Mit unbestimmtem Blick, aber wachen Sinnen sieht David diese Freude, die ihm entgegenschlägt.

Er ist als Seekadett an Bord des Schlachtschiffs *Hindustan* gegangen. Er hat schwer schuften müssen, und es hat ihm anscheinend Spaß gemacht. Zu seiner großen Enttäuschung hat ihm sein Vater drei Monate später mitgeteilt, daß er die «zu einseitige» Marine aufgeben müsse. Er tut es. Er soll Frankreich und Deutschland besuchen und sich danach in Oxford einschreiben.

Reisen mißfällt ihm keineswegs, und er möchte sogar von ganzem Herzen diese erste offizielle Reise durchführen. Aber warum nach Oxford? Er hat – so sagt er seinem Vater – «weder Neigung noch Lust» zu studieren. Georg V. bleibt unbeugsam.

Die neue Phase in Davids Erziehung beginnt im Frühjahr 1912 mit einer viermonatigen Reise durch Frankreich. Er schreibt von dort an Georg V.: «Auf dem Bahnhof waren eine Menge Fotografen, und sie fotografierten mit einem Magnesiumblitz, was mich sehr irritiert hat. Sie sind recht lästig. Auf dem Schiff waren es an die zehn, die mir ständig folgten... Beim Verlassen des Bahnhofs sind mir die Tische und Stühle vor den Cafés aufgefallen, von denen Sie mir erzählt hatten. Aber da es sehr kalt war, waren die Stühle leer.»

Eine Heidenangst wie die vor den Fotografen empfindet David auch jedesmal, wenn er sich in Gesellschaft von Leuten befindet, die er nicht kennt. Seine Befangenheit lähmt ihn. In Frankreich wie auch anderswo wird er Mühe haben, sie zu überwinden.

Er steigt beim Marquis de Breteuil in der Avenue du Bois de Boulogne in Paris ab, besichtigt die Stadt, fährt kreuz und quer im offenen Auto durch Frankreich und unternimmt auf dem Schlachtschiff *Danton* eine viertägige Kreuzfahrt durch das Mittelmeer. Ein Lehrer von der Ecole des Sciences Politiques, Maurice Escoffier, begleitet ihn. Er soll ihm nicht nur die französische Sprache, sondern auch Frankreich nahebringen. Am Anfang versteht Escoffier kaum Englisch. Nach vier Monaten spricht David immer noch nicht allzu gut Französisch, aber Escoffier legt eine wahre Meisterschaft in der Beherrschung der englischen Sprache an den Tag[1].

Mit Bedauern verläßt David Frankreich. Im Juni hatte sich etwas Wichtiges ereignet: Er hatte seinen achtzehnten Geburtstag gefeiert und war somit volljährig geworden. Wenn Georg V. jetzt sterben würde, würde er den Thron besteigen, ohne daß ein Regent vonnöten wäre. Um die Bedeutung dieses Ereignisses hervorzuheben, hatte der König das Rauchverbot für seinen Sohn aufgehoben.

In Oxford langweilen die Geisteswissenschaften den königlichen Studenten ungeheuer. Der Präsident seines College, Dr.

1 Herzog von Windsor, Eines Königs Geschichte, Berlin 1951.

Warren, drückt es in knappen Worten so aus: «Ein Mann der Bücher wird er nie werden.»

Dagegen ziert er sich nicht, an den Schlemmereien teilzunehmen, für die jedes nur halbwegs bemerkenswerte Ereignis als Vorwand herhalten muß. Man führt ihn – natürlich heimlich – in das Roulettespiel ein. Er entdeckt seine Lust am Fußball, nimmt an Hetzjagden mit Hunden teil, reitet, macht sich mit dem Rudersport vertraut. Manchmal studiert er sogar.

Um Ostern 1913 herum beschließt Georg V., daß David nach Deutschland fahren soll, um eine ganze Reihe von Onkeln und Cousins zu treffen. Er entdeckt mit einer Art Verzückung das – so gemütliche[1] – Deutschland des Westfälischen Friedens, das sich trotz Bismarcks Einigungswerk immer noch aus Königreichen, Fürstentümern und Großherzogtümern zusammensetzt. Fünf Jahre später ist von diesem System, das in den Augen von Davids Gastgebern ewig erscheint, nichts mehr übrig.

Er stattet in Stuttgart Onkel Willie und Tante Charlotte von Württemberg einen Besuch ab, trifft am Bodensee Graf Zeppelin, verbringt sechs Wochen in Neustrelitz beim Großherzog von Mecklenburg, hört mit Erstaunen, wie seine einundneunzigjährige Großtante Augusta sich noch an den Tag erinnert, als ihr Onkel, Georg IV. von England, ihr in den 1820er Jahren den Kopf getätschelt hatte. Er geht in Thüringen mit Karl Eduard von Sachsen-Coburg-Gotha auf die Hirschjagd, fährt nach Berlin, wo er sich im Palais de Danse und im Metropoltheater entspannt, begibt sich auch zu Kaiser Wilhelm II., der ihn, auf einem hölzernen Bock mit Sattel und Steigbügeln hinter dem Schreibtisch sitzend, empfängt. Mit seinem aufgezwirbelten Schnurrbart

1 Im Original auf Deutsch.

will sich der Kaiser ein furchteinflößendes Aussehen geben, für David aber wählt er die charmante Art. Wie er selbst zugibt, läßt sich der Prinz davon beeindrucken. Bei seiner Rückkehr nach England ist David von Deutschland und den Deutschen entzückt.

Zu Semesterbeginn kehrt er nach Oxford zurück, hat aber nicht das Geringste dagegen, als man ihn mehrmals im Jahr bittet, die Universität zu verlassen, denn sein Vater legt Wert darauf, ihn noch mehr in dieses öffentliche Leben des Hofzeremoniells und der Diplomatie einzuführen, das immer Teil des Lebens eines Prinzen von Wales war. So wird er beauftragt, in Portsmouth Raymond Poincaré, den Präsidenten der Französischen Republik, willkommen zu heißen, in Windsor Erzherzog Franz Ferdinand, den Thronfolger Österreich-Ungarns, zu empfangen und den Festakten beizuwohnen, die den Besuch des Königs und der Königin von Dänemark begleiten.

Bis dahin waren ihm im Amt des Königs Protokoll und Etikette als ganz normale Pflicht erschienen. Er hatte gesehen, wie seine Urgroßmutter, sein Großvater und sein Vater sich dem ohne offensichtlichen Widerspruch gebeugt hatten. Seit er selbst darin eingebunden ist, stellt er sich Fragen. Dieser tägliche Prachtaufwand, die wohlklingenden, hohlen Reden, die man mit der größten Ernsthaftigkeit hält, diese starren Rituale, ist das wirklich notwendig? In sein Tagebuch schreibt er: «Ich reichte Granny[1] den Arm. Dann blieben wir bis elf Uhr in der Bildergalerie und sprachen mit den Gästen... Was für eine Dummheit diese offiziellen Besuche doch sind! Und welch eine Verschwendung von Zeit, Geld und Energie! Mehr gibt es zu dieser Inszenierung nicht zu sagen.»

Er ist sicher, die weltlichen Vergnügen auf immer zu verabscheuen. Im März 1913 notiert er: «Dreihundert Gäste auf unse-

1 Seine Großmutter.

rem Privatball. Ich mußte tanzen, wogegen ich eine Abneigung habe. Ich habe mit Miss B. getanzt ... sehr aufgeregt. Das Ganze war wirklich eine Strapaze, und ich war erleichtert, als es zu Ende war.»

Er hat immer noch wenig Selbstvertrauen und seine Schüchternheit neigt dazu, sich zu verstärken, statt schwächer zu werden. Er teilt diese Befangenheit übrigens mit einigen seiner Brüder, besonders mit Bertie, dem späteren Georg VI., der seit seiner Jugend stark stottert und von diesem Leiden nie geheilt werden wird. Dieser Mangel an Selbstvertrauen, das allzu offensichtliche Lampenfieber in Gegenwart von Leuten, die er nicht kennt, verärgern Georg V., der seinen Sohn «kindisch» nennt und seine Ansicht nicht vor ihm verbirgt. Dadurch wird es aber nicht besser. Davids schlanke Gestalt, sein blondes Haar, sein unentschlossener Blick, seine schnell zerzausten Haare tragen zu diesem Eindruck von Zerbrechlichkeit bei.

Im Sommer 1914 jedoch geschieht etwas. Plötzlich stürzt er sich blindlings in die *Season*: «Dienstag, 7. Juli 1914 – Buckingham-Palast, London – ... zum Essen bei Lord und Lady Londesborough. Nach dem Essen Empfang, danach Ball. Ich bin bis zwei Uhr morgens geblieben.

Phantastischer Abend – mein erster Ball in London.

8. Juli ... beim Herzog von Portland ... ich tanze besser. Erst morgens um vier Uhr zurück.

9. Juli ... um sechs Uhr war ich wieder auf den Beinen und bin zur Kaserne gegangen... Am Abend Ball bei Lady Salisbury... Ich habe Geschmack am Tanzen gefunden, und ich liebe es auszugehen!

10. Juli ... In den letzten zweiundsiebzig Stunden habe ich acht Stunden geschlafen.»

Die Kaserne, zu der er sich begibt, ist die der First Life Guards, eines der drei Kavallerieregimenter des Königshauses. Er setzt dort seine militärische Ausbildung fort, die er im Korps der Offiziersschüler im Bataillon von Oxford begonnen hatte. Er wird Unteroffizier und ist stolz darauf, bei Aldershot zwei «Sommerlager» im Zelt verbracht zu haben.

Es hat etwas Widersprüchliches an sich, daß dieses Entdecken der irdischen Vergnügungen gerade in den Juli 1914 fällt. Gewiß, die Ermordung Franz Ferdinands hat ihn beeindruckt, aber niemand in London glaubt, daß ein Krieg heraufzieht. Davids Freunde beschäftigen sich nur mit den Rennen von Goodwood. England hat sich so oft aus den Händeln des Kontinents heraushalten können, daß man sich nicht vorstellen kann, es könnte diesmal anders sein. Als einige Leitartikler verkünden, der Kaiser wolle den Krieg, denken die Durchschnittsbriten, das betreffe nur die Franzosen. David reagiert nicht anders. Als die Tragödie ihren Lauf nimmt, ist das Erwachen umso schlimmer: «Ich habe die Nacht damit zugebracht, die Zeitungen zu lesen, und Papa hat gerade von der belgischen Mobilmachung erfahren. Das ist alles verhängnisvoll! Daß wir uns am Rande eines Krieges befinden könnten, scheint fast unglaublich. Ich bin sehr niedergeschlagen.»

Die Dinge schreiten sehr schnell voran. Von einer Stunde auf die andere bereiten sich alle Offizierskameraden Davids auf den Krieg vor, der seit dem deutschen Einmarsch in Belgien unvermeidlich geworden ist. David hat Vorzugsbehandlungen immer abgelehnt. Seine Kameraden werden an die Front gehen. Und er? Es kommt nicht in Frage, das ist klar, daß man ihn zum Kämpfen an die Front schickt: «Der Krieg ist Gegenstand aller Gespräche, und ich habe nicht die geringste Chance, mit dem Expeditionskorps an die Front zu gehen. Der Gedanke, in London bleiben zu müssen (zumindest für einige Zeit), ohne jede Beschäftigung, wird für mich fast unerträglich… Welch ein Trost, daß das Volk uns seine Zustimmung und Unterstützung gibt. Gott sei Dank, die Regierung hat beschlossen, Frankreich nicht im Stich zu lassen. Oh, mein Gott! Diese Ereignisse sind zu groß, als daß man sie verstehen könnte. Ah, wenn ich doch nur einen Posten hätte.»

Als der Krieg erklärt ist, läuft eine begeisterte Menge vor dem Palast zusammen. Inmitten der Jubelrufe müssen sich der König und die Königin auf dem Balkon zeigen. Was wird man mit dem Prinzen von Wales machen? Man findet erst am 6. August eine Lösung: «... habe meinen Vater gebeten, mich zum Grenadieroffizier zu ernennen. Ich habe ihm erklärt, daß ich es nicht mehr ertragen könnte, daß man mich daran hindert, meinem Land zu dienen. Und mein lieber Papa hat keinen Augenblick gezögert. Er hat Lord Stamford beauftragt, den Kriegsminister von dieser Entscheidung zu unterrichten. Das war ein glücklicher Augenblick für mich, und ich bin jetzt Offizier und werde in den aktiven Dienst treten. Ich werde diesen gräßlichen Palast verlassen, wo ich gerade die schlimmsten Wochen meines Lebens durchgemacht habe.»

Als Mitglied der Gardegrenadiere wird David in die Kompanie des Königs versetzt. Dabei wird ihm eine Vergünstigung zuteil: Um in diese Elitekompanie aufgenommen zu werden, muß man sechs Fuß (1,83 m) messen. David war jedoch nur fünf Fuß sieben Zoll (1,70 m) groß. Er wird später sagen, daß er sich wie ein Zwerg unter Riesen gefühlt hat. Die Ausbildung ist sehr hart. Als seine Kameraden im September an die Front aufbrechen, wird David sogleich zum 3. Bataillon versetzt, das nicht an die Front geht. Völlig außer sich, dringt er zu Lord Kitchener vor, der gerade erst zum Kriegsminister ernannt worden war. Er fleht: «Was könnte es schon ausmachen, wenn ich getötet würde? Ich habe doch noch vier Brüder.» Kitchener, ein Riese mit gesunder Gesichtsfarbe, antwortet brutal:

– Wenn Sie nur Gefahr liefen, getötet zu werden, hätte ich vielleicht nicht das Recht, Sie zurückzuhalten. Aber solange unsere Linien nicht stark genug befestigt sind, kann ich nicht das hohe Risiko auf mich nehmen, daß Sie in Gefangenschaft geraten.

Einem Freund schreibt er: «Ich muß mich also damit abfinden, Wache zu schieben etc. Ich sitze in dieser dreckigen Kaserne in der Falle. Was für ein grauenhaftes Leben, wenn man da unten sein und kämpfen könnte.»

Im November 1914 versetzt man ihn endlich ins Hauptquartier von Feldmarschall French nach Saint-Omer, fünfundvierzig Kilometer von der Front entfernt. Auf sein inständiges Bitten hin darf er im März die Kampflinien besuchen. Am 1. März schreibt er an Georg V.: «Liebster Papa, die Deutschen sind hier ganz nah. Ich bin deshalb nicht in den vordersten Graben gegangen, aber ich konnte doch die feindlichen Gräben ausmachen wie auch eine Anzahl ihrer Gefallenen... Ich bin zehn Minuten geblieben und habe für einen unserer Offiziere, der seine Waffe auf ein Grabenstück der Deutschen gerichtet hatte, mit meinem Feldstecher das Ziel ausgemacht. Man sah oft Soldaten hin- und hergehen und jedesmal, wenn ich einen sah, sagte ich es ihm, und er schoß. Ich habe keinen fallen sehen, aber die Kugeln müssen sehr nah vorbeigegangen sein, denn die Soldaten verschwanden blitzschnell. Auf diese Weise habe ich heute morgen zwei herrliche Stunden verbracht, zwei Stunden, die ich nie vergessen werde.»

Es ist die Zeit des großen Blutzolls. Die Männer, eingegraben im Schlamm blutverschmierter Gräben, treten im Morgengrauen zum Sturm auf die feindlichen Linien an. In khakifarbenen Wellen fluten die Silhouetten mit den flachen Helmen[1] ohne Deckung vor die deutschen Maschinengewehre. Im besten Fall erobert die Einheit zehn, zwanzig, dreißig Meter und wird im Heeresbericht erwähnt. Im März 1915 führt der «kleine Vorstoß» auf Neuve-Chapelle zu erschreckenden Verlusten. David schreibt an Lord Stamford: «Wie Sie wissen, wurden in unserem

1 Die Engländer hatten im Gegensatz zu den Deutschen flache Stahlhelme ohne speziellen Nackenschutz.

armen 1. Bataillon sieben Offiziere getötet und sieben verletzt. Das ist grauenhaft! Natürlich wird meine Lage in einem Zeitraum wie den vergangenen vier Tagen dadurch noch betrüblicher und niederschmetternder, daß ich nur Zuschauer bin. Ganz sicher, die einzige Stellung, für die ich geeignet wäre, wäre die eines Truppenführers… Aber es ist traurig, sagen zu müssen, daß es in Wirklichkeit mein einziger Beruf ist, Prinz von Wales zu sein. Es tut mir leid, daß ich Sie mit meinen kleinen Sorgen behellige, aber Sie waren mir gegenüber immer so voller Güte und Wohlwollen, daß ich nicht anders kann…»

Alles, was er erreichen kann, ist, daß er als Generalstabsoffizier zum 1. Armeekorps abkommandiert wird. Man läßt ihn etwas näher an die Front, das ist aber alles. Seine Arbeit? Er fertigt Aufzeichnungen an, überprüft Berichte, kümmert sich um die Aufrechterhaltung der schriftlichen und telefonischen Verbindung mit der kämpfenden Truppe. Er ist ein Bürokrat. Manchmal reißt er aus, um Kameraden hinter der Kampflinie aufzusuchen. Im September geht er – oh, welch ein Glück – in der Ebene, die sich nach Loos hin erstreckt, von einem englischen Graben in einen deutschen, der gerade eingenommen worden ist. Zum ersten Mal geht er zwischen den Kadavern umher, und die Freude, so behandelt zu werden wie alle anderen, macht der Niedergeschlagenheit Platz: «Natürlich, die Toten werden nicht feierlich begraben, sie bleiben da, wo sie gefallen sind, in der gleichen Stellung. Man kann sich gar keine Vorstellung machen von dem Grauen. … Diese Kadaver bieten ein pathetisches und zugleich abscheuliches Schauspiel. Es ist wirklich zu grausam, wenn man wenige Meter vor seinem Ziel getötet wird, nachdem man dreihundert Meter weit mit dem Tod um die Wette gelaufen ist. Zum ersten Mal habe ich gesehen, wie der Krieg wirklich ist, und ich bin davon furchtbar aufgewühlt und beeindruckt.»

Als er zu seinem Wagen zurückkommt, entdeckt er die Leiche von Green, seinem Fahrer, der von den Splittern eines explodierenden Schrapnells ins Herz getroffen worden war. Er ist entsetzt, aber sein Vater und der Generalstab werden es noch mehr sein. Wenn der Fahrer getötet wurde, hätte auch der Prinz von Wales getroffen werden können. Obwohl man ihm von da an verbietet, in die vorderste Linie zu gehen, wird seine Silhouette für die kämpfenden Soldaten zum vertrauten Anblick. Ein Offizier bemerkt dazu: «Ein hartes Bombardement wird immer den Prinzen von Wales anlocken.»

Muß man der Erklärung von Philip Guedalla recht geben, der meinte, daß die Geisteshaltung Davids ihn dazu «anstachelte, alle erniedrigenden Vorsichtsmaßnahmen, die von seinem Rang her eigentlich geboten wären, zu verabscheuen und ein viel edleres Privileg zu suchen, nämlich das Schicksal des gemeinen Soldaten zu teilen»? Oder sollten wir uns der Meinung von Brian Inglis anschließen, der schrieb: «Es war nicht die Welt, es war er selbst, dem er es beweisen wollte»?

Während der deutschen Offensive im März 1918, die die englisch-französische Front ins Wanken bringt, ist David in Großbritannien und inspiziert Rüstungsfabriken. Er bittet sofort darum, auf den Kontinent zurück zu dürfen. Es wird abgelehnt. Doch Georg V. selbst setzt sich über die Verbote hinweg und erlaubt ihm, schon am nächsten Tag aufzubrechen. Dank Foch ist die deutsche Offensive zum Stehen gekommen. Man ahnt bereits die Niederlage der Mittelmächte, und im Lager des Feindes macht sich Unruhe breit. David schreibt an Georg V.: «Hauptquartier, Kanadische Armee, 5. November 1918. Liebster Papa, ... Es scheint in den Ländern des Feindes eine richtige Epidemie von Revolutionen und Abdankungen zu geben, was auch für die überlebenden Monarchien schwere Zeiten ankündigt. Trotzdem kann ich ohne Zögern sagen, daß die unsere die bei weitem stabilste von allen verbleibenden ist. Aber man muß sie auch hochhalten, und ich bin mir darüber im klaren, daß wir das nur erreichen, wenn wir einen engen Kontakt zum Volk behalten. Ich versichere Ihnen, daß dieser Gedanke immer in mir lebendig ist und daß ich alle Anstrengungen unternehmen werde, um diese Politik fortzusetzen. Denn ich weiß, wie sehr sie die Zukunft des Empire beeinflußt. Ich bin sicher, daß Sie nichts dagegen haben, wenn ich Ihnen sage, daß ich den ganzen Tag damit zubringe, die Truppen, d.h. unser Volk, zu besuchen.»

Der Krieg hat zu Davids Persönlichkeitsentwicklung beigetragen. Aus dem «kindischen» Jungen der Zeit vor 1914 ist ein Mann geworden. Sein täglicher Kontakt mit einer abscheulichen Wirklichkeit hat seinen Charakter geprägt. Dieser Prinz, der abgekapselt inmitten der Menschen seiner Kaste aufgewachsen ist, hat die Arbeiter und Bauern kennengelernt, die während der vier Kriegsjahre in den Schützengräben unsägliches Leid auf sich genommen und so oft ihr Blut vergossen haben. Vor der Apokalypse des Großen Krieges sprach man zu ihm von *seinem Volk*. Im Krieg entdeckt er dann *das Volk*.

In dieser Zeit wird die britische Politik von einem Staatsmann beherrscht: Lloyd George. Eine Zeitlang bestimmt er den Rahmen, in dem sich das Leben des Prinzen von Wales abspielt. Der Liberale wird vielleicht noch mehr als mancher Konservative von der Sorge um die Zukunft des Empire umgetrieben. In den Dominions geben Protestbewegungen Anlaß zur Besorgnis. Ganz Indien ist unruhig. In Kanada vergiftet das Problem der Staatsbürger französischen Ursprungs das politische Klima. Auch Australien stellt revolutionäre Forderungen, und in Südafrika nimmt der Rassenkonflikt an Stärke zu. Die Monarchie ist das einigende Band und das stabilisierende Element dieses Weltreiches. In ihrer Gesamtheit bleiben die Dominions ihr treu, selbst wenn sie im Begriff sind, sich vom Mutterland zu lösen. Warum also unternimmt der Prinz von Wales als Verkörperung dieser Monarchie nicht eine Reise durch dieses Weltreich, dessen Fahne immer noch siegreich auf allen Kontinenten weht? Das ist Lloyd Georges Gedanke, und David greift ihn auf.

Um diese neue Rolle spielen zu können, muß er lernen, vor Publikum zu sprechen und muß vor allem seine Schüchternheit überwinden. Ein Minister, der ihm in Freundschaft zugetan ist, Winston Churchill, wird ihm dabei helfen. Er schreibt am 19. Juli 1919 an David: «Ich würde Ihnen raten, sich nicht zu viele Sorgen betreffs dieser Rede zu machen ... Wenn Sie sie vom Blatt ablesen wollen, sollten Sie es offen tun, sehr langsam und entschieden sprechen, ohne zu versuchen, das Manuskript zu verstecken. Es wäre natürlich besser, wenn Sie die Zeit fänden, sie auswendig zu lernen. Wenn man bei einem Diner eine Rede halten muß, gibt es eine gute Möglichkeit, sein Manuskript zu handhaben: Man nimmt einen Becher, stellt darauf eine Schale und auf das Ganze dann einen Teller, auf den man dann seine Notizen legt. Man muß nur aufpassen, daß man dieses Gerüst nicht umwirft, wie es mir einmal passiert ist.»

Als David zum ersten Mal feststellt, daß es ihm gelungen ist, Kontakt zwischen sich und dem Publikum herzustellen, ist er stolz und glücklich. Er entflieht der Etikette, ersetzt den Zylinder, der bis dahin obligatorisches Bestandteil der Garderobe eines Prinzen war, durch die Melone. Er bekämpft offen, was er die «Tyrannei der Wäschestärke» nennt, die steifen Manschetten und Kragen ebenso wie die Hemdbrust, dieses «schreckliche Zierat», das so viel «stummes Leid» verursacht hat. Mit Freuden taucht er in Menschenmengen ein, hat für jeden ein freundliches Wort. In der Umgebung Georgs V. jedoch urteilt man hart über dieses Benehmen: Muß die Monarchie denn nicht den Schleier des Geheimnisvollen bewahren? Der König selbst ist nicht allzu gefühlsbetont. Schüchtern und eigensinnig, wie er ist – und das eine ist ja oft der Begleiter des anderen – beharrt David auf seinem Standpunkt.

Im April 1919 fährt er nach Kanada, und der Besuch – selbst

im frankophonen Quebec – wird zum Triumph. Überall strömen die Kriegveteranen zusammen, manchmal zu aufgewühlten Massen, um «einem der Ihren» zuzujubeln. Am 31. August 1919 schreibt David von Ottawa an Georg V.: «Ich unterstreiche immer, daß ich zwar nicht von Geburt, aber mit dem Herzen Kanadier bin und daß ich als solcher gekommen bin, und nicht als Fremder oder Besucher, und das gefällt den Leuten. Die Dominions schätzen es, wenn man sie mit dem Vereinigten Königreich auf eine Stufe stellt … Sie haben soviel zum Sieg des Empire beigetragen, daß wir ihnen innerhalb des Empire den Status autonomer Staaten zuerkennen müssen.»

Er bringt Tausende von Kilometern hinter sich, schüttelt Tausende von Händen und muß oft gegen die Erschöpfung ankämpfen. Anschließend besucht er die Vereinigten Staaten. Da Präsident Wilson an einer halbseitigen Lähmung erkrankt ist, wird er von Vizepräsident Marshall im Weißen Haus begrüßt. In New York wird ihm ein Empfang bereitet, der an Abgötterei grenzt. Dieser erste Staatsbesuch ist zweifellos ein Erfolg.

Im März 1920 sticht er von Portsmouth nach Neuseeland in See. Wieder wird ihm ein herzlicher Empfang bereitet, der nur durch die bei Neuseeländern übliche Zurückhaltung gedämpft wird. Am 26. April geht er in Melbourne an Land. Die Australier geben ihrer Freude durch kräftige Schläge auf die Schultern Ausdruck. Er verläßt das Land mit Freude im Herzen und blauen Flecken am Körper.

Lloyd George hat sich nicht getäuscht. Die physische Anwesenheit des Prinzen von Wales weckt Gefühle, die die moderne Zeit schon eingeschläfert hatte. Bereits der Dichter Paul Valéry hat sich gefragt, warum auch das blasierteste Herz schneller schlägt, wenn Marschmusik erklingt. In Kanada, Neuseeland und Australien konnte selbst die Opposition nicht umhin, diesem fünfundzwanzigjährigen Prinzen, dem Repräsentanten und Erben einer der ältesten Monarchien der Welt, Beifall zu zollen.

Am 26. Oktober 1921 legt David wieder in Portsmouth ab, und diesmal ist Indien das Ziel. In den politischen Kreisen in London ist man beunruhigt. Der Vorsitzende der «Kongreßpartei», Mahatma Gandhi, hat bereits seine Absicht verkündet, die Reise zu boykottieren. In Bombay brechen nach der Ankunft des Prinzen Unruhen aus. Die Polizei eröffnet das Feuer. Aber auch das hindert Tausende Hindus nicht daran, sich zu versammeln und dem Prinzen von Wales zuzujubeln.

In Indien stehen sich die Unabhängigkeitsbewegung und die britische Verwaltung in einem tagtäglichen Kampf gegenüber. Manchmal findet David wie in Allahabad die Straßen leer und die Fensterläden geschlossen: An diesem Tag können Gandhi und Nehru einen Punkt für sich verbuchen. Aber welches Erstaunen, als am Nachmittag eine Menge einfacher Leute sich an den Seitenlinien des Spielfeldes drängt, um dem Prinzen von Wales beim Polospielen zuzusehen. Sie begleiten jeden seiner Schläge mit «begeistertem» Applaus. Widerwillig vergleicht David die Indienreise mit den vorhergehenden und fühlt sich schlecht. Am 16. Dezember 1921 schreibt er aus Nepal an Georg V.: «Ich muß Ihnen gleich sagen, daß ich sehr entmutigt bin von den wenigen Früchten, die meine Bemühungen in den britischen Provinzen getragen haben. Ich habe nicht den Eindruck, auch nur das Geringste bewirkt zu haben. Der Hauptgrund ist natürlich, daß die Anhänger der Unabhängigkeitsbewegung meine Besuche in den Städten der britischen Provinzen boykottiert haben. Aber da ist auch noch die Polizei ... Tatsache ist, daß sie sich zu sehr um mich gekümmert und mir dadurch einen Bärendienst erwiesen hat.»

Im Gegensatz zu den britischen Provinzen bleiben die Eingeborenenstaaten, die von einheimischen Fürsten als Vasallen der britischen Krone regiert werden, immun gegenüber Gandhis Propaganda. David findet hier prunkliebende, feudale Maharadschas vor, die über ein gehorsames, fast stummes Volk herrschen. Zu einer Tigerjagd, die für ihn in Nepal veranstaltet wird, bietet man zehntausend Eingeborene auf. Es ist eine andere Welt, deren Zeit aber – das fühlt David ganz deutlich – abgelaufen ist.

Er verläßt Indien, reist nach Japan, besucht dort den jungen Hirohito, stattet Borneo und der Insel *Penang* einen Besuch ab. Danach besucht er den britischen Flottenstützpunkt Trincomalee auf Ceylon und fährt durch das Rote Meer nach Ägypten, wo er König Fuad seine Aufwartung macht. Am 20. Juni geht er dann endlich in Plymouth vor Anker. Er war acht Monate fort gewesen, aber diese Reise hat die Öffentlichkeit beeindruckt. Niemals zuvor hat David seine Pflichten so ernst genommen und so offen seinen Wunsch geäußert, allen nahe zu sein. Das Ergebnis springt ins Auge: Seine Popularität erreicht den Höhepunkt.

Wenn ich die Zeitungen jener Tage aufschlage, stelle ich fest, daß der Platz, der ihm eingeräumt wird, nicht vergleichbar ist mit dem, den man anderen Persönlichkeiten zugesteht. Auch Georg V. bildet da keine Ausnahme. Jede Seite spiegelt die Faszination wider, die David auf seine Zeitgenossen ausübt. Ich sehe mir noch einmal die Fotografien an. Gewiß, er ist immer noch schmal, blond, nicht sehr groß, aber seine Haltung ist selbstbewußter geworden. Sein warmes Lächeln, das er den Massen schenkt, die zu ihm strömen, hat nichts Künstliches. David hat an Selbstvertrauen gewonnen.

Die Begeisterung, welche die Engländer zu ihrem zukünftigen König hinzieht, hat meines Erachtens noch einen anderen Ursprung: Er ist gereift, auch sein Körper ist durch den Sport kräftiger geworden, aber er hat immer noch das Aussehen eines jungen Mannes. Obwohl er bereits über dreißig ist, erscheint er nicht viel älter als zwanzig. Bei Georg V. verstärkt das die ständig wachsenden Bedenken gegenüber diesem Sohn, der so sehr zum Bruch von Tabus neigt. Von seinen Lippen kommt immer noch jenes verächtliche Wort: «kindisch». Dagegen bringt dieser jugendliche Charme viele Mütter, die ihren Sohn im Krieg verloren haben, dazu, ihn in diesem bezaubernden Prinzen zu suchen.

Man nimmt aber nicht zur Kenntnis, daß er von jeder Reise erschöpft zurückkommt. Diese unmenschlichen Strapazen führen bei ihm manchmal zu tiefen Depressionen. Doch wenn man ihn bittet, zu einer neuerlichen Reise aufzubrechen, entzieht er sich dem Ruf nicht. «Er war es», so erklärte Lloyd George, «der dem König ein Reich schenkte.» Wir sollten lieber sagen, daß er es ihm erhalten hat.

Von seinem fünfundzwanzigsten bis zu seinem dreißigsten Lebensjahr ist David also herumgereist. In der Zwischenzeit hatte seine Schwester Mary Lord Lascelles geheiratet, und sein Bruder Bertie, der Herzog von York, hatte sich mit Lady Elizabeth Bowes-Lyon verheiratet. Harry, der Herzog von Gloucester, ist nun Offizier bei den 10. Husaren und George, der Herzog von Kent und Davids Lieblingsbruder, ist Leutnant zur See.

Entsprechend dem Naturell Georgs V. hält der Hof starr an Traditionen fest, und niemand scheint die Macht zu haben, sie zu ändern. Mit immer kritischeren Augen betrachtet David diesen überholten Apparat, dessen Rituale und steifen Zeremonien eine Herausforderung für die Nachkriegsgesellschaft darstellen. Um ihn herum gibt es nicht wenige, die ahnen, daß viele Dinge sich ändern können, wenn er erst einmal die Zügel in der Hand hält.

Die *Society*, die gute Gesellschaft, hat sich kaum verändert. Die reichen Adligen sitzen immer noch auf ihren unendlich großen Ländereien und in ihren prunkvollen Stadthäusern in London. Man lebt in der Illusion des wiedererstarkten materiellen Wohlstandes und hat noch nicht gemerkt, daß es mit der wirtschaftlichen Stabilität endgültig zu Ende ist. David, der das Tanzen früher so sehr verabscheut hatte, ist ganz darin vernarrt, besonders in den Charleston. Er ist auf allen Bällen zu finden, die seine Freunde für ihn geben. Sein üblicher Tischgenosse ist Edward Dudley Metcalfe, Fruity genannt, ein ehemaliger Offizier der indischen Kavallerie. «Fruity und ich», erinnert er sich später, «haben uns prächtig amüsiert.» Er beschließt die Nächte in den Lokalen, die in Mode sind, dem Café de Paris, Ciro's, dem Kid-Kat-Club und dem Embassy, für das er eine besondere Vorliebe hat. Er erklärt allen Ernstes, daß der Charleston und der Black-Bottom zum Besten gehörten, was Amerika je exportiert hätte.

Er hat die Fuchsjagd für sich entdeckt und gibt sich ihr mit Begeisterung hin. Und gleichen Genuß bereitet es ihm, an Hindernisrennen teilzunehmen. Als er eines Tages im Winter 1924 mit dem Kopf voran vom Pferd stürzt, verletzt er sich ernsthaft. Überall veröffentlicht man das Foto mit seinem blutüberströmten Gesicht, und die Gefühlsaufwallung im ganzen Land ist so groß, daß der Premierminister, ein Sozialist, den Prinzen schriftlich bittet, auf Hindernisrennen zu verzichten. Am 19. März 1924 schreibt Ramsay MacDonald an David: «Heutzutage, Sir, kann niemand dem Volk besser dienen als Sie, und dadurch auch der ganzen Welt. Wer könnte Sie ersetzen, wenn Sie das Opfer eines schweren Unfalls würden? Selbst wenn es jemand könnte, würde das nicht im geringsten die Eindringlichkeit meiner Bitte abschwächen, denn Sie sollten wissen, welche große persönliche Zuneigung Ihr Volk Ihnen entgegenbringt, weit über das Maß hinaus, das Ihrem hohen Rang zukommt.» David scheint nachzugeben. Während einiger Zeit verzichtet er auf diesen Sport, aber die Leidenschaft packt ihn wieder, und erneut steigt er in den Sattel.

Noch einmal fährt er nach Amerika, und die Presse dort beschäftigt sich ausgiebig mit ihm. Eine Schlagzeile unter Hunderten: «Rätselraten um die späten Nachtstunden des Prinzen von Wales.» Was kann er machen? Nach seiner Rückkehr bezeichnet er es gegenüber Georg V. als entsetzlich. Der König antwortet streng:

– Wenn all diese Vulgaritäten die Haltung Amerikas gegenüber Personen unseres Ranges widerspiegeln, dann brauchen Sie sich dieser Behandlung nicht noch einmal zu unterziehen.

Am meisten machen sich Georg V. und Königin Mary Sorgen über Davids noch immer andauerndes Junggesellendasein. Wenn man ihn dazu befragt, antwortet er, daß er natürlich nichts gegen das Heiraten einzuwenden habe, daß er sich aber zu einer reinen Vernunftheirat nicht entschließen könne. Er will eines nicht gelten lassen, nämlich eine ausländische Prinzessin zu heiraten, die er nie zuvor gesehen hat, nur weil man das schon immer so gemacht hat.

Früher heirateten englische Prinzen deutsche oder slawische Prinzessinnen. Nachdem der deutsche und der russische Thron von Revolutionen hinweggefegt worden waren, war die Auswahl überaus klein geworden. Im übrigen glauben die Engländer nicht mehr an den Segen dynastischer Heiraten. Vier Jahre lang hatten sich die europäischen Nachkommen der Königin Viktoria auf beiden Seiten der Front mit der Waffe in der Hand bekämpft. Man hat es in Großbritannien begrüßt, daß Prinzessin Mary und Prinz Bertie keine Ehepartner von königlichem Geblüt geheiratet haben. Seinen Wunsch, solche Beispiele nachzuahmen, verhehlt David nicht. Er schreibt: «Von Anfang an hatte ich beschlossen, daß die Wahl einer Frau von meinem Herzen bestimmt sein müßte, und nicht von der Staatsräson.»

Liegt es an seinem mangelnden Interesse an Frauen, daß er noch unverheiratet ist? Wenn man seinen Freunden diese Frage stellt, antworten sie mit einer Kennermiene oder brechen in Gelächter aus. Er selbst äußert sich freimütig dazu: «Das soll nicht heißen, daß während dieser Jahre, als ich jung war, viel reiste und vielen Menschen begegnete, meine Gefühle nicht manchmal geweckt wurden. Es gab Augenblicke voller Zärtlichkeit, ja der Verzauberung, ohne die dieses Dasein als Prinz von Wales mir fast unerträglich gewesen wäre.»

Die jungen Frauen, in die er sich verliebte, sind uns bekannt. Auch seine erste Liebe scheint festzustehen: Es soll sich um Lady Coke, die Schwiegertochter von Lord Leicester, handeln. Sie war zwölf Jahre älter als er, und er hat sich während des Krieges in sie verliebt. Er hat sie bei jedem seiner Heimaturlaube in England gesehen und ihr oft aus Frankreich geschrieben. In dieser Zeit, wo die Jungfräulichkeit für junge Mädchen das Hauptkapital ist, bleibt den jungen Männern nicht anderes übrig, als sich bei den verheirateten Frauen umzusehen. Lady Coke ist klein, zart und voller Humor, und vor allem: sie ist verheiratet. Es steht also alles zum besten.

Im *Tagebuch von Lady Cynthia Asquith* lesen wir: «Alle jungen Mädchen sind verrückt nach dem Prinzen, der auf allen Bällen zu sehen ist. Kein junges Mädchen darf London verlassen, wenn er auf Urlaub ist, und die Herzen aller Mütter schlagen höher.»

Vom Frühjahr 1918 an erhält Lady Coke keine Briefe von David mehr. Der Grund ist einfach: Während eines Urlaubs im Februar hat er Lady Rosemary Lereson-Gower, die Tochter des Herzogs von Sutherland kennengelernt, diesmal ein junges Mädchen. *Lady Cynthia Asquith* notiert dazu: «Er tanzt hauptsächlich mit Rosemary und fährt tagsüber mit ihr im Wagen herum.»

Hat er eine Heirat mit diesem reizenden jungen Mädchen im Auge? Man sagt es zumindest. Vielleicht war es auch nur eine vorübergehende Laune. Auf jeden Fall lag Rosemary nichts daran, Königin zu werden. Sehr schnell tritt eine andere Frau in das Leben des Prinzen. Ihr Name ist Freda Dudley Ward, sie ist – natürlich – verheiratet und hat sogar zwei Kinder. Bei einem abendlichen Fliegeralarm hatte sie sich in ein Haus am Belgrave Square geflüchtet, wo Mrs. Kerr-Smiley einen Empfang gab. Mrs. Kerr-Smiley hatte alle ihre Gäste in den Keller geführt und Freda Dudley Ward gebeten mitzukommen. Ein junger blonder

Offizier nähert sich Freda und beginnt eine angeregte Unterhaltung mit ihr. Als der Alarm aufgehoben wird, bittet Mrs. Kerr-Smiley Freda, an dem Empfang teilzunehmen und fügt hinzu:

– Seine Königliche Hoheit wünscht es sehr.

Jetzt erst merkt Freda, daß der blonde junge Mann, mit dem sie sich so angenehm unterhalten hat, der Prinz von Wales ist. So beginnt eine Beziehung, die sechzehn Jahre dauern soll.

Für Lady Asquith ist Freda ein *putziger kleiner Vogel*. Andere halten Mrs. Dudley Ward für eine der verführerischsten Frauen ihrer Generation. Sie ist nicht groß, und in den Augen des Prinzen ist dies ein Vorteil. Was verblüfft ist ihre Stimme, die die Klangfarbe ständig wechselt. Alle, die sie näher kennenlernen, beten sie an. Der Prinz selbst ist verrückt nach ihr. Der Grund dafür, daß er sich nicht verheiraten will, ist zweifellos, daß er nicht mit Mrs. Dudley Ward brechen will.

Wenn David in London ist, begibt er sich jeden Abend gegen siebzehn Uhr zu Freda. Falls andere Verpflichtungen ihn nicht in Anspruch nehmen, speist er bei ihr. Ist er anderswo eingeladen, kehrt er spät am Abend zu ihr zurück. Oft lassen sie den Abend in einem der Lieblingslokale des Prinzen ausklingen.

Die Verbindung mit Freda ist nicht an die große Glocke gehängt worden, aber jeder weiß davon, angefangen bei Georg V. und Königin Mary, die es immer abgelehnt haben, die junge Frau zu empfangen. Die *Society* hat Fredas Diskretion zu schätzen gewußt.

Jahre sind vergangen. Man hat von anderen «Frauengeschichten» des Prinzen gesprochen. Freda bleibt jedoch bis 1934 ein fester Bestandteil von Davids Leben.

In diesen Jahren gerät David häufiger als in der Vergangenheit mit seinem Vater aneinander. Der König macht Mrs. Dudley Ward für das weiter andauernde Junggesellendasein seines Sohnes verantwortlich. David erträgt die Vorwürfe nur schwer.

Es wäre gelogen, wollte man sagen, daß der Prinz sich in einer solchen Situation wohlfühlte. Er selbst hat dazu Sätze geschrieben, die alles sagen: «Was das Heiraten betraf, wollte ich nichts übereilen. Und mein Leben war von einem noch vagen, kaum bewußten Gefühl von Unzufriedenheit durchdrungen.»

Wer weiß, was einem unzufriedenen Menschen alles passieren kann?

Am 25. März 1925 bricht er von Portsmouth aus nach Südafrika auf. Die Buren bereiten ihm einen freundlichen Empfang, erinnern ihn aber auch ständig – natürlich in aller Freundschaft – an die Greuel, die die Briten bei ihnen begangen haben. Danach begibt er sich nach Argentinien, wo nicht nur eine Begegnung mit dem Präsidenten der Republik auf ihn wartet, sondern auch ein bedeutender Markt, der für Großbritannien zurückzuerobern ist. Anschließend besucht er noch Chile und Uruguay.

Kaum ist er in Großbritannien zurück, wird er schon wieder von seiner Pflicht eingeholt. Die Menge an Brücken, Schulen und Ausstellungen, die er ihrer Bestimmung übergibt, sprengt die Vorstellungskraft. Da er mittlerweile daran gewöhnt ist, bereitet ihm das Reden in der Öffentlichkeit nicht mehr solche Mühe. Er ist Kanzler von Universitäten ebenso wie Schirmherr der Nationalgalerie, Präsident des Christ's Hospital, der Royal National Life Boat Institution und anderer wohltätiger Stiftungen. Seine Zeit wird weit über das Tragbare hinaus in Anspruch genommen. Man bemerkt, daß er immer weniger den Überdruß verbirgt, wenn die Mühsal ihn niederdrückt. Seine Abgespanntheit ist manchmal so deutlich wahrzunehmen, daß manche sich schockiert zeigen. Was ihn dagegen mit Leidenschaft erfüllt, sind die Kontakte, die er in den Industriegebieten knüpft. Er hat es gern, wenn Bergleute und Arbeiter ungeschminkt zu ihm sprechen. Und da sie fühlen, daß die Aufmerksamkeit des Prinzen nicht vorgetäuscht ist, nehmen sie kein Blatt vor den Mund. Dieses Erwachen einer Art von sozialem Bewußtsein scheint, so erzählt Hector Bolitho, 1923 stattgefunden zu haben, als man dem Prinzen eine Armenspeisung zeigte. Er bemerkte dabei, daß einer der Essensempfänger kein Hemd unter seiner Weste trug. Eine so extreme Armut war ihm bis dahin völlig unbekannt. Er soll händeringend auf- und abgegangen sein und ständig wiederholt haben: «Was kann ich bloß tun? Was kann ich bloß tun?» Keiner von Davids Vorfahren hat die Ufer des Clyde oder die Bergarbeiterdörfer des Rhonddatales so gut gekannt wie er. Kein Prinz aus der königlichen Familie ist mit ihrer bedauernswerten Bevölkerung in so engen Kontakt gekommen.

Unzählige Veteranenvereine bitten um seinen Besuch. Und oft sagt er zu. Bei den Ehemaligen aus dem Expeditionskorps fühlt er sich wie zu Hause. 1927 reist er zu König Alfons XIII. nach Madrid, danach nach Kanada. Über den Atlantik begleitet ihn ein Premierminister, welcher der Gestalt des John Bull recht ähnlich sieht. Er heißt Stanley Baldwin, ein Name, den wir uns merken müssen.

Im nächsten Jahr fährt David zur Großwildjagd nach Ostafrika. In Tanganjika erreicht ihn die Nachricht aus London, daß sein Vater ernsthaft erkrankt ist. Er nimmt das Schiff von Daressalam nach Brindisi, dann den Zug nach London und kehrt so in Rekordgeschwindigkeit nach England zurück.

Bei seiner Ankunft erfährt David, daß sein Vater einen schweren Anfall von Herzschwäche erlitten hat, aber laut Lord Dawson, dem Leibarzt Georgs V., ist die gefährlichste Phase der Krankheit fast überstanden. Trotzdem muß der König seine Aktivitäten empfindlich einschränken. Was den Prinzen von Wales betrifft, zieht Baldwin sofort die Konsequenzen daraus: David muß seinen Vater nun in vielen Fällen vertreten. Zum ersten Mal ist der Prinz der Macht sehr nahe.

Die Krise, die ihren Ursprung in Amerika hat, greift Stück für Stück auf Europa über. Großbritannien ist weniger als jedes andere Land darauf vorbereitet. Nach dem halb dirigistischen Wirtschaftssystem, wie es der Krieg notwendig gemacht hatte, glaubte man, ohne irgendwelche Änderungen zur Marktwirtschaft der Vorkriegszeit zurückkehren zu können. Zwischen 1914 und 1918 war eine Welt untergegangen, aber die Engländer hatten es nicht zur Kenntnis nehmen wollen. Die Last der Tradition hat den Sieg davongetragen über die Veränderungen, die Lloyd George für unvermeidlich hielt. Man hat selbst zaghafte Verstaatlichungen abgelehnt, man ist zur Privatisierung der Energieerzeugung, der Eisenbahnen und der Kohleförderung zurückgekehrt. Gleichzeitig gerät die Welt der Arbeiter in Bewegung und organisiert sich. Das Beispiel der bolschewistischen Revolution macht zwar nicht Schule, bleibt aber auch nicht ohne Einfluß. Viele weigern sich noch immer, einzugestehen, daß eine neue Kraft im Land erstanden ist: Es sind die acht Millionen Gewerkschaftsmitglieder.

Der Kohlebergbau kämpft ums Überleben; überall werden Zechen geschlossen. Eines Tages schreiben die Bergleute, die Veteranen des Weltkriegs sind, an ihren «Kameraden» David. Da niemand sich um ihr Schicksal kümmert, scheint der Prinz von Wales in ihren Augen die letzte Hoffnung.

Aber was soll er tun? Nach der Verfassung darf sich ein englischer König nicht in die Wirtschaftspolitik einmischen, ein Prinz von Wales noch viel weniger. Es bleibt also nur die Ermutigung durch seine Anwesenheit. Auf Vorschlag eines Geschäftsmannes aus dem Norden und trotz der Bedenken Baldwins, daß diese Reise eine Waffe in den Händen der Labourpartei werden könnte, unternimmt David eine Rundreise zu den Bergwerken von Durham und Northumberland. Die Begegnungen mit der Bevölkerung, die er immer wieder sucht, verblüffen die Beobachter durch ihre Ehrlichkeit. Wenn er in eine Ortschaft kommt, sucht er sich nach dem Zufallsprinzip Häuser aus, die er besuchen will. Man sieht ihn, wie er in eines von ihnen eintritt, wo ein

Bergmann ihn empfängt und ihm sagt, daß seine Frau gerade entbindet: «Wenn es Ihnen nichts ausmache, ihre Hand zu halten, würde sie das ihr Leben lang nicht vergessen.» Die Presse berichtet von solchen Begebenheiten. Die goldene Legende eines sozial engagierten Prinzen nimmt Gestalt an. Es liegt klar zutage, daß der Prinz zuhören kann. Er denkt auch nicht daran, seinen Kummer zu verbergen, und sucht ernsthaft nach Lösungen für diese schreckliche Tragödie. Die Beziehung zwischen den Engländern und dem Thronfolger ist geprägt von gegenseitigem Verständnis und Zuneigung.

Die Gesundheit des Königs ist fast wiederhergestellt, und so ist David Anfang 1930 soweit beruhigt, daß er eine neue Großwildjagd in Afrika wagen kann. Er fährt nicht alleine, und Eingeweihte wissen schon seit einiger Zeit, daß eine neue Frau in sein Leben getreten ist, eine der Morgan-Zwillinge, aus einer der ältesten Familien der Vereinigten Staaten. Sie heißt Thelma Furness. Ihre Schönheit ist berühmt, ihre schlanken Körperformen, ihr großen braunen Augen. Sie hatte sich mit sechzehn Jahren in die Ehe gestürzt. Bevor sie zwanzig war, löst sie sie auf, um sich sogleich mit dem Viscount Furness, einem Reeder, zu verheiraten, einem der reichsten Männer Englands. Bald ist sie auch mit ihrem neuen Mann entzweit und ist zu dem besagten Zeitpunkt frei, um auf die Avancen des Prinzen von Wales eingehen zu können.

Am 11. Januar 1931 lädt Lady Thelma, die nunmehr seine Geliebte ist, den Prinzen ein, das Wochenende mit ihr in Burrough Court, dem Landsitz der Furness in Melton Mowbray in Leicestershire zu verbringen. Das plötzliche Auftauchen des Viscount Furness ist nicht zu befürchten, da er sich, wie es heißt, an der Côte d'Azur in ständig wechselnder Gesellschaft junger Damen aufhält. Consuelo, eine der Schwestern Thelmas, die Ehefrau von

Benjamin Thaw, dem Ersten Sekretär an der Botschaft der Vereinigten Staaten in Großbritannien, hilft ihr, die Gäste willkommen zu heißen.

An jenem Samstag ist das Wetter abscheulich. Davids Wagen hat große Schwierigkeiten, sich einen Weg durch den dichten Nebel zu bahnen, der über Leicestershire liegt. Der Prinz kommt deshalb später als vorgesehen in Burrough Court an. Thelma führt ihn sofort in den Salon, wo ein großes Holzfeuer brennt. Sie stellt ihm ein Ehepaar vor, das David nicht kennt: Mr. und Mrs. Simpson. Er ist Schiffsmakler. Sie, Wallis, eine Amerikanerin aus Baltimore, macht den Hofknicks, wie es die Etikette verlangt.

Eine Amerikanerin? Der Prinz, der im Konversieren sehr geübt ist, versichert dieser jungen brünetten Frau mit dem lebhaften Blick sogleich, daß die Art, wie Amerikaner die Dinge betrachten, ihm besonders lieb ist, und Thelma geht noch weiter. Mrs. Simpson antwortet mit ein paar vagen, verschnupften Worten, denn sie wird von einer Erkältung geplagt. Und schon ist der Prinz weg.

Wer möchte es glauben? Eine beispiellose Romanze, die ein Jahrzehnt lang die öffentliche Meinung in England in Atem halten und das leidenschaftliche Interesse der ganzen Welt wecken wird, hat ihren Anfang genommen.

Wer ist nun diese Wallis Simpson?

II

Eine Amerikanerin aus Baltimore

Kaum hat sich die Tür der Arundel School geöffnet, strömt ein Schwarm kleiner Mädchen auf die St. Paul Street. Alle haben die gleichen langen, bis auf die Schultern fallenden Haare, den gleichen bis zu den Waden reichenden Faltenrock, die gleiche weiße Matrosenbluse, die gleichen durchscheinenden Damenstrümpfe, die gleichen Knöpfstiefel, kurzum: Alle sehen gleich aus.

Die einen laufen zu ihren wartenden *Nannies*, manche springen in die Kutsche, deren Trittbrett der Kutscher ausgeklappt hat, andere begeben sich zum Chauffeur ihrer Eltern, als dieser gerade die Handkurbel eines benzinbetriebenen Automobils kraftvoll durchdreht. Es ist nicht zu übersehen: Die Arundel School ist eine Anstalt für höhere Töchter.

Die Gruppen lösen sich auf. Zurück bleiben diejenigen, die es nicht so eilig haben, oder die Besonneneren, wie man will. Oder auch die Schwatzhaftesten: Diejenige, auf die wir unsere Aufmerksamkeit richten wollen, gehört eher zu den letzteren. Sie ist zehn Jahre alt, spricht lebhaft und weiß sich Gehör zu verschaffen. Wenn wir genau hinhören, nehmen wir einen vornehmen, etwas affektierten Tonfall wahr. Das kleine Mädchen ist keine Schönheit. Wir würden eher der Aussage einer ihrer ehemaligen Mitschülerinnen zustimmen, die sie als «apart» beschreibt. Als ob sie sich ganz bewußt von ihren Mitschülerinnen unterscheiden wollte, hat sie ihre tiefschwarzen Haare auf dem Nacken zu einem Zopf geflochten. Dadurch kommen ihre hohen, hervorspringenden Backenknochen zur Geltung. Das Bild einer Indianerin kommt uns automatisch in den Sinn. Übrigens nennt man sie in ihrer Umgebung auch die *Squaw.* Der untere Teil des Gesichts wirkt etwas plump, aber der Körper erscheint schlank und geschmeidig.

Von allen Schülerinnen der Arundel School ist sie zweifellos eine der ärmsten. Nur die Freigebigkeit eines begüterten Onkels, der ohne Aufhebens zu machen das Schulgeld zahlt, hat ihr die Aufnahme in das Institut ermöglicht. Jede an der Schule weiß das, und wenn die Kleine in einer Diskussion hartnäckig ihre Ansicht verteidigt, ihre Stimme schrill wird und ihre schwarzen Augen Blitze versprühen, kommt es vor, daß Mädchen ihr ins Gesicht schreien, daß ihre Mutter «Kostgänger» aufnimmt. Eine größere Beleidigung gibt es für sie nicht. Dann wirft sie sich auf ihre Feindin und zahlt ihr die Kühnheit mit groben Tritten gegen das Schienbein heim.

Die Squaw von der Arundel School heißt Wallis Warfield. Diejenigen, die sie zu jener Zeit gekannt haben, erinnerten sich an ihre Verbissenheit bei der Arbeit – manche sagten Arbeitswahn –, eine auffallende geistige Lebendigkeit, eine einzigartige Lebenslust und eine sehr anziehende Mischung aus Hochmut und Charme.

Wir wissen, daß sie von dem brennenden Wunsch beseelt war, den Makel wettzumachen, den die Armut in ihren Augen darstellte.

Wenn man in einem Wettbewerb den Titel «ehrgeizigste Schülerin der Schule» vergeben hätte, Wallis hätte ihn sicher gewonnen. Wenn ihr jedoch eine Zigeunerin geweissagt hätte, daß sie eines Tages von einem König geliebt werden und dieser seinen Thron aufgeben würde, um sie zu heiraten, hätte sie ihr ins Gesicht gelacht. Man weiß ja, daß so etwas nur im Märchen passiert. Und ihre Mutter Alice hätte einfach einen Wutausbruch bekommen. Sie mochte es nicht, wenn man sich über jemanden lustigmachte.

Man kann nicht sagen, das Glück sei dieser Mutter hold gewesen. Gewiß, Alice Warfield war stolz, daß sie eine geborene Montagu war, und versicherte, daß ihre Familie auf die ersten Kolonisten zurückging, was übrigens stimmt. Als sie 1895 mit sechsundzwanzig Jahren und ohne eigenes Vermögen Teakle Wallis Warfield heiratete, einen Mann, dessen Familie über einen wohlfundierten Reichtum verfügte, rief ganz Baltimore bewundernd aus: Welch schöne Heirat!

Doch das war nur Schein.

Im ausgehenden 19. Jahrhundert haben die Vereinigten Staaten das Gefühl, sich zweimal befreit zu haben, einmal 1783 von den Engländern, das andere Mal 1865 nach dem Sieg der Nordstaaten über den Süden von sich selbst. Man beginnt, den Bürgerkrieg zu vergessen. Präsident Grover Cleveland beendet seine Amtszeit, William McKinley tritt die seine an. Schon hat Amerika seine Fangarme nach dem Westen – Go West, young man – und, um das Maß vollzumachen, nach Süden ausgestreckt. Die Menschen der Ostküste bleiben nichtsdestoweniger als direkte Erben der ersten Kolonisten die Aristokratie der USA.

Eine gnadenlos gegliederte Gesellschaft, eine allgegenwärtige Religion, strenge moralische Grundsätze, eine Kultur, die ein offensichtliches Überlegenheitsgefühl kultiviert, sind die Kennzeichen des in Baltimore praktizierten American way of life.

In diesem stolzen Rahmen scheint sich dem Glück von Alice Montagu nichts entgegenstellen zu können.Unglücklicherweise besitzt der Warfield, den sie geheiratet hat, kein persönliches Vermögen. Zudem leidet Teakle Wallis an Tuberkulose, und das in einer Zeit, in der es davon kaum Heilung gibt. Er stirbt fünf Monate, nachdem seine Frau am 19. Juni 1892 einem kleinen Mädchen mit Namen Bessie Wallis das Leben geschenkt hatte.

Wallis wurde sie zu Ehren ihres Vaters und Bessie nach der älteren Schwester ihrer Mutter getauft.

Mit siebenundzwanzig Jahren ist Alice Witwe und zudem praktisch mittellos. Sie ist sehr hübsch, hat große, tiefblaue Augen, eine kleine Stupsnase und herrliche, blonde Haare. Aber in Baltimore zählt das alles wenig, wenn die materiellen Mittel fehlen. Alice ist gezwungen, mit ihrem Baby bei ihrer Schwiegermutter, Mrs. Warfield, einer großen, mageren und strengen Frau, zu leben. Gleichzeitig bittet sie ihren Schwager, Solomon Davies Warfield, einen Sonderling, Multimillionär und Besitzer einer Eisenbahngesellschaft, den Wallis immer Onkel Sol nennt, um finanzielle Unterstützung. Die zwei Mrs. Warfields ertragen sich vier oder fünf Jahre lang, dann ist Alice mit ihrer Geduld am Ende und zieht zu ihrer Schwester Bessie, der kinderlosen Witwe von Mr. Merryman.

Auch dieses Experiment dauert nur ein Jahr. Alice versucht, wieder im eigenen Haushalt zu leben. Um sich ihre Unabhängigkeit zu sichern, fügt sie sich in ihr Schicksal und nimmt zahlende Gäste in ihrer Wohnung auf. Als ihr klar wird, daß sie aus Eigenliebe, um ihrem Ruf als guter Köchin gerecht zu werden, sich oft dazu hinreißen läßt, mehr auszugeben, als sie einnimmt, beschließt sie, ein Immobilienbüro aufzumachen. Auch das wird eine Katastrophe. Wallis muß dieses Elend tagtäglich durchleben. Daß sie es fertigbringt, ihre Bitterkeit zu verbergen, spricht für ihre Seelenstärke. Eher würde sie sterben, als daß sie ihren den Montagues und Warfields schuldigen Stolz ablegen würde.

Doch dem Himmel sei Dank, Onkel Sol nimmt sie unter seine Fittiche und öffnet jedesmal seine Börse, wenn die Lage hoffnungslos wird. Aber jedesmal muß man ihn erst überzeugen, d.h. es ihm erklären, sich verteidigen, manchmal inständig bitten. Mit diesen Demütigungen wird sich Wallis nie abfinden.

Die Kleine liebt den Namen Bessie nicht. Sie erklärt sehr zum Mißfallen ihrer Tante:

– Viele Kühe tragen diesen Namen.

Sie beschließt, daß sie nur noch Wallis ist. Alice dankt dem Himmel, als John Freeman Raisin, ein dicker, träger Mensch, den guten Einfall hat, um ihre Hand anzuhalten. Sie heiratet ihn. Und Wallis entdeckt etwas bisher Unbekanntes: den Wohlstand, aber nur bis zu dem nicht mehr allzu fernen Tag, an dem Mr. Raisin stirbt und die Leibrente, auf der sein Wohlstand beruhte, mit ins Grab nimmt. Alice und ihre Tochter müssen wieder in ärmlichen Verhältnissen leben, ein wenig erfreulicher Zustand für ein aufgewecktes Mädchen.

Ein Gedanke von Teakle Warfield geht Alice oft durch den Kopf. Über ein Foto seiner damals fünfmonatigen Tochter gebeugt, hatte er außerordentlich sanft gesagt: «Ich fürchte, daß sie vom Körperlichen her eine Warfield ist. Hoffen wir, daß sie vom Geist her eine Montagu ist.» Was wird den Sieg davontragen: die strenge Gediegenheit der Warfields, die in Maryland Bankiers, Richter und hohe Beamte waren, oder der Charme, die Phantasie, der Geist der Montagues aus Virginia, die nie reich, aber deren Frauen schön waren?

Wallis verbringt ihre Sommerferien halb bei den Warfields, halb bei den Montagues. Sie trifft dort Cousins und Cousinen, die alle besser gestellt sind, die sie aber sehr mögen. Für einige Wochen hat sie teil an den Annehmlichkeiten eines Patrizierhaushalts, erwartet ungeduldig die Einladungen der Gutsbesitzer aus der Nachbarschaft, genießt es, die besten Pferde zu reiten und bei den Picknicks die reizenden Kleider, die ihr von Ellen, der schwarzen Schneiderin ihrer Mutter für wenig Geld genäht werden, zur Schau zu stellen.

Während eines dieser Sommer schreibt Wallis an ihre Tante Bessie Merryman den ersten in einer langen Reihe von Briefen, die es heute dem Historiker erlauben, ihren Lebensweg nachzuzeichnen.

«Liebe Tante Bessie,

ich habe gerade das Buch bekommen, das sie mir geschickt haben, und da ich noch nichts über Salt Lake City gelesen habe, bin ich sicher, daß es mir gefallen wird. Ich kann mir kaum vorstellen, daß sie jetzt auf Weltreise gehen werden. Ich bin glücklich zu hören, daß es Miss Adams wieder gut geht. Wissen Sie, daß ich ein Korsett trage und daß ich darüber entzückt bin? Schreiben Sie mir bitte Postkarten von der Reise ... Ich reite jeden Tag, und ich mache große Fortschritte. Ich spiele viel Bridge, aber im Augenblick habe ich mich zurückgezogen und rühre mich nicht, so kann ich meiner lieben Tante Bessie, die so weit weg ist, ein paar Zeilen schreiben. Ich fürchte, daß ich nicht Ihre genaue Anschrift habe, aber ich hoffe trotzdem, daß dieser Brief Sie erreichen wird. Man ruft mich gerade an den Bridgetisch, und ich beende jetzt den Brief.

In Liebe und Zärtlichkeit

Wallis

P.S.: Großmutter sendet Ihnen herzliche Grüße. Sie läßt geistig schrecklich nach.

P.S.: Mutter hat gerade angerufen und mir von Ihrem Unfall erzählt. Es tut mir leid, das zu hören. Das muß unangenehm für Sie gewesen sein, plötzlich im Nachthemd mitten unter Fremden zu sein.[1]»

Im März 1914 verläßt Wallis mit achtzehn Jahren das Gymnasium von Oldfields, das sie seit 1912 besuchte. In einem solchen Fall war es üblich, einen Sinnspruch ins Schulbuch zu schreiben. Im allgemeinen beziehen sich diese eher kindlichen Äußerungen auf den Zauber der Schule, den Reiz des Lehrstoffes oder auf die Freundschaften, die man geknüpft hat. Wallis aber schreibt nur

1 Mrs. Merryman reiste im Schlafwagen, war aus dem oberen Bett gefallen und hatte sich dabei drei Rippen gebrochen.

drei Worte hinein: *All is love*, «Alles ist Liebe.» Das ist ein Programm.

Ihr Cousin Basil Gordon erinnert sich an die achtzehnjährige Wallis: «Sie war eine kleine Brünette, sehr lebhaft und sehr geistreich.» Er sagt auch, daß viele Leute sie wegen ihrer Fröhlichkeit und ihrer Schlagfertigkeit bewunderten. Nach Tom Shryoc, dem späteren Oberst der Nationalgarde, beherrschte sie die Kunst, es jedem recht zu machen, «ob es jetzt ein Polizist oder ein Zeitungsjunge war.»

Eines Morgens im Oktober 1914 erhält sie eine in schweren Lettern gedruckte Karte mit dem Stempel des *Bachelor Cotillon*. Es handelt sich um einen sehr exklusiven Zirkel, der jedes Jahr um den Nikolaustag herum einen Debütantinnenball organisiert. Ein äußeren Einflüssen nicht zugängliches Komitee wählt die Kandidatinnen aus. Nun benachrichtigt das Bachelor Cotillon Wallis, daß sie unter den siebenundvierzig Auserwählten dieses Jahres ist. Welcher Stolz und welche Freude!

Europa ist mitten im Krieg, aber in Baltimore denkt man kaum daran. Am Abend des Balls legt Alice zum ersten Mal Rouge auf die Wangen ihrer Tochter auf. Wallis trägt ein hautenges weißes Kleid und hat sich ihren siebenundzwanzigjährigen Cousin Henry als Kavalier ausgesucht, der sie zum Operettentheater begleitet. Onkel Sol hat ihnen sein Auto und seinen Chauffeur geliehen. Um elf Uhr beginnen die Debütantinnen mit wohlberechneten langsamen Schritten ihren Rundgang durch den Ballsaal. Den ganzen Abend lang drängen sich die Kavaliere um Miss Warfield. Es gibt keinen Zweifel: Wallis gefällt. Es ist nicht sicher, ob ihr bei ihrer Rückkehr nach Hause die Freude über ihren Erfolg nicht durch die Rückkehr in ihre triste Wirklichkeit getrübt wurde. Die anderen Debütantinnen sind reich, sie nicht.

Gewiß, Onkel Sol liebt seine Nichte sehr. Aber wird er sie

auch in seinem Testament bedenken? Der Bankier ist sehr wechselhaft, was seine Großzügigkeit betrifft. In Baltimore stellt er eine bescheidene Existenz zur Schau, während er in New York ein Absteigequartier besitzt, das heimlich von den reizvollsten Sängerinnen und Tänzerinnen der Stadt besucht wird. Die Hoffnung von Alice, ihre Tochter gut zu verheiraten, gerät ins Wanken. Wo soll sie einen reichen Mann finden, der sich mit einem Mädchen ohne Mitgift zufriedengibt?

Der Winter 1915/16 geht zu Ende, als eine große Neuigkeit sie erreicht: Zum zwanzigsten Geburtstag von Wallis wird sie von ihrer Cousine, Corinne Mustin, zu den Mustins nach Florida eingeladen. Man spricht viel von Pensacola, wo gerade der erste amerikanische Luftwaffenstützpunkt angelegt wurde. Hauptmann Henry Mustin, Corinnes Mann, befehligt die Staffel, die dort stationiert ist. Soll sie die Einladung annehmen? Alice meint, sie solle ablehnen, denn Mrs. Warfield, Wallis' Großmutter, ist gerade erst gestorben. Tante Bessie mischt sich ein, man solle doch nicht so altmodisch sein. Wallis müsse endlich feststellen, daß Baltimore nicht der Nabel der Welt sei. Tante Bessie behält die Oberhand, und im April 1916 steigt Wallis in den Zug nach Pensacola.

In ihrem Haus an einer sonnenbeschienenen Bucht, am grünschimmernden, ruhigen Wasser nehmen Corinne und Henry Mustin sie mit offenen Armen auf. Wallis lernt diese seltsamen neuen Maschinen, die Flugzeuge, kennen. Wir befinden uns noch in der Frühzeit der Luftfahrt, und es gibt in den USA erst fünfundzwanzig Militärpiloten, fast alle ehemalige Seeleute. Sie fliegen Maschinen des Typs Curtiss N. 9, die wie alle Flugzeuge dieser Zeit einem Käfig aus Stoff ähneln, der durch Holzstöcke und Stahltrossen versteift ist. Jeden Morgen schwingen sich diese kühnen Männer in den Himmel über der Bucht, ohne sicher zu wissen, daß sie auch heil wieder zurückkommen. In den folgenden Tagen sollten zwei Piloten den Tod finden. Andere entgehen schweren Unfällen nur um Haaresbreite.

Henry Mustin lädt die Piloten reihum zu sich zu Tisch ein. Vom ersten Tag an schwärmt Wallis für diese Jungen, die so laut lachen und so unbekümmert ihr Leben riskieren. In den Augen aller jungen Mädchen dieser Zeit verkörpern sie den modernen Helden. Schon am ersten Abend wird Wallis Leutnant Winfield Spencer, ein schlanker, braungebrannter Mann mit einem englischen Schnurrbart, vorgestellt. Jedermann nennt ihn Win. Sie entdeckt in ihm einen Mann «voller Humor und Fröhlichkeit» mit einem «heißblütigen und lebhaften Blick», der den «Eindruck von Mut und Energie» vermittelt.

Am Ende des Abends verkündet er Wallis in einem Ton, der keinen Widerspruch zuläßt, daß er sie am nächsten Tag nach Dienstschluß besuchen werde.

– Das ist liebenswürdig von Ihnen, sagt Wallis ein wenig schnell, aber ich weiß nicht, was die Mustins vorhaben.

Aber nichts könnte die Selbstsicherheit von Win Spencer ins Wanken bringen:

– Beunruhigen Sie sich nicht! Was sie vorhaben, ist mir nicht wichtig, solange ich daran teilnehme.

Am Abend schreibt Wallis ihrer Mutter einen Brief, der mit folgenden Worten beginnt: «Ich habe die Bekanntschaft des bezauberndsten aller Flieger gemacht.»

Die Vereinigten Staaten sind noch nicht in den 1. Weltkrieg eingetreten, aber viele Amerikaner wissen, daß es unvermeidlich ist. Diese Aussichten und die alltägliche Gefahr erzeugen ein nervenaufreibendes Klima, das übereilte Liebesromanzen fördert, wie es viele Schriftsteller dieser Zeit in ihren Romanen und Erzählungen dargestellt haben. Kaum ist ein Monat vergangen, hält Win um die Hand von Wallis an.

Sie ist innerlich stärker bewegt, als sie es zugeben würde. Sie gesteht Win, daß sie sicher ist, ihn zu lieben, daß sie ihm aber keine Antwort geben könne, bevor sie sich nicht mit ihrer Mutter und ihrem Onkel Sol besprochen habe. Der auf vier Wochen angelegte Aufenthalt dauert acht. Wallis fährt nach Baltimore zurück und erzählt Alice alles. Die Mutter verbirgt ihre tiefe Enttäuschung nicht. Sie streicht heraus, daß der Sold eines Marineoffiziers fast nichts ist. Hat dieser Win persönliches Vermögen? Nein, überhaupt keines. Und wenn er tödlich verunglückte? Alice kennt das Schicksal, das eine junge Witwe ohne Geld erwartet, nur zu gut. Wallis fegt die Einwände beiseite. Sie ist verliebt und damit Schluß! Alice seufzt tief auf, stimmt dann aber zu. Wenn Wallis eine Entscheidung getroffen hat, wäre es unnütz zu versuchen, ihr Hindernisse in den Weg zu legen.

Die Trauung findet am 8. November 1916 um halb sieben Uhr abends in der Episkopalkirche von Baltimore statt. Unter den Ehrenjungfrauen ist die beste Schulfreundin von Wallis, Mary Kirk. Merken wir uns diesen Namen!

Auf dem Hochzeitsfoto steht Wallis aufrecht da, schlank, ganz in Weiß, ihr schwarzes Haar in der vorgeschriebenen Haube aus weißem Tüll. Sie betrachtet den Fotografen mit jenem unruhig starren Blick, den so viele Kameras seit der Erfindung Daguerres festgehalten haben. Um sie herum sieht man sieben Ehrenjungfrauen, von denen fünf stehen und zwei sitzen. Sie tragen alle den gleichen glockenförmigen Hut mit breitem Rand und verschwinden fast hinter den riesigen Blumensträußen. Sie schauen mit der gleichen Ängstlichkeit wie die Braut in die Linse, besonders die links Sitzende, Mary Kirk. Sie ist hübsch mit ihren runden Jungmädchenwangen, die Gesundheit signalisieren, aber sie zieht ein Gesicht, das eher zu einer Beerdigung passen würde.

Onkel Sol gibt einen Empfang im Stafford Hotel, und noch am gleichen Abend fahren Win und Wallis im Wagen nach Washington. Sie werden von Wallis' Cousine, Lelia Barnett, einer echten Montagu, begleitet. Sie setzt sie im Storeham Hotel ab und erklärt der frischgebackenen Mrs. Spencer unverhofft:

– Ich habe ein komisches Gefühl, wenn ich dich mit einem Fremden allein im Hotel lasse.

Dieser Win ist ein reizender Junge. Er hat nur einen Fehler, er trinkt. Als Wallis ihn zum ersten Mal betrunken sieht, verabscheut sie ihn. Am nächsten Tag schwört er, nicht wieder zu trinken, und Wallis findet glücklich den Win ihrer Brautzeit wieder. Acht Tage später läßt sich Win zu einem ersten Glas verleiten, weitere folgen. Die Versöhnungen werden immer schwieriger. Wenn seine Freunde Win ins Gebet nehmen, erklärt er, daß er nur trinkt, weil er es nicht erträgt, daß seine Frau so kokett ist. Ist sie das wirklich? Sie sucht die Gegenwart von Männern, sie liebt die langen Abende, an denen man, nachdem man getanzt und getrunken hat, sich das Herz ausschüttet. Nichts schätzt sie so sehr wie die Gesellschaft von Leuten, die sie zum Lachen bringen. Das reicht, um einen verliebten Mann mit wenig Sinn für Humor rasend und eifersüchtig zu machen.

Die Erfolge von Wallis lassen sich einfach erklären: Aus dem jungen Mädchen von einst ist eine blühende Frau geworden. Wenn sie lacht, erscheint auf ihrem Gesicht ein strahlendes Leuchten. Aber trotz aller Freundlichkeit folgt sie doch nur ihrem eigenen Kopf.

Als die Vereinigten Staaten in den Krieg eintreten, wünscht Win leidenschaftlich, daß man ihn nach Frankreich schickt. Sein Pech ist, daß man überall in den Vereinigten Staaten Ausbilder für neue Piloten braucht, und Win ist ein so erfahrener Pilot, daß man ihn lieber dabehält. Sein Aufgabenbereich wird ständig größer. Man gründet den Marinefliegerstützpunkt Squantum. Wallis und er ziehen in seine Nähe, nach Boston. Als ein anderer Stützpunkt in North Island in Kalifornien gegründet wird, ziehen sie nach San Diego. Wins Kameraden ziehen jetzt ihre Kreise am Himmel über Frankreich. Die Verwaltungsroutine bedrückt Win immer mehr, und seine Verbitterung nimmt zu. Er geht früh morgens aus dem Haus, kommt spät am Abend zurück und spricht kaum noch mit seiner Frau. Sie macht die Einkäufe, bereitet drei Mahlzeiten am Tag zu. Sie sind erst seit einem Jahr verheiratet, aber was ist übrig von der großen Leidenschaft der Wallis Warfield?

Die Feier des Waffenstillstands am 11. November 1918 entfesselt die Begeisterung der Amerikaner, aber nicht die von Win, der inzwischen Hauptmann geworden ist. Unter seiner Leitung haben die Flugschüler 35000 Flugstunden absolviert und 2360000 Meilen zurückgelegt, aber er hat nicht in Europa mitgekämpft. Er trinkt mehr als je zuvor. Seine Eifersucht gegenüber Wallis hat unglaubliche Ausmaße angenommen. Sie legt sich über ihr Verhalten Rechenschaft ab: «Ich habe eine fröhliche Natur und keine Angst vor dem Flirt. Darüber hinaus bin ich in der Vorstellung erzogen worden, daß man sich in der Welt bemühen muß, anderen angenehm zu sein. Ich habe das Tanzen immer geliebt, und es ist selten vorgekommen, daß kein Tänzer mich aufgefordert hat, wenn das Orchester *Avalon* oder *A pretty girl is like a Melody* oder irgendein anderes beschwingtes Lied aus den Anfängen des Jazz anstimmte. Meine Begeisterung und mehr noch die, die dadurch bei meinen Partnern geweckt wurde, machte Win verrückt vor Eifersucht. Und je später der Abend wurde, desto mehr trank er.»

Beunruhigt beobachtet Alice aus der Ferne die Ehe ihrer Tochter. Als Win nach Washington versetzt wird, wo man eine neue Luftfahrtbehörde gründet, glaubt sie angesichts der Freude von Wallis, daß alles sich zum Guten wenden kann. Das erweist sich jedoch als Irrtum. Win fühlt sich in den Büros nicht wohl und hat keinen Erfolg in der Bundeshauptstadt. Er schiebt Wallis die Schuld für sein Scheitern zu, und das gemeinsame Leben wird zur Hölle. Wallis kündigt ihrer Mutter an, daß sie sich scheiden lassen will. Alice hebt die Arme gen Himmel und erklärt, daß es bei den Montagues noch nie eine Scheidung gegeben hat. Tante Bessie schreit, daß Wallis die Familie entehren will. Onkel Sol stellt fest, «daß man in der ganzen Geschichte der Warfields seit 1662 keine Scheidung findet.» Wallis beschließt, Zeit zu gewinnen, aber eines Nachts kommt Win nicht nach Hause. Am nächsten Tag teilt Wallis ihm mit, daß nichts und niemand sie davon abhalten kann, die Scheidung einzureichen. Sie zieht zu Alice, die ihm und Win nach Washington gefolgt war. Wir sind am Anfang des Jahres 1922; Wallis ist jetzt sechsundzwanzig Jahre alt.

Die Reaktion von Wallis war die einer gekränkten Frau; der Stolz der Montagues in ihr war getroffen. Jetzt ist es zuviel. Sucht sie Zerstreuung, als sie sich in das mondäne Leben Washingtons stürzt? Sie geht oft aus und nachdem sie Onkel Sol dazu gebracht hat, sie zu unterstützen, fährt sie unverzüglich mit Corinne Mustin, die gerade Witwe geworden ist, nach Paris. Es ist die Zeit, als die Amerikaner Paris entdecken. Eine Clique, die einem Roman von Scott Fitzgerald entstiegen sein könnte, nimmt Wallis und Corinne auf. In dieser mitreißenden, immer fröhlichen Gesellschaft erkunden sie den Montparnasse und das Quartier Latin, die kleinen Bistros und die Schlösser der Loire.

Der Generalstab hat mittlerweile die Trinkereien Wins geahndet und ihn als Kommandanten auf ein Kanonenboot nach Asien versetzt. Er überweist jeden Monat pünktlich einen Teil seines Soldes an Wallis – zweihundertfünfundzwanzig Dollar – und schwört, daß er sie noch immer liebt. Seine Briefe aus Hongkong zeugen von einem außerordentlich trübsinnigen Dasein. Er ist traurig, daß er nicht genügend Geld hat, sich zu amüsieren, und es scheint ihm, so sagt er, daß er langsam völlig verblödet.

Niemals seit ihrer Brautzeit ist er so zärtlich gewesen. Und eines Tages bittet er sie, zu ihm nach China zu kommen. Das rührt Wallis schließlich. Wer weiß, vielleicht hat Win sich ja gebessert. Während ihrer freiwilligen Ehelosigkeit hatte sie zwangsläufig viele Frauen getroffen, die geschieden oder von ihren Männern getrennt waren. Sie kamen ihr alle nicht glücklich vor.

Unvermittelt entscheidet sie sich. Am 2. April 1924 kabelt sie von Paris aus an Win, daß sie in die Vereinigten Staaten zurückfahren und von dort zu ihm kommen wird.

In Norfolk, Virginia schifft sie sich ein und ist sechs Wochen später in Hongkong. Win erwartet sie am Kai. Jetzt beginnen nach der eigenen Aussage von Wallis «fünfzehn zauberhafte Tage, die zweiten Flitterwochen.» Aber Win fängt erneut an zu trinken. Seine Eifersucht treibt ihn wieder zum Äußersten, obwohl es dazu «keinen Grund» gibt, wie Wallis schwört. Er beschuldigt seine Frau, sie würde mit seinen Offizierskameraden flirten, und fängt ihre Briefe ab, um sie vor ihr zu lesen. Unendlich müde geworden, gibt sie auf. Sie haben es versucht, und sie sind gescheitert. Win stimmt zu und, wie es sich für einen Gentleman gehört, bringt er sie zur *Empress of Russia*, dem Schiff, mit dem sie in See sticht. Sie empfindet Trauer und den bitteren Geschmack eines vielleicht hoffnungslosen Lebens.

In China ist das Leben so billig, daß sie es ausnutzen will. Sie fährt nach Shanghai, dann nach Peking, wo General Feng Yu-Hsiang herrscht, einer jener grimmigen «Warlords», die das vom Bürgerkrieg verwüstete China unter sich aufgeteilt haben. Jeden Tag läßt Feng einige seiner Feinde in den öffentlichen Gärten enthaupten, und die Bevölkerung duckt sich.

Das gesellschaftliche Klima ist widersprüchlich. Inmitten dieser Tragödie setzen die Kolonien der Ausländer, komme, was da wolle, ihr mondänes Leben fort. Wallis ist im Grand Hotel abgestiegen und wird eines Tages von einem amerikanischen Diplomaten zu einer Tanzveranstaltung eingeladen. Inmitten all der

Paare, die unermüdlich Tango und Charleston tanzen, nimmt sie plötzlich ein bekanntes Gesicht wahr. Es ist Katherine Moore Gibelow, eine junge Witwe von seltener Schönheit, die ihr schon vor sechs Jahren in Kalifornien sehr sympathisch gewesen war. Die Überraschung ist auf beiden Seiten groß, und sie stürzen einander in die Arme. Katherine merkt sofort, daß Wallis sich von Win getrennt hat, und Wallis, daß Katherine wieder verheiratet ist. Diese stellt ihr ihren Mann, Herman Rogers, einen großen, athletischen und unendlich bezaubernden Typ vor. Mit fünfunddreißig Jahren hat er sich von den Geschäften zurückgezogen und verfügt über ein großes Vermögen. Er hat Katherine überzeugt, mit ihm den Ort auf der Erde zu suchen, der ihrem Glück das beste Zuhause bieten könnte. Nach zwei Weltreisen können sie sich noch nicht zwischen Peking, Florenz und der Côte d'Azur entscheiden.

Die Rogers bestehen darauf, daß Wallis nicht allein im Hotel bleibt in einer Stadt, in der man sich auf den Straßen gegenseitig umbringt. Sie bieten ihr die Gastfreundschaft ihres Hauses, Shih Chia Huting, im Gesandtenviertel an. Dort ist zumindest ihre Sicherheit garantiert. Am nächsten Tag richtet sich Wallis in dem altertümlichen, von hohen, grauen Mauern umgebenen Haus der Rogers' in der Tatarenstadt ein.

Sun Yat-sen, der Gründer der chinesischen Republik, zieht am 1. Januar 1925 in die Stadt ein. Er unterzeichnet den Friedensvertrag mit Feng, während am Horizont der Stern Tschiang Kaischecks aufgeht. Wird die Geschichte den Rogers recht geben? Kann man in Peking sein Glück finden?

Ich muß den Fortgang der Geschichte hier anhalten. Unter der Unzahl von Gemeinheiten, die man über die spätere Herzogin von Windsor ausgegossen hat, scheint die Pekinger Episode – ob mit oder ohne Wallis' Zutun – die Schreiberlinge besonders inspiriert zu haben, die dann ununterbrochen aus diesen vollen Trögen geschöpft haben. Wenn man ihnen glauben wollte, wäre Peking für die junge Frau das Epizentrum aller Schandtaten gewesen.

Ich fasse die Gerüchte und Geschichten zusammen:

1) Als Wallis in Peking ankommt, ist sie amerikanische Geheimagentin. Im Dienst welcher Organisation? Zu welchem Zweck? Niemand ist in der Lage, darauf eine Antwort zu geben.

2) In Freudenhäusern in China erlernt Wallis die «geheimen Liebestechniken», die später den Prinzen von Wales in leidenschaftlicher Liebe entbrennen lassen. Welche Liebestechniken? Pikante Einzelheiten gibt es in vielerlei Varianten. Der Historiker, der nach den Quellen fragt, wird auf gewisse «chinesische Dossiers» verwiesen, von denen nie gesagt wird, wo sie sich befinden und wer sie erstellt hat.

3) Wallis soll in China eine leidenschaftliche Beziehung zu einem gewissen Alberto da Zara, dem «schönen Marineattaché an der italienischen Botschaft», gehabt haben. Es ist richtig, daß dieser Zara sie in seinen Memoiren erwähnt, aber hauptsächlich, wenn er von den Pferderennen schreibt, an denen sie mit ihm zusammen inmitten «junger westlicher Schönheiten» teilgenommen hat.: «Zu dieser Zeit trug sie eine klassische Haartracht, die ihr Gesicht freigab und somit ihre Stirn und ihre Augen hervorhob. Dieser Frisur ist sie bis heute treugeblieben.» In der Tat, welch «glühende Leidenschaft» liegt in dieser Beschreibung.

4) Wallis soll auch eine Liebschaft mit einem anderen Italiener gehabt haben. Diesmal ist man ganz unbescheiden: Es soll sich um Galeazzo Ciano, den Schwiegersohn Mussolinis und späteren Außenminister des faschistischen Italien handeln. Nach einer gewissen Mrs. Miles, die mit einem amerikanischen Marineoffizier verheiratet war und die ein halbes Jahrhundert später berichtet hat, «zogen die Ehefrauen der Seeleute darüber her. Es war ein öffentlicher Skandal.» Wenn man nun Giordano Brunos

erschöpfende Biographie über Ciano, die 1979 herauskam, befragt, findet man nichts davon.

5) Und es geht noch weiter: Wallis soll von Ciano schwanger gewesen sein. Nach der oben genannten Mrs. Miles hat sie eine Abtreibung vornehmen lassen, was «gynäkologische Komplikationen» zur Folge hatte, die ihr jede Hoffnung genommen haben, später einmal ein Kind zu bekommen. Von diesen Beziehungen, so versichert man noch heute, kamen ihre Sympathien für den Faschismus.

6) Nach einer Freundin von Wallis, deren Name nicht genannt wird, soll sie mit Herman und Katherine Rogers ein «seltsames Dreiecksverhältnis» gehabt haben. Ihre Neigungen hätten sie sowohl zum einen als auch zum anderen Geschlecht hingezogen. Halten wir fest, daß die Rogers selbst «aller Wahrscheinlichkeit nach» Geheimagenten waren.

7) Nach Leslie Field, die im Buckingham-Palast recherchierte, um ein Buch über die britischen Kronjuwelen zu schreiben, was ja nicht unbedingt große Kenntnisse über das zeitgenössische China voraussetzte, soll Wallis in Peking in einen umfangreichen Drogenhandel verwickelt gewesen sein. Mrs. Field sieht Wallis auch unter dem Schutz der chinesischen Mafia, die sie in die Geheimnisse des Falschspiels eingeführt hätte. So soll sie im Bakkara, Roulette und Black Jack «beträchtliche Summen» gewonnen haben.

An diesem Punkt angelangt, kann der Leser feststellen, daß man Wallis alle Verbrechen, deren man einen Menschen anklagen kann, zur Last gelegt hat, mit Ausnahme der Bluttaten. Bei dieser Gelegenheit sollten wir uns Talleyrands nur allzu wahre Feststellung ins Gedächtnis rufen: «Alles, was übertrieben ist, ist unbedeutend.»

Wallis wird später sagen, daß Peking neben Paris die Stadt war, die sie am meisten liebte. Nach und nach hat sie dort Win und ihre Probleme vergessen. Auf angenehme Weise hat sie sich von der Wirklichkeit entfernt. Eines Morgens jedoch stellt sie sich Fragen. Wird sie weiter vor sich selbst fliehen? Sich ewig selbst täuschen? Das ist doch einer Montagu und Warfield nicht würdig. Sie muß nach Amerika zurück und sich ernsthaft um ihre Scheidung kümmern.

Sie nimmt mit großem Bedauern von den Rogers Abschied. Die Freundschaft, die zwischen ihnen entstanden ist, ist nicht im mindesten vergleichbar mit den oberflächlichen Beziehungen, mit denen sie sich oft zufriedengegeben hat. Diese Freundschaft wird in der Zukunft – und besonders während der dramatischsten Episode ihres Lebens – ihren unschätzbaren Wert beweisen.

Das Glück hat sie wahrhaftig verlassen. Auf der Heimfahrt erkrankt sie auf dem Schiff, und sie wird sofort am Magen operiert, als das Schiff in Seattle anlegt. Aber es ist nichts Schlimmes. Win, der auf Urlaub in den Vereinigten Staaten weilt, ist hochgradig besorgt und besucht sie eilig in Chicago. Er begleitet sie noch nach Washington, aber mehr nicht. Sie werden sich nie mehr wiedersehen.

Ein Anwalt erklärt Wallis, daß sie sich für dreihundert Dollar scheiden lassen könnte; allerdings müßte sie zuerst ein Jahr in Virginia wohnen. Die einzigen Mittel, die ihr zur Verfügung stehen, ist das Geld, das Win ihr von seinem Sold abtritt. Sie ergibt sich in ihr Schicksal und zieht in ein Hotel in der Kleinstadt Warrenton. Bis heute hat sich im Warren Green Hotel nichts verändert. Die Zimmer im Erdgeschoß und im ersten Stock gehen auf Galerien hinaus, die von Säulen getragen und von kleinen Balkons abgeschlossen werden. Wallis verbringt hier endlos lange Monate.

Von Zeit zu Zeit nimmt sie den Zug nach Washington, um ihre Mutter in die Arme schließen zu können. Sie trifft hier ihre Freunde von früher, zu denen neue Bekanntschaften hinzukommen, z.B. Felipe Espil, ein argentinischer Diplomat. Sehr schnell erklärt dieser leidenschaftliche Lateinamerikaner ihr seine Liebe. Er kommt ständig nach Warrenton, und soviel Ungestüm rührt Wallis. Felipe spricht von Heirat; sie sagt nicht Nein. Doch die Familie Espil schiebt dem einen Riegel vor, denn in diesen Zeiten kann ein argentinischer Diplomat, ein Katholik dazu, keine geschiedene Frau heiraten.

Ende 1926 lädt ihre Schulfreundin Mary Kirk, die Jacques Raffray, einen französischen Diplomaten, geheiratet hat, Wallis über die Weihnachtstage nach New York ein. Warum nicht? Sie steigt in deren Haus am Washington Square ab.

Am Nachmittag des Weihnachtstages nimmt im Salon der Raffrays das Unvorhersehbare Gestalt an. Ein Freund des Hauses taucht plötzlich unter dem Weihnachtsbaum auf. Jacques stellt Wallis Ernest Aldrich Simpson vor.

Später erinnert sich Wallis, daß sie vom englischen Akzent Simpsons verblüfft war. Simpson ist groß, gut gebaut, elegant gekleidet, und sie findet ihn sofort bezaubernd mit seinen braunen Haaren, den blauen Augen und der Gesichtsfarbe eines Mannes, der oft im Freien ist. Sein großer schwarzer Schnurrbart erinnert sie an den von Win.

Ernest Simpson, der mit seinen neunundzwanzig Jahren ein Jahr jünger ist als Wallis, arbeitet für die Firma Simpson, Spence und Young – An- und Verkauf von Schiffen. Sein Vater, ein Engländer jüdischer Abstammung, der in jungen Jahren nach Amerika gekommen war, hatte sie gegründet. Sie floriert und besitzt Agenturen in Hamburg und London. Ernest war in den USA geboren worden – seine Mutter war Amerikanerin –, studierte später in Havard und nahm noch vor Studienabschluß als Soldat der britischen Armee am Weltkrieg teil. Er hatte Zutritt zu einem der sieben Garderegimenter, den Cold Stream Guards, gefunden, dem vornehmsten Regiment, dem auch der Prinz von

Wales angehörte. Sein Leben lang demonstriert Ernest seinen Stolz, dort gedient zu haben. Bis zu seinem Tod trägt er die Krawatte der Guards, schwarz mit einem tiefroten Strich. Da sein Status als britischer Kriegsveteran ihm die Wahl ließ, wurde er nach dem Krieg englischer Staatsbürger, was ihn nicht daran hinderte, wie sein Vater eine Amerikanerin zu heiraten.

Die Ehe der Simpsons ist am Ende. Als die Raffrays Ernest einladen, schicken sie nur ihm eine Einladung. Er spricht wenig, aber Wallis hat den Eindruck, daß er nicht ohne Humor ist. Er tanzt hinreißend, kennt alle Theater und wird seinem Ruf als exzellenter Bridgespieler gerecht. Wallis erahnt in ihm einen vollkommen ausgeglichenen Menschen. Die Raffrays merken schnell, daß Ernest die Gegenwart von Wallis sucht und daß Wallis seine Aufmerksamkeiten nicht unangenehm sind. Das Heikle an der Geschichte ist, daß beide verheiratet sind. Bis dahin hatte Wallis sich geweigert, sich um das Morgen zu kümmern. Wie oft hatte sie gesagt: «Das wird vielleicht nie geschehen.» Doch die Jahre vergehen so schnell, daß sie beginnt, darüber zu erschrecken. Die Dreißig stehen vor der Tür. Dreißig Jahre – ist das möglich?

Was wird sie nach der Scheidung machen? Sie denkt daran zu arbeiten. Der Krieg hat das Leben der Frauen in Amerika – wie auch anderswo – umgekrempelt. Für ein Mädchen aus guter Familie gilt es nicht mehr als anstößig, einen Beruf zu ergreifen. Wallis ist versessen auf alles, was mit Mode zu tun hat. Sie bewirbt sich um eine Stelle als Berichterstatterin bei einer Zeitung, aber man weist sie ab. Sie denkt daran, es einigen ihrer Freundinnen gleichzutun, und Verkäuferin in einem führenden Modehaus zu werden. Aber das ist nur eine vorübergehende Anwandlung.

Unruhe, vielleicht Angst erfassen sie. Sie holt sich bei einem Astrologen Rat, der ihr weissagt, daß «ihr Einfluß beträchtlich sein und sie eine berühmte Frau werden» würde. Weiter sagt er:

– Sie werden heiraten, sich wieder scheiden lassen, sich wieder verheiraten und sie werden vor tiefgreifenden Gefühlsproblemen stehen. Und Sie werden große Macht über einen Mann ausüben.

Natürlich glaubt sie kein Wort davon. Ernest Simpson hat sein eigenes Scheidungsverfahren in die Wege geleitet. Der Tag ist vorhersehbar, an dem er ihr, wenn sie beide frei sind, vorschlagen wird, ihrer beider Schicksal miteinander zu verbinden. Sie zögert noch. Was würde bei dieser Mischung aus dem Phlegma dieses Briten und ihrem Ungestüm eines Mädchens aus Virginia herauskommen? Sie fährt lieber nach Warrenton zurück, wo sie ihren kleinen Hof von Bewunderern und die ihr liebgewordenen Bücher vorfindet.

Was die Zukunft ihrer Tochter betrifft, hat Alice alle Hoffnung aufgegeben. Wenn sie sich ihr verpfuschtes Leben und das von Wallis vor Augen hält, fragt sie sich, welches verhängnisvoller enden wird. Aber noch einmal tritt für sie das Unerwartete ein: Charles Gordon Allen aus Washington hält um die Hand der sechsundfünfzigjährigen Witwe an, die sich wohl hütet abzulehnen. Am 4. Juli 1927 schreibt Alice in das Goldene Buch des Hotels, in dem sie ihre Flitterwochen verbringen: «Ich bin hier die Nummer Vier mit meinem Dritten.»

Wallis hat ihr zweites Jahr im Exil begonnen. Sie war 1925 in Warrenton eingetroffen, bleibt dort das ganze Jahr 1926 über und ist Anfang 1927 immer noch dort. Das ist viel, wie Tante Bessie in ihrer Weisheit findet. Sie ist jetzt eine kleine, zweiundsechzigjährige, rüstige Dame mit rundem Gesicht, das von grauen, hier und da weiß schimmernden Haaren umrahmt wird, die immer sorgfältig geordnet und frisiert sind. Sie versucht ihr Bestes, die üppigen Hüften in dunklen Kleidern zu verbergen. Sie betrachtet die Welt mit ruhigem, nachsichtigem, klarem Blick. Ihre Güte ist offenkundig, wenn sie auch gelegentlich von herrischen Anfällen überschattet wird. Sie folgt der Tradition, die besagt, daß amerikanische Witwen eingefleischte Globetrotterinnen sind, und beschließt, nach Europa zu reisen. Warum also sollte ihre Nichte sie nicht begleiten? Tante Bessie schreibt an Wallis: «Ich verspreche Ihnen nichts Sensationelles, aber die Luftveränderung kann Ihnen nur guttun, und Ihre Gesellschaft wäre mir in jedem Fall von Nutzen.»

Nachdem sie Italien und die Côte d'Azur besucht haben, steigen Tante und Nichte in Paris im Hotel Lotti ab. Erstaunt es uns noch, daß Wallis Kontakte knüpft zu offenherzigen Amerikanern, denen sich zwei «sehr amüsante» Iren zugesellen? Tante Bessie, der die Gruppe zu lebhaft ist, fährt nach Washington zurück. Wallis fährt mit ihrer Clique an den Lago Maggiore und ist ganz begeistert von der Reise. Aber bei ihrer Rückkehr nach Paris erfährt sie vom plötzlichen Tod ihres Onkels. Armer, lieber Onkel Sol! Sie nimmt das nächste Schiff, kommt aber für die Trauerfeierlichkeiten zu spät. Onkel Sol ist seinem Ruf als Querkopf treu geblieben. Er hat die ganze Familie enterbt und sein Vermögen von fünf Millionen Dollar, was sicher keine Kleinigkeit ist, einem Hilfswerk vermacht, das sich um «Frauen aus guter Familie in Not» kümmert.

Wallis wurde enterbt, weil sie die Scheidung eingereicht hatte. Sie ist zwar Nutznießerin eines Kapitals von fünfzehntausend Dollar, dessen Zinsen ihr ausgezahlt werden, aber nur, solange sie nicht wiederverheiratet ist.

Am 10. Dezember 1927 spricht Richter George Lathom Fletcher in Warrenton die Scheidung aus. Begründung ist das Verlassen der ehelichen Wohnung durch den Ehemann. Genau zu diesem Zeitpunkt erklärt ihr Ernest Simpson, daß er nach London geht, um dort die Leitung der englischen Agentur der Firma Simpson zu übernehmen. Mit einer Hartnäckigkeit und Inbrunst, die sie rührt, bittet er sie: Heiraten Sie mich, Wallis! Diesmal wägt sie sehr ernsthaft die Folgen ab, die eine Annahme des

Antrags haben könnte. Zunächst müßte sie auf die Einkünfte aus Onkel Sols Hinterlassenschaft verzichten. Das wäre unangenehm. Dann möchte sie keinen Mann heiraten, der nur Angestellter seines Vaters ist: Die Unterordnung stört sie. Trotzdem sagt sie auch nicht Nein. Ein Mann voller Hoffnung besteigt das Schiff nach Europa.

Seltsamerweise hat sie beschlossen, in ihrem Zimmer im Warren Green Hotel in Warrenton zu bleiben: Sie ist in gewisser Weise auf sich selbst zurückgeworfen. Ernest schickt ihr Brief um Brief. Sie zögert immer noch: Sie sind doch so verschieden. Sie ist so spontan, oft sprunghaft und vor allem fröhlich; er dagegen ist bedächtig, ein bißchen langsam, ein bißchen schwerfällig, insgesamt etwas übertrieben feierlich. Eine Einladung der Rogers', den Frühling mit ihnen an der Côte d'Azur zu verbringen, erscheint ihr wie ein vom Schicksal gewährter Aufschub. Dort unten kann sie nachdenken und eine Entscheidung treffen. Herman und Katherine haben sich für ihren endgültigen Heimathafen entschieden. Es ist das Lou Viei, ein sechshundert Jahre altes, großes Haus oberhalb von Cannes. Der Frühling an der Côte d'Azur ist herrlich. Ernest fleht sie immer noch an. Wallis beobachtet ihre Gastgeber, die das Bild einer glücklichen Ehe abgeben, um die sie alle beneiden. Dann empfindet sie ihre Einsamkeit noch stärker.

Am 15. Juli 1928 schreibt Wallis an ihre Mutter: «Ich habe endgültig beschlossen, daß es das Beste und Vernünftigste ist, Ernest zu heiraten. Ich habe ihn gern, und er ist ein guter Mensch; das wird auch mich verändern. Er hat mir versprochen, daß ich drei Monate im Jahr nach Hause fahren kann, um euch zu besuchen.

Ich habe meine Entscheidung schließlich am Freitag getroffen, und gestern haben wir alles organisiert. Wir hoffen also, daß alles fertig sein wird, so daß wir am nächsten Samstag heiraten können. Hier muß man nur aufs Standesamt gehen, und die Angelegenheit ist in einer Viertelstunde erledigt. Danach werden wir mit seinem Vater und einem zweiundzwanzigjährigen Neffen Essen gehen ... Wir reisen dann wieder im Auto nach Frankreich und treffen Tante Bessie in Paris.

Mama, ich bedaure es so sehr, daß Sie jetzt nicht bei mir sind, aber die zweite Heirat scheint mir nicht so wichtig wie die erste, und ich besuche Sie ja nach Weihnachten. Glauben Sie, daß ich Tante Bessie überreden kann, mit nach London zu kommen, so daß wir zusammen nach Amerika zurückfahren können? London ist eher trist. Ich bin sicher, daß ich mich im kommenden Winter sehr alleinfühlen und Heimweh haben werde. Aber ich kann ja nicht für den Rest meines Lebens umherziehen, und ich bin es wirklich leid, mich allein und ohne Geld durchzuschlagen. Und dann bin ich mit zweiunddreißig Jahren nicht mehr so jung, besonders wenn man all die jungen und frischen Gesichter sieht, mit denen man konkurrieren muß. Auch im Hinblick auf ein friedliches Alter werde ich mich häuslich niederlassen.

Ich möchte, daß Sie einfach bekanntgeben, daß ich in London Ernest Simpson aus New York heirate. Meinen Sie, daß ich Karten schicken müßte? Wohl nicht. Ich hoffe, meine Liebe, daß all dies Sie nicht betrübt und daß Sie glücklich sind, daß ich jemanden gefunden habe, der sich um mich kümmert. Hier herrscht zur Zeit eine drückende Hitze, so daß man kaum noch denken kann.

Ich bin mit all meiner Zärtlichkeit bei Ihnen. Senden Sie mir Ihre Glückwünsche, damit es diesmal gutgeht.

Wallis»

Es scheint nicht, daß Alice sehr wohlwollend auf diese Nachricht reagiert hätte, die mehr Resignation als Begeisterung widerspiegelt. Ein Telegramm von Ernest Simpson an seine zukünftige Schwiegermutter genügt, um uns davon zu überzeugen: «Verstehe Ihre Sorgen wegen Wallis. Versichere Ihnen, mein größter

Wunsch ist höchstes Glück und Wohlbefinden von Wallis. Bringe sie bald zu Ihnen. Schreibe Ihnen bald. E.»

Am 21. Juli schließt ein gelangweilter Beamter in einem trostlosen Büro die Ehe. Am selben Tag schicken die Frischvermählten ein weiteres Telegramm an Alice: «Alles ist gutgegangen. Sind ohne Probleme in den Stand der Ehe getreten. Wallis. Ernest.»

Es sollte diese beunruhigte Mutter trösten, daß gerade zur rechten Zeit ein Vergleich zwischen den Erben und der Familie von Onkel Sol zustandekommt. Jeder Anspruchsberechtigte hat eine pauschale Summe erhalten, Wallis 37 500 Dollar. Das hat ihr die Einrichtung ihres Haushalts in London erleichtert.

Ernest hat gerade ein Auto erworben, einen braunen Lagonda. Nach dem Tag der Heirat fahren er und Wallis mit der Fähre nach Frankreich. Ernest spricht ausgezeichnet Französisch und kann sich über den Louvre, über die Kathedralen von Chartres und Beauvais wie ein Kunsthistoriker unterhalten. Nach und nach gibt sich Wallis ganz einem Gefühl hin, das sie seit ihrer Kindheit unermüdlich gesucht hat, das Gefühl der Geborgenheit.

«Groß-London ermüdet mich und macht mich traurig; alles ist zu groß, zu schwarz, zu eng ...» Wallis hat dieses harte Urteil Taines aus dem letzten Jahrhundert nicht gekannt, aber sie braucht lange, bis sie durch die auf dem Pflaster hängenden Nebelschwaden hindurch den eigentlichen Zauber der größten Stadt der Welt entdeckt. Im Augenblick ist London für sie «eisig, grau, verdreckt, eine glanzlose, feuchte Stadt mit von Menschen wimmelnden Straßen ...» Und das Klima? Für sie ist es nur «eine Ödnis von unvorstellbarer Traurigkeit.»

Das London, das sie während dieses ersten Winters entdeckt, ist dasjenige, das der Diplomat und Schriftsteller Paul Morand, der seit Beginn des Jahrhunderts in diese Stadt verliebt ist, nur schwer wiedererkennen kann: Die Banken haben die wichtigsten Punkte der Stadt besetzt, und allzu viele schöne Gebäude der vergangenen Jahrhunderte sind verschwunden. Was Mrs. Simpson entdecken kann, sind die Myriaden von Schildern mit Aufschriften wie: to let, for sale, zu vermieten, zu verkaufen.... Der brutale Gegensatz zwischen Reichtum und Armut verunsichert sie, vornehme Straßen liegen neben baufälligen und verfallenden Gemäuern, die eine gute Kulisse für *Oliver Twist* oder *Jack the Ripper* abgeben würden.

Die königlichen Schlösser haben sie tief beeindruckt, und die großen Parks haben sie gerührt. In Mayfair hat sie – das ist noch Paul Morands Ironie – «eine Lebensphilosophie schätzengelernt, die darin besteht, zu wissen, wie man das ganze Jahr seinen Regenschirm in der Hand hält, Leute nicht zu erkennen, die einem nicht vier oder fünf Mal vorgestellt worden sind, seine Melone bis im Juli nach dem Spiel Eton gegen Harrow zu tragen, mit Oxforder Akzent zu sprechen und seine Sätze nicht zu Ende zu bringen.»

Dieses Bühnenbild ist nach und nach Teil ihres täglichen Lebens geworden. Es ist für sie notwendig und zur Gewohnheit geworden: die Polizisten mit ihren weißen Stöcken und ihren Wachspelerinen, die Cockney sprechenden Chauffeure, die eiligen Leute, die einem der dreizehn Bahnhöfe zustreben – acht Millionen Reisende pro Tag –, die U-Bahn, die grasgrünen Autobusse, die heftige Zugluft an den Straßenecken.

Sie hat sich auch Stück für Stück daran gewöhnt, daß der Ruß ein Hemd innerhalb einer Stunde schmutzig machen kann. Und sie ist auch nicht mehr erstaunt über das Nebeneinander des immer noch dünkelhaften Puritanismus und eines Hungers nach Vergnügen, der das Ergebnis des erst vor zehn Jahren zu Ende gegangenen Krieges ist. Es ist eine wahre Vergnügungssucht, die sich überall im Rhythmus des Jazz ausbreitet.

Am wenigsten hat sie sich zweifellos an die «Hungermarschierer» gewöhnen können, die hartnäckig immer wieder zum

Parlament zu gelangen suchen, von der Polizei aber mit der gleichen Unbeugsamkeit daran gehindert werden. Unterernährt, in fadenscheinigen Kleidern und mit ins Gesicht gezogener Schirmmütze marschieren sie vorüber und singen so matt die *Internationale*, daß die unwissenden Bürger glauben, ein religiöses Lied zu hören. In dieser Zeit steigen die Arbeitslosenzahlen rasant an. Seit 1920 haben die aufeinanderfolgenden Regierungen nicht weniger als siebzehn Pläne ausprobiert, um diese Geißel der Menschheit zu bekämpfen, jedoch vergebens.

Ein Schiffsmakler heiratet eine Amerikanerin, die nichts von den Engländern weiß. Niemand in Großbritannien bringt Mr. und Mrs. Simpson, zwei unbekannten und völlig unbedeutenden Personen, Interesse entgegen. Drei Jahre später sollte Wallis der Liebling der *Society* sein. Wie und warum?

In Wirklichkeit haben die Simpsons von einer Verkettung von Umständen profitiert. Zuerst haben sie von Lady Chesham für ein Jahr ein möbliertes Haus im West End gemietet. Ein Butler, eine Köchin und ein Zimmermädchen bedienen sie da, den Chauffeur nicht gerechnet, den Ernests Büro stellt. Der Grundstock des Erfolgs ist gelegt. Jetzt muß man nur noch wissen, wen man einlädt. Für Wallis stellt sich die Frage nicht: Sie wird Empfänge geben; das andere wird sich finden. Seit ihrer Jugend kann sie sich ihr Leben nur in der Gesellschaft von Leuten, sehr vielen Leuten, vorstellen.

Ist das ihre zweite Chance? Maud Kerr-Smiley, Ernests ältere Schwester, ist klein, hübsch und lebt von ihrem Mann getrennt. Der Leser wird sich hier an den Namen erinnern, weiß aber nicht mehr warum. Nun, bei Mrs. Kerr-Smiley hat der Prinz von Wales Freda Dudley Ward kennengelernt. Eine kaum zu glaubende Geschichte? Doch. Maud hat Wallis ihren Freunden vorgestellt, Diners und Bridgepartien für sie organisiert und Empfänge für sie gegeben. In diesen Kreisen recht junger Leute amüsiert der Akzent von Wallis, ihre typisch amerikanische Art zu reden, ihre dröhnenden Okays inmitten einer Versammlung reicher alter Damen eher, als daß diese Art Anstoß erregt. Die Engländerinnen dieser Zeit machen es sich zur Aufgabe, das Spiegelbild ihres Mannes zu sein, und hüten sich, in seiner Gegenwart eine eigene feste Meinung zu äußern. Wir wissen, daß Wallis nie ein Blatt vor den Mund genommen hat. Mit ihrer sicheren, gesunden Heiterkeit schreit sie ihre Ansichten förmlich heraus. Und die Menschen, das muß man sagen, schwärmen von dieser Originalität, die noch von einem – nach aller Ansicht – großen Charme verstärkt wird.

Ein paar Monate lang muß sie sich mit dem etwas beschränkten Kreis von Maud begnügen. Sie nutzt die Zeit, um sich mit der englischen Küche vertraut zu machen und jeden Morgen die Zeitung – wetten wir, daß es die *Times* ist – von der ersten bis zur letzten Seite zu lesen. Was diese ungezwungene Amerikanerin immer wieder überrascht, ist die Stellung, die die königliche Familie im Leben der Engländer einnimmt. Die Zeitungen veröffentlichen einen *Hofbericht*[1], der auch die geringsten Vorkommnisse aus dem Kreis von König, Königin, des Prinzen von Wales und der übrigen Prinzen und Prinzessinnen berichtet. In diesem Jahr spricht man fast nur von der Krankheit Georgs V. Zum Erstaunen von Wallis scheinen sich vierzig Millionen Untertanen direkt betroffen zu fühlen.

Als sie eines Tages mit dem Wagen am St. James-Palast vorbeifährt, sieht sie, wie die Wachen die Gewehre präsentieren. «Ein langer, schwarzer Wagen», so erzählt sie später, «biegt in die St. James Street ein. Als er an dem meinen vorbeifuhr, hatte ich Zeit, durch die Glasscheibe hindurch ein schmales, sehr junges Gesicht mit festem Blick und einem Ausdruck von Würde und

1 Court Circular

Gedankenverlorenheit zu sehen. Ich begriff sofort, daß es sich um eine bedeutende Persönlichkeit handelte. Und in der Tat, mein Chauffeur drehte sich zu mir herum und sagte mit bewegter Stimme: «Das ist der Prinz von Wales, Madam.»

Und Alice, hat sie sich mit ihrem neuen Schwiegersohn abgefunden? Nichts ist weniger gewiß. Von September 1928 bis Mai 1929 schreibt sie Wallis achtzehn Briefe. Aber sie erwähnt Ernests Namen nicht ein einziges Mal, mit Ausnahme des 10. Februar, eines Sonntags, wo Simpson drei Zeilen eingeräumt werden: «Nach allem, was man hört, müssen die Köche in England absonderlich sein. Eines Tages könnten sie mein Rindfleisch mit Kohl ausprobieren, aber ich nehme an, daß Ernest dann das Haus verlassen würde.»

Wallis hat wieder Probleme mit dem Magen. Die Ärzte stellen ein Geschwür fest; Wallis magert ab. Mütter haben ihre Kinder immer am liebsten mit Pausbacken. «Letzte Nacht habe ich von Ihnen geträumt», schreibt Alice an ihre Tochter, «und es hat mir viel Kummer bereitet, Sie so mager und mit so einem kranken Gesichtsausdruck zu sehen. Vergessen Sie nie, daß sie dann am vorteilhaftesten und jüngsten aussehen, wenn Sie wohlgenährt sind.»

Danach wird Alice ihrer geliebten Tochter nie mehr schreiben. Einige Tage später versetzt ein Telegramm von Tante Bessie Wallis in Alarmzustand; ihre Mutter ist schwer krank. Die Simpsons nehmen das nächste Schiff. Alice ist an einer Thrombose erkrankt, bleibt aber bei klarem Verstand. Sie gibt Ernest den Rat:

– Vergessen Sie nie, daß Wallis ein Einzelkind ist und daß man, wie bei den Sprengstoffen, behutsam mit ihr umgehen muß.

Der Arzt versichert, daß ein plötzliches Unglück nicht zu befürchten ist. Alice kann noch zwei, vielleicht drei Jahre leben. Ernest wird wieder von seinen Geschäften beansprucht und reist als erster ab. Am 26. Juni 1929 verfaßt er auf der SS Minetonka einen sechzehnseitigen Brief an Wallis, der in dem für ihn typischen gespreizten Stil gehalten ist. Er ist gespickt mit Ausrufen des Bedauerns, von ihr getrennt zu sein und dem Ausdruck des ungetrübten Glücks, daß er das bekommen hat, wovon er immer geträumt hatte, von dem er aber nie geglaubt hatte, es auch nur einmal flüchtig zu sehen: die vollkommene Liebesverbindung.

Da der Gesundheitszustand von Alice keinen akuten Anlaß zur Besorgnis mehr gibt, kann Wallis Ernest bald folgen. Aus den USA bringt sie eine Schwermut mit, die London nicht mehr vertreiben kann.

Im September 1929 schreibt Wallis an Tante Bessie: «Ich bin trotz allem schrecklich traurig, und ich weiß, daß Ernest in mir nicht mehr die fröhliche und freie Gefährtin findet, die ich vorher war. Er ist so sanft, so verständnisvoll, so wunderbar. Er versteht, wie schwer es ist, zwischen zwei Ländern hin- und hergerissen zu sein, wenn man Telegramme erwartet und sie nicht bekommt.»

Eine Abwechslung ergibt sich indes: Die Simpsons wollen nicht mehr «möbliert» wohnen. Wallis besucht jeden Nachmittag von zwei bis sechs Uhr unzählige Gebäude. Wenn sie glaubt, ihr Traumhaus gefunden zu haben, kehrt sie in Begleitung von Ernest dorthin zurück. Der nimmt jedoch an ihrer Wahl unweigerlich nur die Mängel wahr.

Unaufhörlich denkt sie an die Gesundheit ihrer Mutter. Im September 1929 schreibt sie an Tante Bessie: «Ich bin verzweifelt, daß ich so weit weg bin und daß ich erfahren muß, daß es ihr nicht besser geht, daß sie mich sehen will, mich braucht und daß ich daran denken muß, daß Sie alles allein durchstehen müssen. Ich weiß nicht, was ich machen soll. Da ich fast ständig in so trauriger Stimmung bin, bin ich zu nicht viel nütze und bin Ernest kaum eine gute Kameradin. Ich bin so begierig darauf zu erfahren, was Doktor Clark gesagt hat.»

Im Oktober 1929 verschlechtert sich unvorhergesehen der

Zustand von Alice. Diesmal fährt Wallis allein zu ihr. Ohne noch einmal das Bewußtsein erlangt zu haben, stirbt Alice drei Tage nach Wallis' Ankunft in Washington.

Die Trauer zerreißt Wallis das Herz. In einem Brief vom 9. November 1929 schreibt ihr Ernest, daß niemand besser als er ihren Schmerz verstehen kann. Er hat im übrigen, als er die Nachricht erhielt, seine Tränen nicht zurückhalten können. Wie schwer es für ihn ist, sie in einem solchen Augenblick so weit weg zu wissen. Er bittet sie inständig, nach London zurückzukommen, sobald es ihr möglich ist, und fragt: «Warum bringen Sie Tante Bessie nicht mit?»

Wallis kehrt ohne ihre Tante nach England zurück. Ihr gehen Bilder und Erinnerungen an ihre Mutter nicht aus dem Kopf, und sie versucht gar nicht, sie zu verscheuchen. Immer das Gleiche läßt ihr keine Ruhe: die schweren Jahre, die sie und Alice gemeinsam verbracht haben.

Schließlich zieht sie in ihre Traumwohnung. Sie befindet sich in der George Street in der Nähe von Marble Arch. Ich hatte keine Schwierigkeit, sie zu finden, denn äußerlich hatte sich nichts verändert. Immer noch umrahmen zwei Säulen die Eingangstür dieses Patrizierhauses. Man kann darüber immer noch in kupfernen Lettern *Bryanston Court* lesen. Als ich die schmiedeeiserne, mit Kupferverzierungen versehene Tür aufstieß, fühlte ich mich geradewegs in die 20er Jahre zurückversetzt. Die Wohnung im ersten Stock trägt die Nummer 5. Von der Ausstattung, auf die Wallis so viel Mühe verwendet und die ihr solche Freude bereitet hatte, ist nichts geblieben, nichts von dem Eßzimmer, dessen Wände mit französischer Leinwand von Jouy bespannt waren, nichts von der blaugrün und weiß gestrichenen Kommode und der Anrichte, nichts von dem gelben und braunen italienischen Tisch und den blaßgrünen Stühlen im neoklassizistischen Stil von Adams. Genausowenig blieb von dem Schlafzimmer mit den aquamarinblauen Wänden und dem Bett und den Vorhängen in Rosa und Aquamarin, genausowenig wie von dem flämischen Schreibschrank aus dem 18. Jahrhundert, den sie mit viel Glück entdeckt hatte, und den Möbeln aus der Zeit von Königin Anna.

Die Sorgfalt, mit der sie ihre Wohnung einrichtet, beweist eines: In Bryanston Court fühlt sich Wallis zum ersten Mal in ihrem Leben zu Hause. Ihre Verdrießlichkeit weicht einer tiefen Freude, die noch durch eine Gewißheit verdoppelt wird: Wallis wird hier ihren Bekanntenkreis erweitern können. Wir finden sie mit einem Eigensinn ausgestattet, der sie in ihrer Vorstellung jedes Hindernis überwinden läßt. Sie kümmert sich selbst um die Einkäufe, wacht selbst über die Zusammensetzung der ausgeklügelten und originellen Menüs. Durch einen Zufall hat sie eine talentierte Köchin, Mrs. Ralph, einstellen können. In London zahlt man einer Köchin sechs Pfund im Monat und einem Zimmermädchen vier Pfund.

Bald spricht man über die Diners bei Wallis. Angehörige der amerikanischen Kolonie wünschen diese Landsfrau kennenzulernen, die eine so gute Gastgeberin ist. Man sieht Benjamin Thaw bei den Simpsons, den Ersten Sekretär der Botschaft der Vereinigten Staaten, ebenso seine Frau, mit Mädchennamen Consuelo Morgan, die aber Connie genannt wird. Hier begegnen wir wieder der Verkettung von Personen und Ereignissen, deren Folge wir betrachten wollen. Connie stellt Wallis ihre Schwestern vor, Gloria Vanderbilt und Thelma, Lady Furness, die «Freundin» des Prinzen von Wales. Connie, Gloria und Thelma führen bei den Simpsons noch weitere Amerikaner ein.

Was man an Wallis schätzt – sie sagt es auch selbst so – ist ihre «unverkrampfte Art, Leute ganz ohne Förmlichkeit bei sich zu empfangen.» Sie hat sich angewöhnt, jeden Abend um sechs Uhr nach Hause zu kommen, und hat es überall verlauten lassen. Ihre Freunde machen es sich zur Gewohnheit, um diese Stunde bei ihr vorbeizukommen, um zu plaudern und ein Glas zu nehmen. Sie zieht ihre Gäste mit nie nachlassendem Schwung in eine allgemeine Unterhaltung. Die Leute, die sich in ihrer Gesellschaft wohlfühlen, kommen aus sehr unterschiedlichen Bereichen, «junge Diplomaten aus aller Herren Länder, Bankiers, Militärattachés, Rechtsanwälte, Parlamentsmitglieder, junge Geschäftsleute aus der City, Journalisten und schließlich die Jeunesse dorée von Mayfair.»

Eines Tages im Januar 1931 ruft Connie, die Frau von Benny Thaw, bei Wallis an, die bald merkt, daß Connie etwas auf dem Herzen hat. Sie rückt auch schnell mit dem Problem heraus. Ihre Schwester Thelma hat den Prinzen von Wales und andere Freunde für das kommende Wochenende bei sich zur Jagd eingeladen. Alle wissen von der Verbindung zwischen Thelma und dem Prinzen, aber in dieser Welt zählt nichts so sehr wie die Konventionen; also braucht Thelma Anstandswauwaus. Sie hat Benny und Connie gebeten, diese Rolle zu spielen. Jedoch ist, wie Connie erzählt, gerade Bennys Mutter in Paris krank geworden. Da Benny von seinen Aufgaben in der Botschaft daran gehindert wird, hat er Connie gebeten, nach Paris zu fahren und sich um seine Mutter zu kümmern. Das Drama – immer wieder die Konventionen – ist, daß ein Mann alleine nicht die Funktion eines Anstandswauwaus übernehmen kann.

– Wären Sie und Ernest einverstanden, mich zu vertreten? fragt Connie, die hinzufügt, daß Benny sie auf jeden Fall begleiten wird.

Ein Wochenende in der Gesellschaft des Prinzen von Wales? Der Gedanke entzückt Wallis nicht besonders, denn eine starke Erkältung quält sie, und sie ist sicher, niemanden in Burrough Court zu kennen. Sie wird sich dort sicher wie ein Eindringling vorkommen. Was den Prinzen betrifft, weiß sie nicht, was sie mit ihm reden sollte. Außerdem weiß sie überhaupt nicht, wie man einen Hofknicks macht.

Doch Connie läßt nicht locker, und schließlich verspricht Wallis, mit Ernest darüber zu sprechen. Zu ihrer Überraschung erklärt er sogleich, daß das eine Ehre sei, der man sich keinesfalls entziehen könne. Als Wallis erfährt, daß Prinz George, der jüngere Bruder des Thronerben, auch eingeladen ist, und sie den Hofknicks zweimal wird machen müssen, kennt ihre Beklemmung keine Grenzen.

Am Freitag abend bittet sie Benny im Zug, der durch den dichten Nebel nach Burrough Court fährt, inständig, ihr den Hofknicks beizubringen. Nachdem er zunächst jede Sachkenntnis abgestritten hat, gibt er schließlich nach. Er gibt ihr im Abteil zwischen den Sitzen trotz des Schüttelns des Zuges eine Lehrstunde. Sie kommen als erste in Burrough Court an, und man führt sie in den großen Salon.

Der Nebel hat die zwei Prinzen aufgehalten. Das Mißvergnügen von Wallis steigt. Ihre Erkältung läßt sie nicht zur Ruhe kommen, sie fühlt sich fiebrig, und das Lampenfieber ergreift Besitz von ihr. Warum, zum Teufel, ist sie zu Thelma gekommen?

Schließlich öffnet sich die Tür des Salons. Thelma erscheint in Begleitung des Prinzen von Wales und von Prinz George. Wallis verbeugt sich zum ersten Hofknicks. Er gelingt. Sie wagt den zweiten. Auch er gelingt. Sie atmet auf.

Dann betrachtet sie den Prinzen von Wales. Sie blickt ihm gerade ins Gesicht.

III

David und Wallis

In seinen Erinnerungen hat der Herzog von Windsor diese erste Begegnung mit Wallis in den Herbst 1931 gelegt. Die Herzogin dagegen hat sie in ihren Memoiren auf Ende Herbst 1930 datiert. Sie haben jedoch beide Unrecht. Ein Brief von Wallis an Tante Bessie mit Datum des 13. Januar 1931 gibt uns den genauen Tag der Begegnung an: Samstag, der 10. Januar.

Betrachten wir die beiden, wie sie sich mitten im Salon von Lady Furness gegenüberstehen. David, ein Mann von siebenunddreißig Jahren, trägt einen Anzug aus grobem kariertem Tweed, Wallis, jetzt vierunddreißig, ein Ensemble aus schieferblauem Tweed.

Was war die eigentliche Überraschung für Wallis? Daß der Prinz kleiner war, als sie ihn sich nach den Fotografien vorgestellt hatte. Sie stellt fest, daß er kaum größer ist als sie selbst, und sie ist verblüfft, wie sehr er seinen Porträts ähnlich ist «mit seinen blonden, etwas zerzausten Haaren, der nach oben gehenden Nase und diesem seltsam nachdenklichen, fast traurigen Gesichtsausdruck...»

Uns, die wir nur die Fotografien betrachten können, verblüfft, welch offensichtliche Sorgfalt der Prinz auf seine Kleidung verwendet; niemals findet man das geringste Anzeichen von Nachlässigkeit. Er trägt klassische, auffallend gut geschnittene Anzüge – das ist das mindeste –, ohne jemals steif und altmodisch zu wirken. Die Eleganz eines Engländers, sagt Proust, «liegt weniger in den Kleidern als im Körper, und der Körper scheint sie von der Seele bekommen zu haben.» David hält sich sehr gerade wie Leute, die nicht einen Zentimeter ihrer Körpergröße verschenken wollen. Warum vermittelt uns die Haltung dieses Prinzen, der seit Kindheit an sportliche Betätigung gewöhnt war, den Eindruck von Ungeschicklichkeit? Wenn er sich in Shorts und mit bloßem Oberkörper zeigt, staunt man, daß er so wenig muskulös ist.

Und wie sieht man Wallis? Sie hat in dieser Zeit ihre schwarzen Haare zu einer enganliegenden Haartracht, die von einem Scheitel geteilt wird, frisiert. Diese Frisur wird sie in den Jahren, die diese Geschichte währt, beibehalten. In jener Zeit hat man sie oft beobachtet und beurteilt. Die Urteile sind einander nahe, ohne sich zu gleichen. Sehen wir uns einige an! Hier das Urteil einer Rivalin – und was für einer –, Thelma Furness in diesem Fall: «Sie hatte damals nicht den Chic, den sie seither kultiviert. Sie war nicht schön, nicht einmal hübsch, aber sie hatte einen besonderen Charme und einen starken Sinn für Humor… Ihre lebhaften und beredten Augen waren ihr größter Trumpf. Sie war nicht so schlank wie in diesen letzten Jahren, ohne daß man allerdings sagen könnte, sie wäre dick gewesen. Aber sie war weniger kantig im Gesicht. Ihre Hände waren groß, es fehlte ihr an Anmut, wenn sie sie gebrauchte, und ich denke, daß sie zuviel gestikulierte, wenn sie etwas verdeutlichen wollte.»

Henry (Chips) Channon stellt sie dar als «Mäuschen aus gutem Haus, bezaubernd, friedlich und mit großen, erstaunten Augen.» Er fügt hinzu, daß sie «mit ihrer betörenden Stimme jeden ohne Ausnahme bezaubern konnte.»

Der Gesellschaftsfotograf Cecil Beaton, der sie 1930 das erste Mal getroffen hatte, beschreibt sie als eher muskulös, kräftig gebaut und mit einem näselnden Akzent. Als er sie fünf Jahre später wiedersieht, ist er von der Veränderung verblüfft: Sie ist «perfekt, gepflegt, frisch wie ein junges Mädchen, ihre glänzende Haut ist gleichmäßig wie das Innere einer Muschel, und ihre Haare sind so glatt, daß sie eine Chinesin hätte sein können.»

Kann die Graphologie die Voreingenommenheit dieser Porträts relativieren? Während der Krise um den Thronverzicht hat ein Vertrauter aus Premierminister Baldwins Umgebung sich den Spaß gemacht, eine Schriftprobe von Mrs. Simpson einer Sachverständigen vorzulegen, die deren Herkunft nicht kannte. Ihre Schlußfolgerung war: «... Es handelt sich um eine Frau, die in ihren Handlungen maskuline Züge aufweist. *Sie muß* ihre Autorität spüren lassen. Wenn man den Spielraum ihrer Macht einengt, kann sie unangenehm werden. In der Verfolgung ihrer Ziele kann sie unüberlegt und rücksichtslos vorgehen, aber im Grunde genommen ist sie nicht ohne Großzügigkeit und edle Züge. Sie wird von widersprüchlichen Impulsen angetrieben. Ihre abgehackte Schrift zeigt, daß die Befriedigung, die sie erfährt, nicht stark genug ist, um ihr Leben ins Gleichgewicht zu bringen. Sie ist ehrgeizig und erwartet besonders, daß alles, was sie unternimmt, wahrgenommen und gewürdigt wird.»

In der Tat verfügt sie weder über den Zauber der Jugend noch über wirkliche Schönheit. Auch genießt sie keine Privilegien, die man durch viel Geld erwerben kann. Ihre Ausbildung läßt zu wünschen übrig. Sie hat nur mangelhafte Kenntnisse von der Geschichte des Landes, das sie aufgenommen hat, noch weniger von der zeitgenössischen Politik. Trotzdem versteht sie zu bezaubern. Sobald man sie kennenlernt, verspürt man den Wunsch, sie wiederzusehen, man bemüht sich um sie, lädt sie ein. Bald wird sich auch der Thronerbe unter ihre Bewunderer einreihen.

Vielleicht kann ein unveröffentlichter Brief, den ihr Lady Sibyl Colefax schickte, all das am besten klären. Man muß ihn aufmerksam lesen: «Nicht nur, daß Sie eine sehr angenehme und innige Freundin sind, sondern auch Ihr Geist, Ihre Fröhlichkeit, Ihre *Lebensfreude*[1] sind ein Glück für mich seit dem Tag, an dem ich Sie kennengelernt habe. Und von Monat zu Monat bewundere ich zunehmend Ihre ungeheure Klugheit, Ihren gesunden Menschenverstand (ein viel zu ungenauer Ausdruck) und Ihr unfehlbares Talent, in Ihren Urteilen das rechte Maß zu finden ...»

Bei der Gattin von Ernest Simpson verblüfft, daß sie sich völlig unbefangen und natürlich verhält, und zwar immer und überall. Sie sagt jedem die Wahrheit ins Gesicht. Ihre scherzhaften Bemerkungen treffen ins Schwarze, doch niemand, der Opfer davon wird, denkt daran, ihr böse zu sein. Wenn sich so viele Leute auf ein frühes abendliches Glas bei ihr einfinden, dann liegt das daran, daß sie mit ihren Gaben nicht geizt. Sie gibt in Hülle und Fülle.

Da Prinz George sich verabschiedet hatte, um zu Lady Wodehouse zu gehen, sind sie zum Essen bei Thelma nur sieben Personen. Doch, schreibt Wallis ihrer Tante, «welch ein Vergnügen war es, den Prinzen von Wales in so vertrautem und formlosem Zusammenhang zu treffen!» Die Simpsons sitzen an beiden Enden des Tisches. Thelma selbst sitzt rechts vom Prinzen von Wales. Die Erkältung plagt Wallis noch immer.

Nach dem Essen wird Poker und Bridge gespielt. Wallis verliert dabei acht Pfund, das Haushaltsgeld für eine Woche. Am nächsten Tag zum Mittagessen ist man zu sechst. Wallis sitzt neben David. Thaw hat es ihr empfohlen. Sie soll dem Prinzen die Gesprächsführung überlassen, politische Themen meiden und jeder Kontroverse aus dem Weg gehen.

Eins nach dem anderen fallen alle Lieblingsthemen Davids wie Pferde, Hunde, die Jagd durch, denn Wallis versteht von keinem etwas. Der Prinz nimmt die Erkältung seiner Tischdame zum

1 Im englischen Original «joie de vivre».

Vorwand und beginnt mit einem Thema, mit dem er ins Schwarze treffen sollte: der mangelnde Komfort in britischen Häusern. Fehlt Mrs. Simpson nicht die Zentralheizung? Irrtum! In den Augen von Wallis flackert Spott auf. Mit ihrer sehr klangvollen Stimme sagt sie:

– Es tut mir leid, Sir, aber sie enttäuschen mich.

– Und warum das? gibt der Prinz erstaunt zurück.

– Ihre Frage ist eine von denen, die man jeder Amerikanerin stellt, die dieses Land besucht. Vom Prinzen von Wales hatte ich etwas Originelleres erwartet.

«Ich hatte zuviel Aufhebens um die Zentralheizung gemacht», gibt David später zu.

Auf der Rückfahrt im Zug träumt Wallis ein bißchen von diesem Prinzen, den sie weder ganz verstehen noch einschätzen kann. Ist er ein glücklicher Mensch? Sie fragt Benny, der nachdenklich wird, bevor er antwortet:

– Dieses Wochenende hat ihm sicher großen Spaß gemacht. Er liebt Pferde und ist ein ausgezeichneter Reiter. Aber wenn man an das Leben denkt, das er führen muß ... Ständig repräsentieren zu müssen, fast jeden Tag an der Spitze offizieller Kundgebungen zu stehen, zum Reisenden in Sachen Empire werden, ohne von den anderen Bürden zu sprechen ... Man kann sich kaum vorstellen, daß er wirklich glücklich sein könnte.

Wallis versucht, ihre Gedanken zu sammeln: Zweifellos ist der Prinz ein bezaubernder Mann. Aber warum heiratet er dann nicht? Und in der Tat stellt sich das ganze Empire diese Frage.

Vier Tage später besteigt David das Schiff nach Südamerika. Einmal mehr hat ihn die Regierung gebeten, das Hohelied der nationalen Produkte zu singen, denn die südamerikanischen Märkte verschließen sich mehr und mehr der britischen Industrie, die, auf ihre frühere Überlegenheit gestützt, vergessen hatte, daß sie auch konkurrenzfähig sein muß. Länder wie Frankreich, Italien, dann auch Deutschland, haben ihre Vertretungen in Südamerika vervielfacht. In London hat man verstanden, daß man die verlorene Zeit wieder wettmachen muß.

Mit der Unterstützung seines Bruders George wird der Prinz von Wales die Hoffnungen der *City*, der Geschäftswelt, erfüllen. Überall löst sein Erscheinen Begeisterung aus. In Lima schlägt man alle Rekorde diplomatischer Rücksichtnahme, als man ihm zu Ehren die Revolution verschiebt, die gerade vorbereitet wird. Der Prinz von Wales besucht noch Bolivien, Chile, Brasilien und Argentinien. Überall erobert er Positionen zurück, die man schon endgültig in den Händen der Konkurrenz glaubte.

Jeden Morgen sucht Wallis in der Londoner Presse den Widerhall dieser Rundreise. Ist es möglich, daß dieser Prinz, dem man dort den Hof macht, der gleiche einfache, fast unscheinbare Mensch ist, den sie in Melton Mowbray getroffen hat? Sie hat es bitter bereut, daß sie Mary Raffray von diesem Wochenende erzählt hat. Am Donnerstag, dem 5. Februar 1931 schreibt sie an Tante Bessie: «Ich bin überzeugt, daß man jetzt Blut geleckt hat ... Ich habe heute ein paar Zeilen von ihr erhalten, in denen sie mir schreibt, daß sie nach Baltimore gefahren ist, nachdem sie die Post von mir bekommen hat und daß sie nicht anders konnte, als es Doktor Taylor zu erzählen! Sie können es ruhig Cousine Lelia weitererzählen. Aber vielleicht könnten Sie ihr raten, es für sich zu behalten, denn ich will nichts davon in den Zeitungen sehen ...»

Im selben Brief findet sich noch der Satz: «Ich hoffe, daß Thelma Furness uns noch einmal zusammen mit dem Prinzen einlädt, sobald er von seinen Reisen zurück ist. Aber vielleicht werden wir nie mehr die Gelegenheit haben, von ihnen zu hören, sie wiederzusehen ...»

Sicher ist nun auf jeden Fall, daß man die Legende von der ehrgeizigen Amerikanerin, die Himmel und Hölle in Bewegung gesetzt hat, um den Thronfolger zu treffen und – wer weiß – in ihre ehrgeizigen und geldgierigen Arme zu ziehen, ins Reich der Legende verwiesen werden muß.

Wenn ein Zufall solche Folgen hat, dann nur, weil einer der beiden Hauptakteure – und das ist nicht Wallis Simpson – unvorhersehbare Konsequenzen aus diesem Zufall zieht.

Zu dieser Zeit hat Wallis nur ein Problem: das Geld. Der Börsenkrach in Amerika lastet schwer auf der Schiffsmakleragentur von Ernest. Die Kurse der Aktien, die man als Ausgleich für die entgangene Erbschaft von Onkel Sol bekommen hat, sinken zusehends. Wallis beklagt sich so bitterlich, daß Tante Bessie sich bereit erklärt, ihrer Lieblingsnichte beizuspringen. Doch stolz lehnt Wallis ab: «Wie sehr möchte ich, daß wir einander näher sind und unser Verhältnis weniger von Geldgeschichten bestimmt wird!»

Ihre Ambitionen sind andere und decken sich im übrigen mit denen von Ernest. Und Wallis kann Erfolge verzeichnen. Als Lady Sackville, die Besitzerin von Schloß Knole, des glänzendsten historischen Bauwerks in England, sie zum Tee einlädt, empfindet sie darüber einen Stolz, der sich in dem Brief entlädt, den sie gleich danach an ihre Tante schreibt: «Das ist ungeheuer und wirklich wunderbar. Wir hoffen, daß man uns jetzt, wo man uns beschnuppert hat, auch auf ein Wochenende einlädt.»

Und Lady Sackville erfüllt ihre Wünsche: Die Simpsons werden eingeladen, das so sehr gewünschte Wochenende bei ihr zu verbringen, und Wallis macht eine gute Figur. Sie und Ernest werden noch auf Schloß Knole zurückkehren. Die Leute, die sie dort und anderswo treffen – fast alles Adlige –, laden sie ihrerseits wieder ein. Die Wochenenden von Wallis und Ernest verändern sich vollständig. Auf die kleinen Landsitze folgen die Schlösser aus Englands frühester Zeit. Niemand zweifelt daran, die *Society* hat sie angenommen.

Dieses neue Leben ist allerdings teuer. Die Geldfrage wird drückend. Wallis schreibt an Tante Bessie: «Alle hier denken, daß die Dinge immer schlimmer werden und daß sich die Lage nicht vor 1935 bessern wird. Haben die Menschen in Amerika auch so pessimistische Gedanken?» Über Diners und Festlichkeiten schreibt sie: «Heute haben wir einen ‹Werbungsabend›. Ich werde als Odol-Zahnpastatube gehen mit einem silbernen Kleid und einer versilberten Haube ...» Als Ostern kommt, ist sie betrübt, daß sie weder Zeit hatte, einen neuen Hut noch ein neues Kleid zu kaufen. Am 27. März 1931 schreibt sie: «In Wirklichkeit ist es so, daß ich während der letzten zwei Wochen so viele Einladungen zum Essen und zu Bridgepartien gehabt habe, daß mir nicht eine Minute für Einkäufe geblieben ist.» Das trifft es, und sie fährt fort: «Mrs. Vanderbilt ist prächtig. Wir sind zu einem Empfang gegangen, den sie gegeben hat, und dann noch aufs Land gefahren, um den vergangenen Sonntag bei Lady Milford Haven zu verbringen. Sie ist die Schwägerin von Lady Mountbatten. Es ist angenehm für uns, all diese Leute zu treffen, selbst wenn wir nicht den gleichen Lebensstil haben.»

Wie sollte man hier nicht an Virginia Woolf denken, die sich mit ungeheurer Klarheit die Frage stellte: «Bin ich ein Snob?» Am 16. April ist Wallis in besonders heiterer Stimmung. Sie schreibt: «Gloria Vanderbilt und die Thaws geben am 24. Mai eine Abendgesellschaft. Ich hoffe, daß Seine Königliche Hoheit da sein wird.»

Die fragliche Hoheit ist am 29. April von ihrer langen Reise zurückgekehrt. In jenem Frühling war es in der britischen Atlantikflotte zu einer Meuterei gekommen. Niemals zuvor hatte der britische Stolz eine solche Demütigung hinnehmen müssen. Mit demselben Recht wie Millionen Engländer fühlt sich David als ehemaliger Angehöriger der Marine zutiefst gedemütigt. Und als die Regierung verkündet, daß das Pfund Sterling nicht mehr in Gold konvertibel ist, haben alle das dunkle Gefühl, daß die viktorianische Welt sich überlebt hat.

Aber die *Society*, führt ihr Leben fort, als wäre nichts geschehen. In ihrem Haus am Grosvenor Square bittet Thelma zu einem Tee zu Ehren des Prinzen. Sie lädt dazu auch die Simpsons ein. Als er Wallis sieht, scheint sich David an etwas zu erinnern. Er beugt sich zu Thelma, und Wallis, die findet, daß er schlecht aussieht, hört, wie er sich erkundigt:

– Habe ich die Dame nicht schon mal irgendwo gesehen?

Nach der Erklärung geht er auf die Simpsons zu und begrüßt sie höflich. «Diese Geste der Aufmerksamkeit hat uns beiden geschmeichelt», schreibt Wallis.

Die große Sorge von Wallis ist von nun an die Vorstellung bei Hof. Sie träumt davon seit ihrer Ankunft in London. Anfang Juni berichtet sie ihrer Tante: «Meine Liebe, ich werde am nächsten 10. von Mildred Andersen bei Hof vorgestellt und leihe mir dafür das Notwendige: von Tamar Thaw das schwarze Satinkleid, das mir ausgezeichnet steht, von Thelma Furness die weiße golddurchwirkte Satinschleppe, die Federn und den Fächer. Es fehlt mir nur noch etwas Kopfputz ... Ich habe mir eine Brosche mit einem Aquamarin und ein ebensolches Kreuz als Anhänger gekauft. Auf dem weißen Kleid sieht das sehr schön aus ... Ich muß Ihnen nicht sagen, daß das Imitationen sind, aber sie tun ihre Wirkung. Ich werde Ihnen Fotos von der Zeremonie schicken, sobald ich sie habe. Wir werden das Auto der Grants nehmen, um zum Hof zu fahren. So fügt sich alles.»

Am 10. Juni schreibt sie an Tante Bessie: «Heute ist der große Tag. Ich bin ein bißchen nervös, aber das wird vorübergehen.» Und am 13. Juni: «Als wir den Palast betraten, bin ich am Eingang des Thronsaals auf General Trotter gestoßen. Er hat uns geholfen, gute Plätze in der ersten Reihe zu finden. Auf diese Weise hat unser Lampenfieber nicht allzu lange gedauert. Ich war sehr nervös, während ich darauf wartete, daß ich drankam, mehr jedenfalls als in dem Augenblick, als ich vor dem König und der Königin den Hofknicks machte.»

Mildred Andersen, die Wallis vorgestellt hat, ist auch Amerikanerin und auch mit einem Engländer verheiratet. Beide haben nur Augen für David, der in Galauniform mit seinem Großonkel, dem Herzog von Connaught, hinter dem Thron seiner Eltern steht. Von weitem hört Wallis ihn fragen:

– Finden Sie nicht, Onkel Arthur, daß man die Beleuchtung ändern müßte? Sie ist grausam für die Frauen.

Nach der Zeremonie hat Thelma die Simpsons zu sich eingeladen. Das Erscheinen des Prinzen überrascht alle. Mit einer Sektschale in der Hand nähert er sich Wallis und macht ihr Komplimente wegen ihres Kleides.

– Sir, erwidert Wallis, ich habe zu verstehen geglaubt, daß sie uns alle schrecklich fanden.

Der Prinz lächelt:

– Es war mir nicht klar, daß meine Stimme so weit reichte.

Wallis sollte erst viel später erfahren, daß der Prinz von Wales – nach seinem eigenen Eingeständnis – von der «Anmut ihrer Haltung und der natürlichen Würde ihrer Bewegungen verblüfft war.» Ist das der Grund, warum er den Simpsons vorschlägt, sie mit dem Auto nach Hause zu bringen, als er sie auf der Straße trifft? Sie nehmen an. Unterwegs erzählt er ununterbrochen von seiner Residenz Fort Belvedere und den Umgestaltungen, die er dort vornimmt. Wallis schreibt am 13. Juni 1931 an Tante Bessie: «Der Prinz hat Ernest und mich gegen drei Uhr morgens in seinem Wagen nach Hause gebracht[1], was den Portier in wahnsin-

1 Im Originaltext steht «drei Uhr nachmittags». Es handelt sich sicher um einen Schreibfehler. Die Überlegung des Prinzen, wonach er im Morgengrauen aufstehen muß, hätte überhaupt keinen Sinn bei drei Uhr am Nachmittag, genausowenig wie die Aufregung des Portiers. Darüber hinaus hat Wallis zu ihrer Tante von einem «großartigen Abend» gesprochen.

nige Aufregung versetzt hat.» Wallis schlägt David vor, noch mit zu ihnen hinaufzukommen und einen Cocktail zu nehmen. Doch er lehnt ab.

– Ich muß bei Morgengrauen aufstehen ... Aber wenn Sie die Einladung erneuern würden, käme ich mit dem größten Vergnügen ...

Der Wagen entfernt sich. Sie schreibt an Tante Bessie: «Ich hoffe, den Prinzen an einem der nächsten Nachmittage empfangen zu können, aber die Dinge müssen sich Schritt für Schritt entwickeln, und natürlich durch die Vermittlung von Thelma.»

Und so fing alles an[1].

Die Labourregierung unter Premierminister Ramsay MacDonald war gerade in eine Sackgasse geraten, und MacDonald bildet eine neue Regierung, diesmal auf Grundlage einer Koalition der nationalen Einheit, denn die Wirtschaftskrise läßt keine andere Möglichkeit zu. Aber was interessiert Wallis das Auf und Ab der Politik! Am 19. Juni feiert sie ihren fünfunddreißigsten Geburtstag. Am 22. Juni berichtet sie Tante Bessie: «Es war ein Erfolg, nur der Prinz von Wales ist nicht gekommen.»

Dieses mondäne Leben, das einem Marathonlauf ähnelt, ist charakteristisch für die glänzende, vergnügungssüchtige *Society* im Großbritannien jener Zeit. Will Wallis vor diesem mondänen Leben fliehen, als sie mit Tamar Thaw, Gloria Vanderbilt und deren Freundin, Lady Ethel Lewis, sowie ihrer Freundin Nada, der Marquise von Milford Haven den Plan ausheckt, Ferien in Cannes, dem bevorzugten Badeort des britischen Adels, zu machen? Die Aussicht erscheint für Wallis um so verführerischer, als sie dort ihre Freunde, die Rogers, wiedertreffen wird. Ernest kann kaum in Betracht ziehen, Urlaub zu machen, und so wird das Unternehmen eine reine Frauensache. Am Sonntag, 9. Au-

1 Herzogin von Windsor, Erinnerungen.

gust, schreibt sie an Tante Bessie: «Wir haben all die Tage den gleichen Zeitvertreib gehabt: Mittagessen im Eden Roc, Baden oder mit dem Boot der Rogers' eine Bootstour zu den Inseln machen, um dort zu picknicken oder zu tauchen ... Männer ließen sich kaum blicken, und niemand beklagte sich darüber ... Ich bin braun geworden und habe keinerlei gesundheitliche Probleme.»

Ein Anruf von Ernest, so schreibt sie an Tante Bessie, läßt sie frühzeitig zurückkehren: «Tamar und ich sind am 4. losgefahren, haben den Tag des 5. damit zugebracht, in Paris Strümpfe, Parfums etc. zu kaufen, und waren am Freitag zurück. Das Haus machte einen trübseligen Eindruck, und Ernest war bleich. Wegen unserer finanziellen Schwierigkeiten müssen wir auf den Wagen verzichten. Ernest macht einen solch traurigen Eindruck, daß sein Vater schließlich gesagt hat, er würde ihm helfen, damit er einige Tage Urlaub nehmen könnte ...»

Ist der Aufenthalt in Cannes wirklich so harmonisch verlaufen, wie Wallis es Tante Bessie berichtet hat? Michael Bloch, dem nichts unbekannt ist, was die Windsors betrifft, hat eine etwas undurchsichtige Krise zwischen diesen für kurze Zeit ungebundenen Anglo-Amerikanerinnen gewittert. Nada Milford Haven, die schöne Tochter des Großfürsten Michail von Rußland, war eine bekannte Lesbierin und «es scheint, daß drei der Schwestern Morgan homosexuelle Tendenzen in unterschiedlich starker Ausprägung zeigten», wie es der Skandalprozeß drei Jahre später, in den Gloria verwickelt war, beweisen sollte.

Was ist in Cannes passiert? Nach Michael Bloch sollte der angebliche Anruf von Ernest nur als Vorwand gegenüber Tante Bessie dienen, und die überstürzte Abreise von Wallis könnte einer Flucht gleichgekommen sein.

Eine weitere traurige Nachricht: Wallis hoffte, nach ihren geliebten Vereinigten Staaten, die ihr so unendlich fehlen, aufbrechen zu können. Doch das ist unmöglich; die Reise für zwei ist zu teuer. Die wunderbare Mrs. Merryman schlägt ihr vor, sie ihnen zu schenken. Wallis schreibt ihr am 12. September 1931: «Meine Liebe, wir sind wirklich beschämt von Ihrer Großzügigkeit. Sie sind eine einzigartige Frau ... Sie wissen, daß ich davon träume, zurückzufahren, aber ich denke, es ist unmöglich, die Wohnung mit dem ganzen Personal allein zu lassen ... Und außerdem ist es an Ihnen, auf jeden Fall Weihnachten zu uns zu kommen.»

Tante Bessie kann sich nicht entscheiden. Wallis, die wieder einmal von einer Erkältung geplagt wird, beschließt plötzlich, sich die Mandeln herausnehmen zu lassen: «Das war in Anbetracht der Entzündung eine schwierige und gefährliche Operation ... Man hat einen großen Abszeß gefunden ...»

Aus den Briefen von Wallis am Ende des Jahres 1931 spricht so etwas wie Müdigkeit. Sie wiederholt sich so sehr, daß man schließlich fürchtet, zuviel aus ihnen zu zitieren. Sie hat diese Comédie Mondaine, in die sie sich begierig gestürzt hat, ausgiebig kennengelernt. Gleichzeitig macht sich einige Ernüchterung in bezug auf Ernest breit. Sie ist nicht sicher, ob er ihr noch so verbunden ist wie früher.

Liebt Wallis Ernest noch? Hat sie ihn jemals geliebt? Sicher ist, daß sie sich in seiner Gesellschaft immer noch wohlfühlt. Sie braucht das Gefühl, umsorgt zu werden, und danach hat sie ihr ganzes Leben gestrebt. Sie teilt mit Ernest die finanziellen Sorgen, entrüstet sich darüber, daß die Familie ihres Mannes ihnen so wenig hilft. Sie erträgt das Klima in London schlecht, sehnt sich nach der Sonne von Baltimore; das Heimweh nach ihrem Geburtsland wird größer, aber die Anwesenheit von Ernest macht das wieder wett. Und ihre Gesundheit? Trotz ihrer immer häufigeren Magenschmerzen geht es ihr gut; wie sonst sollte sie so viele Abendgesellschaften und die kurzen Nächte durchstehen?

Sie macht dennoch eine Zeit durch, von der es sicher nicht übertrieben ist zu sagen, daß sie am Rande der Depression war. Um sie selbst zu sein, braucht Wallis immer ein Ziel, das sie anstreben kann. Aber weiß sie überhaupt, was sie will?

Im Dezember sind Wallis und ihr Gatte zum Essen eingeladen, «um Seine Königliche Hoheit, den Prinzen von Wales, zu treffen», «aber», so erklärt Wallis ihrer Tante, «er ist in letzter Minute krank geworden.» Zufällig «gibt Tamar am 17. eine Party, und er wird da sein.» Er ist in der Tat da. Wallis wagt es und lädt den Prinzen zum Essen ein. Er nimmt an.

Niemals zuvor ist der Druck in Bryanston Court so groß gewesen. Das Personal zittert. Wallis hat das Essen selbst zubereitet und es – Zufall oder Berechnung? – typisch amerikanisch gemacht: «Suppe aus schwarzen Bohnen, gegrillter Hummer, gegrilltes Hähnchen Maryland, Himbeersoufflée.» Der Prinz ist hellauf begeistert: Ist das Rezept des Himbeersoufflées ein Geheimnis? Nicht für Sie, Sir!

Er verabschiedet sich erst um vier Uhr morgens. Erleichterung und Stolz bei den Simpsons: «Ich glaube auch, daß er sich gut unterhalten hat.» Was folgt, übersteigt die Hoffnungen von Wallis. Einige Tage später lädt Seine Königliche Hoheit Mr. und Mrs. Simpson ein, über das Wochenende vom 30. Januar nach Fort Belvedere zu kommen.

Der Prinz ist schon vorausgefahren.

Demjenigen, der nur die Fotografien betrachtet, erscheint Fort Belvedere wie eine zinnenbewehrte neogotische Scheußlichkeit. Aber der Eindruck täuscht. Ich habe dieses Gemäuer mitten im Park von Windsor, das im 18. Jahrhundert begonnen und 1912 fertiggestellt wurde, ausgiebig erkundet. Ich habe lange auf den Rasenflächen verweilt, die es umgeben, ebenso auf der Terrasse, die mit Kanonen bestückt ist, so daß man meint, ein Bühnenbildner hätte sie dort hingestellt. Dabei hat sich mir der lebhafte Zauber aufgedrängt, der von diesem winzigen Schloß ausgeht. Lady Diana Cooper sah darin so etwas wie die kindliche Vorstellung von einem Fort. Vielleicht hat gerade das David gefallen.

Mit fünfunddreißig Jahren hat er plötzlich das Bedürfnis verspürt, «sein» Haus zu haben. York House war für ihn nur ein Dienstsitz, wo er sich vorübergehend aufhalten konnte. Wenn er einen Zufluchtsort suchte, mietete er Landhäuser, wo er mit engen Freunden – manchmal auch schönen Frauen – die Wochenenden verbrachte. Im Sommer 1929 war Fort Belvedere, eine Besitzung der Krone, frei geworden. Warum sollte er nicht dort einziehen? Georg V. hatte gebrummt, er könne nicht verstehen, wie sich jemand für «dieses alte Gemäuer» interessieren könnte, hatte aber zugestimmt.

Während David in Afrika jagt, beginnt man mit den Arbeiten. Bei seiner Rückkehr zieht er ein. Von da an widmet David seine ganze freie Zeit der Verschönerung des Forts. Das Äußere rührt er kaum an, am wenigsten die seltsamen, von schmalen gotischen Öffnungen durchbrochenen Türme. Diese sind zum Glück von einer klassischeren Konstruktion flankiert, wo große, aus einzelnen kleinen Scheiben zusammengesetzte Fenster das Licht hereinlassen.

Man betritt das Schloß durch eine Glastür. David empfängt seine Gäste in einem achteckigen Zimmer, dessen fünf Fenster zum Park hinausgehen. Ein Stück davon entfernt ist ein rechteckiges Zimmer, in dem sich gegenüber den drei Fenstern ein Kamin befindet: das Eßzimmer. Im Erdgeschoß liegt die Bibliothek. Durch ein rundes Zimmer mit gewölbter Decke kommt man in das Zimmer des Prinzen, das dank seiner drei zum Park hinausgehenden Fenster sehr hell ist. Dort hat er gegenüber den Regalen voller Bücher ein Bett für eine Person aufstellen lassen. Diejenigen, die man dort hinführt, glauben das Zimmer eines Militärs vor sich zu haben. Das Badezimmer setzt durch seine schwarzen Wände und seine silberne Decke in Erstaunen; das ist der Stil der 30er Jahre.

Über eine Steintreppe gelangt man in den ersten Stock. Der «Clou» ist ein riesiges Zimmer, das auf eine große achteckige Terrasse hinausgeht. Damit es jedem bewußt wird, befindet sich auf der Tür in Chrombuchstaben die Inschrift Queen's Room. Ein großes Himmelbett, gekrönt von rosa gefärbten Straußenfedern, erwartet diese Königin. Sollte es sich um Davids zukünftige Frau handeln? Keineswegs! David behält dieses Zimmer seiner Mutter vor. Doch Königin Mary ist nur zweimal und dann in Begleitung des Königs in das Fort gekommen. Das Königspaar hat mit David Tee getrunken und ist jedesmal nur eine Stunde geblieben.

Im ersten Stock gibt es zwei weitere Zimmer, die wie alle Zimmer des Forts ein eigenes Bad haben. Desgleichen hat David überall Zentralheizung einbauen lassen, was für die damalige Zeit revolutionär war, zumindest in England.

Über einige Stufen steigt man in ein Zwischengeschoß hinab, wo man zwei weitere Zimmer findet. Ich habe mich eine Weile in dem rechten, blauen aufgehalten; es sollte an jenem Wochenende Ernest und Wallis beherbergen. Zwei Doppelbetten stehen gegenüber vier aus kleinen Scheiben bestehenden Fenstern, die alle auf den Park gehen. Im Kamin wird ein Feuer angezündet, wenn die Gäste es wünschen.

Fassen wir zusammen: Außer dem Zimmer des Prinzen im Erdgeschoß hat das Fort nur fünf Zimmer, von denen jedes in einer bestimmten Farbe eingerichtet ist. Dadurch wird die Zahl der möglichen Gäste zwangsläufig begrenzt.

Es ist ein winziges Schloß, aber ein königliches Schloß, und daher hat es eine Überfülle an Personal, die uns nicht erstaunen sollte. Außer Osborne, dem unverzichtbaren Butler, ist da Mrs. Johnson, die gleichzeitig als Haushälterin und als Köchin wirkt. Dazu kommen drei Zimmermädchen, drei Küchenhilfen, zwei Lakaien, zwei Kammerdiener, ein House Guard, drei Fahrer und sechs Gärtner, die von Scotland Yard gestellte Leibwache nicht gerechnet. Dieses Personal verläßt das Fort nie, ob der Prinz da ist oder – was häufig der Fall ist – ob er abwesend ist[1].

Mit welcher Ungeduld David auf diese Wochenenden wartet. Mit einer Art Besessenheit verwandelt er sich zum Gärtner und Landschaftsarchitekten. Er verleiht den Gärten, Hecken, dem Park, den Kiefern- und Birkenwäldern eine Harmonie, die seine Freunde wie auch ihn selbst entzücken: «Das Fort hatte auf vielerlei Art von mir Besitz ergriffen. Ich liebte es schließlich, wie ich keine andere materielle Sache liebte, vielleicht, weil es mein Werk war. Mehr und mehr wurde es für mich ein ruhiger, wie verzauberter Hafen, in den ich mich flüchten konnte, weit weg von den Sorgen und dem Auf und Ab meines Lebens.»

Die fünf Zimmer sind fast immer belegt. Davids Gäste gehören im allgemeinen der Schicht an, die man «die Große Welt» nennt. Eines Tages jedoch sollte Osborne, der Butler, einfache Bürger auftauchen sehen: einen Schiffsmakler und seine Frau. Er gibt ihnen das blaue Zimmer im Zwischengeschoß.

Als der Wagen der Simpsons vor dem Schloß hält, ist es schon dunkel. David kommt in Begleitung seiner Hunde, der Cairn-Terrier Cora und Jaggs, und begrüßt sie entspannt und herzlich. Sie treffen auf Thelma, die Thaws und General Gerald F. Trotter, den Adjutanten des Prinzen, den alle Welt «Gee» nennt. Anschließend führt David sie selbst in ihr Zimmer.

Etwas später begeben sich Ernest und Wallis zu den anderen in das große achteckige Zimmer, das mit wunderbaren Bildern von Canaletto geschmückt und mit einem großen Sofa, tiefen Sesseln und einem Chippendale-Tisch möbliert ist. Stumm vor

1 Diese Einzelheiten habe ich von Mr. Leonhard F. Hills, dem Zweiten Diener, der im März 1933 im Fort anfing und im November 1935 ausgeschieden ist. In seiner Begleitung habe ich das Fort besucht. Sein hervorragendes Gedächtnis hat vor mir Einrichtungen lebendig werden lassen, die schon seit langem verschwunden sind.

Staunen bleiben sie auf der Schwelle stehen: Der Prinz ist gerade mit einer Stickarbeit beschäftigt. Mit einem kleinen unbestimmten Lachen erklärt er, daß seine Mutter ihren Kindern, ob Mädchen, ob Junge, die Petit-Point-Stickerei beigebracht hatte, als sie klein waren.

– Ich bin der einzige der Jungen, der damit weitergemacht hat. Ich finde das erholsam und nützlicher als die Lektüre eines Kriminalromans. Aber ich möchte nicht, daß etwas von dieser harmlosen Angewohnheit nach außen dringt. Das ganze Land wäre davon erschüttert.

Alle ziehen sich zum Essen um. Als der Prinz zurückkehrt, trägt er einen Kilt. Man geht hinüber ins Eßzimmer, dessen Wände mit dunklem Holz verkleidet sind. Im Kamin, der auf beiden Seiten von Porträts flankiert wird, brennt ein großes Feuer. Die Flammen der Kerzenleuchter und ein gedämpftes Licht bei den Bildern sind die einzige – intime und warme – Beleuchtung im Raum.

Später erinnert sich Wallis, daß das Essen «einfach, aber köstlich» war. Man geht wieder hinüber in den Salon, wo man Red Dog spielt, ein Kartenspiel, das damals in Mode war, und man tanzt zur Musik von einem Grammophon, das unter einem Fenster steht. Der Prinz fordert erst Thelma, darauf Connie und dann Wallis auf. Er zieht sich vor Mitternacht zurück, fordert aber seine Gäste auf, ohne ihn weiterzumachen, solange sie wollen. Natürlich geht jeder kurze Zeit später in sein Zimmer. Wallis kann ihr Erstaunen nicht verbergen: – Wo ist denn der Prinz von Wales, von dem man soviel spricht? ... Dieser entfesselte Junggeselle, heißt es, geht nie vor Morgengrauen zu Bett.

Am nächsten Morgen steht David als erster auf und fängt mit einer Hacke und einem kleinen Beil bewaffnet an, dichtes Unterholz zu roden. Jeder Gast muß es ihm wohl oder übel gleichtun. Dieser «Sport» nimmt einen Gutteil des Tages in Anspruch.

Wallis wird sich noch lange an diese «schlanke Erscheinung» erinnern, «wie sie in Knickerbocker auf die Terrasse tritt, die Hacke auf der Schulter balanciert und fröhlich vor sich hin pfeift.» Am 4. Februar schreibt sie an Tante Bessie: «Ich schicke Ihnen das Gedicht, das wir anstelle der üblichen Botschaft als ‹Schloßbrief› an ihn gerichtet haben. Natürlich mußten wir mit ‹Sir› beginnen und mit ‹Ihre gehorsame Dienerin› aufhören. Ernest kann das sehr gut. Ich hoffe, daß der Prinz von Wales damit zufrieden war.»

Dieses Gedicht ist in den Archiven des Herzogs und der Herzogin von Windsor aufbewahrt worden. Möge der Leser entscheiden, ob es der Prinz mit Wohlgefallen zur Kenntnis nehmen mußte oder nicht. Die «Verse» sind mit Wallis unterschrieben, aber man erkennt in jedem Wort das viktorianische Pathos von Ernest:

Sir,
Seien Sie nachsichtig und verdammen Sie nicht
Diesen armseligen Versuch von Dankbarkeit in Versen
Unser Wochenende in Fort Belvedere
Gibt uns liebe Erinnerung mit auf den Weg
Von einer im wahrsten Sinne des Wortes
Fürstlichen Gastfreundschaft.
Die Stunden sind zu schnell vergangen
Und wir, die wir die Uhr gern angehalten hätten
Und die wir die Bosheit, mit der sie weiterlief, bedauern,
Wollen Euer Königlichen Hoheit herzlich danken.
Ich mißbrauche Ihre Zeit
Und habe die Ehre, Sir, Ihre
(Bevor mein dichterischer Stift zu sehr lahmt)
Gehorsame Dienerin zu sein,
Wallis Simpson

Wenn man David und Wallis nach diesem Wochenende danach gefragt hätte, hätten sie beide geschworen, daß sie nicht im entferntesten an eine Liebesromanze gedacht hätten. Wir haben aber die Freiheit, uns zu fragen: Hätte David Wallis auf Fort Belvedere eingeladen, wenn er ihr nicht zumindest Interesse entgegengebracht hätte? Wir können uns auch vorstellen, daß Wallis den Prinzen von Wales, nachdem sie ihn in seiner Privatsphäre erlebt hat, mit ganz anderen Augen betrachtet haben muß. Die Frage ist: mit welchen?

Die Jahre 1932 und 1933 hindurch sind weitere Wochenenden auf Fort Belvedere gefolgt. Bald hat das Personal die Simpsons als Stammgäste betrachtet. David verhehlt nicht, daß er sie als Freunde ansieht. Sobald Wallis im Fort erscheint, wird sie von den Hunden Cora und Jaggs, die beim ersten Mal sehr feindselig gewesen waren, freudig begrüßt. Wenn der Prinz auf Reisen geht oder in Staatsgeschäften unterwegs ist, ist das Fort geschlossen. Aber kaum ist er zurück, werden die Simpsons dorthin eingeladen. Im Juli 1933 schreibt Wallis an Tante Bessie: «Das vergangene Wochenende war sonnig, und wir haben es wieder beim Prinzen verbracht. Prinz George, Großfürst Dimitri und seine Frau waren auch da. Es war unterhaltsam, aber ein bißchen zu königlich.» In ihrer Umgebung nimmt man es wohl war, daß sie David immer öfter trifft. Sie selbst täuscht sich nicht über das Verhalten mancher Leute: «Sie geben Abendgesellschaften für Thelma und mich, weil sie hoffen, daß wir den Prinzen mit zu ihnen bringen.»

Muß sie wegen Ernests Geschäften mit ihm nach Italien reisen? Der Prinz lädt Wallis ohne ihren Mann nach Fort Belvedere ein. Natürlich ist auch Thelma da, um sie zu empfangen. «Ich bin die lustige Witwe geworden», schreibt sie nicht ohne Humor an Tante Bessie. Und am darauffolgenden Sonntag: «Wir sind mit dem Herzog und der Herzogin von York Schlittschuh gelaufen. Ist das nicht herrlich? Stell Dir uns auf dem Eis vor... Der Prinz hat mir und Thelma Schlittschuhe geschenkt.» Wirklich eine lustige Witwe?

Im März 1933 können die Simpsons endlich in die Vereinigten Staaten fahren. Von der Brücke der *Mauretania* beobachten sie, wie die Insel Wight am Horizont immer kleiner wird. Ein Steward bringt eilig ein Telegramm. Er trägt das konzentrierte Aussehen eines Botschafters zur Schau, der in einer historischen Mission unterwegs ist. Die Nachricht, die Ernest und Wallis eine glückliche Überfahrt und eine baldige Rückkehr nach England wünscht, ist mit *Edward P.* unterschrieben.

In den Vereinigten Staaten fühlt Wallis, wie sie auflebt. Nach einigen glücklichen Tagen in Baltimore bei ihrer Tante Bessie fährt sie nach Washington, wo ihr ihre Familie einen überschwenglichen Empfang bereitet. Liebes, liebes Amerika!

Gutaussehende Herren machen ihr den Hof, und deshalb gibt sie sich der Illusion hin, wieder zwanzig Jahre alt zu sein. Als die Stunde der Überfahrt naht, bittet sie Ernest um einen Aufschub. Nachsichtig lächelnd willigt er ein und bricht alleine nach Europa auf. Sie folgt ihm erst Mitte Mai nach. Am 30. Mai 1933 schreibt sie an Tante Bessie: «Ich bin immer noch ganz benommen von Washington. Ich muß zugeben, daß ich nur mit großem Bedauern zurückgefahren bin und daß ich keine allzu große Lust habe, das häusliche Leben wieder aufzunehmen.»

Die Aufmerksamkeiten jedoch, die sie in London erwarten, sind auch nicht zu verachten: «Wir sind abends oft ausgegangen und haben das Wochenende beim Prinzen verbracht. Danach sind wir am Montag und Dienstag mit ihm in den Embassy Club gegangen. Thelma ist immer noch die Prinzessin von Wales, und ich glaube, daß die Reise in dieser Hinsicht ihr Gutes gehabt hat.» Hat also die Einmischung von Wallis in das Leben Davids Unruhe in der «Ehe» des Prinzen gestiftet?

Ernests Geschäfte laufen nicht besser, und der Wechselkurs

bleibt ungünstig. Wallis schreibt: «Das läßt uns praktisch ohne Geld. Wir können nur einmal im Monat Gäste zum Essen empfangen. Es ist, versteht sich, unmöglich, zu irgendeinem Fest zu gehen wie dem von Ascot oder Aldershot.» Aber einen Ausgleich gibt es: «Ich versuche, den Prinzen nächste Woche zum Abschiedsessen für Mike einzuladen.»

Und es gelingt ihr. Beim Essen bewundert der Prinz die Butterdosen, die sie aus Amerika mitgebracht hat. Ein Drama: «Ich sehe meine Butterdosen davonschwimmen. Der Prinz wird sie von mir für Thelma erbitten; sie stirbt vor Begierde danach und ich habe sie ihr schon abgeschlagen.» Aber eine Befriedigung bleibt ihr: «Meine Kleider haben großen Erfolg. Der Prinz von Wales liebt besonders das weiße.» Die Wochenenden im Fort haben wieder zu ihrem normalen Rhythmus zurückgefunden.

Am 19. Juni 1933, dem siebenunddreißigsten Geburtstag von Wallis, organisiert der Prinz ihr zu Ehren eine Abendgesellschaft bei Quaglino, einem italienischen Lokal, das gerade in Mode ist. Als Geschenk überreicht er ihr eine herrliche Orchidee im Topf. Der Prinz versichert, wenn Wallis sich haargenau an seine Anweisungen hielte, würde die Orchidee ein Jahr später erneut blühen. Ein Jahr lang läßt sie der Pflanze jede erdenkliche Aufmerksamkeit zukommen. Das Jahr verrinnt und nichts passiert. Sollte David ein Prahlhans sein? Als sie eines Tages in das Zimmer kommt, steht die Orchidee in voller Blüte.

Davids Geburtstag ist vier Tage nach dem von Wallis. Als sie das entdecken, belustigt sie das. Sie schickt ihm ihrerseits ein Geschenk zusammen mit diesem Brief: «Sir, meine besten Wünsche zu Ihrem Geburtstag. Hier ein kleines Geschenk, um die Heftchen Bryant and May[1] auf Ihrem Eßzimmertisch im Fort zu verbergen. Ich füge noch Ihren Teelöffel bei, den ich mir

1 Bryant and May: bedeutende Streichholzmarke in England.

von Osborne ausgeliehen habe, um etwas hineingravieren zu lassen.»

Großbritannien kommt aus der Krise nicht heraus. Man hat das Pfund abwerten müssen, und die Bevölkerung empfindet das als eine weitere Niederlage. Die schlechten Zeiten bewegen die Gemüter. 1932 hat Oswald Mosley den Bund der Faschisten gegründet. Die Schwäche des Dollars zwingt die in London lebenden Amerikaner, da sie ihren bisher gepflegten Lebensstil nicht mehr aufrechterhalten können, in die Heimat zurückzukehren. Roosevelt, der gerade zum Präsidenten gewählt worden ist, beginnt die Politik des *New Deal*. Ein Hoffnungsschimmer jenseits des Atlantiks. Aber wie sieht es in England aus? Große Industriegebiete leiden weiterhin unter der Arbeitslosigkeit. David, der von dem Elend tief betroffen ist, würde gerne die Trennwand einreißen, welche die königliche Familie vom Elend des Volkes trennt. Er unternimmt Reisen durch das Königreich. Überall bemerkt er die «gleichen mutlosen Gruppen, die ziellos durch die Straßen irren oder vor den Türen des Gewerkschaftshauses oder in der Nähe von Kneipen stehen, deren Besuch sie sich nicht mehr leisten können.»

Eine schlichte Unterhaltung sollte ihn stark beeindrucken. Am Ufer des Tyne, wo sich ein bedeutendes Schiffbauzentrum befindet, bauen die Werften keine Schiffe mehr. Mit Beklemmung im Herzen geht der Prinz durch die Elendsviertel, in denen Gruppen von beschäftigungslosen Arbeitern herumlaufen. Das rechtschaffene Gesicht eines Mannes in den Vierzigern in ärmlicher Kleidung fällt ihm auf.

Er geht hin und fragt:

– Was sind Sie von Beruf?

– Vorarbeiter der Nieter.

– Wie lange sind Sie schon ohne Arbeit?

– Fünf Jahre, Sir.

– Fünf Jahre?

Der Mann schaut ihn an. Er erwartet ein Wort der Aufmunterung. David weiß, daß er nicht das Recht hat, leichtfertig Hoffnungen zu erzeugen. Er schweigt und geht davon.

Um die erzwungene Muße der Arbeitslosen auszufüllen, hat man Arbeiterklubs gegründet. David begibt sich in Begleitung von Kommandant Bill Adams, dem Initiator des Nationalrats des Sozialdienstes, dorthin. Diese Clubs sind meist düstere Örtlichkeiten, leerstehende Schuppen, schlecht beleuchtete Holzbaracken. Die Arbeiter sitzen auf Bänken und warten. Manchmal wird geklatscht, wenn der Prinz eintritt. Meistens muß sich David in langen Sälen zwischen schweigenden Menschen bewegen. Dann hört David nichts außer seinen eigenen Schritten auf den knarrenden Dielen. Er kehrt, wie er sagt, «fast krank» ins Fort zurück. Eine Frage beschäftigt ihn unaufhörlich: «Wie soll man auf diesem Elend eine gesunde Nation aufbauen?»

Das Leben eines Thronfolgers hält nie inne, weder sein Privatleben, noch sein öffentliches Leben. Eines Abends lädt David in London einige Freunde – darunter Wallis – zum Essen ins Hotel Dorchester ein. An diesem Tag ist er gerade von einer Rundreise durch Yorkshire zurückgekehrt, wo er sich in Städten und Dörfern mit den Arbeitern in ihren Clubs unterhalten hat. Er muß von ihnen erzählen: es sind ungewöhnliche, fast schockierende Worte in einem solchen Rahmen. Wenn der Prinz von Wales sich dazu hinreißen läßt, hat er unweigerlich das Recht, höflich bedauert zu werden:

– Oh Sir, wie müssen Sie sich gelangweilt haben! Sind sie nicht müde?

Die Unterhaltung geht wieder zu den üblichen Themen über: Empfänge, Bälle, Jagden, Golf. Nur Wallis hat sich zu David gebeugt und ihn ausgefragt. Was ist dieser Sozialdienst, von dem er gesprochen hat? David antwortet ihr ausführlich, erzählt ihr von seinen Sorgen, von den sehr begrenzten Möglichkeiten, die ihm Verfassung und Tradition geben, von seinem Wunsch etwas zu unternehmen und zu Ende zu führen. Im Augenblick versammelt er Experten um sich, um zu versuchen, die Wohnsituation des Proletariats zu verbessern. Wallis hört ihm immer noch zu. Sie befragt ihn zu der Verantwortung eines Kronprinzen und selbst, wie er seine Tage verbringt. Noch niemals im Leben hat die Frau eines Freundes ihm solche Fragen gestellt. Der Herzog von Windsor sagt später: «Trotz des Orchesterlärms tat ich mein möglichstes, um ihr alles zu erklären. Ich habe diesen Abend nie vergessen.»

Sie auch nicht.

Die finanziellen Schwierigkeiten der Simpsons verschärfen sich. Wallis macht die neue Politik Roosevelts dafür verantwortlich. Am 18. November 1933 schreibt sie an Tante Bessie: «Sicher, Roosevelt wird daran festhalten und nichts ändern. Die Zeitungen hier meinen, daß er zu weit gegangen ist. Aber das ist vielleicht der englische Standpunkt. Auf jeden Fall ist es alarmierend...» Dann am 10. Dezember 1933: «Der Prinz hat mir ein hübsches Foto im Lederrahmen gegeben... Wir sind sehr angespannt... Mr. Simpson hat gesagt, daß er bei dem abgewerteten Dollar nicht hierbleiben könne... Ich habe Ernest dazu gebracht, klar mit ihm zu reden, und wir hoffen, daß es hilft... Ich wünsche Ihnen ein schönes Weihnachtsfest. Ich hoffe, daß Sie es fröhlich verbringen wie auch das Neujahrsfest. Besuchen Sie uns doch. Ich bitte Sie, entscheiden Sie sich doch für eine Reise.

All love.»

Ende 1933 informiert Thelma Wallis, daß sie in die Vereinigten Staaten fahren will. Lachend fügt sie hinzu:

– Ich fürchte, daß der Prinz sich sehr alleine fühlen wird. Wallis, wollen Sie sich ein bißchen um ihn kümmern?

Wallis verspricht es.

Am 1. Januar 1934 schreibt sie an Tante Bessie: «Der Prinz hat mir einen Tisch für den Salon geschenkt. Entzückend. Ich habe ihn selbst ausgesucht.»

Immer wieder der Prinz. Am 26. Januar 1934 schreibt sie: «Die letzte Woche habe ich im Fort zugebracht. Wir waren insgesamt sechs, außer dem Prinzen von Wales. Ich habe mein Bestes getan, um ihm Mut zu machen. Thelma wird ihm sehr fehlen, aber er fährt selbst in zwei Wochen weg. Am Mittwoch ist er zum Essen gekommen.» Am 12. Februar 1934: «Wir haben den «jungen Mann» von Thelma geerbt. Er trauert ihr sehr nach und ruft uns jeden Tag an. Die Folge ist, daß wir eine Reihe von Nächten durchgeplaudert haben. Mit durchgeplaudert meine ich vier Uhr morgens. Ernest hat sich manchmal entschuldigt, aber ich habe bleiben müssen. Ich bin sicher, daß böse Zungen sagen werden, daß ich die «letzte» bin. Aber er ist wirklich sehr nett...» Postskriptum: «Entschuldigen Sie, daß ich nicht früher geschrieben habe, aber dieser Mann ist aufreibend...»

Alles hat mit unerwarteten nachmittäglichen Besuchen des Prinzen begonnen. Wallis hat ihm anvertraut, daß sie immer um sechs Uhr abends zu Hause sei und daß ihr Haus allen Freunden offenstehe. Der Prinz hat von dieser Einladung ausgiebig Gebrauch gemacht. Eines Abend, als er sich verspätet hatte und als Wallis sah, daß die Essenszeit vorüber war, hat sie ihm vorgeschlagen, ihre Mahlzeit mit ihm zu teilen. Nach einem Blick auf die Uhr ist David mit einem Satz aufgesprungen:

– Gütiger Himmel, ich dachte nicht, daß es so spät wäre. Ich bin ganz durcheinander.

– Ich weiß, daß Rinderschmorbraten nichts Verführerisches hat, aber wir wären glücklich, ihn mit Ihnen zu teilen.

Die spontane Freude Davids hat Wallis gerührt. So hat, erzählt sie später, «eine lange Reihe von ungezwungenen Diners» begonnen.

Man sollte den Gipfel der guten Erziehung nicht bei gekrönten Häuptern suchen. David glaubt, ihm sei alles erlaubt. Er kündigt sein Kommen niemals vorher an. Um so größer ist der Wirbel, den solche unangemeldeten Besuche in einem wohlgeordneten Haushalt erzeugen können. Hinterher bleibt er manchmal vierzehn Tage weg, ohne ein Lebenszeichen von sich zu geben. Dann lädt er sich wieder an zwei aufeinanderfolgenden Tagen ein. Unglücklicherweise taucht er meistens an Abenden auf, die Ernest sich zum Arbeiten reserviert hatte. In der ersten Zeit bleibt Mr. Simpson ungerührt bis zum Schluß auf. Doch schon bald hat er sich erlaubt, sich zurückzuziehen – höflich, gewiß – um in sein Büro zu gehen. An diesen Abenden bleibt David mit Wallis allein. Sie wird diese ungezwungenen Unterhaltungen nie vergessen: «Der Prinz war ganz von seinem Thema erfüllt und legte mir jedesmal ein neues Projekt vor, ob es jetzt der Bau von Arbeitersiedlungen war, die er förderte, ein neuer Absatzmarkt für den britischen Handel in irgendeinem Teil der Welt, neue Bepflanzungen im Fort oder ganz einfach der Kauf der neuesten amerikanischen Jazz-Platte. Und im Verlauf unserer Wochenenden auf Fort Belvedere tanzte er immer lieber mit mir.»

Am 18. Februar 1934 berichtet sie Tante Bessie: «Ich bin wegen des Prinzen mit meinen Briefen in Verzug, denn er ist die meiste Zeit hier oder ruft zwei- oder dreimal am Tag an. Er ist völlig unausgelastet. Thelma wird jedoch bald zurück sein. P. S.: Was den Prinzen betrifft, ist es nichts als Gerede. Ich habe nicht die Angewohnheit, meinen Freundinnen die Verehrer auszuspannen. Wir haben uns oft gesehen, und die Leute reden viel darüber. Ich glaube, daß ihn das belustigt. Ich zerstreue ihn ein bißchen, und wir tanzen gern zusammen. Ernest ist immer nah bei mir. Also, überhaupt keine Gefahr.»

Doch Thelma verschiebt ihre Rückkehr... Es kommt der Tag, an dem David Ernest und Wallis fragt: Können sie ihm Freunde mit aufs Fort bringen? Es ist klar, daß er den immergleichen Gewohnheiten und den altbekannten Gesichtern entkommen will.

Vergessen wir auch nicht, daß die üblichen Gäste des Forts Freunde von Thelma sind. Die gute Gesellschaft redet viel von deren Begegnungen mit Prinz Ali Khan in den USA. Man kann auf jeden Fall feststellen, daß Thelma und der Sohn Aga Khans es etwas an Diskretion haben fehlen lassen. Ali hat alles getan, damit sein wohlbegründeter Ruf als Herzensbrecher keinen Schaden nimmt.

Im Frühling ist Thelma in London zurück. Der Prinz lädt sie ein, das Wochenende nach ihrer Rückkehr im Fort zu verbringen. Es sollte das letzte sein. Die Haltung Davids ihr gegenüber war «höflich, aber sehr distanziert», wie Thelma kurz darauf ihrer Freundin Wallis berichtet. Nur sie kann ihr die Erklärung für Davids Verhalten liefern. «Es war eine unerquickliche Begegnung», erzählte Wallis später. «Der Prinz mied sie, und sie verstand nicht, warum. Er weigerte sich, am Telefon mit ihr zu sprechen, und lud sie auch nicht mehr ins Fort ein. Schließlich fragte sie ohne Umschweife, ob der Prinz sich für mich interessiere. Genauer gesagt, sie fragte, ob er sich von mir «angezogen» fühle. Ich hatte diese Frage erwartet und war glücklich, ihr in aller Offenheit antworten zu können. «Ich glaube, Thelma, daß er mich gern hat. Vielleicht hat er sogar eine Schwäche für mich, aber wenn Sie mit «angezogen» «verliebt» meinen, kann ich Ihnen rundheraus mit Nein antworten».»

Am 15. April 1934 schreibt sie an Tante Bessie: «Thelma ist immer noch in Paris. Ich fürchte, daß ihre Herrschaft zu Ende ist, und ich versuche, meine Beziehung zum Prinzen etwas abzukühlen, indem ich zum Beispiel vermeide, mit ihm allein zu sein. Er ist sehr aufmerksam mir gegenüber, und ich fühle mich natürlich geschmeichelt.» Das letzte Wort ist präzise und klar. Wenn David den Brief gekannt hätte, hätte er daraus ableiten können, daß er von einer geschmeichelten Frau viel erhoffen konnte. Der Brief endet mit einem Satz, der nachdenklich stimmt: «Es tut mir schrecklich leid, daß ich Ihnen nicht öfter schreiben kann, aber ich bin jetzt völlig von Seiner Königlichen Hoheit in Anspruch genommen... Geben Sie auf sich acht. Und das Kleid ist göttlich.»

Dieser April ist herrlich. Wallis schreibt «im Garten mit einem einfachen Wollpullover bekleidet». Sie hofft immer noch, daß ihre Tante im kommenden Sommer nach England reisen könnte.

Aber was für Dinge sollten sich vor diesem Sommer ereignen!...

Am 21. April 1934 schreibt sie Tante Bessie: «Abgesehen von den offiziellen Zeremonien bewegt sich der Prinz nicht mehr von hier weg. Und dann sind da noch Ernest und die Freunde. Sie können sich sicher vorstellen, daß ich todmüde bin. Ich habe keinen Augenblick Ruhe, denn man braucht viel Fingerspitzengefühl, um sich mit beiden zu beschäftigen. Thelma ist in Paris, und am Abend fahren wir ins Wochenende. Mr. Simpson ist mit einer kleinen Freundin in Japan und hat uns mit einem Haufen Schulden und ohne jede Unterstützung zurückgelassen. Was für ein Kamel! Jetzt ist er achtzig und immer noch auf Reisen. Wir sind ohne Köchin, aber wir benutzen das Haus nur als Hotel. Wir nehmen dort keine Mahlzeiten mehr ein und, selbstverständlich, da ich den Prinzen an vielen Orten eingeführt habe, können wir uns vor Einladungen nicht retten, einschließlich solcher von Leuten, die vorher nie ein Lebenszeichen von sich gegeben haben. Wäre Mama darüber nicht glücklich gewesen?»

Es ist ganz offensichtlich, daß Wallis nicht mehr frei über ihre Zeit verfügen kann. Sie weiß schon im voraus, daß sie sich jede Woche ins Fort begeben müssen. Ebenso, daß sie jede Woche mehrere dieser Abendgesellschaften in Begleitung des Prinzen sowie Essen und Besuche von Lokalen einplanen müssen. Wenn man ihre Briefe liest, gewinnt man den Eindruck, daß sie sich von einer Strömung forttragen läßt, ohne zu wissen, wohin. Ganz ausdrücklich findet man das im Brief vom 25. April 1934: « Ich habe Gloria (Vanderbilt) nicht gesehen, denn sie ist mit Thelma nach Paris gefahren. Letztere ist noch immer nicht zurückgekommen, was sehr vernünftig ist, insofern die Beziehung zum Prinzen fast beendet ist. Man wird mich sicher dafür tadeln, denn im Augenblick hängt er sich zu sehr an mich, obwohl er seine ehemalige Geliebte, Mrs. Dudley Ward, genauso oft sieht. Man sucht sehr meine Gesellschaft, und ich versuche, durch ihn soviele Engländer wie möglich kennenzulernen. An den letzten Wochenenden hatte er mehrere eingeladen. Aber, ach, ich fürchte, daß ich all das schon bald aufgeben muß, denn man braucht soviel Geld, um mit ihm auszugehen. Die Kleider, die Trinkgelder... Und all seine Freunde sind so reich. Ich glaube, daß ich die Ärmste von denen bin, mit denen er Umgang hat. Ich sterbe vor Verlangen zur Woche von Ascot eingeladen zu werden, selbst wenn ich dafür stehlen müßte, und hoffe immer noch, daß ich im August auf den Kontinent fahren kann, wenn es finanziell möglich ist. Das alles natürlich nur, wenn er kein anderes Mädchen kennenlernt oder wenn er nicht zu Thelma zurückkehrt. Man muß auch auf Ernests gute Laune achten. Im Augenblick fühlt er sich sehr geschmeichelt und läßt mich ein- oder zweimal pro Woche allein bei ihm essen... Ich habe seit einem Monat keine Party bei mir gegeben... Ich schaffe es nicht zuzunehmen trotz all meiner Bemühungen: Zu viele Sorgen kommen zu dem Übermaß an Aufregung dazu; und nie habe ich die Möglichkeit, mich zu entspannen. All das verlangt ein gewisses Maß an Feingefühl für eine neue Romanze vor meinem vierzigsten Geburtstag. Sagen Sie, daß Sie kommen werden. Ich hätte gern ein oder zwei Landkleider, eins aus Leinen und eins aus Wollstoff... Ja, ich bin nach Ascot eingeladen und habe nicht die geringste Ahnung, was ich anziehen soll. Es muß Ihnen auf die Nerven gehen, was ich Ihnen alles erzähle, aber es ist so aufregend für mich. Ernest muß jeden Pfennig zweimal umdrehen; uns geht es dermaßen ans Geld, daß ich die Masseurin nicht behalten konnte... Wir haben eine Zeitlang nicht miteinander gesprochen, so wütend war er...»

Dieser Brief verblüfft durch seine Klarsicht. Die Worte: «neue Romanze vor meinem Vierzigsten.» erscheinen uns typisch für Wallis. Ganz sicher kann man in den Briefen zwischen dem 18. Februar und dem 25. April eine bemerkenswerte Änderung im Ton feststellen.

Wird sie nach Ascot gehen, diesem mondänen Treffpunkt erster Ordnung? Am 7. Mai schreibt sie an Tante Bessie: «Der Prinz hat mich zur Rennwoche nach Ascot eingeladen, die am 19. beginnt und am 25. endet. Er schenkt mir die Eintrittskarte... Ich kann der Versuchung nicht widerstehen hinzugehen. Es wäre auch besser, wenn Sie vor Ascot oder kurz danach kämen, denn ich wollte nicht, daß ich Sie gerade in dem Augenblick verlassen müßte, wenn Sie ankämen. Es sei denn, es stört Sie nicht, all die Tage ohne mich zu sein. Ernest kann mich nicht begleiten wegen: 1) der Eintrittskarte; 2) der langen Zeit außerhalb der City; 3) der Kleidung. Ich sehe zu, daß diese Zeilen noch mit dem Schiff von heute abend abgehen. All love.»

Das verhaltene Beben, das man in den vorhergehenden Briefen spürte, wird hier zu einer wahrhaft leidenschaftlichen Erregung. Es ist ihr unmöglich, auf Ascot zu verzichten. Ich versuche mir vorzustellen, was im Kopf von Mrs. Bessie Merryman vorgeht, die mit jedem Brief deutlicher spürt, daß ihre Nichte geradewegs auf ein Schicksal zusteuert, das die vortreffliche alte Dame nicht einmal wahrzunehmen wagt. Eine Katastrophe, ganz gewiß! Tante Bessie hält also den Augenblick für gekommen, ihre Nichte ernsthaft zurechtzuweisen und sie anzuflehen, auf sich aufzupassen. Aber kann man ein Reitpferd in vollem Galopp anhalten? Wallis antwortet ihrer Tante von Fort Belvedere aus. In Wahrheit sind die Erklärungen nicht notwendig, der Ort und das Datum genügen.

Am 22. Mai 1934 schreibt sie: «Meine Liebe, Sie haben mir eine richtige Predigt gehalten, und ich bin mit fast allem einverstanden, was Sie in bezug auf Seine Königliche Hoheit gesagt haben.

Wenn Ernest auch nur den geringsten Einwand machte, würde ich den Prinzen sofort fallenlassen. Aber im Augenblick laufen die Dinge wunderbar, und wir sind alle drei ständig zusammen, in der wenigen Zeit, über die der Prinz von Wales in dieser Zeit des Jahres verfügt... Schenken Sie dem Klatsch keine Beachtung. Jede Person, an die er sich ein bißchen bindet, ruft Neid hervor, und natürlich mag Thelma es nicht, daß wir ihn so oft sehen, obwohl sie sich selbst von Prinz Ali Khan unermüdlich den Hof machen läßt und mit ihm nach Spanien gereist ist. Auf jeden Fall nehme ich nirgendwo ihren Platz ein. Ernest bricht am nächsten Wochenende mit seinem Vater für zwei Wochen zum Kontinent auf und wird erst am 22. August zurück sein. So werde ich die Woche vor Ascot hier freischaffend verbringen. Ich fühle mich sehr gut, und ich habe endlich etwas zugenommen. Ich denke, daß ich Golf gespielt habe und mich hier auf dem Land aufgehalten habe, hat sehr viel dazu beigetragen. Ich habe den Scheck eingelöst, der es mir erlaubt, meine Massage zu bezahlen. Ich setze sie trotz Ernest fort, denn es tut mir enorm gut. Ernest ist entsetzt, daß ich soviel von Ihnen annehme, und wünscht sich bessere Zeiten, aber er scheint nicht zu glauben, daß sie für den Seetransport vor Ablauf von zwei Jahren kommen werden... Ich bitte Sie, glauben Sie nicht, daß ich völlig weggetreten bin. Da oben im Kopf bin ich völlig in Ordnung – aber ich habe so wenig Zeit. Ich setze einen Teil der zwei Häuser des Prinzen instand, was viel von meiner Zeit in Anspruch nimmt. Besuchen Sie mich schnell und lange. Sie werden sehen, daß alles o.k. ist. Die Tatsache, daß Thelma verärgert ist, beunruhigt uns nicht, denn sie ist, jedenfalls in London, unbeliebt. Dank des Prinzen habe ich sympathische Engländer kennengelernt, und sie sind sehr nett zu mir gewesen. Ich habe mein bestes getan, daß er seine alten Freunde wiedersieht, denn das war einer der Vorwürfe, die man Thelma machte, nämlich, daß sie ihn mit schrecklichen Leuten umgab. All my love.»

Und dann kommt Ascot, das Ereignis, das sie so sehr herbeigesehnt hatte. Wallis, die bisher durch nichts zu verblüffen war, reagiert heftig auf die Pracht, die den königlichen Festzug umgibt. Der König, die Königin, die Prinzen und die Prinzessinnen kommen paarweise in Landauern, die von Kutschern in scharlachroten Uniformen gelenkt werden. Als Wallis in den königlichen Cordon eintritt, kommt sie nicht umhin, sich gleichzeitig «stolz und gerührt» zu fühlen, besonders als der Prinz mit seinem grauen Zylinder ihr ein Lächeln schenkt, das sie verblüfft, so «jung und bezaubernd» wirkt er.

Von nun an denkt sie sich im Fort Belvedere die Menus aus, verrückt die Möbel und ergreift die Initiative, um gewisse Regeln beim Bedienen zu ändern. Besonders versucht sie, eine allzu große Verschwendung einzudämmen, was – wie man sich denken kann – Osborne, dem Butler, gar nicht gefällt. Während der Prinz und seine Freunde Golf spielen, geht Wallis mit Cora und Jaggs spazieren. Sie hat angefangen, sie zu schätzen,in dem Maße wie der Prinz die Hunde liebt. David ist in unaussprechlicher Weise gerührt und taucht eines Nachmittags in Bryanston Court auf, unter dem Arm einen Hund von der gleichen Rasse wie seine beiden, einen Cairn-Terrier.

– Ich stelle Ihnen Slipper vor, sagt er zu ihr. Er gehört Ihnen.

Achten wir auf das bedeutsame Ereignis: So bedeutend die Gesellschaft von Thelma für David auch war, so hat sie die alte Verbindung mit Mrs. Dudley Ward nie ganz zum Erliegen bringen können.

Im Frühling jenes Jahres ruft David sie nicht mehr an und entzieht sich allen ihren Anrufen. Nun versteht sie, daß es mit ihrer Beziehung zu Ende ist. Abgang Mrs. Freda Dudley Ward.

Die Ferienzeit kommt näher. David plant im August nach Biarritz, eine seiner bevorzugten Sommerfrischen, zu fahren und dort ein Haus zu mieten. Wie schön wäre es doch, sich unter

Freunden an dem Strand zu treffen, den die Kaiserin Eugénie so sehr gemocht hatte. Er bietet also den Simpsons an, mit ihm hinzufahren. Wallis antwortet, es sei völlig unmöglich: Ernest muß sich um diese Zeit aus geschäftlichen Gründen in die Vereinigten Staaten begeben. Zudem kommt Tante Bessie, um ihr in Ernests Abwesenheit Gesellschaft zu leisten. David findet sogleich eine Lösung:

– Ich wäre entzückt, Ihre Tante Bessie bei mir zu haben.

So muß Mrs. Merryman, als sie Anfang Juli in London eintrifft, erfahren, daß sie mit ihren siebzig Jahren Gast eines zukünftigen Königs und Anstandsdame ihrer Nichte Wallis sein soll. Für eine Amerikanerin aus Baltimore braucht es mehr, um sie aus der Ruhe zu bringen. Mit ihrer gewohnten Entschlossenheit sieht sie der Situation ins Auge. Ernest bricht wie vorgesehen nach Amerika auf, während der Prinz und seine Gäste England in Richtung Biarritz verlassen. Außer Mrs. Merryman und ihrer Nichte nimmt er noch seinen Privatsekretär, seine zwei Adjutanten – darunter Gee Trotter –, den Kommandanten und Mrs. Colin Buist mit. Für einen Erbprinzen ist das fast nichts.

Die Villa Meremont in Biarritz ragt über den Ozean empor. Sie erweist sich als «geräumig und bequem». Es folgen glückliche Wochen mit einem friedlichen Leben: Baden im Meer, lange Aufenthalte in der Sonne, Golfpartien, manchmal eine Partie Bridge. Einmal in der Woche lädt David Wallis in eines dieser kleinen Bistros, für die er eine Vorliebe hat, zum Essen ein. Seine naive Freude rührt sie.

Hier versetzt mich eine Fotografie in Erstaunen. Ich habe Wert darauf gelegt, daß sie in die Bebilderung dieses Buches aufgenommen wird. Sie wurde mit einem Teleobjektiv am Strand von Biarritz aufgenommen. Betrachten Sie sie: Der Prinz läuft lachend hinter Wallis her, die ebenso fröhlich ist wie er. Wenn das keine Verliebten sind…

Die *Rosaura*, die Yacht von Lord Moyne, einem der Führer

der Konservativen Partei, ankert in der Nähe. Lord Moyne schlägt David eine Kreuzfahrt vor; der nimmt begeistert an. Tante Bessie, die Angst vor dem Meer hat, lehnt ab: Sie wird in Italien auf ihre Nichte warten. Und sie hat gut daran getan, denn das Schiff gerät in ein gräßliches Unwetter. Wallis glaubt, ihr letztes Stündlein habe geschlagen, besonders als der große zahme Affe von Lord Moyne in ihre Kabine einbricht. Nachdem der Sturm sich gelegt hat, fährt die Jacht die spanische Küste entlang, und alle vergessen, daß sie eben noch um ihr Leben gezittert haben. Am Abend treffen sich David und Wallis auf der Brücke. Wallis erinnert sich später: «Vielleicht war es im Verlauf dieser Abende, als wir längs der spanischen Küste fuhren, daß wir diese undefinierbare Grenze überschritten, die Freundschaft von Liebe trennt? Vielleicht war es auch im Gegenteil an einem Abend, als wir am Strand von Formentera oder Mallorca spazierengingen? Wie könnte eine Frau das wissen, und, besonders, wie könnte sie das beweisen?»

Nach einer Reise von elf Tagen läuft die *Rosaura* in den Hafen von Cannes ein. Vorbei ist es mit der Oase des Friedens. Von neuem wird Wallis in den Strudel des Lebens eingesogen: die vielen Freunde, tausend kleine Dinge, die man unternimmt, unlösbare Probleme, die zu lösen sind. Wie hätte sie den Prinzen nicht in der Villa Lou Viei zu ihren Freunden Herman und Katherine Rogers führen sollen? David gefällt es dort sehr. Eines Abends nach dem Essen zieht er dort ein kleines, mit Samt ausgeschlagenes Etui aus der Tasche und reicht es Wallis. Als sie es öffnet, findet sie darin einen kleinen Anhänger mit Smaragden und Brillanten. Sie befestigt ihn an ihrem Armband.

Man ist übereingekommen, sich in Cannes zu trennen: Wallis muß zu ihrer Tante an den Comer See fahren. Das Ärgerliche an der Sache ist, daß der Prinz überhaupt keine Lust hat, sie zu verlassen. Ohne Umschweife schlägt er ihr vor, selbst Mrs. Merryman seine Aufwartung zu machen. Um jeden Einwand im Keim zu ersticken, lädt er auch Herman und Katherine Rogers ein. Wie hätte Wallis ablehnen können? Unter dem forschenden Blick von Tante Bessie berauschen sich David und Wallis an den Schönheiten des Lago Maggiore, der Isola Bella und den Borromäischen Inseln. Das geht so bis Ende September.

Für einen Prinzen von Wales ist das eine lange Zeit und man verlangt in England lauthals nach ihm. Zusammen mit König Georg V. und Königin Mary soll er dem Stapellauf der *Queen Mary* auf dem Clyde beiwohnen. Die kleine Gruppe erreicht Paris mit dem Zug, wo der Prinz das Flugzeug nach London nimmt. Nach einigen Tagen in der französischen Hauptstadt – Tante und Nichte haben plötzlich bemerkt, daß sie nichts mehr zum Anziehen haben – fahren Mrs. Merryman und Wallis nach Le Havre, wo sie das Schiff nach England besteigen.

Als es Abend wird, begibt man sich auf dem Passagierschiff zu Tisch. Unvermittelt fragt Tante Bessie ihre Nichte:

– Wallis, könnte es sein, daß der Prinz in Dich verliebt ist?

Sie unterstützt ihre Frage noch durch eine klare Feststellung, die ihr sehr ähnlich sieht, nämlich, daß sie «noch Augen im Kopf habe, um es in jedem seiner Blicke zu sehen.»

– Tante Bessie, antwortet sie, nichts würde mich glücklicher machen, als zu wissen, daß er wirklich an mir hängt.

Sie widersteht der gerunzelten Stirn und dem forschenden Blick ihrer Tante. Sie schwört, daß niemand sich vorstellen kann, was die letzten Wochen für sie bedeuten. Sie hat glückliche Stunden durchlebt. Tante Bessie soll sich nicht beunruhigen. Sie, Wallis, weiß, was sie macht. Es folgt ein tiefer Seufzer von Mrs. Merryman:

– Sehr gut. Machen Sie es, wie Sie es für richtig halten. Auch klügere Köpfe als der Ihre haben einer solchen Neigung nicht widerstehen können, aber nach meiner Ansicht kann bei einer solchen Situation nichts Gutes herauskommen.

Am nächsten Morgen legt das Schiff in Southampton an. Von Trauer überwältigt umarmt Wallis ihre Tante, die nach Amerika zurückfährt. Sie wird am Kai von Ernest erwartet, der sie mit breitem Lächeln und einer ihm zur zweiten Natur gewordenen Höflichkeit begrüßt. Wallis berichtet ihm von ihrer Reise und ruft mit kindlichem Ernst aus, daß sie gerade in die «verzauberte Welt von Alice im Wunderland» eingedrungen sei.

Er betrachtet sie belustigt:

– Oder besser noch in das Königreich von Peter Pan. Der Scherz bring Wallis zum Lachen. «Aber zu meiner eigenen Überraschung war ich darüber doch leicht verstimmt.» Von nun an wird Ernest den Prinzen mit der gleichen, ein wenig zu sehr belustigten Nachsicht Peter Pan nennen. Kann man auf Peter Pan überhaupt eifersüchtig sein?

Ernests Geschäfte nehmen immer noch einen Großteil seiner Zeit in Anspruch. Gegen Ende Oktober ist er wieder einmal auf Reisen. Vom Central Hotel in Glasgow schreibt er Wallis einen Brief, dessen Bedeutung wir nicht hoch genug einschätzen können. In seinem üblichen Stil, der dadurch abgemildert wird, daß er sie «mein Baby» nennt, bekräftigt er ihr aufs neue seine Liebe und schlägt ihr als einen «Schild gegen die Gefahr» einen «geheimen Unterschlupf für ein verletztes Herz» vor. Er erinnert sie an das *Home*, das sie zusammen bauen wollten und fragt sie, ob sie das Bedürfnis verspürt, sich dorthin zurückzuziehen.

Die Leserinnen und Leser stellen sich vielleicht angesichts des bereits verliebten Prinzen eine erstaunte und gerührte Frau vor, die aber noch weit davon entfernt ist, die Gefühle dieses Prinzen zu teilen. Ernests Brief beweist etwas anderes. Eine innere Zerrissenheit und ein gewisses Leid leuchten darin auf. Sie lassen das Unausgesprochene Gestalt annehmen. Wallis hat mehr getan als nur zu schwanken. Ernest fühlt das; er will sie nicht verlieren. Gleichzeitig spürt er, daß sie seine Anwesenheit, seine Bodenständigkeit braucht. Er verschließt sich ihr nicht, sondern geht ihr mit weit geöffneten Armen entgegen; dieser Ernest, der Wallis – wie früher Win – «mein Baby» nennt.

Am übernächsten Tag, dem 21. Oktober, schickt Ernest aus dem Station Hotel in Newcastle einen weiteren Brief. Er erinnert Wallis daran, daß sie an einem 21. Juli geheiratet haben. Deshalb trägt der Brief als Datum «unser Tag». Er bittet seine Frau, mit ihm zu Gott zu beten, daß er helfe, nichts von dem zu zerstören, was sie beide «aufgebaut haben».

Die Logik würde es nahelegen, daß die Simpsons in diesem Abschnitt ihres gemeinsamen Lebens ihre Begegnungen mit dem Prinzen einschränkten. Zum Glück gibt es in der Geschichte keinerlei Logik. Im übrigen hätte man die Rechnung ohne David gemacht: Kaum ist er in London zurück, ruft er Wallis an. Er zeigt immer den gleichen Charme, die gleiche Unbekümmertheit. Er erwartet alle beide am nächsten Wochenende auf Fort Belvedere. Und sie gehen hin. Und sie werden wieder und wieder dorthin zurückkehren.

Ständig läutet der zudringlichste aller Erbprinzen an der Tür der Wohnung in Bryanston Court. Er legt großen Wert darauf, daß Wallis dem Empfang beiwohnt, den König und Königin im Buckingham-Palast anläßlich der Hochzeit ihres jüngsten Sohnes, des Herzogs von Kent, geben. Am 27. Oktober 1937 berichtet sie Tante Bessie: «Das Haus hat mir bei der Rückkehr einen Schreck versetzt, keine Köchin... Ernest scheint es besser zu gehen; er hat eine Woche in Paris verbracht und kommt heute Abend von einer Woche in Norwegen zurück, um am Donnerstag schon wieder nach Italien aufzubrechen. Viele Frachtunternehmer sind mit ihren Frauen hier. Wir mußten einen Empfang für sie geben; sehr ermüdend... Der Charmeur mit den blauen Augen ist immer noch mein Verehrer und nimmt viel von meiner Zeit in Anspruch, aber ich bin nicht viel mit ihm in der Öffentlichkeit ausgegangen... Der Prinz spricht immer noch sehr herzlich von Ihnen... Ich fühle mich wunderbar gut nach einem Sommer ohne Verpflichtungen und in solchem Luxus... Es ist schade, daß Sie so schnell zurückfahren mußten. Hier ist alle Welt sehr aufgeregt wegen der nächsten Hochzeit im Königshaus... Die Plätze kosten ein Pfund das Stück. Der Prinz hat mir einen in der Westminsterabtei angeboten, aber ich habe nicht annehmen können, da ich nicht alleine bin. Glauben Sie nicht, daß ich Ihnen nicht schreibe, weil ich Sie nicht gern hätte. Zwei Männern gleichzeitig eine Kameradin sein, läßt mir keine Zeit.»

An den Wochenenden im Fort ist der Herzog von Kent zum bevorzugten Gast geworden. Er ist sehr in Prinzessin Marina verliebt und spricht über nichts anderes als seine Heirat. An diesem Tag verkündet er bei Tisch in vollem Ernst, daß einer seiner Freunde Marina zur Hochzeit den teuersten Pelzmantel der Welt schenken will. Er wendet sich an Wallis: Was ihrer Ansicht nach der teuerste Pelz sei. Eine Antwort wie aus der Pistole geschossen: der Chinchilla. Und Wallis fügt sogleich hinzu:

– Eure Königliche Hoheit werden von dem Geschenk der Simpsons nicht so überwältigt sein. Ich habe bei Fortnum zwei Lampen zu zehn Guinees das Stück gekauft. Sie waren ein Sonderangebot und ich warne Sie, man kann sie nicht umtauschen.

Das ist ein weiteres Beispiel für den freimütigen Ton von Wallis, der David so an ihr gefällt. Am 5. November 1934 schreibt sie an Tante Bessie: «Meine Liebe, ich hoffe, daß Sie am 2. Blumen auf das Grab von Mama gelegt haben. Sagen Sie mir, was ich Ihnen schulde. Sie haben sehr viel Geduld mit mir gehabt, wo ich Ihnen so wenig geschrieben habe, aber ich werde versuchen, es wieder gutzumachen. Hören Sie nicht auf den lächerlichen Klatsch. Ernest und ich sind meilenweit davon entfernt, uns scheiden zu lassen, und wir haben eine lange Aussprache über meine Beziehungen zum Prinzen von Wales gehabt. Wir haben auch mit ihm darüber gesprochen, und alles wird so weitergehen wie bisher, d. h. wir werden alle drei die besten Freunde der Welt bleiben. Das wird all diejenigen ärgern, die es, wie ich vermute, gern sähen, wenn meine Ehe in die Brüche ginge. Ich werde versuchen, so geschickt zu sein, beide zu behalten.» Eine klare und beredte Aussage.

Sie hat Lady Mountbatton und Lady Mackintosh kennengelernt: «Ich mache ständig neue Bekanntschaften.» Das Zimmermädchen, das sie engagiert hat, ist angekommen. Es beginnt, kalt zu werden, und der berühmte Nebel, den sie so fürchtet, kehrt zurück. Ernest hat seinen Vater um ein Darlehen von 1000 $ gebeten. «Nichts zu machen. Absolute Weigerung!» Aber sie blickt auch nach vorn: «Der Prinz spricht davon, nach Weihnachten zum Wintersport zu fahren. Vielleicht lädt er mich ein. Donnerstagabend gehe ich mit Prinz George ins Theater, denn der Prinz von Wales ist auf Reisen. Morgen mache ich mit ihm Einkäufe. Ich habe viel Erfolg bei diesen Windsors.»

Es ist wunderbar.

Die Schöngeister werden eine Szene, die der zweite Diener des Forts, Leonard F. Hills, auf Ende 1934 verlegt – ohne es genauer bestimmen zu können –, vielleicht mit Geringschätzung bedenken. Ich habe die Geschichte aus seinem eigenen Munde gehört, und sie erscheint mir glaubhaft.

Es ist Mr. Hills' Aufgabe, dem Prinzen jeden Morgen sein Frühstück zu bringen. An jenem Tag, einem Dienstag, gegen 10 Uhr oder 10 Uhr 30 trägt er ein Tablett mit einem Brioche, einem Apfel und einem Fruchtsaft und klopft an die Tür Seiner Königlichen Hoheit. Er wartet das übliche Herein nicht ab, denn meist antwortet der noch fest schlafende Prinz nicht. Mr. Hills tritt ein. Er bemerkt, daß das Bett leer ist und – eine Einzelheit, die einem eifrigen Diener nicht entgehen kann –, daß die Bettdecke nicht in Unordnung ist. Aber er weiß genau, daß der Prinz das Fort nicht verlassen hat. Aha. Er hat die Nacht also in einem anderen Zimmer verbracht.

Er zögert, ist in der Klemme: Soll er das Tablett mitnehmen oder dalassen? Mr. Hills beschließt, es dicht an das Bett zu stellen. Das ist ein unverzeihlicher Fehler, denn dadurch gibt er sich als Zeuge der Eskapade des Prinzen zu erkennen. 1980, als er mir die Episode, die ein großes Ereignis in seinem Leben darstellt, erzählt, ist er noch immer bedrückt davon:

– Ich habe nie verstanden, warum man mich nicht gefeuert hat.

Am 3. Dezember schreibt Wallis an Tante Bessie: «Ich habe keine Minute für mich; ich schlafe bis Mittag, frühstücke eilig, mache Einkäufe und schnüre die Päckchen für die zweihundertfünfzig Diener des Prinzen. Auf diese Weise wird mein armes Haus völlig vernachlässigt. Die Hochzeit war ein herrliches Schauspiel, und wir waren in den Buckingham-Palast eingeladen worden, das war schon etwas! Ich hatte mir bei Cartier ein Diadem geliehen. Ernest trug kurze Hosen[1], er war perfekt!... Der Prinz hat uns dem König und der Königin vorgestellt. Wir hatten sehr gute Plätze in der Abtei... Ernest war sehr elegant in seiner scharlachroten Uniform. Es geht ihm hervorragend trotz der Probleme mit seinem Vater und seinen Teilhabern in New York. Wir kümmern uns nicht um das Gerede und bleiben Freunde und sind letzte Woche jeden Abend zusammen ausgegangen... Ich kann mir gar nicht vorstellen, daß schon so bald Weihnachten ist...»

Sie ist also dem König und der Königin von England begegnet, zum ersten und zum letzten Mal. Die Bande zu dem frischgebackenen Ehepaar werden enger: «Ich bin ein wenig überlastet durch die Kents, die Donnerstag zum Essen kommen. Im Haus geht alles drunter und drüber.» Schließlich ist Weihnachten vor-

1 Wörtliche Übersetzung. Es handelt sich offensichtlich um das, was die Franzosen «Culottes à la francaise» nennen.

bei. «Diese schreckliche Sache ist zu Ende. Ich habe es immer gehaßt, Weihnachten außerhalb von Amerika zu verbringen... Ich habe Ihnen ja von der Hochzeit geschrieben und welche Aufregung es hervorgerufen hat, als der Prinz die Königin zu Ernest und mir führte, und das vor den kalten, neidischen Augen der Engländer... Gott sei Dank ist der Prinz seit letztem Montag in Sandringham, was uns eine heilsame Ruhepause verschafft hat, besonders mir. Morgen kommt er zurück, gerade rechtzeitig, um mit acht von uns einen Imbiß einzunehmen. Danach will er uns zur Negerrevue mitnehmen, die in London so großen Erfolg hat...»

Für Wallis ist Davids Abwesenheit eine «heilsame Ruhepause». Sie hütet sich jedoch, ihrer Tante anzuvertrauen, daß sie zu Weihnachten vom Prinzen von Wales ein paar Zeilen zu einem Geschenk bekommen hat: «Meiner Wallis für unter den Weihnachtsbaum von Ihrem David.» Ist es das smaragd- und diamantbesetzte Perlenarmband, das aus dieser Zeit stammt? Also ist sie für den Prinzen «seine» Wallis und er selbst ist «ihr» David. Mrs. Merryman weiß ebensowenig, daß David ihr während seines Aufenthaltes in Sandringham am 28. Dezember 1934 den ersten Liebesbrief geschrieben hat, den man später in seinem Archiv finden sollte. In klarer, sicherer, ausholender und eleganter Schrift schreibt er:

«Meine vielgeliebte Wallis,

wie lange diese Woche gewesen ist und wie herrlich Montag und Dienstag sein werden und alle Tage, die wir zusammen verbringen werden. Oh, meine Teure, wie ich Sie liebe, immer mehr und mehr. Es ist so wunderbar, an Montag zu denken und an all die Sachen, die wir tun werden, um zusammenzubleiben. Ich muß diese Zeilen jetzt zur Post geben und mich anziehen für ein weiteres pompöses und stumpfsinniges Essen, aber ich möchte, daß Sie lesen (Sie wissen, was), daß Ihr Ihnen gehörender David Sie liebt und daß Sie ihm fehlen.»

Der Historiker geht so vor: Damit er sich eines Ereignisses oder eines Gefühls sicher ist, muß er es schriftlich, schwarz auf weiß vorfinden. Jetzt ist er zufrieden.

In den Archiven des Herzogs von Windsor befindet sich auch ein blauer, von Wallis beschrifteter Umschlag, der wahrscheinlich aus der gleichen Zeit stammt. Offensichtlich enthielt er ein Geschenk, aber wichtig ist das, was wir lesen können: «Mit all meiner Liebe und all meinen Kinderträumen, die durch Sie Wirklichkeit geworden sind, und ich wage zu hoffen, daß das vielleicht die beste Sache dieses Neujahrs ist.»

IV

Ein Prinz vor der Haustür

1924 hatte eine junge Journalistin in den Vereinigten Staaten dem Prinzen von Wales eine verfängliche Frage gestellt:

– Wenn Sie sich in eine Amerikanerin verliebten, würden Sie sie heiraten? Niemand hatte die Antwort des Prinzen verstanden. Sie war in dem schallenden Lachen der Amerikaner und dem etwas gezwungenen des Gefolges des Prinzen untergegangen.

Die Hypothese ist nun Wirklichkeit geworden: David liebt eine Amerikanerin. Als er sich später in seinen Memoiren an die Unterhaltung im Hotel Dorchester erinnerte, in deren Verlauf Wallis sich auf so überraschende Weise für «seine Arbeit» interessiert hatte, läßt er durchblicken, daß kurze Zeit darauf der Wunsch in ihm geweckt wurde, die junge Frau zu heiraten. Wir haben bereits festgestellt, daß die Wahrheit ganz anders aussah. Thelma Furness, eine Zeugin ersten Ranges, bestätigt das – und das aus gutem Grund – in dem Werk *Double Exposure*, das sie zusammen mit ihrer Schwester Gloria herausgegeben hat: «Eine Legende besagt, für den Prinzen sei es bei der ersten Begegnung mit Wallis Liebe auf den ersten Blick gewesen und er habe beschlossen, daß er ohne sie nicht mehr leben könnte. Das ist absurd... Während dreieinhalb Jahren sah der Prinz sie mindestens einmal in der Woche. Erst später entdeckte er, daß sie ihm mehr bedeutete als der Thron.» Vom Januar 1931 bis August 1934 sind es dreieinhalb Jahre; die Rechnung von Thelma Furness ist richtig. Gewiß, der erste uns bekannte Brief von David an Wallis zeigt einen schon sehr verliebten Mann. Der weitere Briefwechsel wird uns zeigen, daß es noch langer Monate bedurfte, damit sich dieses lebendige Gefühl in eine ausschließliche Liebe verwandelte, die so absolut war, daß David, als er König geworden ist, ohne Zögern abdankt, um Wallis zu behalten.

Im Augenblick ist es für sie beide das Wichtigste, den Sylvesterabend 1934 miteinander zu verbringen. Soll es eine Revanche sein für das Weihnachtsfest, als sie getrennt waren? Am 9. Januar schreibt Wallis noch sehr aufgeregt an ihre Tante, daß Sylvester «sehr fröhlich, wirklich fröhlich gewesen ist»; sie unternimmt dabei einen bizarren Rückgriff auf ihre Geschichte: «Es war ein bißchen wie in Warrenton...» Was David betrifft, hat er ein so großes Interesse für die Puzzles an den Tag gelegt, die Mrs. Merryman ihrer Nichte zu Weihnachten geschenkt hatte, daß er ihr glattweg zwei abgerungen hatte: «Er hat sie mit nach Sandringham genommen, wo der König und die Königin nicht nur daran Gefallen gefunden, sondern auch weitere verlangt haben.»

Wir müssen uns dieses ungewöhnliche Bild in dem viktorianischsten aller königlichen Sitze inmitten eines durch die Jahrhunderte vererbten Prunks vorstellen: König Georg V. und Königin Mary bemühen sich verbissen, ein Puzzle zu Ende zu bringen, das von einer alten Amerikanerin mit goldenem Herzen aus Baltimore herübergeschickt wurde. Das Ereignis des Tages muß man indes anderswo suchen. Thelma und Wallis haben sich wieder getroffen, aber ohne allzu große Begeisterung muß man sagen. In einem Brief an Tante Bessie heißt es: «Ich habe Thelma zweimal gesehen – sehr angenehm – und ich bin sicher, daß ich sie noch gut um mich haben könnte. Aber ich glaube, es ist klüger, sich von dieser Clique fernzuhalten, wo ich jetzt nicht mehr dazugehöre. Sie umgibt sich mit den schrecklichsten Leuten. Und Mala Brand ist ihre beste Freundin. Ich habe erfahren, daß niemand in New York sie mehr empfängt. Mir ist Tamar immer noch am liebsten, und ich bin sicher, daß sie das einzige untadelige Mitglied der Familie ist.»

Am 14. Januar 1935 schreibt sie: «Das Leben hier geht weiter, immer das gleiche, sehr friedlich mit Ernest, obwohl Seine Königliche Hoheit ständig vor der Tür steht... Zu Weihnachten habe ich eine hübsche Brosche mit zwei Smaragden bekommen, dazu zwei Fotos von ihm, deren Negative er hat vernichten lassen... Ich habe ihm in Ihrem Namen zwei Bücher in rotem Leder geschenkt, eines für die Karten für Empfänge, das andere für die Gäste. Er ist entzückt. Das hat mich drei Pfund gekostet, und ich werde Ihren Scheck nicht benutzen, was meine Schuld Ihnen gegenüber etwas abtragen wird.»

Dieses «Gästebuch» habe ich in den Händen gehalten. Eduard VIII. hat es nach seiner Abdankung mitgenommen. Man hat es in Candé, am Tag seiner Hochzeit ebenso wie in Österreich, auf den Bahamas und in Frankreich nach dem 2. Weltkrieg bei ihm gesehen. Die letzten Unterschriften stammen aus den fünfziger Jahren. Auf dem Einband ist das Fort zu sehen. Jede Woche haben seine Wochenendgäste hier ihre Namen eingetragen. Auf der ersten Seite findet man nur zwei Vornamen: David und Wallis. Eine vielsagende gepunktete Linie – offensichtlich von der Feder des Prinzen – verbindet die beiden Vornamen. Dank dieses Albums können wir feststellen, wer wann auf das Fort gekommen ist: Es war eine begrenzte, fast immer identische Gesellschaft. Der Freundeskreis des Prinzen, später des Königs, geht nicht über zwölf bis zwanzig Personen hinaus.

Anfang des Jahres denkt David an einen Abstecher nach Kitzbühel im Februar. Natürlich wünscht er sehnlichst, daß Wallis ihn begleitet. Wallis selbst brennt darauf. Sie schreibt an ihre Tante: «Das hängt vom König ab. Ich müßte mir einen Skianzug kaufen... Ich würde liebend gerne gehen. Ich habe im Haus so viele Probleme mit den Zimmermädchen gehabt (morgen kommt nochmal ein neues). Und dann Ernest, der immer Geschäftsleute zum Essen einlädt.»

In diesem Brief ist auf einen Satz hinzuweisen: «Mary Kirk lebt nicht mehr mit Jacky zusammen und macht reihum Besuche bei ihren Freunden.» Mary Kirk ist die Freundin aus Wallis' Kindertagen; sie hat ihr auch Ernest vorgestellt. Es ist jene Mary Kirk, der Wallis 1931 nach einem Autounfall das Leben gerettet hat und von der – die Leserinnen und Leser mögen Geduld haben – bald ausführlich die Rede sein wird.

Derselbe Brief enthüllt uns eine neue Sorge von Wallis: «Mr. Simpson[1] hat uns phantastische Erzählungen über den Prinzen und mich geschickt, die er in amerikanischen Zeitungen gefunden hat. Schicken Sie mir bitte alles, was Sie finden können. Passen Sie auf sich auf und *all love*. Wallis.»

Phantastisch sind die Geschichten wirklich. Die amerikanische Presse stürzt sich begierig auf die Romanze zwischen dem Prinzen von Wales und Mrs. Simpson, denn das ist für sie ein gefundenes Fressen: Eine Amerikanerin im Herzen des zukünftigen Königs von England. In den Redaktionsstuben jenseits des Atlantiks nimmt die Aufregung zu. Stück für Stück verfällt diese Presse in einen wahren Taumel.

An jenem Tag, kaum daß sie nach Branston Court zurückgekehrt sind, teilt Wallis ihrem Mann mit, daß der Prinz sie beide nach Kitzbühel einlädt. Freude leuchtet in ihrem Gesicht auf, doch Ernest teilt diese Begeisterung überhaupt nicht. Nachdem er einen Augenblick geschwiegen hat, erklärt er schroff, daß Skifahren ihn nicht interessiere und ihn außerdem eine dringende Angelegenheit nach New York rufe. Man geht zu Tisch. Während des Essens spricht das Paar kaum ein Wort. Etwas später stellt Ernest mit feierlichem Ernst, der Wallis unmöglich entge-

1 Ernests Vater.

hen kann, eine Frage: Ist Wallis immer noch entschlossen, mit dem Prinzen in die Ferien zu fahren? Die Antwort bricht förmlich aus ihr heraus: – Um keinen Preis der Welt würde ich das versäumen wollen! Ernest erhebt sich: – Ich hatte gedacht, daß wir beide zusammen nach New York fahren könnten. Ich sehe jetzt, daß ich mich getäuscht habe.

Er verläßt den Raum und zieht sich in sein Zimmer zurück. «Zum ersten Mal», erzählte Wallis später, «hörte ich ihn die Türen schlagen.» Als Wallis nach Tirol fährt, begleitet ihr Mann sie nicht.

Aus dem Grand Hotel in Kitzbühel schreibt sie am 9. Februar 1935 an Tante Bessie: «Wir sind Dienstag hier angekommen, und es hat wieder einmal geregnet. Seitdem haben wir aber nur Sonne und Schnee gehabt. Ich habe am Mittwoch meine erste Stunde Ski-Unterricht gehabt, und ich hatte nicht so viel Angst wie befürchtet. Gestern habe ich es wieder probiert. Ich kann nicht sagen, daß ich großen Wert auf Wintersport lege. Nach Sonnenuntergang ist es ziemlich kalt. Das Hotel ist etwas schlicht, vom Typ Marienbad, aber das Dorf ist reizend, und es gibt vier unterhaltsame «Pubs», was unserem Gastgeber sehr gefällt. Ich weiß nicht, wie lange ich noch Ski fahren werde … Für Frauen ist es ein bißchen langweilig, denn es gibt hier keine Abwechslung. Wir haben vor, zehn Tage hier zu bleiben, drei Tage in Wien, drei in Budapest zu verbringen, dann nach Paris zu fahren und schließlich nach Hause.»

Das Glück von Wallis wird manchmal durch einen Anflug von Weltschmerz getrübt: «In Wien zu Walzerklängen tanzen, in Budapest Zigeunermusik zu lauschen, trägt nicht dazu bei, Sie ins Leben zurückzubringen, es fördert eher den Traum und die Illusion». Sie gesteht ein, daß sie gezögert hat, «sich zwischen Traum und Wirklichkeit zu entscheiden, die Grenzen zwischen beiden nicht erkennen konnte und versuchte, eines mit dem anderen zu versöhnen aus Furcht, alle beide zu verlieren.»

Die – beunruhigende – Wirklichkeit findet Wallis bei ihrer Rückkehr nach London vor. Als sie Ernest von ihrer Reise erzählen will, erklärt er trocken, daß ihn das nicht interessiere.

Kurz vor Ostern läßt der Prinz Wallis ein Geschenk bringen. Sind es die Ohrclips mit Diamanten und Saphiren, die an die Farben von Wales erinnern?

«Meine Eanum, meine Wallis,

das ist nicht das Osterfest, wie wir es uns wünschen, aber nächstes Jahr wird es besser werden. Der Osterhase hat dies von uns allen gebracht, und Slipper sagt, daß er es auch mag… Mit jeder Minute, die vergeht, liebe ich Sie mehr, und Sie fehlen mir hier sehr, mein Herz. Gott segne WE. Ich gehöre Ihnen auf ewig.

Ihr David.»

Erinnern wir uns zunächst daran, daß derjenige, den alle David nennen, offiziell Edward heißt. Als sie begonnen haben, sich zu schreiben, haben Wallis und Eduard festgestellt, daß man aus den ersten Buchstaben ihrer Vornamen das Wort WE, d. h. wir oder uns, bilden kann, eine Entdeckung, die sie entzückt hat. Von da an war es für sie ein Erkennungszeichen. WE ist ein eigenständiges Wort geworden und über WE wünschten beide von nun an, das Glück zu finden.

Was das seltsame Wort «eanum» betrifft, so schwankt seine Bedeutung in Davids Texten, je nach der Gelegenheit, zu der er es benutzt. Eanum kann abwechselnd: klein, arm, lieb, zärtlich bedeuten. Der Ausdruck scheint unverhofft in einem ihrer Gespräche aufgetaucht zu sein und sie amüsiert oder bewegt zu haben. Von da an haben sie es beibehalten, als eine Art Geheimcode, wie ihn Liebende gerne benutzen, der ihnen umso teurer ist, als er ihr ausschließlicher Besitz ist. Es ist schwer, sich nicht durch die große Jugendfrische berührt zu fühlen, mit der dieser vierzigjährige Prinz seine Liebe ausdrückt. Seine Ernsthaftigkeit ist offensichtlich. Wallis spricht in den Briefen an ihre Tante immer ausführlich von ihm, bestätigt, daß er sie ständig sieht, gesteht selbst eine gewisse Vertrautheit ein, schwört aber, daß es nichts zwischen ihnen gäbe, das die Ehe mit Ernest in Gefahr bringen könnte. Ist sie aufrichtig? Ein Mann schreibt einer Frau nicht solche Briefe, wenn er kein Echo erhält. Wallis' kurzer Brief von Ende 1934 bestätigt, daß sie, ohne daß schon ein völliger Gleichklang existierte, stark den Sog spürt, der sie beide mit sich reißt. Wie er weiß sie nicht, wohin sie treibt. Sie weigert sich, eine so angenehme Fahrt zu unterbrechen, ist sich aber der Hindernisse, die auf sie beide warten, bewußt. Sie weiß, daß sie fast unüberwindlich sind. Können sie überhaupt an eine gemeinsame Zukunft denken? Mal zweifelt sie an ihm, mal an sich selbst. Sie versucht entgegen jeder Vernunft, sich mit Ernest einen möglichen letzten Rettungsanker zu sichern und bemüht sich verbissen, ihre Tante davon zu überzeugen, daß ihre Ehe solider ist als je zuvor. Nehmen wir nichtsdestotrotz an, daß Tante Bessie zwischen den Zeilen zu lesen versteht.

Nicht nur die Amerikaner bringen Wallis ein übertriebenes Interesse entgegen. In der Londoner Gesellschaft ist sie das modische Gesprächsthema geworden. Alle wollen sie kennenlernen. Türen, die ihr bisher hartnäckig verschlossen waren, sind ihr jetzt weit geöffnet. Man lockt sie herbei, man feiert sie in den beiden meistbesuchten Salons Londons, in jener Zeit der von Lady Colefax und der von Lady Cunard.

Bei Sibyl Colefax trifft Wallis zum ersten Mal Winston Churchill, dessen Karriere sich gerade ihrem tiefsten Punkt nähert. Entzückt wird sie zur begeisterten Zeugin einer glänzenden Nummer: Ohne Vorwarnung streckt Churchill den amerikanischen Journalisten Knickerbocker nieder, der mit etwas zu großer Überschwenglichkeit die Sowjetunion gerühmt hatte.

Wenn jetzt seine Pflichten David zwingen, sich während des

Wochendes vom Fort zu entfernen, fällt es ihm so schwer, von Wallis getrennt zu sein, daß er es schafft, daß sie dorthin eingeladen wird, wohin ihn seine Pflicht ruft. Unter dem gleichen Dach zu schlafen, kann als beschränkter Sieg erscheinen, aber es ist ihm zu einer gebieterischen Notwendigkeit geworden.

Von Stutton Place, Guildford[1], schreibt David an Wallis: «Ich bin seit Stunden wach, weil mich dieses A... von Fletcher[2] angerufen hat und als ich ihn fragte, was es gebe, hat er geantwortet: «Man hat nach Seiner[3] Gnaden verlangt». Ich war erledigt, aber es ist ein herrlicher Tag. Kommen Sie doch her, und seien Sie mit einem Jungen zusammen, meine Liebe. Ich werde Fotos von Ihnen machen. Ich hatte Angst, so alleine in diesem riesigen Zimmer und Sie haben mir schrecklich gefehlt. Und Sie? ... Ich hätte es so gerne, daß WE im Fort wären. Sie nicht? Immer und immer wieder.»

Wohin sie auch geht, Wallis bleibt immer sie selbst. Sie zeigt dieselbe Lebhaftigkeit, dieselbe Freimütigkeit, die David so entzücken. Sobald sie spricht, hört man ihr zu, man lächelt, man lacht, man bricht in laute Rufe der Bewunderung aus. Sie läßt sich aber nicht täuschen: Sie weiß zu gut, warum man ihre Nähe sucht. Am 8. Juni 1935 schreibt sie an Tante Bessie: «Das Telefon läutet so oft, daß die Gesellschaft mir eine zweite Leitung gelegt hat, was die Sache allerdings noch schlimmer macht, denn beide Telefone läuten zur gleichen Zeit neben meinem Bett. Sie haben vorgegeben, daß es zu viele Reklamationen gab, weil meine Leitung dauernd besetzt war... Ich werde von Leuten belagert, die mich einladen, nicht meinetwegen, sondern in der Hoffnung, daß der Prinz auch mitkäme. Und das passiert ziemlich oft.»

1 Stutton Place gehörte dem Herzog von Sutherland. Selbst als König verbrachte David noch manche Wochenenden dort. Die Sutherlands gehören – auch heute noch – zu den reichsten Großgrundbesitzern Großbritanniens.

2 Adjudant des Prinzen.

3 Herzog von Sutherland.

Die Wogen, die die Geschichte in der amerikanischen Presse erzeugt, branden so hoch, daß sie wahrzunehmen beginnt, welches Unrecht ihr angetan wird. «Ich habe das Bernard Rickatson Hatt gezeigt. Er kennt den Chef vom Hearst Universal Service und hat ihm nach New York telefoniert, damit aufzuhören, solche Geschichten über uns zu veröffentlichen. Darüberhinaus wird der Vertreter von Reuter in Paris Jane Eads sehen, die Bernard auch kennt. Vielleicht werden wir dann ein bißchen Frieden haben.»

Doch daraus wird nichts.

In diesem Jahr bietet Großbritannien einer Welt, in der viele glauben, daß die Krise in einen Krieg münden könnte, mit dem silbernen Thronjubiläum Georgs V. – fünfundzwanzig Jahre auf dem Thron – das Bild eines Felsens, den der Strom peitscht, scheinbar ohne ihn zu erschüttern. Ich erinnere mich an die Bilder aus den Wochenschauen, die mich als zehnjähriges Kind zum Träumen brachten: Der offene Landauer, der jeden Tag den König und die Königin in die Londoner Stadtteile führte, wo ihnen das Volk zujubelte. Ein ganz anderes Reich, das größte der Welt, war in London versammelt: die Premierminister der Dominions, die Maharadschas, die afrikanischen Prinzen, die Emire, Menschen aller Hautfarben und Rassen. Das erinnerte mitten im 20. Jahrhundert daran, wie die Triumphzüge der Römer ausgesehen haben. Das Bild drängte sich mit solcher Macht auf, daß auch die eingefleischtesten Republikaner unter denFranzosen schließlich eine Art Nostalgie empfanden, ein uneingestandenes Neidgefühl.

Den bewegendsten Augenblick des Jubiläums markierte der Besuch des Königs im East End, einem Arbeiterviertel, das von der Polizei und den Behörden als «gefährlich» bezeichnet wurde. Man rät dem König ab, sich dort mit dem Auto hineinzuwagen. Beleidigung, wenn nicht gar Steinwürfe erwarten die Bürger, die sich dort hineintrauen. Jedoch hat zum großen Schrecken der guten Gesellschaft der königliche Festzug gerade das East End durchquert. Georg V. und Königin Mary bemerken quer über der ersten Straße, in die sie einbiegen, ein riesengroßes Spruchband mit der beredten Aufschrift: *Verlaust, armselig, aber treu*. Auf dem Bürgersteig schreien die zusammengepressten «Kleinen Leute» ihre Freude und Zuneigung heraus.

Vielleicht ist dieser Empfang die Folge einer neuen Erfindung, des Radios, das damals noch TSF genannt wurde. Zum ersten Mal hatte sich Georg V. über den Äther an seine Untertanen gewandt. Er besaß, so betonte Sir Harold Nicolson, «eine wunderbare, starke emphatische und vibrierende Stimme, die voller Gefühl war und ohne einen Anflug von Herablassung, Künstlichkeit und unnatürlicher Pose.» Die Engländer kannten von Georg V. nur Fotografien. Als sie seine Stimme hörten, haben sie darin einen «rechtschaffenen Mann» ebenso wie einen König zu erkennen geglaubt.

Eine ganze Generation sollte sich später noch an die Stimme des Königs erinnern, wie er nach den Jubiläumsfeiern seinen Untertanen dankte: «Ich kann Ihnen, mein geliebtes Volk, nur sagen, daß die Königin und ich Ihnen aus tiefstem Herzen für all die Treue danken – oder kann ich sagen für die Liebe – die sie mir an diesem Tag und auch sonst immer entgegengebracht haben.» 1935 scheint die britische Monarchie in ihrem Zenit zu stehen, und es ist nur natürlich, daß dieser Glanz auch auf den Thronerben fällt. Nach den Jubiläumsfeierlichkeiten sagt eine große Zahl von Beobachtern voraus, daß aufgrund der außergewöhnlichen Beliebtheit der Monarchie und seines bemerkenswerten persönlichen Ansehens eine große Regierungszeit den zukünftigen Eduard VIII. erwartet.

Wallis selbst war davon verblüfft. Sie ist sich sicher, daß David als Person eine neue Dimension gewonnen hat. Sofern es sie betrifft, weiß sie nicht mehr, ob sie deswegen Stolz oder Furcht empfinden soll. Vielleicht beides?

Am 8. Juni schreibt sie an Tante Bessie: «Ich habe den Jubiläumsfestzug von den Fenstern von St. James' aus gesehen, wo der Prinz vor der Abfahrt ein Frühstück gegeben hat. Sein Empfang hat in der darauffolgenden Nacht stattgefunden. Dann gab es in York House ein Souper mit den vornehmsten Leuten. Ich hatte mir ein Diadem geliehen, etc., und wir waren zum Hofball eingeladen: Das war aufregend. Der Prinz hat gleich mit mir getanzt, nachdem die Königin den Ball eröffnet hatte. Sie sehen, daß ich nichts Wichtiges vergessen habe. Danach sind wir zu einer reizenden Abendgesellschaft zu Lord Stanley, dem Sohn von Lord Derby, gegangen. Ich kenne sie jetzt gut, und ich muß sagen, daß sie sich mir gegenüber tadellos verhalten, offensichtlich entsprechend der Gunst, in der ich stehe. Ich denke jedoch, daß ich viel Erfolg habe, viel mehr als Thelma, obwohl ich sehr viel weniger gebe. Die Stadt ist voller Amerikaner. Das Leben ist wirklich komisch...»

Achtung, jetzt kommt eine große Neuigkeit: Das Postskriptum des Briefes ist diesmal von der Hand des Prinzen: «Ich bitte Sie, Mrs. Merryman, seien Sie Wallis nicht böse, weil sie so lange nicht geschrieben hat. Sie hatte alle Hände voll zu tun mit dem Jubiläum, den zahlreichen Zeremonien und Empfängen und was damit zusammenhing. Ich hätte gewünscht, daß sie uns besuchen. Mr. Hearst[1] scheint sehr mit uns beschäftigt zu sein, doch wen kümmert das? Kommen Sie uns bald besuchen. Eduard»

Als Antwort erhält David einen sehr vorsichtigen Brief. Man freut sich, bestätigt zu finden, daß Mrs. Merryman im wahrsten

1 Hearst war Besitzer eines Zeitungsimperiums, dessen Einfluß in den Vereinigten Staaten beträchtlich war. Orson Welles hat ihn in seinem Film *Citizen Kane* unsterblich gemacht.

Sinne des Wortes nichts weiß: «Sir, ich danke Ihnen sehr für die kleine Bemerkung, die Sie an Wallis' Brief angefügt haben. Ich könnte dieser beschäftigten jungen Frau nicht böse sein, gerade wo das Telefon erlaubt, Kontakt miteinander zu halten. Aber die Briefe sind immer von großem Interesse für mich, und ich erwarte sie immer sehnsüchtig. Ich hoffe, Sir, daß Sie bei guter Gesundheit sind trotz der mühsamen Pflichten während des Jubiläums. Das muß interessant und mitreißend gewesen sein. Ich weiß, Sir, daß Sie vor einigen Tagen eine neue Etappe auf Ihrem Lebensweg beschritten haben[1], und ich möchte meine Glückwünsche all denen hinzufügen, die Sie schon bekommen haben und Ihnen für das neue Lebensjahr alles Gute wünschen. Ich bin, Sir, Ihre gehorsame Dienerin. Bessie L. Merryman.»

Auf dem Ball im Buckingham-Palast glaubte Wallis, einen bohrenden Blick auf sich zu spüren, als sie beim Tanzen mit David am König vorbeikam. Das Orchester spielte Foxtrott. Die Gesellschaft gab sich einer lärmenden Freude hin. Der Blick Georgs V. läßt Wallis vor Kälte erstarren. Auch hatte sie der Ausdruck von Schwäche und Mattigkeit beim König getroffen. Innerhalb eines Augenblickes hat sie die «Gewißheit unermeßlicher Veränderung» erfüllt. Sie hat gefröstelt.

Im Laufe dieses Frühjahres verbringen der Prinz und Wallis alle Abende zusammen. Meistens kommt Ernest mit, aber nicht immer. Den einen Abend geht man ins Theater, am nächsten Tag ist es ein Diplomatenessen. Zweimal trifft Wallis bei Lady Cunard den Sonderbotschafter Hitlers, Joachim von Ribbentrop. Während eines Essens, an dem Winston Churchill teilnimmt, spricht dieser hochrangige Nazi und ehemalige Sektvertreter lang und breit über die Hilfe, die das Hitlerregime den ledigen Müttern zukommen läßt. Wallis hört Churchill wütend vor sich

1 Der 41. Geburtstag des Prinzen war am 23.

hinbrummen. Er kann nur schwer an sich halten. Als der zukünftige Außenminister des Dritten Reiches sich verabschiedet hat, bellt Churchill an die Adresse von Lady Cunard:

– Emerald, ich hoffe, das war das letzte Mal, daß wir uns diese miese Propagandaplatte anhören mußten!

Diese unbedeutenden Begegnungen mit Joachim von Ribbentrop, von dem zu der Zeit niemand vorhersagen konnte, daß er bis in die Spitze der Nazi-Hierarchie aufsteigen und später in Nürnberg am Galgen enden würde, haben Beobachter irregeleitet, von denen man einen festeren Standpunkt erwartet hatte.

Anläßlich eines Empfangs des deutschen Botschafters Leopold von Hoesch, zu dem David sie mitgenommen hatte, hatte Wallis Ribbentrop kennengelernt. Er war als Sonderbotschafter Hitlers nach London geschickt worden, um hier um Unterstützung für das Naziregime zu werben. Er war groß, hager, glattrasiert, blond, also typisch «arisch», und hat sich während seiner Mission eifrig bemüht, die ihm innewohnende ungeheure Eitelkeit unter der Maske eines aufgesetzten Charmes zu verbergen. Der Schriftsteller Chips Channon hat, wenig scharfsichtig, in ihm nichts als einen «jovialen Handelsvertreter» sehen wollen. Er war aber eher gefährlich und unzweifelhaft geschickt. Er verstand es, mit der seltsamen Neigung eines Teils des britischen Adels zu spielen, der nach den «Erfolgen» Hitlers schielte: Hat er nicht die Arbeitslosigkeit eingedämmt? Emerald Cunard verbirgt nicht die Sympathie, die sie Ribbentrop entgegenbringt, und darüber hinaus auch den Ideen, die er vertritt. Lord und Lady Londonderry laden ihn so oft ein, daß andere, weniger Beflissene, ihm den Beinamen «Herr[1] der Londonderrys» geben. In einem Brief an ihre Schwester Ann teilt Mary Raffray mit, daß sie beim Grafen von Dudley «Lady Oxford, Lady Cunard, Ribbentrop und Lady Diana Cooper gesehen» hat.

1 Im Original auf Deutsch.

Als Lady Astor ihn wegen der «schlechten Gesellschaft», die er in England gehabt habe, neckte, hat Ribbentrop geantwortet, daß es sich um Personen handelte, die ihm ihr Wohlwollen geschenkt hätten, als er neu in London angekommen war und die ihm im übrigen nützlich gewesen seien, da sie ihm speziell Mrs. Simpson vorgestellt hätten.

Der Prinz von Wales kann es natürlich nicht vermeiden, gelegentlich einen Diplomaten von so hohem Rang zu treffen. Hat er ihm besondere Hochachtung erwiesen? Nichts deutet darauf hin. Tatsächlich bleibt er einer Maxime treu: Als Veteran und Zeuge eines fürchterlichen Krieges wird er nicht müde, alles zu tun, was einen neuerlichen Weltenbrand verhindern kann. Am 19. Juni 1935 hat er in einer Rede vor Kriegsveteranen ausgerufen, daß diejenigen die – auf beiden Seiten – ihr Blut gegeben haben, sich vereinen müßten, um einen Krieg zu verhindern. Bei einem Empfang für deutsche Kriegsteilnehmer in Brighton hat er diesen eine Botschaft in demselben Sinn mitgegeben, nicht mehr.

Hat Wallis selbst Sympathien für den Nationalsozialismus gezeigt? Ihrer Geisteshaltung nach ist sie mehr auf der Rechten als auf der Linken anzusiedeln. Sie hat keine Sympathien für die Kommunisten und fürchtet sogar, daß David, wenn er erst König geworden ist, sich zum Sozialismus hinziehen läßt. Wenn sie auf den ersten Blick ein Regime, das «die Ordnung in Deutschland wiederherstellte», mit Wohlwollen betrachtete, war sie bei weitem nicht die einzige in Großbritannien. Wir müssen aber sagen, daß nichts – absolut nichts – in dem Briefwechsel mit dem Mann, den sie liebte, und auch nichts in dem mit ihrer Tante, darauf hindeutet, daß sie länger an dieser Ansicht festhielt.

Man hat sich auf ein «Dokument» gestützt, das Frances Donaldson anregte zu behaupten, daß Ribbentrop sich «jeden Tag» nach Bryanston Court begab. Arme Wallis, die schon von dem Prinzen erschöpft war, der ihr keine Sekunde Ruhe gönnte. In die Enge getrieben, erklärte Mrs. Donaldson, daß sie das Dokument «verloren» hätte. Kein Kommentar. Man ist noch weiter gegangen und hat dem deutschen Diplomaten Paul Schwartz eine andere «Beobachtung» unterstellt: Ribbentrop wäre von Wallis fasziniert gewesen und hätte ihr «ein Jahr lang jeden Morgen» siebzehn rote Rosen geschickt. Wirklich siebzehn? Gewiß beherrschte dieser Schwartz, der damals Beamter in Berlin war, das Zählen aus der Ferne.

Von da bis zu der Behauptung, Wallis sei Ribbentrops Mätresse gewesen, war es nur ein kleiner Schritt, und man hat ihn getan. Muß man auf die alte Lebensweisheit zurückkommen, daß es keinen Rauch ohne Feuer gibt? Ich für meinen Teil zitiere lieber einen Satz, der zeigt, bis zu welchem Punkt der Wille zur Desinformation führen kann: «Nachdem Ribbentrop Botschafter seines Herrn geworden war, begann Hitler übrigens bald, sich Filme von Wallis zu besorgen und sie sich mit höchstem Vergnügen in seinem Jagdhaus in Obersalzburg anzusehen.» Es gibt kein Obersalzburg und Hitler hat nie ein Jagdhaus besessen. The end.

Man spricht in den amerikanischen Zeitungen jetzt offen von der bevorstehenden Scheidung von Mrs. Simpson, was die Tante aus Baltimore einmal mehr außer sich geraten läßt. Am 15. Juni 1935 schreibt Wallis an Tante Bessie: «Meine Liebste, ich habe Buzzy, die Nervensäge – Hewes – im Claridge getroffen, und er sagt mir, daß sie schockiert sind von den Reportern von Hearst. Sie wissen, daß ich keine Scheidung will. Ernest und ich sind vollkommen glücklich, und wir verstehen uns gut. Ich bitte Sie, vertreiben Sie das aus Ihrem Kopf und sagen Sie den Leuten, daß sie nicht ein Wort von dem glauben sollen, was die Presse schreibt.»

Ein Satz von Wallis faßt vortrefflich zusammen, was sie in diesem Frühjahr 1935 empfindet: «Die Welle zog mich immer schneller mit sich und immer höher hinauf.»

Ernest selbst reist nach Norwegen. Am 25. Juni 1935 schreibt er ihr aus dem *Forenede Hoteller* in Bergen. Der Brief beginnt mit dieser geheimnisvollen Formulierung, die David sich zu eigen gemacht hat: *Darling Eanum – Weenum* ... wenn nicht gar das Gegenteil gemeint ist. Ernest dankt Wallis für die «herzlichen» Worte, die sie ihm vor seiner Abreise am Telefon gesagt hatte. Das hat es ihm erlaubt, «glücklicher als ich es erwartet hätte» aufzubrechen. Er wiederholt, daß er nie aufgehört hat, sie zu lieben, und schwört ihr, daß sie «immer die einzige Frau auf der Welt» für ihn sein würde.

Die amerikanische Presse legt jetzt erst richtig los. Die Journalisten jenseits des Atlantiks dichten um die Wette. Getreu den Regeln ihres Gewerbes bieten sie ihrem Publikum immer sensationellere Enthüllungen. Wenn sie nichts wissen, erfinden sie etwas. Die vollkommen aufrichtige Gelassenheit, die Wallis zeigt, der Panzer, den sie sich geschmiedet hat, verdankt viel ihren amerikanischen Ursprüngen. Da, wo eine Engländerin in die Nähe eines Nervenzusammenbruchs gekommen wäre, zuckt die Bürgerin aus Baltimore, die seit ihrer Kindheit an diesen spezifischen Umgangston der Presse gewohnt ist, nur mit den Schultern.

Sie fühlt sich erst getroffen, als die Presse jenseits des Atlantiks wirklich alle Grenzen überschreitet. Dann wird sie sagen – was sehr weit geht – daß sie aufgehört hat, ihr Land zu lieben.

Das bewundernswerte eheliche Gleichgewicht, das Wallis ihrer Tante so beharrlich beschreibt, sollte Anfang Sommer 1935 ernsthaft ins Wanken geraten. Wie kann Davids ständige Anwesenheit, seine Einstellung, daß sich Wallis – und oft auch Ernest – seiner eigenen Zeiteinteilung unterwerfen müßten, seine Liebesbeteuerungen, die in einem offensichtlichen Mangel an Rücksicht gegenüber der Frau, die er liebt und dem Ehemann, den er zu respektieren vorgibt, münden, ohne Auswirkung bleiben?

Wie hat dieser Prinz glauben können, daß diejenigen, die die Folgen tragen müssen, nicht eines Tages rebellieren würden?

Was ist Ende Juni passiert? Ein Brief von Wallis wird uns helfen, es zu verstehen. An jenem Abend hat sich David einmal mehr über die Maßen in Bryanston Court breitgemacht. Wallis muß ihn buchstäblich hinauskomplimentieren. Im Lauf des Abends hat er dann ein erstes Mal telefoniert und bei den Simpsons eine Verärgerung hervorgerufen, die beim zweiten Anruf zum Wutausbruch führt. Der ruhige und besonnene Ernest ist explodiert und hat Wallis in eine unhaltbare Situation gebracht. Die Ausdrücke, die sie gebraucht, der ernste Ton, den sie in dem Brief benutzt, den sie am nächsten Tag an David schreibt – der erste von ihr an ihn, den wir besitzen – sind ganz von ihrer Verwirrung geprägt:

«Geliebter David, ich war und ich bin immer noch schrecklich verärgert. Verstehen Sie doch: Sie können nicht so weiterleben und auf den anderen herumtrampeln. Ich weiß sehr wohl, daß Sie in Wirklichkeit nicht egoistisch sind, aber Ihr ganzes Leben lang sind Sie derjenige gewesen, um den man sich gekümmert hat, und das so vollkommen, daß Sie ganz natürlich nur daran denken, das zu bekommen, was Sie wünschen. Sie gehen zu weit und verschwenden dabei nicht den geringsten Gedanken an andere... Ich habe vergangene Nacht ein langes und ruhiges Gespräch mit Ernest gehabt... Alles, was er gesagt hat, ist wahr. Wie kann Ihre Liebe zu mir solche Höhen erreichen, ohne daß Sie daran denken, mir die Dinge einfacher zu machen? Ihre Liebesbeteuerungen haben wenig Wert, wenn sie nicht mit entsprechenden Taten einhergehen... David, was sind all diese Worte wert, wenn das, was sie sagen wollen, nicht das geringste Opfer ihrerseits bedeutet, für diejenigen, die es betrifft. Bis heute habe ich jedesmal, wenn ich eine Entscheidung treffen mußte, Ihnen Vorrang eingeräumt. Das ist nicht recht, und es kann nicht immer so sein.

Manchmal denke ich, daß Sie nicht reif sind, was die Liebe betrifft, und es ist von Ihrer Seite aus vielleicht nur eine kindische Leidenschaft. Denn warum mangelt es Ihnen so sehr an Achtung für mich, deren ein verliebter Mann fähig sein sollte. Bitte, glauben Sie nicht, daß ich sie schulmeistern will, aber Ihr Verhalten in der letzten Nacht hat mir deutlich gemacht, daß der Tag kommen könnte, wo ich sehr allein sein könnte. Und weil ich Sie liebe, finde ich in mir nicht die Kraft, mich vor Ihrer Jugendlichkeit zu schützen... Gott segne WE für die kommenden Jahre, denn ich habe ein wenig meine hohen Gefühle für einen Jungen verloren, der Gefahr läuft, nichts als Peter Pan zu sein...»

Ein Satzbruchstück muß unsere Aufmerksamkeit fesseln: «Ich könnte allein sein», ihre panische Angst vor dem Alleinsein hat sich nicht im mindesten geändert. Zweifeln wir nicht daran, daß sie David ernsthaft liebt. Sie will sich überzeugen, daß an dem – in ihren Augen unvermeidlichen – Tag, an dem sie ihn verlieren wird, ihr der Beistand von Ernests Anwesenheit bleibt. Also spricht sie David, wenn er seine Grenzen überschreitet, das Recht ab, ihr das Risiko aufzuerlegen, ihren Mann zu verlieren; diese Haltung scheint von einem überraschenden Mangel an Wirklichkeitssinn gezeichnet.

Ist man erstaunt, wenn Ernest die zwingende Notwendigkeit einer Reise nach New York vorschiebt, als der Prinz die beiden einlädt, die nächsten Ferien mit ihm in Cannes in der Villa, die er von Lord Cholmonteley gemietet hat, zu verbringen. Wenn Wallis konsequent wäre, würde sie Davids Einladung ablehnen und einem im siebten Himmel schwebenden Ernest verkünden, daß sie bereit sei, ihn nach Amerika zu begleiten. Ihre Ehe wäre gerettet. Aber es liegt offensichtlich außerhalb der Kräfte einer verliebten Frau, nicht zu David nach Cannes zu fahren. Sie schreibt an Tante Bessie: «Es kann sein, daß Ernest etwa eine Woche in Connecticut bei seiner Mutter verbringen muß, und danach wird er vielleicht nach San Francisco und New Orleans fahren. In dem

Fall würde ich versuchen, Ende September zu ihm zu kommen. Aber Sie werden wohl verstehen, daß ich die Dinge hier im Augenblick nur schwer im Stich lassen kann.» Die Dinge.

Von Jersey, wo er an Manövern der Kriegsmarine teilnimmt, schickt David am 23. Juli um 1 Uhr 39 an die Adresse von «Mrs. Simpson, Bryanston Court, London» ein Telegramm, um ihr mitzuteilen, daß er sie «immer mehr liebt». Am anderen Tag kommt immer noch aus Jersey ein weiteres Telegramm: «Ich fühle mich so unglücklich, daß ich heute nicht mit Ihnen gesprochen habe. Fehle ich Ihnen so, wie Sie mir immer mehr fehlen? D.»

Es sind keine verschlüsselten Nachrichten, sondern Zeilen, die das Personal der britischen Post, vom Direktor bis zum einfachen Briefträger, lesen kann. Für den Prinzen von Wales ist die Zeit der Heimlichkeiten vorbei: Von Bord der HMS Faulkner schreibt er um 1 Uhr morgens an Wallis: «Ich stelle mir vor, daß ich Sie heute abend in meine Arme schließe. Morgen werden Sie mir noch mehr fehlen, weil ich dann schon einen Tag mehr von Ihnen getrennt bin und ich Sie nicht vor Mittwoch abend werde sehen können. Sie wissen, daß nichts WE trennen kann, nicht einmal die Sterne, und daß WE einander für immer gehören. WE lieben uns mehr als das Leben. So segne Gott WE.»

Sie treffen sich im Fort wieder, natürlich. Und vom Fort aus schreibt Wallis, natürlich, an ihre Tante Bessie. Am 31. Juli 1935: «Ich fahre am Sonntag nach Cannes in die Villa, deren Name der Prinz nicht kennt. (Das sieht ihm ähnlich). Aber er wird es am Freitag wissen, wenn er den Besitzer sieht. Ich werde es Ihnen telegrafieren. Leider kommt Ernest nicht mit, denn seine Mutter kommt morgen an, und er muß in zehn Tagen nach Amerika fahren. Er wird am 1. Oktober zurück sein... Ernest ist ganz zufrieden, wenn ich hinfahre, da er in diesen Ferien nichts für mich tun kann. Was werden wir im September machen? Das ist ein Geheimnis, wie üblich. Wir dachten an eine Yacht, aber das ist sehr teuer, 25 000 $ im Monat. Ich denke daran, wieder mal nach Budapest zu fahren oder an einen ähnlichen Ort. Vielleicht treffen wir Emerald Cunard in Venedig. Das wäre auf jeden Fall lustig und angenehm, weil alle Gäste dieses Jahr Autos dabeihaben. Ich würde diesen Winter gern in die U.S.A. fahren, aber ich muß abwarten, ob von diesen Geschäftsreisen Geld hereinkommt. Wir machen die Wohnung ganz dicht, um ein bißchen zu sparen... Geben Sie auf sich acht und tragen Sie Sorge für Ernest, der immer noch der Mann meiner Träume ist.»

Der Mann ihrer Träume, der erst am 28. August fährt, wird in den Vereinigten Staaten nicht allein bleiben. Er trifft eine gewisse Mary Kirk, eine Freundin aus seiner Kindheit. Die liebe und hochgeschätzte Mary Kirk. Nach den eigenen Angaben der Betroffenen ergibt sich im Laufe des Sommers 1935 eine Beziehung zwischen den beiden, die... Aber nehmen wir nichts vorweg.

Der Sommer gleicht dem vorangegangenen auf verblüffende Weise. Man badet, spielt Golf, fährt mit dem Auto spazieren, fährt mit dem Schiff bis zur Insel Porquerolles. Wallis findet den David von Biarritz wieder, immer in Shorts, jedem Prunk der mondänen Welt abhold.

Von *Le Roc, Golfe Juan*, schreibt Wallis am 12. August 1935 an Tante Bessie: «Meine Liebe, wir sind Montag hier angekommen und haben eine herrliche Villa am Meer auf einem sehr geschützten Felsen. Wir haben viel Sonne, und es ist so warm, daß ich glaube, Sie wären gerne hier... Der Prinz ist sehr glücklich. Er unterhält sich gut. Wir haben nur die Rogers, Elsie Mendl und Lord und Lady Portarlington gesehen und bleiben im übrigen lieber unter uns. Der Herzog von Westminster hat dem Prinzen seine Yacht *Cutty* Sark vom 26. August an für einen Monat angeboten.»

Zwischen zwei Bädern im Meer vertraut sich David Wallis an. Er gibt zu, daß die Verpflichtungen, die einem Kronprinzen auferlegt sind, ihn mehr und mehr belasten. Nur den Repräsentationspflichten zu leben ist etwas fast Unerträgliches, vor allem, weil es dabei verboten ist, persönliche Ideen einzubringen. Er würde den britischen Staatsgeschäften gerne einen eigenständigen Impuls geben. Das ist selbst im Rahmen einer rein repräsentativen Monarchie nicht unmöglich, wie die Beispiele von Königin Viktoria und Eduard VII. zeigen. Es wäre aber nötig, daß der König ihm, David, einige seiner Befugnisse übertrüge. Doch Georg V., obwohl krank und gealtert, denkt mitnichten daran, und David leidet darunter. Er will nicht mit seinem Vater darüber sprechen, denn dadurch würde er diesen verbrauchten, alten Mann unnötig verwirren. Im übrigen hat zwischen Vater und Sohn nie eine wirkliche Vertrautheit bestanden. Der Beweis? Zu keinem Zeitpunkt hat David bis dahin mit dem König über das reden können, was ihm am meisten am Herzen liegt: Wallis. «Die Gefühle eines Prinzen», schreibt er, «müssen wie seine politischen Ansichten im von der Verfassung vorgegebenen Rahmen bleiben. Jedoch weigerte sich mein Herz, sich so sehr einschränken zu lassen, und seit diesem Augenblick wuchs in mir die zarte Hoffnung, eines Tages mein Leben mit ihr teilen zu können. Aber wie eigentlich? Ich wußte es nicht.» Diesen Traum, den er hegt, sieht er als «recht unbestimmt, aber lebendig an, nämlich das in mein Leben zu bringen, was ihm bisher gefehlt hat und ohne das mir der Dienst am Staat eine leere Funktionsausübung wäre.»

Soll er mit seinem Vater über Wallis sprechen? Sie ist doch geschieden. Wenn er sie heiraten wollte, müßte sie sich vorher ein zweites Mal scheiden lassen. Die Englische Staatskirche, deren Schirmherr der König ist, erkennt die Scheidung nicht an. Bis zum Ende der Regierungszeit von Eduard VII. war Geschiedenen der Aufenthalt bei Hof verboten. Nach 1918, als viele während des Krieges übereilt geschlossene Ehen zerbrachen, hat man die Regel leicht abgeschwächt. Man kam überein, bei Hof die schuldlos Geschiedenen zu empfangen. Diejenigen, denen das

Gericht die Schuld am Zerbrechen der Ehe gegeben hatten, blieben «draußen im Dunkeln» wie David sagte. Was soll man dann von denen sagen, die sich zweimal scheiden ließen? Unter diesen Umständen mit Georg V. über Wallis zu sprechen, erscheint David nicht nur als kaum zu bewältigende, sondern als unnütze Aufgabe.

Am 28. August schreibt Wallis an Tante Bessie: «Die Pläne des Prinzen sind völlig über den Haufen geworfen. Wir können die Kreuzfahrt an Bord der *Cutty Sark* nicht machen, denn es gibt zur Zeit im Mittelmeer keinen einzigen sicheren Platz, wenn Großbritannien für die Sanktionen stimmt[1]. Der Prinz wird wegen der Kriegsgefahr in sein Land zurückkehren müssen. Wir warten also ab, was der König wünscht und welche Ergebnisse die Konferenz am 4. September bringen wird. Dann können wir nach Kiki, einem Ort in der Nähe von Budapest fahren, wo es ein reizendes Hotel an einem See geben soll. Unser kleiner Charmeur mit den blauen Augen ist der enttäuschteste Junge, den man sich vorstellen kann. Man könnte meinen, daß Mussolini diese Verwicklungen nur angezettelt hat, um uns unsere Jachtreise zu verderben.»

Die «große Kreuzfahrt» auf dem Schiff des Herzogs von Westminster beschränkt sich auf ein Wochenende in Monte Carlo und eines auf Korsika. Wallis bekräftigt gegenüber ihrer Tante, daß sie ständig in Kontakt mit Ernest ist: «Ernest hat sich in den Kopf gesetzt, Audrey[2] mitzubringen, damit sie bei uns lebt, falls ihre Mutter damit einverstanden ist. Sie können sich die Belastung vorstellen, die das in meine Wohnung bringen wird, ganz zu schweigen von den zusätzlichen Ausgaben von vier re-

1 Es handelt sich um Sanktionen, die der Völkerbund gegen Italien wegen dessen Angriff auf Äthiopien beschließen will.
2 Tochter aus Ernests erster Ehe.

gelmäßigen Mahlzeiten am Tag für zwei weitere Personen, denn sie wird natürlich eine Gouvernante haben müssen, die sich um sie kümmert. Aber ich kann nichts anderes machen, als die Situation und die damit einhergehenden Komplikationen zu akzeptieren.»

In allen drei Briefen, die sie von Cannes aus an ihre Tante schreibt, ist von Ernest die Rede. Wir müssen jedoch zugeben, daß das, was sie über ihn sagt, völlig belanglos ist. Sie muß über ihn sprechen. Was könnte Tante Bessie über sie denken, wenn sie es nicht täte?

Am 7. September schreibt sie auf Briefpapier des Hotels Carlton in Cannes an Mrs. Merryman: «Ernest wird Ihnen eine kurze Darstellung unseres Lebens in London geben, wie es sich seit dem Auftreten des Prinzen entwickelt hat. Er glaubt, daß all das eine große Komödie ist, und es ist auch so. Aber ich habe nie soviel Freude empfunden, nie ein so leichtes Leben gekannt. Ist es verboten, den Rest seiner jungen Jahre mit Pauken und Trompeten zu beenden?»

Dieser Sommer 1935, die letzte Ruhepause vor dem Sturm, endet mit einer kurzentschlossenen Reise nach Wien und Budapest, zwei Städten, die David sehr liebt. Im Hotel Dunapalota schickt David eines Donnerstags um 11 Uhr 30 diese Zeilen: «Guten Morgen, meine Liebe, man hat Sie noch nicht geweckt, genausowenig wie Ihren Hund, und so werde ich allein, sogar ohne Storier[1] zum Golfspielen gehen... Ich bin so müde und erschöpft, daß mein Spiel nicht sehr gut sein wird. Wollen Sie bitte hier einen Jungen erwarten, denn er wird eilig zurückkehren... Bis dahin werden Sie mir sehr fehlen!»

Ein anderes Briefchen auf dem gleich Papier: «Oh, Sie fehlen mir so sehr, mein süßes Herz, und dieser Nachmittag ohne Sie ist scheußlich. Gott segne WE, Wallis Eduard. Ihr David.»

1 Sein Sicherheitsoffizier.

Nach einigen Tagen in Paris kommt Wallis erst Ende Oktober nach London zurück. Der Prinz war schon vorgefahren. Am Tag ihrer Rückkehr kann sie diese Nachricht aus Sandringham lesen:

«Nur diese wenigen Zeilen, um Sie bei Ihrer Rückkehr zu begrüßen und Ihnen zu sagen, daß ich Sie immer mehr liebe und daß ich so schnell wie möglich zu Ihnen eile. Oh, meine Liebe, was sind diese Tage hier für ein Alptraum; Gott sei Dank, daß sie jetzt zu Ende gehen. Ich werde Sie morgen nachmittag anrufen, um Ihnen zu sagen, wann ich ankomme. Gott segne WE, meine Wallis.»

Wallis wird sich hüten, Tante Bessie von diesem Brief zu erzählen, genausowenig wie von den anderen. Sie schreibt ihr am 14. Oktober aus dem Fort: «Man spricht viel von Krieg, aber ich hoffe, daß dieses Land nicht so dumm sein wird, sich da hineinziehen zu lassen. Das alles scheint nur ein politisches Spiel zu sein. Wir sind eine Woche in Paris gewesen... Wir haben mittags in der englischen Botschaft mit Herrn Laval und den anderen französischen Ministern gespeist, dann noch mit Elsie Mendl und dem Prinzen zu Abend gegessen, mit dem Präsidenten diniert. Es war ein triumphaler Besuch für den Prinzen, der sehr beliebt ist, und noch nie so lange in Paris war. Der König ist mit seinen Bemühungen sehr zufrieden gewesen. Diese Reise war so reizend und die österreichischen Seen so schön... Ich freue mich, den lieben Ernest bald wiederzusehen und zu hören, was er mir von Ihnen zu erzählen hat... Hier ist alles gleich geblieben und ich werde mit Einladungen überhäuft. Welch ein Schock wird es sein, wenn eine junge Verführerin auftaucht und mir den Prinzen ausspannt. Ich bin jedenfalls darauf vorbereitet...»

Wo ist eigentlich Ernest Simpson? Wir müssen uns hier auf die Berichte beziehen, die Mary Kirk engen Freunden anvertraut hat. Gleich nach seiner Ankunft in New York hat Ernest ihr natürlich einen Besuch abgestattet: Hatte sie sich nicht einige

Zeit zuvor von ihrem Mann getrennt und war in ein Appartement in der Madison Avenue gezogen? Es war keineswegs ein unerwarteter Besuch, denn Wallis hatte ihr – nach Marys Worten – geschrieben, um ihr die Ankunft ihres Mannes anzukündigen. Wallis soll sie gebeten haben, Ernest «sehr lieb und freundlich» zu behandeln.

Also kümmert sich Mary um Ernest. Sie gehen – sehr oft – zusammen essen. Beide tanzen gern, und so sieht man sie fast jede Nacht in Nachtlokalen. Und so werden sie innerhalb weniger Tage – oder besser Nächte – ganz offen ein Liebespaar, denn Mary denkt überhaupt nicht daran, ihre Beziehung zu verbergen. Unter aller Augen verbringen sie gemeinsam ein Wochenende in Atlantic City.

Der Mann, der nach England zurückfährt, ist also verliebt. Es ist nicht auszuschließen, daß ein starkes Gefühl der Genugtuung sich diesem Glück zugesellt. In solchen Fällen ist der Gedanke an ausgleichende Gerechtigkeit allen Menschen eigen.

Jetzt ist der liebe Ernest also zurück in London. Marys Darstellung zufolge hat er Wallis sofort alles gestanden und sie aufgefordert, die ihr angenehmste Art der Scheidung zu wählen. Sollte Mary ihre Wünsche mit der Wirklichkeit verwechselt haben?

Man spricht in dieser Zeit nur von den Sanktionen, die der Völkerbund gegen Italien verhängt hat. Eine Indiskretion hat die Existenz geheimer Absprachen zwischen dem britischen Außenminister Samuel Hoare und dem französischen Ministerpräsidenten Pierre Laval ans Licht gebracht. Während man offiziell gegen die italienische Aggression in Äthiopien protestierte, beruhigte man nun Mussolini über die tatsächlichen Folgen dieser Alibi-Warnung. Viele Briten sehen diese Absprachen als unmoralisch an. Vielleicht sind sie auch nur Realisten. Samuel Hoare, ein Freund des Prinzen von Wales, muß zurücktreten.

Wann wird David mit dem König über Mrs. Simpson sprechen? Weihnachten vielleicht? Wallis wird erneut von dem unglaublichen Strudel von Vergnügungen um sie herum eingesogen. Vielleicht ist das in ihren Augen das sicherste Mittel zu flüchten, beunruhigende Konfrontationen mit sich selbst zu vermeiden, in denen schrill und schmerzlich das Problem auftauchen kann, das in ihrer beider Initialen konzentriert ist: WE. Wenn der Prinz sich in England aufhält, fährt sie jedes Wochenende zu ihm aufs Fort. Wenn seine Aufgaben als Thronfolger ihn zum Reisen zwingen, besucht sie den einen oder anderen Sitz ihrer neuen Freunde. Sie könnte diesen Einladungen aus dem Weg gehen und eine Krankheit oder familiäre Verpflichtungen vorschieben. Doch sie denkt nicht daran. Am 18. November schreibt sie an Tante Bessie: «Ich liebe es, all diese Leute zu treffen, und manchmal erscheint es mir seltsam an die Tage des Kampfes in Earl Court zu denken und die Wohnung, in der Mama Untermieter aufnahm und so schwer arbeitete, um mich großzuziehen. Ich frage mich, ob ich jemals all dieser Anstrengungen würdig sein werde und ob meine ungehemmte Flucht nach vorne mich nicht in das schlichte Zimmer einer Wohnung in Connecticut Hill zurückschleudern wird. Nur die Zeit wird es zeigen.»

Es ist gewiß ein weiter Weg von den Untermietern von Alice Warfield zum Glanz von Fort Belvedere. Wieder einmal sieht Wallis einen unvermeidlichen Sturz, die Rückkehr in ihr eigenes Amerika, das Amerika der Armut.

Diejenigen, die sie lieben, erkennen die Gefahren, die auf sie lauern. Margot, zum Beispiel, die Gräfin von Oxford und Asquith, die Witwe des berühmten liberalen Premierministers Herbert Asquith. Sie ist die Autorin vielbeachteter Bücher und nimmt eine außergewöhnliche Stellung in der Welt ein. Sie jagt den Mittelmäßigen durch die Schärfe ihres Urteils Angst ein, und ihre Urteile sind oft von provozierender Originalität. Es ist nicht sicher, ob ihr verstorbener Mann ohne sie Premierminister geworden wäre. Sie hat Wallis von der neuen Gefahr, die auf sie zukam, gewarnt:

– Sehen Sie, meine Liebe, nur wenige Leute werden ihre Worte der geistigen Unabhängigkeit zuschreiben, die das Merkmal der amerikanischen Frauen ist. Die Leute werden überzeugt sein, daß Sie nur die Ansichten des Prinzen wiedergeben.

Eine Einladung sollte Wallis deutlich machen, daß sie, wenn auch gegen ihren Willen, nur eine Figur auf dem Schachbrett der Politik geworden ist. Lady Vansittart und Sir Robert, ständiger Sekretär im *Foreign Office*, laden sie Ende September ein, ein Wochenende auf ihrem Landsitz in Buckinghamshire zu verbringen. Dieses Wochenende wird Wallis nie vergessen: «Sie waren sehr liebenswürdig zu mir, aber es lag etwas in der Luft, was mich nervös machte. Sir Robert war ein Diplomat und ein hoher Beamter par excellence. Ich brauchte nicht lange, um zu verstehen, warum ich mich unter seinem Dach befand. Ununterbrochen beobachtete und sezierte er mich, und das zweifellos in dem Licht der Berichte, die er in der überseeischen Presse über mich gelesen hatte.»

Das Interesse von Sir Robert Vansittart und des ganzen Kabinetts Baldwins erklärt sich durch die Tatsache, daß alle in den gehobenen Londoner Zirkeln wissen, daß Georg V. von Tag zu Tag schwächer wird.

David weiß es, Wallis auch. Als Weihnachten naht, müssen sich alle beide sakrosankten Riten beugen. Er verläßt sich ganz auf sie, was die Auswahl der Geschenke für seine Untergebenen betrifft. Wallis schreibt am 9. Dezember 1935 an Tante Bessie: «Ich habe gerade die Besorgungen für seine Königliche Hoheit erledigt, hundertfünfundsechzig Geschenke für das Personal, und das ganze Wochenende waren wir damit beschäftigt, sie einzupacken». Und dann noch dieser Satz: «Geben Sie auf sich acht. Sie sind alles, was ich auf der Welt habe.»

Der König und die Königin erwarten ihren ältesten Sohn wie auch ihre übrigen Kinder in Sandringham, wo sich gemäß einer unverrückbaren Tradition jedes Jahr zu Weihnachten die Königsfamilie trifft.

Was David seit seiner Ankunft bedrückt, ist die Erschöpfung, die er bei seinem Vater feststellt. «Wir hatten alle die Vorahnung,» schreibt er, «daß das sein letztes Weihnachtsfest auf Erden sein würde, und wir versuchten daher, ihm einige glückliche Tage zu bereiten. In dem geräumigen weißen Ballsaal, wo wir uns zu Zeiten meines Großvaters so sehr amüsiert hatten, meldete sich eine vierte Generation zu Wort. Die zwei Kinder von Bertie, die neunjährige Elizabeth und ihre Schwester Margret Rose hüpften um den sechs Meter hohen Weihnachtsbaum herum. Doch im Kreis der versammelten Familie fühlte ich mich ausgeschlossen und allein. Meine Brüder hatten die Geborgenheit ihres Privatlebens, während ich einem inneren Konflikt ausgesetzt war, der mir keine Ruhe lassen würde, bevor ich ihn nicht gelöst hatte. Aber einmal mehr war hier nicht der Ort und die Zeit, darüber zu sprechen.»

Gibt es einen besseren Beweis für diesen Konflikt als den Brief, den er am Tag nach Weihnachten an Wallis schreibt:

«Sandringham, Boxing Day[1],

ich hielt es nicht für möglich, daß jemand einem so sehr fehlen könnte, das ist so köstlich, wenngleich auch so schrecklich, wenn es andauert. Es ist entsetzlich hier und bei weitem das schlimmste Weihnachtsfest, das ich jemals in der Familie verbracht habe, schlimmer noch als das vom letzten Jahr, was viel heißen will. Ich kann mich nicht an den Gedanken gewöhnen, daß ich bis Montag warten muß, um Sie zu sehen und um sicher zu sein, daß das Schiff auch nach Kanada abgefahren ist[2]...Ich warte sehn-

1 Boxing Day ist in England der erste Weihnachtsfeiertag.

2 Das Schiff ist dasjenige, das Ernest nehmen sollte. Der Prinz wartet also ungeduldig auf die Abreise des Ehemannes.

lichst auf einen eanum Brief, Wallis. Er muß eanum sein, denn die Post geht in wenigen Minuten ab... Oh, Ewigkeiten und Ewigkeiten allein sein! Und nochmals Ewigkeiten und Ewigkeiten. Gott segne WE, mein Herz, ich bin sicher, daß er es tut. Er muß es.

Ihr David.»

Das Jahr 1935 geht zu Ende, das Jahr, in dem David merkte, daß Wallis für ihn so unersetzlich war wie die Luft zum Atmen. Es war das Jahr, in dem Wallis zwar klarsichtig, aber auch von einem Sturm mitgerissen, den sie nicht mehr kontrollieren konnte, verstanden hat, daß ihr ganzes Leben auf dem Spiel stand. David schreibt am 1. Januar 1936 an Wallis: «Guten Morgen, mein Herz, Gott sei Dank ist die Abendgesellschaft von gestern vorbei: Versuchen wir, diesen Nachmittag früh aufzubrechen. Ihre reizende Nachricht zu Neujahr hat einem Jungen, der sich traurig fühlte, in seinem einsamen Schlaf sehr geholfen. Lassen Sie Mary eine eanum Nachricht zukommen, die es mir ermöglicht, geduldig zu sein, bis wir wieder allein zusammen sein können. Oh, meine Wallis, ich weiß, daß wir *viel Glück*[1] haben werden, dieses neue Jahr zu feiern, um schließlich eins zu werden. Gott segne WE.»

Nun sind wir in dieses Jahr 1936 eingetreten, in dem sich der Liebesroman in eine Tragödie verwandeln wird. Man hat oft über das geschrieben, was man die Krise des Königtums nannte, darunter manchmal wirre Werke, von einem journalistisch-modischen Geschichtsverständnis inspiriert. Das ist viel und wenig zugleich, denn das Drama folgt den bekannten Gesetzmäßigkeiten des antiken Theaters. Man muß es nur auf Herz und Nieren untersuchen.

1 Im Original auf Deutsch.

Am 16. Januar wird im Fort die Tür zum Salon jäh aufgestoßen. Wallis sieht David kommen, der sehr bleich ist und ein Telegramm in der Hand hält. Ohne die Kraft zu finden, ihr auch nur ein Wort zu sagen, reicht er ihr das Blatt und verschwindet. Die Nachricht ist von Königin Mary. Sie teilt mit, daß der Zustand des Königs sich verschlechtert hat und schlägt vor, daß der Prinz sich über das Wochenende nach Sandringham begibt. Ein solcher Wochenendaufenthalt kann für den König so aussehen, als sei er nichts Außergewöhnliches.

Kaum hat Wallis die Nachricht zu Ende gelesen, als sie hört, wie David im Nebenzimmer mit dem Piloten seines Flugzeugs telefoniert, damit sich dieser bereithalten sollte, am nächsten Morgen aufzubrechen.

Am 17. Januar ist schönes Wetter, und am Himmel scheint zaghaft die Sonne. David beugt sich zu dem Piloten und bittet ihn, er solle vor der Landung mit seiner Maschine einen großen Bogen beschreiben über den Bäumen und der weiten Rasenfläche, die den Lieblingssitz eines sterbenden Königs umgeben.

Georg V., der in seinem Morgenrock vor dem Kaminfeuer eingenickt ist, erkennt seinen Sohn nicht. Am Samstag verschlechtert sich der Zustand des Kranken. Lord Dawson, der Arzt und Freund des Königs, verläßt das Krankenbett nicht mehr. Jeder versteht, daß es nur noch eine Frage von Stunden ist.

Nie zuvor hat David die Einsamkeit so schmerzlich empfunden. Er schreibt an Wallis: «Meine Liebste, nur ein Wort, um Ihnen zu sagen, daß ich Sie noch immer und immer mehr liebe und daß ich Ihre Anwesenheit in diesem schwierigen Augenblick sehr brauche. Es gibt überhaupt keine Hoffnung mehr für den König. Es ist jetzt nur noch eine Frage der Zeit und ich kann nicht weggehen und morgen nach London zurückkehren, wenn es schlechter mit ihm geht. Aber ich werde wirklich alles tun, um Sie zu sehen, meine Wallis, und wenn es nur für einige Minuten wäre. Das würde mir ja so sehr helfen. Ich bitte Sie, geben Sie auf sich acht und holen Sie sich keine Erkältung. Sie sind alles, was ich auf dieser Welt habe und WE müssen ganz eng zusammenbleiben. Alles wird gut werden für uns. Gott segne WE.»

Am nächsten Morgen – es ist ein Sonntag – fliegt Eduard nach London, nicht um nach Bryanston Court zu eilen, sondern um sich nach Downing Street Nr. 10 zu begeben, wo er den Premierminister Stanley Baldwin über den nahen Tod des Königs informiert. Der Premierminister hebt die Nase von seiner Tasse Tee, die er genüßlich in kleinen Schlucken schlürft und fragt den fassungslosen Prinzen mit einiger Aggressivität:

– Ich frage mich, Sir, ob Sie wissen, daß ein anderer großer Engländer, ein Zeitgenosse Ihres Vaters, gestern gestorben ist.

Nein, David weiß es nicht. Die Bitterkeit Stanley Baldwins scheint zu wachsen:

– Aber natürlich, Sir, Sie haben so viele andere Dinge im Kopf und wie könnte ich erwarten, daß Sie auf dem laufenden sind. Es handelt sich um Rudyard Kipling, meinen Vetter ersten Grades.

Am Montagnachmittag ist David zurück in Sandringham. Seit mehreren Tagen warten Staatspapiere in Behältern aus rotem Leder auf die Unterschrift des Königs. Keines von ihnen gibt die Ansicht des Königs wieder – er hat auch nicht das Recht, eine eigene Ansicht auszudrücken –, keines ist auf seine Initiative hin zustande gekommen. Aber wenn er sie nicht unterschreibt, kommt die Staatsmaschinerie zum Stillstand. Darin bestehen Glanz und Elend der konstitutionellen Monarchie. Man mustert die alten Monarchen nicht aus, wie man es mit dienstuntauglichen Soldaten macht. Mit der Krone auf dem Kopf sterben sie auf offener Bühne, in der Hauptrolle einer Komödie, die keine spielfreien Tage kennt. Am Morgen hat sich ein Familienrat in dem Raum versammelt, der unmittelbar an das Zimmer Georgs V. angrenzt. Der König sitzt in einem Sessel, den man an das Fußende seines Bettes gerückt hat, und unterzeichnet, von Kissen gestützt, einen Erlaß, demzufolge er einen Staatsrat einsetzt, der aus Königin Mary und ihren drei Söhnen besteht. Durch die offen gelassene Tür des Nebenzimmers können die Berater sehen, wie ihr Souverän mit zitternder Hand seine Unterschrift darunter setzt, die dann Lord Dawson mit der seinen bestätigt. Jetzt war dem Rat die Befugnis gegeben, anstelle des Königs die Staatspapiere zu unterschreiben.

Am Kopfende des Todkranken ziehen die Schatten vorbei, die Mitglieder des Königshauses, diejenigen, die die Ehre hatten, sein Freund zu sein. Unter den letzteren ist ein altes, leises Gespenst in schwarzen Gamaschen, mit forschendem Blick, dunklen, lebhaften Augen und schnellem Gang: Es ist Cosmo Gordon Lang, der Erzbischof von Canterbury.

Über den Äther verbreitet BBC das letzte Bulletin, das sein Arzt über den Gesundheitszustand des Königs herausgegeben hat. Es ist von pietätsvoller Zurückhaltung geprägt: «Das Leben des Königs geht sehr friedlich seinem Ende entgegen.» Fünf Minuten vor Mitternacht legt Georg V., König von Großbritannien, Kaiser von Indien, seine Seele in Gottes Hand.

David betrachtet seinen Vater, der nicht mehr ist. Nie ist das Moment der Besinnung größer als angesichts eines gerade verstorbenen Vaters, einer gerade verstorbenen Mutter. Königin Mary nähert sich, ohne daß David es merkt. Sie ergreift die Hand ihres Sohnes und führt sie an ihre Lippen. Er braucht einen Augenblick, bis er versteht. Sein Bruder George kommt ebenfalls, um ihm die Hand zu küssen. Es wird ihm bewußt, daß er König ist.

In London schlägt die Turmuhr von Big Ben Mitternacht. Das Telefon bei den Lawson-Johnstons klingelt, wo Mrs. Simpson zum Souper eingeladen ist. Der, der nunmehr Eduard VIII. geworden ist, ruft Wallis von Sandringham aus an:

– Es ist zu Ende.

– Oh, David, ich bin tief betrübt.

Am anderen Ende der Leitung hört sie Davic Stimme:

– Ich kann Ihnen noch nichts über meine Pläne sag(so durcheinander. Aber ich fliege morgen früh nac zurück und rufe Sie an, sobald ich Gelegenheit dazu l

Sie legt auf. Der Gedanke lähmt sie mehr, als er sie e «Von nun an ist David König.»

V

Die Iden des März

Für den neuen König ist die Nacht kurz gewesen. Wenige Stunden, nachdem Georg V. die Augen geschlossen hat, fliegt Eduard VIII. erneut nach London. Ist er sich bewußt, daß er der erste britische König ist, der in Staatsgeschäften das Flugzeug benutzt? Georg V. jedenfalls hat immer davon Abstand genommen.

Ihm wird keine Atempause gegönnt: Noch am selben Tag muß er vor dem Accession Privy Council, dem Thronrat, erscheinen, der offiziell seine Thronbesteigung proklamiert.

Als der Nachmittag gekommen ist, durchschreitet Eduard unter den Augen der königlichen Leibwache, der *Yeomen of the Guard*, das Eingangstor zum St.James-Palast. Sie sind starr vor Disziplin und Neugierde. Er betrachtet einmal mehr die gebräunten Ziegelsteine und die weißen Zinnen der von Heinrich VIII. erbauten Festung. Aber ist ihm bewußt, daß Karl I. am Morgen seiner Hinrichtung in der Kapelle gebetet hat und daß alle englischen Könige von Karl II. bis Königin Viktoria dort residiert haben?

Im großen Bankettsaal richten sich im selben Augenblick aller Augen auf diesen so bleichen König, der gerade eingetreten ist. Es sind die Prinzen von Geblüt, amtierende und ehemalige Minister, Lord Mayor und der gesamte Magistrat von London, die Hochkommissare für die Dominions und für Indien, Amtsinhaber jeder Art, insgesamt hundert Personen.

Der König hat sich gesetzt; der Sekretär des Accession Privy Council, Sir Maurice Anne, tritt vor ihn und ergreift im Namen des Rates das Wort:

– Wir, die geistlichen und weltlichen Würdenträges dieses Königreiches... verkünden hier öffentlich, einstimmig und in Übereinstimmung von Herz und Zunge, daß der große und mächtige Prinz Edward Albert Christian George Andrew Patrick David jetzt durch den Tod unseres dahingeschiedenen, in unserem Gedächtnis weiterlebenden Königs unser einziger legitimer und rechtmäßiger Herrscher geworden ist, Eduard VIII., von Gottes Gnaden König von Großbritannien und Irland und den britischen Dominions jenseits des Meeres, Verteidiger des Glaubens, Kaiser von Indien...

Jetzt erheben sich hundert Stimmen, um ihrem neuen Herrscher Treue und Gehorsam zu schwören.

Eduard scheint die Feierlichkeit des Augenblicks sehr stark empfunden zu haben. Die anwesenden Personen erinnern sich später, daß sie ein Zittern in seiner Stimme hörten, als er auf seinen Vater anspielt, der sechsundzwanzig Jahre zuvor den gleichen Eid geschworen hatte:

– Als solcher bin ich entschlossen, auf seinen Spuren zu wandeln und so, wie er es sein ganzes Leben lang tat, für das Glück und den Wohlstand meiner Untertanen, gleich welchen Standes, zu arbeiten...

Für einen König, der den Thron besteigt, ist der Bezug auf den Vorgänger zwar traditionelle Pflicht. Es sollte die Engländer aber dennoch verblüffen, daß Eduard VIII. Wert darauf legte, diesen alten König, der als lebendige Inkarnation der britischen Tugenden galt, als Vorbild hinzustellen. Man verkennt nicht seine Neigungen, manche wagen es sogar, von «Torheiten» zu sprechen. Man ist sich nicht allzu sicher, daß die Verteidigung der Kirche bei ihm an erster Stelle steht, aber man hat ihn bei zahlreichen religiösen Zeremonien so andächtig gesehen, daß man sich in dieser Hinsicht nicht allzu viele Sorgen macht.

Was ihn bei den Engländerinnen und Engländern so beliebt macht, ist seine Fähigkeit, die Sympathien zu gewinnen und daß man in ihm großes menschliches Mitgefühl zu finden glaubt. Man erkennt in ihm vor allem – Brian Inglis hat das sehr gut beobachtet – einen «Mann seiner Zeit», und das ist ein unschätzbarer Trumpf. Zudem gefällt den Engländern auch, daß es ein *junger* König ist. Quer durch alle sozialen Schichten beschäftigt man sich damit, seine Fotografien zu betrachten, die so glänzend diese Jugendlichkeit wiedergeben.

Zweifellos hat in der Geschichte dieses alten Landes noch nie ein König die Stufen des Thrones erklommen, der von einer solchen Beliebtheit getragen wurde. Der Leitartikelschreiber der *Times* kann seine Feder nicht im Zaum halten, als er seine guten Eigenschaften aufzählt: «Der persönliche Mut, das gänzliche Fehlen von Gespreiztheit und egoistischem Ehrgeiz, die Lust auf neue Erfahrungen»; er vergißt aber auch nicht, «seine erschöpfende Kenntnis aller Teile des Empire» zu erwähnen, was in einer Zeit wichtig ist, wo der König seit dem Statut von 1931 das einzige Band zwischen dem Mutterland und den Dominions ist.

Ein Mißton schleicht sich allerdings doch ein: Die *Times* – immer wieder sie – merkt an, daß «ihm in seinem zukünftigen Leben, das ihm Tag für Tag Verpflichtungen aufbürdet, der Rat und die Hilfe einer Gattin fehlen werden». Wir sollten auch nicht die unfreundlichen Worte Cosmo Gordon Langs, des Erzbischofs von Canterbury, vergessen, die er vor dem Tod des Königs in bezug auf das Privatleben des Prinzen von Wales äußerte. Hector Bolitho, der Zeuge dieser Äußerungen war, hat sie als «unheilschwangere Prophezeiung» bezeichnet.

Die Hofbeamten, die mit der Vorbereitung der Trauerfeierlichkeiten für Georg V. beauftragt sind, folgen den Mitgliedern des Privy Council. Zur Stunde, wo die Söhne, die ihren Vater verloren haben, Andacht und Ruhe suchen, muß jener ein ausgeklügeltes *Schauspiel* über sich ergehen lassen. Wie anders soll man den Pomp und die Pracht bezeichnen, die zwangsläufig zum Begräbnis eines Königs von England gehören?

Die Stunde schlägt, in der Eduard schließlich ganz allein ist.

Er verliert keine Minute und ruft Wallis an. Sie spürt, daß er «abgespannt und doch aufgewühlt» ist. Sie würde ihm gerne helfen, würde auch gerne das Gefühl haben, daß sie für ihn eine Stütze ist, aber was könnte sie in einem solchen Augenblick anderes tun, als in den Hintergrund zu treten. «Als ich an jenem Morgen die Zeitungen las und Radio hörte, spürte ich, wie die unüberwindliche Schranke, die Respekt und Tradition um einen Herrscher herum aufbauen, sich auch zwischen David und mich schob.» Eduard erklärt ihr, daß seine Thronbesteigung offiziell von Herolden an vier verschiedenen Punkten Londons verkündet werden sollte: im St.James-Palast, in Charing Cross, in Temple Bar und an der Königlichen Börse. Würde es ihr gefallen, an dieser Proklamation teilzunehmen? Natürlich sagt sie zu. Sie hängt ein, das Herz ist ihr noch schwerer geworden.

Unter den vielen Beileidsschreiben, die Eduard VIII. erhalten hat, ist sicher das von Ernest Simpson das ungewöhnlichste gewesen. Was macht ein gut erzogener Mann in solch einem Fall? Er schreibt dem trauernden Freund einen Brief. Ernest war zu der Ansicht gekommen, daß es notwendig wäre. So kommt es zu dem seltsamen Brief, den er nach York House bringen läßt:

Bryanston Court, den 21. Januar 1936

«Sire,

wenn das Herz schwer ist, beginnen die Worte zu zittern. Ich fühle mich unfähig, all das zu Papier zu bringen, was ich in diesem traurigen und feierlichen Augenblick empfinde, doch möchte ich Ihnen, Sire, in aller Bescheidenheit meine tiefe Zuneigung und die herzlichen Gefühle, die die Freundschaft erfordert, ausdrücken angesichts der Prüfung, die Sie durchgemacht und der Trauer, die Sie erduldet haben. Sire, Sie haben einen Vater verloren und die Nation einen König, dessen Angedenken noch lange in unseren Herzen fortleben wird. Möge dieser Ausdruck der Trauer Ihnen Trost spenden, dem ich noch meine inständigen Gebete hinzufüge. Gott segne Eure Majestät.

Euer gehorsamer Diener und ergebener und treuer Untertan
Ernest.»

Auf den ersten Blick ist an einem solch lobenswerten Verhalten nichts auszusetzen. Jedoch, wir sind in England. Wenn Eduard diese unschicklichen Zeilen vielleicht mit amüsierter Nachsicht hat lesen können, so wird das bei seiner Umgebung sicher nicht der Fall gewesen sein. Wie hat es dieser Mr. Simpson wagen können, mit *Ernest* zu unterschreiben. Glaubt er vielleicht, er gehörte zur Familie?

Ich betrachte diesen Brief, ein kleines rechteckiges Stück Papier mit einem Briefkopf von zweifelhaftem Geschmack, so auffallend ist das Rot des Drucks. Ich bedauere Ernest Simpson.

Am nächten Morgen, Mittwoch, den 22., erhält Wallis erneut einen Anruf: Godfrey Thomas, Davids Privatsekretär, informiert sie, daß eine der vier Proklamationen am nächsten Tag in St. James' stattfinden werde und daß Seine Majestät sie zusammen mit einigen Freunden, besonders Helen Fitz-Gerald und den Hunters dorthin einlädt. Seine Majestät! Zum ersten Mal klingt diese Bezeichnung für David in ihren Ohren. Sie wird den Schock nicht vergessen, den sie verspürt hat. Zur besagten Stunde haben sich die Gäste eingefunden. Auf dem Balkon des Palastes kann Wallis den Großmeister des Hosenbandordens, umgeben von Herolden und Trompetern in mittelalterlichen Uniformen, sehen, der sich bereitmacht, die Thronbesteigung Eduards VIII. zu verkünden. Im selben Augenblick geht die Tür zum Balkon auf, und der König erscheint. Zum Erstaunen von Wallis und seinen anderen Gästen erklärt er schlicht, daß er sich im letzten Moment gefragt hätte, was denn Schlimmes dabei sei, wenn er seiner eigenen Proklamation zum König beiwohne:

– Ich habe mich beeilt, über Ambassadors' Court zu Ihnen zu kommen!

Mit einer Handbewegung fordert er Wallis auf, zum Fenster zu kommen und stellt sich zu ihr. Als sie am nächsten Tag die von einem flinken, schlauen Kameramann aufgenommene Fotografie in der Zeitung sehen, fragen sich viele Millionen Menschen, wer denn diese Dame sei, die so ungezwungen an der Seite des Königs steht. Nur die Mitglieder der guten Gesellschaft wundern sich nicht: Sie wissen Bescheid.

Die Verlesung der Proklamation ist zu Ende und die Kapelle der Garde spielt *God save the King*. Wallis' Blick verschleiert sich. In dem Augenblick des Aufbruchs, als David sich vor ihr zurückzieht, beugt sie sich zu ihm:

– Ich bin gerührt, daß Sie in solch einem Augenblick an mich gedacht haben. Aber eine solche Zeremonie macht mir auch deutlich, wie sehr sich Ihr Leben jetzt verändern wird...

David ergreift ihren Arm und drückt ihn: – Nichts, antwortet er, könnte jemals die Gefühle ändern, die ich für Sie empfinde.

Alles, was Rang und Namen hat in der Welt, von Marschall Pétain bis Marschall Tuchatschewski, versammelt sich zum Begräbnis in Westminster. Wallis' Unbehagen nimmt zu, als sie hinter den Scheiben ihrer Kutschen und von schwarzen Schleiern verhüllt Königin Mary und die Prinzessinnen der königlichen Familie gewahr wird.

Für David «war die Anspannung schrecklich,» schreibt Wallis an Tante Bessie. «Er hat sechs Pfund abgenommen.» Doch er vergißt sie nicht, findet jeden Tag Zeit, sie anzurufen oder ihr durch Ladbrook, seinen Chauffeur, einige kurze, aber vielsagende Zeilen zu schicken:

«Donnerstag, 2 Uhr 30: Hallo, mein Herz, wie geht es Ihnen? Ich hoffe, daß ein Junge Ihnen fehlt. Hier ist die Karte für die Blumen an Kitty Brownlow. Ich bitte Sie, kommen Sie schnell, denn ein Junge sehnt sich danach, ein Mädchen zu sehen. Er wird um 5 Uhr 30 bereit sein.

Eanum!

David liebt Sie immer mehr.»

Sie antwortet ihm auf demselben Weg: «Ich bin traurig, weil Sie mir fehlen. Es erscheint mir ungerecht, gleichzeitig so nah und doch so fern von Ihnen zu sein. Sicher werde ich eines Tages lernen müssen, für immer *allein* zu sein, weil ich es dann auch in meinem Herzen sein werde, und ich muß auch die Kraft finden, die Zeitungen zu lesen, die Ihre Fotos zeigen und berichten, was Sie tun, und vielleicht fehlt Ihnen inmitten von all dem *eanum.* Man kann sich mitten in einer Menschenmenge schrecklich einsam fühlen. Aber vielleicht werden wir alle beide aufhören, das Schwierigste besitzen zu wollen, und werden uns mit dem Einfachsten zufriedengeben. Und jetzt wende ich mich zum Telefon, dessen Läuten für mich ein so fröhliches Geräusch war, weil es mir ankündigte, daß Sie bald bei mir sein würden und daß ich, in Ihren Armen liegend, tief in Ihre Augen schauen würde. Möge Gott Sie segnen und Ihnen helfen, dort stark zu sein, wo Sie schwach gewesen sind.»

Eine Frau weint über den erwarteten und befürchteten Todeskampf ihrer Liebe. Denn Eduard wird sich genau am Gegenpol zur Welt dieser Frau einrichten. Alles trennt ihn künftig von Wallis: die Zwangsjacke der Etikette, das Hofzeremoniell, seine Verpflichtungen und die Leute um ihn, deren Ergebenheit er erst auf die Probe stellen muß. Aber mit unbeugsamer Entschlossenheit denkt er nicht einen Augenblick daran, daß er sie verlieren könnte. Am 1. Januar schwor der Prinz von Wales, daß es sein teuerster Wunsch sei, daß «WE eins werden könnten». Nun ist er König, aber er hat sich nicht geändert.

Wallis kann sich mehr und mehr von der Beständigkeit von Davids Gefühlen überzeugen, denn es ist offenkundig, daß er nicht auf sie verzichten kann. Am 30. Januar 1936 schreibt sie an Tante Bessie: «Es war für den neuen König notwendig, daß ich ihm jederzeit zur Verfügung stand, denn ich bin die einzige Person, mit der er normal reden kann.» Am vorletzten Wochenende im Januar haben sie sich *wie zuvor* im Fort getroffen. Eine Woche später kehren sie dorthin zurück: «Er wird sich hier ausruhen können, wie er es braucht.»

Was hatte sie am meisten erstaunt? Es waren zweifellos die Aufmunterungen – man könnte fast sagen das Drängen – von allen Seiten: «Alle, darunter auch Minister, sind sehr nett zu mir gewesen... Man fleht mich von allen Seiten an, ihn nicht zu verlassen, so sehr braucht er mich, und der Einfluß, den ich bei den Sachen, die ich ihn zu unternehmen ermutige, auf ihn ausübe, wird – ob Sie es glauben oder nicht – als gut erachtet.

Ich liebe ihn sehr, bin stolz und möchte, daß er sein Amt gut ausfüllt. Er ist so einsam und braucht Gesellschaft und Zuwendung, sonst geht es ihm schlecht... Wie es weitergehen soll, weiß ich nicht.»

Genau das ist die Frage.

Warum beschäftigt sich Wallis plötzlich mit ihren Vorfahren? Welcher Teufel reitet sie? Am 1. Februar 1936 schreibt sie an Tante Bessie: «Ich hätte gerne einen dieser Stammbäume der Familien Warfield und Montagu. Ich weiß, daß das teuer ist, aber ich brauche sie, versuchen Sie, jemanden zu finden, der sie erstellt. Ich hoffe, daß die Geschichte der zwei Familien den Vergleich mit den 1066 Familien von hier aufnehmen kann.» Da ihre

Tante sich darüber wundert – arme Mrs. Merryman – kommt sie am 14. Februar auf das Thema zurück: «Ja, ich will, daß die Stammbäume von Spezialisten erstellt werden; das nur für den Fall, daß ein alter Hofbeamter mich dies oder jenes fragen würde...» Bei welcher Gelegenheit sollte ein «alter Hofbeamter» mit dieser Frage an sie herantreten?

Die Artikel in den amerikanischen Zeitungen zerren noch immer ernsthaft an den Nerven der lieben Tante. Wallis tadelt sie: «Die Artikel amüsieren uns, Ernest und mich, und ich sammle sie, bin davon aber nicht erschüttert... Das einzige, was die Menschen des öffentlichen Lebens rettet, ist, daß sie über diesem Klatsch stehen. Sehen Sie nur, wie Mr. Baldwin jüngst angegriffen wurde. Stellen Sie sich vor, das hätte ihn zur Verzweiflung getrieben, was wäre dann aus dem Land geworden?»

Kann Wallis voraussehen, daß die Zeit nahe ist, wo ihr die Anwesenheit Baldwins an der Spitze der Staatsgeschäfte Großbritanniens für die Zukunft des Königreiches nicht mehr so zwingend notwendig erscheint?

Die Wochenenden im Fort haben zu ihrem Rhythmus von einst zurückgefunden, aber es werden weniger Gäste eingeladen. Am 9. Februar schreibt Wallis an Tante Bessie: «Wie wird er sich gegenüber seinen Freunden verhalten, jetzt, wo er König ist? Man wird es sehen, besonders, wenn die Trauerzeit am Hof vorbei ist... Seine Tage sind jetzt mit viel Arbeit ausgefüllt, aber sie sind natürlich auch viel interessanter, da er ja jetzt Verantwortung trägt. Ich glaube, daß er der große König eines neuen Zeitalters sein wird, und ich glaube, daß das Land auch so denkt... Die Regierungszeit seines Vorgängers war vom wirklichen Leben abgeschirmt. Der alte König war nicht umgänglich, genausowenig wie die Königin. Ich bin sicher, daß dieser König mehr Empfänge im Palast geben wird.»

Aber «dieser König» wird sich auch verheiraten müssen. Ist

es Wallis klar, daß sie in wenigen ergreifenden Worten ihrer beider Geschichte zusammenfaßt? «*Es ist eine Tragödie, daß für ihn nur eine Liebesheirat in Frage kommt*,» schreibt sie ihrer Tante.

Eduard verfügt über Beharrlichkeit. Er hat sich zum Ziel gesetzt, ein moderner König in einem modernen Land zu sein. Er hält es nicht für nötig, ein heuchlerisches Bild von sich zu zeichnen. Er wird sich nicht dem Druck der Rückständigen beugen, und er legt Wert darauf, daß das britische Volk das weiß. Er läßt bekanntmachen, daß er am Sonntag, dem 1. März, dem Tag des Heiligen David, der sein Namenstag, aber gleichzeitig auch der Nationalfeiertag von Wales ist, im Radio sprechen wird. Die offiziellen Reden eines Königs von England, der ein konstitutioneller Monarch ist, sind das Werk des Innenministers oder eines seiner Mitarbeiter. Wenn der König an der Vorlage etwas ändern will, muß er die beabsichtigten Änderungen der Regierung vorlegen. Der Text, den man ihm vorlegt, enthält eine warmherzige Lobrede auf die Herrschaft und die Person seines Vaters. Eduard soll daran anknüpfen und versprechen, das Werk Georgs V. fortzusetzen. Der König hat im Grunde nichts dagegen einzuwenden. Er mag nur einfach diesen Stil nicht, den er für zu pompös hält. Dieser Stil entspricht nicht seiner eigenen Persönlichkeit. Er schreibt die Rede völlig um. Die Engländer sollen wissen, daß er sich nicht geändert hat, als er König wurde:

– Sie kennen mich vor allem als Prinzen von Wales, als einen Mann, der während des Krieges und nach dem Krieg die Gelegenheit hatte, fast alle Völker der Erde und alle sozialen Schichten kennenzulernen. Obwohl ich heute als Ihr König zu Ihnen spreche, bin ich immer noch der gleiche Mann, der von dieser Erfahrung geprägt wurde, und es wird wie in der Vergangenheit mein ständiges Bemühen sein, zum Wohlergehen meiner Landsleute beizutragen.

Diese Überarbeitung beinhaltet ein persönliches Engagement. Er ist der Ansicht, daß sie nur ihn etwas angeht und hält die Rede, ohne sie von irgend jemand gutheißen zu lassen.

«Ich brenne darauf zu erfahren,» schreibt Wallis ihrer Tante, «ob Sie den König im Radio gehört haben und was Sie darüber gedacht haben.» Sie läßt sich nicht träumen, daß das Ereignis in Eduards Umgebung das ausgelöst hat, was wir ein unsichtbares Alarmsignal nennen würden.

Wie soll sich eine Frau verhalten, in der alle Welt die Favoritin des Königs sieht? Sie schreibt an Tante Bessie: «In diesen Tagen kann ich mich nicht frei äußern, denn ich kann nicht sagen, was ich denke. Jeder denkt sofort, es käme vom König.»

Sie ist trotzdem mit einer bewundernswerten Leichtigkeit in diese neue Rolle geschlüpft. Sir Harold Nicolson, der bei ihr diniert, beäugt zuerst den Pförtner und schielt nach dem Zimmermädchen, das die Tür öffnet. Im Salon findet er viele Orchideen und weißen Aaronstab. Wallis tritt ein und führt den König herein. «Verbeugungen und Knickse. Der König ist in guter Verfassung und die Liebenswürdigkeit selbst.» Unter den Gästen sind Lady Cunard, Lady Colefax und Lady Oxford. «Der König geht strahlend von Gruppe zu Gruppe... Ich muß sagen, daß er munter und reizend ist. Mrs. Simpson ist durch und durch Amerikanerin und völlig ungefährlich.»

Der Schein trügt. Diese Wallis fühlt immer stärker das Unehrliche und Heuchlerische an der Situation, in die sie sich mehr und mehr hineingedrängt sieht. Sie gibt für Eduard Empfänge, und es ist ihre Aufgabe, den König so recht zur Geltung zu bringen und für ihn zu repräsentieren. «Mit Mrs. Simpson diniert, um den König zu treffen,» notiert Harold Nicolson in sein Tagebuch als ganz normale Bemerkung – und das erträgt sie immer weniger. Dem wäre nicht so, wenn sie ledig wäre. Aber es gibt einen Mr. Simpson, und im Hause desselben spielt sich dieses königliche

Ritual ab. Die meiste Zeit vergißt man den Hausherrn – im Tagebuch von Harold Nicolson wird er mit keinem Wort erwähnt –, aber Wallis fängt ihn betreffend manchmal fragende, sogar ironische Blicke auf. Manchmal sind es, was schlimmer ist, mitleidige Blicke.

Das ist mehr, als sie ertragen kann.

Eine Ratlose beschließt Ende Februar ganz plötzlich, für einige Tage nach Paris zu ihrer Freundin Foxy zu fliehen. An Tante Bessie schreibt sie: «Ich habe durch den Verkauf von Aktien ein bißchen Geld bekommen, Ernest hat mir etwas für die Reise gegeben und der König hat uns zu einem Vorzugspreis eine Suite mit zwei Zimmern und Salon im Meurice besorgt – fünfzig Franc pro Person. Ich habe es eilig loszufahren. Ich habe dermaßen genug von all dem hier – von diesem ständigen Festival der Fragen.»

Aber das ist nicht Eduards Sache. Eine Trennung, selbst nur für ein paar Tage, ist ihm weniger erträglich als früher. Er schreibt ihr vom Fort: «Ladbrook wird diesen Brief mit der Luftpost abschicken... Wie werden WE glücklich sein, wenn all das zu Ende ist und Sie endlich zurück sind. Ich werde Sie gegen sechs Uhr anrufen... Geben Sie auf sich acht, meine Wallis, für Ihren David, der Sie immer mehr liebt.»

Sie läuft von Schneider zu Schneider, gerät mit Verkäuferinnen aneinander, rennt herum, regt sich auf, sie, die glaubte, in Paris ein wenig Frieden zu finden! Am Sonntag, dem 8. März 1936 schreibt sie an Tante Bessie: «Ich kann Ihnen gar nicht sagen, wie gereizt, wütend und hoffnungslos ich geworden bin... Ernest kommt heute abend hier an, und wir fahren Freitag zurück, falls er nicht geschäftlich nach Hamburg muß... Ich bin einfach zu erschöpft und bringe nichts fertig, als mich hinzulegen... Foxy fährt am Montag mit Lord Dudley nach Monte Carlo. Er hat mich auch eingeladen, aber dieser kleine König will, daß ich zurückkehre, und es ist besser, ich mache es, denn mit seinen vier Anrufen am Tag...»

Achtung! Hier wird der Leser etwas vernehmen, das einem Knirschen ähnelt. Das ruhige Gleichgewicht zwischen Eduard und Ernest, von dem sie Tante Bessie bis zum Überdruß erzählt, scheint gestört. Sie spricht leichthin vom «kleinen König» und seinen vier Anrufen am Tag. Warum? In diesem Hotelzimmer, wo zu allem Unglück noch eine Erkältung ihren Jähzorn steigert, bringt sie die Selbstreflexion zum Abschluß, die sie in London begonnen hatte.

Am Freitag dieser Woche verläßt David York House und kommt spät am Abend im Fort an. Vor allem anderen hat er Wallis angerufen. Danach mußte er ihr noch schreiben. Wie könnte es auch anders sein?

«Freitag abend. Oh, meine Liebe, es ist so traurig, ohne Sie hierher zu kommen. Ich bitte Sie, kommen Sie schnell! Ich weiß, daß Sie es tun werden, denn Sie müssen fühlen, in welchem Maß Sie hier begehrt und vermißt werden. Sie sind schon viel zu lange fort, und Sie dürfen nie mehr weggehen. WE hatten eine wunderbare und lange Unterhaltung, aber das ist ein kümmerlicher Ersatz, statt *uns* eng umschlungen zu halten und zu versinken... Oh, kommen Sie schnell zurück! Ich weiß, daß Sie es auch wünschen.

Mein Gespräch mit Ernest war schwierig heute abend, aber wenn ich jetzt standhaft bleibe, wird er nichts unternehmen. Wie mühsam und strapaziös das ist, solange nichts geregelt ist und wir nicht wirklich vereint sind. Ich kann es nicht ertragen, daß verletzende Dinge gesagt werden, denn ich bin genauso empfindsam wie Sie, Sie wissen das. Ich weiß, daß Sie den Plan von Allen billigen würden, aber ich werde natürlich nichts unternehmen, ohne daß WE es besprochen hätten. Das ist der einzige Weg... Jetzt muß ich schlafen, was ich auch von Ihnen hoffe, und kann nur wünschen, daß ein Junge einem Mädchen fehlt wie sie ihm fehlt. Ich werde am Morgen zu Ende schreiben. Gott segne WE.»

Ich nehme an, daß an dieser Stelle der Leser seinen Augen nicht traut: ein Gespräch des Königs mit Ernest? Über Wallis? Geben wir zu, daß es in unserer Geschichte an Unerwartetem nicht mangelt. Versuchen wir diesen neuerlichen Kurswechsel zu erklären.

Bevor er zu Wallis nach Paris fuhr, hat Ernest die Initiative ergriffen und eine Art «Staatsstreich» riskiert. Er hat sich nach York House begeben, um den König zu treffen. Zweifellos, weil es ihm selbst vielleicht an Mut mangelte, hat er Bernard Rickatson-Hatt, einen seiner alten Freunde, mit dem er bei den Coldstream Guards gedient hatte, gebeten, ihn zu begleiten[1]. Durch diesen kennen wir den Wortlaut der Unterredung. Als sich die Unterhaltung zwischen dem König und seinen beiden Gästen in die Länge zieht, will sich Rickatson-Hatt aus Taktgefühl zurückziehen. Ernest bittet ihn aber zu bleiben. In seinem Beisein hat er sich mit einer Unvermitteltheit an den König gewandt, die uns an die Entschlossenheit eines Menschen erinnert, der sich ins Wasser stürzen will.

– Sire, Wallis wird zwischen Euer Majestät und mir wählen müssen.

Er ließ Eduard keine Zeit, ihn zu unterbrechen, und hat entschlossen in einem Atemzug weitergeredet:

– Hat Euer Majestät die Absicht, sie zu heiraten?

Nach Rickatson-Hatt hat sich der König unwirsch aus seinem Sessel erhoben und hat ohne zu zögern geantwortet:

– Denken Sie wirklich, daß ich gekrönt werden könnte, ohne Wallis an meiner Seite zu haben? Der Rest des Augenzeugenberichtes scheint uns sehr viel unklarer. Der König und der Ehe-

1 Rickatson-Hatt war damals Chefredakteur der Agentur Reuter.

mann sollen sich verständigt haben, daß Ernest die Scheidung einreicht, während Eduard verspricht, Wallis treu zu sein und für sie zu sorgen. Die von Rickatson-Hatt überlieferte, etwas triviale Erklärung muß wörtlich zitiert werden. Wallis «fühlte sich von den Avancen des Prinzen von Wales, später des Königs geschmeichelt und wußte die Geschenke, die er ihr machte, sehr zu schätzen. Sie dachte, daß sie sie annehmen und gleichzeitig ihr Familienleben mit Ernest fortführen könnte.» Ihrem Ehemann sagte sie wiederholt, «daß er ihr vertrauen könnte, daß sie auf sich aufpaßte, daß sie die Fürsorge schätzte, die man ihr angedeihen ließ, daß er sich aber keine Sorgen zu machen brauchte.» Rickatson-Hatt gab sich überzeugt, daß «die Affäre ohne den Eigensinn und die Eifersucht des Königs ganz normal hätte weitergehen können, ohne daß die Ehe der Simpsons daran hätte zerbrechen müssen.»

Der Brief Eduards an Wallis bestätigt, daß das Gespräch so stattgefunden hat, und außerdem schreibt Wallis dazu an ihre Tante: «Ernest und Seine Majestät haben sich wegen dieser Situation unterhalten[1].» Damit kann man auch die übermäßige Nervosität besser erklären, an der Wallis zu dieser Zeit leidet. Es erscheint unmöglich, daß Ernest ihr nicht den Schritt angekündigt hat, den er zu unternehmen gedachte. Der Brief des Königs zeigt, daß Eduard selbst sich schon vor dem Gespräch Wallis anvertraut hatte.

Was ist passiert, als Ernest in Paris angekommen ist? Man glaubt Wallis zu hören: Mit welchem Recht hat ihr Mann gewagt, mit dem König über ihr Schicksal zu diskutieren? Und dieser Eduard, auch wenn er der König war, mit welchem Recht hat er sich darauf eingelassen? Es ist nicht sicher, daß solche Worte gefallen sind. Einige Zeit später schreibt Wallis an ihre Tante: «Wir streiten uns nie und werden es auch in Zukunft nicht tun.» Es ist

1 Brief an Tante Bessie vom 15. Mai 1936.

eher wahrscheinlich, daß ihre Verbitterung zunimmt. Warum sprechen sich diese beiden Männer hinter ihrem Rücken ab und machen sie dabei unglücklich?

Kommen wir auf den Brief Eduards zurück. Wir müssen bei einem Satz innehalten: «Ich weiß, daß Sie Allens Plan zustimmen würden.» Worum handelt es sich? Dieser George Allen ist niemand anders als der *solicitor* des Königs. Er kümmert sich um die finanziellen Angelegenheiten. Wir werden später noch auf diese Person treffen, deren Verschwiegenheit sprichwörtlich geworden ist. Eduard amüsiert sich über sein «eindrucksvolles Pokergesicht». Der König hat sich Allen bezüglich eines Plans anvertraut, von dem er auch Wallis in Kenntnis setzt. Er will ihre materielle Zukunft sicherstellen und auf ihren Namen ein bedeutendes Kapital deponieren. Allen wurde beauftragt, die notwendigen Anordnungen zu treffen. Obgleich der Briefwechsel uns nichts weiter darüber sagt, kann man sich doch fragen, ob der König in genauer Kenntnis der Frau, die er vergöttert – und auch in Kenntnis ihrer Ängste –, nicht eine Kurzschlußhandlung befürchtet hatte, eine fluchtartige Abreise, sogar – warum nicht – einen Zwischenfall in der Öffentlichkeit, alles Dinge, die das Maß seines Unglücks voll gemacht hätten. Er hat sie sicher nicht durch Geld an sich binden, sondern sie nur von ihrer größten Angstvorstellung befreien wollen: einem Leben in Armut und Einsamkeit. Wir wissen, daß sie zugestimmt hat, aber ohne sich deswegen – wir werden es noch sehen – an eine Abmachung gebunden zu fühlen, von der sie meinte, daß sie sie jederzeit in Frage stellen konnte.

Eine Last weniger auf dem Herzen, bewegt sich Eduard nun mit der ruhigen Gewißheit des Verliebten. Er bleibt bei seiner Ansicht. Er geht weiter seinen Weg, ohne zu merken, daß die Frau, die er liebt, nicht mehr mit ihm im Einklang ist. Sie glaubt nicht an die Versprechungen, die sie als leer und unrealistisch ansieht. Zudem – und besonders – ist Ernest bei ihr eingetroffen.

Hüten wir uns, in diesem entscheidenden Augenblick, die Anwesenheit Ernests zu vernachlässigen. Er ist einfach da, und seine besten Waffen sind sein Lächeln, seine Beständigkeit und seine Zärtlichkeit. Als sie ihn sah, ist ihr vielleicht der Brief eingefallen, in dem er ihr vorschlug, einen Zufluchtsort für sie zu bauen. Nie zuvor war der Gedanke so naheliegend.

Wie hätte sie es diesem König verheimlichen können, der jederzeit und mehrmals am Tag anruft? So selbstgewiß er sich auch gibt, hat er doch die Augen öffnen und vom Sockel der Illusion stürzen müssen. Wie? Ihre Liebe, die er für unbezwingbar hielt, könnte in Gefahr sein? Was macht ein Verliebter in einem solchen Fall? Er protestiert, schreit lautstark, erneuert seine Schwüre. Vielleicht weint er. Auch bei David wird es nicht anders gewesen sein, dessen können wir sicher sein. Wie hätte er sonst eine so offene und tiefgehende Krise überwinden können? Daß Wallis nachgegeben hat, ist ein weiterer Beweis dafür: Sie liebt David wirklich. In einem solchen Fall ist ein Mann nur dann ein guter Anwalt seiner Sache, wenn sie schon im voraus gewonnen ist. Wallis ist besiegt, mehr noch: sie ist glücklich, es zu sein. Ernest ist nach Hamburg abgereist, und sie kehrt ohne ihn nach London zurück.

Von einem König geliebt zu werden vereinfacht trotz allem das tägliche Leben. Sie weiß nicht, was sie mit all den Sachen machen soll, die sie in Paris gekauft hat. Mit soviel Gepäck zu reisen, scheint ihr übertrieben. Statt einer Antwort schickt Eduard sein Flugzeug, «was mir sehr geholfen hat», schreibt sie. Wir zweifeln nicht daran.

Als sie nach Bryanston Court zurückkehrt, erhält sie ein neues Geschenk, das schönste Schmuckstück, das sie bis dahin bekommen hat, ein mit Diamanten und Rubinen besetztes Armband von Van Cleef und Arpels, in dessen Verschluß die Worte graviert sind: *Bleiben Sie standhaft* und das Datum: 27. März. Sie ist verzückt. Wallis schreibt an Eduard: «Ich dachte nicht, daß man einem Mädchen etwas so Entzückendes schenken könnte... Ich hoffe nur, daß ich Sie spüren lassen kann, daß ich Sie noch immer liebe, daß ich für Sie arbeite und da bin und möchte, daß jeder weiß, was für ein wirklich liebenswürdiger Mensch David ist.»

Dieses Geschenk, diese «Liebenswürdigkeit», beruhigt Sie nur halb. In Wahrheit ist die Depression, die sie durchmacht, – und es ist ganz offensichtlich eine – nicht nur die Folge der Fragen, die sie sich in bezug auf die Zukunft ihrer Beziehung zum König stellt. Ein wahres Durcheinander kommt dazu, das mit Ernest zu tun hat.

Wallis kommen ernsthaft Zweifel, was die tatsächlichen Gründe für Ernests Verhalten betrifft. Die unerwartete Ankunft von Mary Raffray, der Freundin aus Kindertagen, in London nähren diese Zweifel noch. Wir Außenstehende wissen, daß sie im vorausgegangenen Herbst Ernests Geliebte geworden war. Wallis weiß es nicht oder will es zumindest nicht wahrhaben, aber da sie nicht auf den Kopf gefallen ist, wird sie die weitverstreuten Teile dieses Puzzles zusammentragen und ihre Schlüsse daraus ziehen.

Vom Fort aus, in dem sie wieder die Herrschaft übernommen hat – sie beschäftigt sich mit Einladungen, Umgestaltungen, Essen, dem Personal –, teilt sie ihrer Tante am 14. März mit: «Mary Raffray hat mich in Paris angerufen und wollte wissen, ob ich sie zu einem «kurzen Besuch» empfangen könnte. Ich habe mich verpflichtet gefühlt, ja zu sagen... Mein Leben ist im Augenblick so kompliziert, daß ich gar nicht weiß, was ich mit ihr machen soll. Ernest kommt am nächsten Samstag zurück[1], und er freut sich auf Marys Besuch, denn er hat sie immer geliebt. Ich schlage vor, daß er sie als seine zukünftige Verlobte empfängt.» Wallis' typischer Humor? Vielleicht, aber in diesem Falle etwas gezwungen.

1 Aus Deutschland.

Von jetzt an ist es dem Leser nicht mehr verboten, an Feydeau, gar an Courteline[1] zu denken. Mary läßt sich am 24. März in Bryanston Court nieder. Das folgende Wochenende verbringt sie auf dem Fort mit Wallis... und mit Ernest. Am 30. März erhält Tante Bessie einen Brief: «Mary ist hier und scheint in einem Zustand ständiger Erregung zu sein... Sie ist jetzt mit Ernest weggefahren, um einen Ausflug nach London zu machen... Wie lange wird sie bleiben? Die Schränke quellen über, denn die Zahl ihrer Negligés ist beeindruckend...» Und am 14. April: «Dadurch, daß ich Mary ständig unterhalten muß, bin ich am Ende... Beim Essen bei Emerald Cunard hat sie von Ribbentrop, Ramsay MacDonald und diesen armen Hoesch, den deutschen Botschafter, der kurz darauf verstorben ist, kennengelernt... Mary beabsichtigt, Ende der Woche nach Cannes weiterzureisen... Ob sie nach London zurückkommt, hängt von ihren Finanzen ab – *ich fürchte es...* Ich bin im Augenblick sehr müde, so viele Leute, all die Zeit und dann noch einen trauernden König zerstreuen müssen, das ist nicht leicht...»

Müde: das Wort scheint hier ein Euphemismus. Sie kämpft ständig mit sich selbst. Das Problem mit Ernest bleibt ungelöst. Man kann sich fragen, ob es ihr gelungen wäre, es zu lösen, wenn nicht eine gewisse Mary im für ihre Zwecke günstigsten Augenblick dazwischengetreten wäre und ihr Vertrauen untergraben hätte. Ernest war «vollkommen..., wunderbar..., ein Heiliger.» Er ist es nicht mehr.

Die Überlagerung der beiden Ereignisse sollte ein Ergebnis zeitigen, dessen Schnelligkeit uns verblüfft. Zwischen zwei Briefen an Tante Bessie, dem vom 14. April und dem vom 5. Mai, faßt sie einen Entschluß: Sie wird sich von Ernest trennen. In dem längsten Brief, den sie je an ihre Tante geschrieben hat – vierund-

1 Verfasser von Boulevardkomödien (Anm. d. Ü.).

zwanzig handgeschriebene Seiten – legt Wallis die Karten auf den Tisch: «Was die finanzielle Seite betrifft, so bin ich dauerhaft abgesichert, und Sie brauchen sich keine Sorgen um mich zu machen.» Nun ist die Zeit vorbei, wo sie sich maskiert unter den Augen der verblüfften Mrs. Merryman bewegte: «Ich bitte Sie, versuchen Sie zu verstehen, ich habe die letzten eineinhalb Jahre, in einer schrecklichen nervlichen Anspannung gelebt, aufgeteilt zwischen Ernest und Seiner Majestät. Es ist nicht leicht, zwei Männern zu gefallen, sie zu zerstreuen, zu mäßigen und sich an zwei so unterschiedliche Lebensweisen anzupassen. Aber das ist genau das, was ich gemacht habe... Die Wahrheit ist, daß ich auf dieser Grundlage nicht mehr weitermachen kann, seelisch nicht und körperlich nicht. Weder der König noch Ernest sind in einer solchen Situation glücklich, obgleich diese vielleicht noch auf unbestimmte Zeit so weitergehen könnte... Es wäre von nun an extrem schwierig, das Leben in Bryanston Court wieder aufzunehmen, als wäre nichts geschehen. Mit anderen Worten: Ich habe dieses Leben hinter mir gelassen. Was bedeutet: Auch wenn ich sagte: «Ich werde Seine Majestät morgen verlassen», könnte ich Ernest doch nicht glücklich machen, da ich nicht mit mir zufrieden wäre. Ich würde es bedauern, den König verlassen zu haben und würde mich fragen, was geschehen wäre, wenn ich es nicht getan hätte. Das Gefühl, das ich für Ernest hatte, gibt es nicht mehr, und es könnte unter diesen Umständen auch nicht wieder aufleben. Es tut mir so leid für Ernest und ich habe das nur getan, um ihm die Dinge zu erleichtern. Da er ein edler und starker Charakter ist – und dazu ein wunderbarer Freund für mich – wird er schon wieder auf die Beine kommen, und er dürfte auch wieder die Gelegenheit haben, sein Glück zu finden.»

Sie erklärt also ihrer Tante, daß sie im Augenblick erstens nicht daran denkt, die Scheidung einzureichen und zweitens von nun an von Ernest getrennt leben und sich wahrscheinlich ein möbliertes Haus mieten wird, wo sie allein leben will. «Die Kehrseite der Medaille scheint mir gleichermaßen einfach. Wenn sich Seine Majestät in jemand anderes verliebt, wäre ich nicht mehr so einflußreich und was ich jetzt habe, wäre verloren. Ich würde vielleicht neue Freunde finden, ein paar von den alten, die mir immer ergeben sind, behalten, aber ich erwarte nichts. Mein materielles Leben wäre gesichert und ich hätte eine Erfahrung gemacht, die das Schicksal nicht für viele bereithält.»

Gibt sie sich schon im voraus geschlagen? Keineswegs. Sie hütet sich nur, eine Zukunft auszuschließen, deren mögliche Umrisse sie sogar beschreibt: «Der König hat anderes im Kopf. Ob ich ihm erlaube, es zu einem solchen Eklat[1] kommen zu lassen, hängt von vielen Umständen ab. Wenn es mir möglich ist, werde ich diesem mit einem solch starrköpfigen Charakter ausgestatteten Mann nichts erlauben, was immer es auch sei, was diesem Land schaden und den Sozialisten helfen könnte.» Sie macht sich keinerlei Illusionen: «Die kommenden Monate werden anstrengend sein. Ich bin betrübt, daß ich Ihnen all das sagen muß, denn ich weiß, wie sehr Sie sich um mich sorgen. Aber ich bin jetzt vierzig Jahre und ich muß meinem Gefühl folgen, wenn es um mein Leben geht, und ich bin bereit, den Preis für meinen Fehler zu bezahlen. Ich weiß, daß ich nur die finanzielle Seite meiner Zukunft kontrollieren und mich nicht gegen Liebeskummer, Einsamkeit etc. versichern kann. Aber wenn das Schlimmste einträfe, müßte ich es machen wie die Araber, daß ich mein Zelt abbreche und ohne Lärm weiterziehe...»

Ein erstaunlicher Brief voller Aufrichtigkeit und gerade deswegen so ergreifend. Hier öffnet eine Frau das Herz und verzichtet auf das Unausgesprochene bis auf eine Ausnahme: Sie erwähnt mit keinem Wort das Auftauchen Marys in diesem Drehbuch. Vielleicht hat sie unbewußt die Genres nicht vermi-

1 Ohne Zweifel die Heirat.

schen wollen? Sechs Tage später holt sie das Vergessene nach. Es ist jetzt wahrhaftig die Zeit des Großreinemachens: «Ich habe sie nicht belästigen wollen mit dem Ärger, den ich mit Ernest und Mary hatte. Es scheint, daß sie es im letzten Jahr in New York voll und ganz genossen und beschlossen haben, daß sie hierherkommen solle. Aber mich hat man im unklaren gelassen. Kurz gesagt, haben sie sich hier schlecht aufgeführt, und ich habe schnell gemerkt, daß sie nicht gekommen war, um mich zu sehen. Ich habe alles getan, um ihr den Aufenthalt angenehm zu machen, trotzdem sind Ernest und sie jeden Morgen bis fünf oder sechs Uhr allein zusammengeblieben. Dann haben sie einen Wagen gemietet und sind in aller Ruhe drei Tage weggefahren. Danach habe ich sie überwachen lassen und habe auch den Bericht bekommen, auf den ich gefaßt war. Er sagt jetzt, daß er in sie verliebt ist – sie hat sich hier eine Wohnung genommen; ist das nicht lächerlich?»

Es sei mir an dieser Stelle der Erzählung erlaubt, im Namen der Leserinnen und der Leser etwas zum Gedenken an die vorzügliche Mrs. Merryman zu äußern.

1936 ist sie dreiundsiebzig Jahre alt. Sie ist noch immer gut beieinander unter ihren weißen Haaren, ist nachgiebig, weiß aber trotzdem genau, was sie will. Mit der Presse kennt sie sich aus, denn sie hatte sich mehrere Jahre um die Erziehung von Mary Adams, der Tochter eines amerikanischen Zeitungsmagnaten, gekümmert. Sie muß keiner bezahlten Arbeit mehr nachgehen. Sie ist nicht reich, muß aber keine Not leiden. Ich stelle sie mir vor, wie sie in ihrem Sessel sitzt und mit einem etwas bekümmerten Gesichtsausdruck die um sie herum verstreuten Zeitschriften und Zeitungen betrachtet, die mehr oder weniger verbissen versuchen, in die Privatsphäre eines Opfers, das ihre Nichte ist, einzudringen. Ich sehe sie, wie sie den Umschlag von Wallis' letztem Brief zerreißt und sich mit klopfendem Herzen fragt, was diese unberechenbare Frau ihr wieder kundzutun hat. Es ist für eine Tante aus Baltimore nicht leicht, hautnah die Romanze ihrer Nichte mit einem König von England mitzuerleben.

Durch den Impuls des neuen Kapitäns hat sich das schwere Schiff der Monarchie wieder in Bewegung gesetzt. Jeder weiß, daß es Zeit braucht, bis es wieder volle Fahrt machen kann. Dieser Augenblick ist jetzt gekommen.

Beim einfachen Volk ist Eduard so beliebt wie zuvor. Sobald er in der Öffentlichkeit auftaucht, laufen die Leute zusammen und jubeln ihm zu. Die Gefahr droht von woanders, von dieser engstirnigen Welt von Amtsinhabern, königlichen Beamten, einem ausgesuchten Teil der *Society* und schließlich bestimmten politischen Kreisen. Von dieser Seite wartet man auf die erste Geste, das erste Wort des neuen Königs, das unpassend erscheinen könnte. Diejenigen, die die modernistischen Neigungen fürchten, die er als Prinz von Wales schon angedeutet hat, sind bereits auf der Hut. Was den anderen übermäßige Sorgen macht, ist die «Freundschaft», die der König für Mrs. Simpson bekundet. An der Spitze dieser Leute sieht man Stanley Baldwin. Dem Labourpolitiker Attlee, einem zukünftigen Premierminister, prägt sich das Gespräch ein, das er mit Baldwin während der Sitzung des Privy Council im St.James-Palast hatte: «Baldwin teilte mir seine Beunruhigung mit, was die Zukunft betraf sowie seine Zweifel an der Dauerhaftigkeit der Regierung des neuen Königs.» Sir Samuel Hoare, der spätere Lord Templewood bestätigt, daß gleich nach dem Begräbnis zwei enge Berater Eduards VIII. Baldwin haben wissen lassen, daß der König beschlossen habe, Mrs. Simpson zu heiraten. Wenn Baldwin gezögert hat einzugreifen, dann liegt das nach Sir Samuel Hoare zum Teil daran, daß er fürchtete, sein Eingreifen würde von der öffentlichen Meinung schlecht aufgenommen.

Unter denjenigen, die gegenüber Eduard größte Vorbehalte haben, findet man auch den Erzbischof von Canterbury, Cosmo Gordon Lang. Am Tag nach dem Begräbnis hat der Erzbischof den neuen König um eine Unterredung gebeten. Als sie klein waren, sahen David und seine Brüder diese «düstere und eindrucksvolle Gestalt» nie kommen, ohne dabei zu erschaudern; der Erzbischof wandte sich den Kindern jedoch mit einiger Liebenswürdigkeit zu. Als er König geworden ist, mag er die süßliche Art des Prälaten nicht mehr: «Für mich reihte er sich in die Tradition der Kirchenmänner des Mittelalters ein, die mit Prinzen und Staatsmännern auf gutem Fuß stehen und dem Ansehen und der Macht mehr hinterherjagen, als sich um das Seelenheil zu kümmern.»

Als der Erzbischof in sein Arbeitszimmer getreten ist, gelingt es Eduard kaum, allzuviel Herzlichkeit in die Begrüßung zu legen. Das muß Dr. Lang mit umso mehr Bitterkeit zur Kenntnis genommen haben, als er von Georg V. als wahrer Freund betrachtet wurde. Er stellt sich dem: Er bedauert, daß der Prinz von Wales und er sich nicht besser kennengelernt hätten. Er will «frei und offen» sprechen. Er ist überzeugt, daß der König um die Gespräche weiß, die sein Vater und er über ihn geführt haben.

– Sire, Sie dürfen, was das betrifft, nicht schlecht über mich denken. Glauben Sie mir, ich bin mir bewußt, daß Sie weder das Temperament noch die Ansichten Ihres Vaters haben. Ich möchte aber, daß Sie es wissen: Jedesmal, wenn der König Ihre Lebensführung kritisiert hat, habe ich in Ihrem Interesse versucht, Sie im besten Licht erscheinen zu lassen.

Eduard hat diese Anspielung auf seine *Lebensführung* nicht gemocht, überhaupt nicht gemocht. Er weiß, daß es ein Mittel gibt, um die Kritiker zu verunsichern, ja, sie zum Schweigen zu bringen: Es würde reichen, wenn er geradewegs in die Fußstapfen seines Vaters träte und nur ein Spiegelbild von diesem sein wollte. Aber das entspricht weder seinen Plänen noch seinem Charakter. Die «Wachsamen» werden sehr schnell sehen, daß Eduard nicht die Absicht hat, sich in eine Zwangsjacke stecken zu lassen, die er überholt und zudem nutzlos findet. Für ihn müssen Bräuche umgestoßen werden, wenn sie sich als nutzlos erwiesen haben.

Der Zeitplan des Königs ist belastend; fast jeden Tag unterhält er sich mit dem einen oder anderen seiner Minister. Die innenpolitische Lage hat sich, was die Wirtschaft anbelangt, nicht gebessert. Die Geschäfte in der Welt laufen schlecht. Man ist beunruhigt über Ansprüche, die Hitler pausenlos mit unglaublichem Zynismus stellt.

Die Besetzung Äthiopiens bleibt ein Anlaß zur Zwietracht. Als man ihm erklärt, daß er die «Privilegierten Körperschaften» empfangen müßte, ist Eduard erstaunt. Es sind zwanzig an der Zahl. Sie haben kraft alter Sitte das sehr alte Privileg, einem neuen König, der gerade den Thron bestiegen hat, ihre Ergebenheit zu versichern. Als er in die übervolle Liste dieser Korps Einsicht nimmt, entdeckt er im bunten Durcheinander die Universitäten von Oxford, Cambridge und Edinburgh, den Erzbischof und den Klerus von Canterbury, den Rat der Jüdischen Gemeinde, die Gilden der Stadt London, den Gouverneur und den Rat der Bank von England und die Königliche Akademie der Künste. Er ist beunruhigt: Wird er jede Delegation einzeln empfangen müssen? Der Privatsekretär bestätigt es und fügt hinzu, daß jede Delegation ihre eigene Adresse verlesen wird. Das Entsetzen des Königs wird größer:

– Und ich muß auf jede antworten? Wieder ein eindeutiges Ja. Eduard rechnet durch, daß er einen Monat brauchen wird, um all diese Leute zu empfangen. Ist das zu etwas nütze? Der neue Außenminister, Anthony Eden, gibt seiner Hoffnung Ausdruck, daß man den Frieden in Europa retten könnte, wenn man die Politik der kollektiven Sicherheit verstärkte. Duff Cooper, der Verteidigungsminister, redet mit ihm über die Notwendigkeit einer Wiederaufrüstung. Das ist das Wichtige. Soll er also so viel Zeit mit überholten Bräuchen verlieren? Eduard kommt zu einer Lösung: Man wird diese Zeremonien in einer zusammenfassen. Alle «Privilegierten Körperschaften» werden am selben Tag empfangen, «jede wird ihre Adresse vortragen», und der König wird kollektiv darauf antworten.

Wenn die «Privilegierten Körperschaften» auch gute Miene zum bösen Spiel machen – zumindestens augenscheinlich – kann einer der Delegierten sich nicht der Bemerkung enthalten, daß die neue Art, «wie Seine Majestät sich verhält, eine unglückliche Entscheidung ist.»

Seitdem nimmt der Argwohn Gestalt an. Er wird sich auch auf das kleinste Ereignis beziehen. Eines Tages, als er sich zum Rat des Herzogtums Cornwall begeben will, der nur zwei Minuten zu Fuß vom Buckingham-Palast entfernt ist, hält es der König nicht für nötig, seinen Daimler zu nehmen. Er beschließt, in Begleitung von Admiral Sir Lionel Halsey zu Fuß dorthin zu gehen. Es regnet und der König und der Admiral öffnen ihre Regenschirme. Ein Fotograf kommt vorbei, läßt sich natürlich die Gelegenheit nicht entgehen und drückt auf seinen Auslöser. Das Bild dieses Königs, der zu Fuß durch die Straßen Londons geht und dabei das wichtigste Accessoire der britischen Garderobe schwenkt, erscheint so ungewohnt, daß es am nächsten Tag alle Zeitungen veröffentlichen. Bei einem Essen einige Tage später sitzt neben Wallis ein Abgeordneter, der sich mit verknöchertem Gesichtsausdruck zu ihr hinbeugt:

– Ich glaube, daß Sie den König gut kennen. Haben Sie in den Zeitungen dieses Foto bemerkt, wo man ihn im Regen aus dem Palast gehen sieht?

Wallis nickt und will schon sagen, daß sie das reizend gefunden hat. Ihr Nachbar läßt ihr dazu keine Zeit:

– Dieser Regenschirm! Da Sie den König kennen, könnten Sie

ihn nicht bitten, in Zukunft mehr darauf zu achten, wie er sich fotografieren läßt?

Wallis ist betroffen. Der Abgeordnete schließt schulmeisterlich:

– Die Monarchie muß abseits und über allem Gewöhnlichen bleiben. Wir können nicht zulassen, daß der König so etwas macht. Er hat seinen Daimler.

Gemessen an der Geschichte ist das nur ein winzig kleiner Vorfall. Aber er ist bezeichnend für das Klima. Eduard hat es wahrgenommen: Gegen ihn erhebt sich die «erste Kälte, die den Herbstfrost ankündigt.» Am Hof reden nun die alten Freunde Georgs V. unter Seufzern über diesen einundvierzigjährigen König, jemanden, der wirklich nur «wenig Respekt vor den althergebrachten Sitten» hat. Man hat Geduld gehabt mit den originellen und neuerungswütigen Ideen des Prinzen von Wales. Man hat sich darauf beschränkt, die Stirn zu runzeln, als er statt des Zylinders lieber die Melone aufsetzt: Er war schließlich jung und nur der Kronprinz. Aber jetzt ist er König. Ist dieses Betragen mit der Würde eines Königs zu vereinbaren? Man fragt sich das. Man macht mehr, als es sich zu fragen.

Georg V. hatte es als seine Pflicht angesehen, jedes Jahr am 12. August die Birkhuhnjagd zu eröffnen. Eduard VIII. fühlt sich dazu nicht im geringsten verpflichtet. Er sieht sich auch nicht genötigt, ausschließlich mit den Peers des Königreiches zu dinieren. Er zieht die Gartenarbeit der Fuchsjagd vor, ebenso das Golfspiel den Segelregatten. Statt sich jede Jahreszeit feierlich in ein anderes Schloß zu begeben, verbringt er seine Wochenenden lieber weiterhin auf Fort Belvedere und behält die Abende dort kleinen Gruppen ausgewählter persönlicher Freunde vor. Selbst als er König geworden ist, zieht er einen Abend im Embassy einem traditionellen Essen vor, das auf vergoldeten Tellern in einem vor Langeweile dampfenden Saal in einer der königlichen Residenzen serviert wird. Und besonders ist er nicht bereit, auf die Anwesenheit einer geliebten Person zu verzichten, nämlich auf Wallis. Hier sind wir wieder bei unserem Ausgangspunkt angekommen. Wenn Wallis nicht in sein Leben getreten wäre, hätte man all seine ungewöhnlichen Verhaltensweisen, die man hervorhebt und kritisiert, ohne Zweifel toleriert. Aber Wallis existiert. Man hat keine Zweifel mehr: Wenn der König sich so gehen läßt, daß er so viele geheiligte Sitten und Gebräuche verletzt, dann ist Wallis der Grund dafür.

Man wagt es nicht, die gesellschaftlichen Fähigkeiten von Wallis zu kritisieren, denn niemand kann sie in Zweifel ziehen. Als Diana Cooper ihr zum erstenmal im Fort begegnet, notiert sie: «Wallis ist bewundernswert korrekt und chic.» Man wirft ihr nicht vor, daß sie vom König geliebt wird: Die Geschichte ist voll von königlichen Geliebten. Paradoxerweise wirft man dem König diese «Freundschaft» vor. Und wenn sie seinen Hang zur Unabhängigkeit noch verstärken würde?

Die Beziehung des Königs beunruhigt das Establishment.

VI

Sommer 1936

Endlich ist dieser chaotische März zu Ende. Ernest kommt nur noch selten ins Fort. Der Zeitpunkt ist nicht mehr fern, wo er für immer wegbleibt. An der Seite von Eduard gibt Wallis Empfänge. Das Blaue Zimmer im ersten Stock, das neben dem «Zimmer der Königin» liegt, ist ihr dauerhaft vorbehalten, aber sie hütet sich, dort etwas zurückzulassen. Wenn sie am Montag wieder aufbricht, seltener am Dienstag, nimmt sie auch die geringste Kleinigkeit mit.

Sie kümmert sich darum, daß jeder Gast auf seinem Nachttisch eine Thermosflasche mit frischem Wasser, trockene Kekse, ein Paket Camel-Zigaretten sowie Streichhölzer vorfindet.

Eduard arbeitet weiterhin mit Begeisterung im Garten. Er hat beim Fort einen Tennisplatz anlegen lassen, geht aber selbst nie dorthin, Wallis ebensowenig. Am späten Nachmittag absolviert er sein Golftraining: sechzig Bälle auf diesem in ein Übungsfeld verwandelten Rasen, auf dem auch ein Flugzeug landen kann. Wallis begleitet ihn, spielt selbst aber nicht. Jeder weiß, daß Eduard kein sehr guter Golfspieler ist. Er weiß es selbst, läßt sich aber dadurch nicht beirren.

Sein zweiter Lieblingssport ist das Schwimmen. Im Sommer ist die Hauptattraktion des Forts das Schwimmbad. Der König badet zu jeder Tageszeit. Wallis nimmt hauptsächlich Sonnenbäder und feuchtet sich ansonsten mehr an, als daß sie schwimmt. Um das Schwimmbad herum gruppiert man Liegen und Matratzen. Wenn ein Regenschauer heraufzieht – was sehr oft passiert, denn wir sind ja in England – holt das Personal eilig alles nach drinnen, um es wieder nach draußen zu bringen, sobald der Alarm vorbei ist. Neben diesem Schwimmbad ißt man auch, allerdings nur kalte Mahlzeiten.

Am Abend serviert man draußen ein wahres Festessen. Je nach Windverhältnissen stellt man den Tisch auf die eine oder andere Seite des Forts. Oft hält der König eine Überraschung für seine Gäste bereit: Er erscheint im Kilt, umrundet darin den Tisch und spielt dazu Dudelsack. Um das Vergnügen nicht erlahmen zu lassen, lädt er manchmal auch einen berühmten Spieler, Pipe Major Forsythe, ein. Der Klang des Dudelsacks verärgert einen Nachbarn, nämlich Lord Derby, der sich in schöner Regelmäßigkeit beschwert.

Man muß sich um diese drei oder vier Paare herum das geräuschlose, perfekte Personal vorstellen, das im Winter eine schwarze Livree trägt und im Sommer auf schwarzer Hose einen weißen Spenser mit breitem Bund und roten und schwarzen Streifen.

Eduard schert sich nie um feste Essenszeiten. Die Mahlzeiten müssen immer servierbereit sein, und es kommt vor, daß Mrs. Johnson, die Köchin, die Fleischstücke mehrmals austauschen muß. Man geht manchmal erst um Mitternacht zu Tisch. Die Gäste rühmen einhellig die «fröhliche und entspannte» Atmosphäre. Nach dem Essen geht man in den Salon, legt eine Platte auf das Grammophon und tanzt. Eduard fordert nur Wallis auf, und Wallis tanzt ausschließlich mit dem König. Wallis hat ihn als «guten Tänzer» bezeichnet. Er tanzte «gewandt und leicht und hatte ein ausgezeichnetes Gefühl für den Rhythmus». Ihre Lieblingsplatte? Eine berühmte Melodie von Cole Porter: *Let's fall in Love*. Diese Feste dauern manchmal bis halb zehn Uhr morgens…

In manchen Wochen sind Eduard und Wallis auch allein im

Fort. Sie ändern ihren Zeitplan überhaupt nicht, außer daß sie, sichtlich froh, einmal ohne Zeugen zu sein, sich kaum voneinander trennen. Sie plaudern ununterbrochen, spazieren um das Fort oder lassen den Wagen für eine Spazierfahrt vorfahren. Mr. Hills, dem letzten Überlebenden des Personals, habe ich die Frage gestellt, welche herausragende Erinnerung an dieses Paar er behalten hatte. Die Antwort war: das Bild eines Mannes und einer Frau, die ständig lebhaft miteinander sprachen und die sich dauernd die Hand hielten. Sie reden sich niemals mit ihren Vornamen an und benutzen lieber das Wort *Darling*.

Am Abend essen sie in der Bibliothek an einem kleinen, langen, aber schmalen Tisch, den man für sie herbeibringt. Sie setzen sich niemals einander gegenüber, sondern immer nebeneinander. Und zwischen den einzelnen Gängen fassen sie sich immer wieder an den Händen.

Das hindert den König aber nicht daran, Wallis manchmal Briefchen folgender Art zu schicken: «Vom Fort. Privat und persönlich. Meine vielgeliebte Wallis, ich liebe Sie immer mehr und mehr und mehr und bitte Sie, herunterzukommen, um Ihrem David Gute Nacht zu sagen.»

Wenn wir mit unseren Protagonisten noch einmal diesen März 1936 durchleben, neigen wir dazu, ihn als einen Monat anzusehen, der völlig von Gefühlen bestimmt ist. Aber das ist ein schwerer Irrtum. Im März 1936 wird das Gleichgewicht der Welt erschüttert. Der Keim des Zweiten Weltkrieges ist schon gelegt. Am 7. März kündigt Hitler den Vertrag von Locarno auf und gibt seinen Truppen den Befehl zum Einmarsch ins Rheinland; ein riesiger Poker-Coup läuft ab. Der französische Ministerpräsident Albert Sarraut erklärt: «Wir sind nicht bereit hinzunehmen, daß Straßburg unter dem Feuer deutscher Kanonen liegt.» Der französische Generalstab beabsichtigt, mehrere Divisionen ins Rheinland zu werfen. Die deutschen Archive, die später zugänglich wurden, beweisen, daß Hitler bereit war, einzulenken, denn der Rückzugsbefehl war schon im voraus ausgegeben worden. Welch eine Wirkung hätte der Rückzug auf das deutsche Volk gehabt! Frankreich hat sich in der Außenpolitik jedoch eng an Großbritannien angelehnt. Was wird dessen Regierung beschließen?

Der französische Außenminister Pierre-Etienne Flandin fliegt nach London, um im St. James-Palast an der sogleich einberufenen Sitzung des Sicherheitsrates des Völkerbundes teilzunehmen. Er erwartet, in Großbritannien eine Wut gegen Hitler anzutreffen, die diejenige gegenüber Mussolini anläßlich der Besetzung Äthiopiens bei weitem übertrifft. Aber er begegnet einer «Quasi-Gleichgültigkeit». In einem Brief an ihre Tante weist Wallis auch auf diese Passivität der Engländer hin.

Flandins ganze Hoffnung ruht auf der Person des Premierministers Baldwin. Frankreich verlangt von Großbritannien mitnichten die Mobilisierung. Flandin schlägt vor, daß die französische Armee allein eingreift. Baldwin seufzt:

– Sie können recht haben. Wenn aber auch nur die kleinste Chance besteht, daß Ihre Polizeiaktion zum Krieg führt, habe ich nicht das Recht, England darein zu verwickeln, und das ganz einfach, weil England nicht in der Lage ist, einen Krieg zu führen.

Flandin muß der französischen Regierung verkünden, daß Großbritannien nicht mitzieht. Und ein Alleingang kommt nicht in Frage.

Stanley Baldwin sollte in der Geschichte von Eduard und Wallis eine so herausragende Rolle spielen, daß es nötig ist, ein wenig bei dieser merkwürdigen Person zu verweilen. Das Geld und der Glaube sind ihm als Erbteil schon in die Wiege gelegt worden. In ihm vereinigen sich eine Energie, die er als unbezähmbar erscheinen lassen will, und eine Ruhe, die aber Lügen gestraft wird durch die Verkrampfung seiner Gesichtsmuskeln beim geringsten Widerspruch und seine Angewohnheit, ständig mit den Fingern zu trommeln. Francis William notiert, daß diese Ticks den Beobachter verleiten können, «an dem Bild zu zweifeln, das Baldwin seinen Anhängern in der Öffentlichkeit bot», nämlich das eines sanftmütigen Pfeifenrauchers, der mit beiden Beinen auf dem Boden steht.

In der Familie Baldwins ist man reich, sehr reich, und natürlich konservativ. Sein Vater war Mitglied des Unterhauses und Stanley Baldwin folgt ihm in seinem Wahlkreis Bewdley nach und zieht seinerseits ins Unterhaus ein. Der Krieg gibt ihm zum ersten Mal Gelegenheit, ein öffentliches Amt zu übernehmen, nämlich als Finanzsekretär des Schatzamtes. Er hat sich nun schon den Ruf der «Beständigkeit» erworben, und nichts ist für eine politische Karriere förderlicher.

Als Großbritannien 1918 als Sieger aus dem Großen Krieg hervorgeht, gehört Baldwin dem Kabinett von Lloyd George an, und im Jahre 1921 ist er Handelsminister. Das hindert ihn nicht daran, die Revolte gegen eben jenen Lloyd George anzuführen und auf diese Weise Schatzkanzler zu werden. Als Premierminister Bonar Law 1923 an Krebs stirbt, folgt ihm Baldwin im Amt.

Sein Äußeres trägt zu seiner Popularität bei: Leute mit Bauch flößen Vertrauen ein. Manche Karikaturisten beginnen, ihn mit John Bull, der Personifikation des englischen Nationalcharakters, zu vergleichen. Und das ist in der Öffentlichkeit kein allzu schlechtes Markenzeichen. Seine große Kunst besteht darin, seine Fehler just in dem Augenblick öffentlich einzugestehen, wenn es an der Zeit ist. «Wenn ein Sturm losbricht», sagt er, «und ich weiß mich im Recht, dann lasse ich ihn auf mich niedergehen: Entweder überstehe ich ihn, oder er vernichtet mich. Wenn ich aber nach sorgfältiger Prüfung feststelle, daß ich mich getäuscht habe, beuge ich mich ihm.»

Die Krise, die aus Amerika gekommen ist, wird zur Katastrophe. Und Baldwins Art von Politik kann damit nicht fertigwerden. Aller Orten hört man immer wieder die Parole: BMG, was heißen soll: *Baldwin must go* (Baldwin muß gehen.). In der Konservativen Partei macht man Baldwin klar, daß sein Rücktritt erwünscht wäre. Er fügt sich. Die Durststrecke ist für ihn nur kurz. Die Krise erfordert eine Regierung der nationalen Einheit. Eine Zeitlang regieren Liberale, Konservative und Sozialisten gemeinsam. Labourchef MacDonald ist Premierminister, aber jeder sieht in Baldwin die Graue Eminenz seiner Regierung.

1934 hat Baldwin mit der ihm eigenen Autorität erklärt, das Deutsche Reich sei nur halb so stark bewaffnet wie sein eigenes Land. Sechs Monate später trägt er mit der gleichen Überzeugung völlig entgegengesetzte Zahlen vor, was ihm erneut das Amt des Premierministers einbringt.

Um der von Nazi-Deutschland ausgehenden Gefahr entgegenzuwirken, denkt er daran, sich mit Mussolini auszusöhnen: Das ist die Wurzel des Hoare-Laval-Paktes[1]. Und an Stelle von Hoare hätte gerechterweise Baldwin zurücktreten müssen. Aber der Premierminister denkt nicht daran. Die Konservative Partei würde ihn gerne loswerden. Da man jedoch niemanden für seine Nachfolge findet, bleibt er im Amt. Er wird dort während der ganzen Regierungszeit Eduards VIII. bleiben, zum Unglück desselben.

Die Besetzung des Rheinlands durch Deutschland war für den neuen König seine Lehrzeit in der Außenpolitik. Er wird nie den protokollarischen Empfang vergessen, den er den nach London gekommenen Delegierten für den Rat des Völkerbundes geben mußte: «Einer nach dem anderen kamen sie in das kleine chinesische Zimmer, um mir ihre Ansichten über das sich anbahnende

1 Siehe Kapitel IV.

Drama darzulegen. Einige befürworteten eine Politik der Stärke gegenüber Deutschland, andere predigten die Aussöhnung. Beim Abwägen des einen gegen das andere, so muß ich zugeben, war ich nicht überzeugt, daß eine dieser beiden politischen Linien zu einer friedlichen Lösung führen würde. Intuitiv fühlte ich, daß in Europa ein weiterer großer Krieg heraufzog, und ich sah zu meinem Bedauern nur zu deutlich, was er uns bringen würde: sinnloses Leid und eine zweite bolschewistische Flut, die sich über die leeren Räume des verwüsteten und erschöpften Kontinents ergießen würde.»

Denken wir daran: Genau in diesen Tagen durchlebt Wallis in Paris die erste Krise ihrer Beziehung. Während die Staatsmänner kommen, um vor Eduard VIII. ebenso folgenschwere wie widersprüchliche Lösungen zu verteidigen, ruft der König viermal am Tag die Frau an, die er liebt. Während er den Krieg vor den Toren Europas sieht, bangt er um sein Glück.

Baldwin war fast siebzig. In diesem Alter ändert man seine Reaktionsmuster kaum mehr. Vielleicht klingen ihm noch einige beunruhigende Worte des Prinzen im Ohr. Als er von einer seiner Reisen in die Bergwerksgebiete zurückkam, hatte der englische Thronfolger einem Freund zu erklären gewagt: «Beim Anblick von manchen Zuständen in diesen trostlosen, vom Elend gezeichneten Gegenden habe ich mich geschämt, Engländer zu sein.» Vielleicht gelingt es Baldwin nicht, seine eigene Reaktion darauf zu vergessen: «Pah, da werden sich die Yorks schon drum kümmern...[1]»

Für Baldwin hat die Bedrohung mit Namen Simpson noch keine klaren Umrisse. Niemand kann die Zukunft vorhersehen, nicht einmal er.

1 Die Yorks, das sind Bertie, Eduards jüngerer Bruder, und dessen Frau. Nach Lord Beaverbrook ist dieser Ausspruch Baldwins gegenüber Winston Churchill gefallen.

«Drei Uhr morgens.

Oh, ein Junge sehnt sich nach einem Mädchen und wünscht sich ganz schrecklich, sie hier zu sehen. Ich werde jetzt versuchen zu schlafen, aber ohne Hoffnung. Ich habe unsere Fotos numeriert.

Ich bitte Sie, ich bitte Sie, Wallis, fürchten Sie nichts! Verlieren Sie nicht das Vertrauen, wenn Sie weit weg von mir sind. Ich liebe Sie mit jeder Minute mehr, und *keine* Schwierigkeit oder Komplikation könnte letztlich unser Glück verhindern. WE sind gemeinsam so stark mit unserem Plan, in dem unser ganzes Leben liegt, daß er nicht scheitern darf, nicht scheitern kann, was für klugen Gründen und Hindernissen wir auch immer entgegentreten müssen. Ich schicke Ihnen diese Zeilen heute morgen trotz der Dinge, die ich in diesem Augenblick sagen und tun muß. Ich hasse und verabscheue die augenblickliche Lage, mein süßes Herz, und werde verrückt bei dem Gedanken, daß Sie mit Ernest allein sein könnten. Gott segne WE auf ewig, meine Wallis. Sie wissen, daß Ihr David Sie liebt und daß er über Sie wachen wird, solange noch ein Atemzug in diesem *eanum* Körper ist[1].»

Dieser Brief Eduards ist nicht datiert, müßte aber in die Zeit Ende des Frühlings 1936 fallen, denn die endgültige Trennung von Ernest wird erst im Juli erfolgen. Wallis lebt mit ihrem Mann immer noch unter demselben Dach. Sich ihn und sie allein in derselben Wohnung vorzustellen macht Eduard *verrückt.*

Das ist ein Schlüsselwort. Wenn wir verkennen, daß Eduard in diesen Monaten eine Leidenschaft durchlebt, die nichts anderes ist als eine «Amour fou», werden wir von dieser Geschichte nicht das Geringste verstehen können.

Die wiedergefundenen Briefe lassen gar keinen Zweifel:

1 Eduard schreibt «in this eanum body».

Eduard will Wallis heiraten. Er hat keine andere Lösung im Sinn. Und sie? Da, wo viele Frauen trunken wären vor Glück, beharrt sie darauf, die Gefahren zu sehen, das heißt die vorhersehbaren Dramen. Solange Eduard sie haben wollte, würde sie ihm ihr Leben opfern. Was das übrige betraf... Mit einer etwas bitteren Skepsis, die ihr seit ihrer Jugend eigen ist, weigert sie sich einzuräumen, daß es Eduard möglich wäre, alle Hindernisse beiseite zu räumen und sie eines Tages zu heiraten.

Der König nimmt genau die entgegengesetzte Haltung ein. Es gibt nichts Verblüffenderes als diese ungebrochene Hartnäckigkeit, diese ruhige und lächelnde Gewißheit. Ob sie es will oder nicht, ob die anderen es wollen oder nicht: Wallis wird seine Frau werden. Er hat es beschlossen, und so wird es auch sein.

Eines Tages im Mai, als er und sie im Garten des Forts spazierengehen, teilt Eduard ihr mit, daß er Baldwin zum Essen in York House eingeladen hat und daß er Wert darauf legt, daß sie an dieser Abendgesellschaft teilnimmt. Und mit diesem Lächeln, das sie so gut kennt – seinem «charmanten Prinzenlächeln» – fügt er hinzu:

– Ich lege Wert darauf, daß mein Premierminister meine zukünftige Frau kennenlernt.

Er hat also einige Schritte nach vorn tun und sich noch ein wenig weiter festlegen wollen. Für den Augenblick ist sie von «Angst und Sorge» überwältigt. Sie hat uns das Gespräch überliefert:.

– David, das dürfen Sie nicht sagen. Dieser Plan läßt sich nicht verwirklichen. Man wird Ihnen das nie erlauben.

Aber nichts kann diesen Mann erschüttern:

– Ich bin mir der Schwierigkeiten, die mich erwarten, sehr wohl bewußt. Aber seien Sie beruhigt, ich werde sie überwinden.

Was sie verblüfft, ist die Fröhlichkeit, die Eduard in einem solchen Augenblick zeigt. Wenn sie zu ihm jedoch von seiner Familie, besonders von seiner Mutter, spricht, verschwindet sein

Lächeln und «eine dunkle Wolke scheint über sein Gesicht zu ziehen.»

– Ja, ich weiß. Es wird nicht einfach sein.

Gegenüber der furchteinflößenden Königin Mary bleibt Eduard ein kleiner Junge. Wallis weiß das. Er würde es niemals wagen, so glaubt sie, sich dem mütterlichen Verbot, das unerbittlich auf ihm niedergehen wird, zu widersetzen. Und nun? «Ich war überzeugt, daß sein sehnsüchtiges Hoffen den starren Grundsätzen seiner Mutter zuwiderliefen und nahm daher sein Bestreben nicht ernst.» Vielleicht war es so. So hat sie sich jedenfalls später an diese Zeit zu erinnern geglaubt. Man kann denken, daß eine andere Analyse richtiger gewesen wäre: Sie hat sein Bestreben nicht *vollkommen* ernst genommen.

Mit Datum vom 21. Mai gibt der *Hofbericht* bekannt, daß bei einem von Seiner Majestät gegebenen Diner im St.James-Palast neben anderen hochrangigen Gästen Premierminister Baldwin und Gattin, die Mountbattens, die Coopers, Emerald Cunard, die Lindberghs sowie ... Mr. und Mrs. Simpson anwesend waren. Vorläufig kommt Ernest ins Rampenlicht zurück. Man hat ihn gebraucht, und er hat sich nicht verweigert. Man hat ihn übrigens an ein Ende der Tafel gesetzt und Emerald an das andere. Der König, der den Vorsitz des Banketts innehat, hat die Gattin des Premierministers aufgefordert, zu seiner Rechten Platz zu nehmen. In seiner Biographie Baldwins bemerkt E. M. Young, das Treffen habe den Premierminister völlig stutzig gemacht: «Die Kommentare, die Mrs. Baldwin an diesem Abend und danach noch abgab, waren wenig zurückhaltend. Für sie wie übrigens für alle Engländerinnen war Mrs. Simpson vor allem die Frau, die es verstanden hatte, den charmanten Prinzen an sich zu binden.»

Wallis wird es nicht vergessen: Die Baldwins waren «liebenswürdig, aber distanziert.» Sie erträgt immer schwerer «die taxierenden Blicke» und «die unter dem Deckmantel höflicher und banaler Worte versteckten Fragen». Glücklicherweise macht die britische Presse diese allgemeine Neugierde noch nicht zu ihrem Anliegen. Die Zurückhaltung ist umso verdienstvoller, als die amerikanische Presse sich ihr weiter mit Begeisterung hingibt.

In ihrer Ausgabe vom 8. Juni stellt die Zeitschrift *Time* Wallis als «Gefährtin des Königs auf seinen zahlreichen Ferienreisen» und als «seine liebste Tanzpartnerin» vor.

Wallis ist zur Scheidung entschlossen. Jetzt ist es an ihr, entscheidende Schritte zu tun. An dem Tag, als sie Eduard ihren Entschluß mitteilt, hat er ernst gesagt, daß er sie nicht im geringsten beeinflussen wolle und nur sie alleine eine solche Entscheidung treffen könne:

– Tun Sie, was Ihnen als das Beste erscheint.

Er macht für sie einen Termin bei George Allen aus, der sofort zur Sache kommt:

– Sie sind fest entschlossen, die Scheidung einzureichen, Mrs. Simpson?

Sie antwortet, daß ihr Entschluß unwiderruflich ist. Es ist wieder David, der ihr einen Anwalt aussucht, Theodore Goddard, einen Spezialisten in Scheidungsangelegenheiten, den sie unverzüglich aufsucht: «Von diesem Tag an bin ich seinen Anweisungen gefolgt.»

Ein Mann aus der Umgebung des Königs beobachtet all dies mit einer Neugierde, die mit wachsender Unruhe vermischt ist: Walter Monckton, der Generalbevollmächtigte des Herzogtums Cornwall. Ein Großteil der Einnahmen des Königs kommen aus diesem Gebiet, und deswegen treffen sich die beiden oft. Die Anhänglichkeit dieses erfolgreichen, mit außergewöhnlichem Charme ausgestatteten Anwalts hatte sich mit den Jahren in eine grenzenlose, mit herzlicher Fürsorge vermischte Ergebenheit verwandelt. Die Augen hinter seinen Brillengläsern leuchten in Gegenwart des Königs buchstäblich. Sein unbestreitbares Temperament, sein Humor, tragen dann den Sieg davon über die asketische Haltung, die er gewöhnlich zur Schau stellt.

In der Überzeugung, daß es unmöglich ist, eine Situation, die sich so schnell entwickelt, geheim zu halten und über den zunehmenden Klatsch beunruhigt, entschließt er sich, Winston Churchill um Rat zu fragen. Der Einzelgänger der englischen Politik empfindet für den neuen König eine Sympathie, die noch aus dessen Zeit als Prinz von Wales herrührt. Monckton findet Churchill bereit, ihm zu helfen. Hatte er es nicht kürzlich abgelehnt, mit Leuten zu dinieren, die den König kritisierten? Wie auch immer, Churchill ist beunruhigt. Die Aussicht auf eine Scheidung der Simpsons erscheint ihm nicht verlockend. Die Existenz eines Ehemanns stellt für ihn einen Schutz gegenüber der öffentlichen Meinung dar. Warum also auf ihn verzichten? Winston fordert Monckton auf, dem König zu verstehen zu geben, wie wünschenswert es wäre, daß seine Beziehung zu Mrs. Simpson nicht in der Öffentlichkeit ausgebreitet würde. Vor allem sollte Seine Majestät die junge Frau nicht nach Balmoral einladen.

Monckton erstattet Eduard Bericht, der die Meinung des erfahrenen Kämpfers sehr ernst nimmt. So ernst, daß er ihn zum Essen nach York House einlädt, eine Unternehmung, die umso bemerkenswerter ist, als der König sehr gut weiß, daß Winston vor niemandem je ein Blatt vor den Mund nehmen würde. Getreu seinem Ruf macht er noch einmal seinen Widerstand gegen eine Scheidung Mrs. Simpsons deutlich. Der König antwortet lebhaft, daß er nicht einsieht, warum Mrs. Simpson die Gefangene einer Ehe bleiben müsse, die sie nicht glücklich mache, aus dem einzigen Grund, weil sie seine Freundin geworden sei. Freundin? Churchill knurrt: Man kann eine solche Freundschaft immer verbergen. Noch trockener erwidert Eduard, daß er in keiner Weise wegen dieser Freundschaft erröten müsse und daß er nichts unternehmen werde, um sie zu verbergen.

Man tauscht gegensätzliche Ansichten aus, aber immer noch höflich. Es ist jedoch nur ein Aufschub.

Am 22. Juni 1936 schreibt Wallis vom Fort an Tante Bessie: «Ich muß mir unbedingt ein Haus nehmen. Es ist sehr schwierig für den König, hierher[1] zu kommen, und Duff Cooper hat mir gesagt, daß es fast meine Pflicht sei, ein eigenes Haus zu haben. Ich kenne die Situation hier besser als Sie, also muß ich in diesem Sinne handeln. Ich bin wirklich froh, daß Ernest eine Frau gefunden hat, mit der er sich gut versteht... Sollten die amerikanischen Zeitungen beschlossen haben, mich ein wenig in Ruhe zu lassen oder sind Sie nur zu müde, um sie mir zu schicken?...»

Wallis ist am 19. Juni im Sternzeichen der Zwillinge geboren, Eduard am 23. Juni, am ersten Tag im Zeichen des Krebses. Es trennen sie also bloß vier Tage. Zu ihrem Geburtstag kann sie sich auf ein neues Geschenk freuen – natürlich ein weiteres Schmuckstück, schöner noch als die vorhergehenden.

Jemand anderer hat den Geburtstag des Königs auch nicht vergessen: Ernest: «Euer Majestät möge mir erlauben, Ihnen meine aufrichtigen Geburtstagswünsche zu entbieten sowie Glück und Erfolg für die kommenden Jahre zu wünschen. Ihr gehorsamer Untertan, Ernest.»

Von nun an kommt es nicht mehr in Frage, daß der König eine Wochenendeinladung annimmt, ohne daß er deutlich macht, daß Wallis mit ihm eingeladen werden soll. So ist es auch beim Herzog von Marlborough in Blenheim Palace. Wie um Winston recht zu geben, werden Ernests Dienste weiter in Anspruch genommen. Am 28. Juni schreibt sie von Blenheim Palace an Tante

1 Nach Bryanston Court.

Bessie: «Das ist der wunderbarste Ort, den ich bisher sehen durfte. Erinnern Sie sich, daß wir einmal daran vorbeigefahren sind?... Alles ist ansonsten unverändert. Mary ist immer noch hier, und Ernest scheint in sie verliebt zu sein. Trotzdem läßt er keine Gelegenheit aus, mich an Orte wie diesen zu begleiten...»

In diesem großartigen Gebäude, dem Erbgut der Familie Churchill, wo auch Winston geboren wurde, leidet Eduard mehr noch als anderswo unter seiner königlichen Würde. In Anwesenheit einer ganzen Hofgesellschaft und des Ehemannes ist es unmöglich, der Frau, die er liebt, ganz nahe zu sein. Er weiß sie unter dem selben Dach und doch durch Hunderte Yards von Fluren von ihm getrennt, und schreibt ihr schon am Samstagabend einen kleinen Brief, den sie in ihrem Zimmer findet: «Mein Herz, nur diese Zeilen, um Ihnen «Gute Nacht» zu sagen und Gott segne WE, Wallis. Sie wird ihm ebenso sehr fehlen wie WE einander fehlen. Mein Gott, was für ein großes Haus und was für Leute! Sagen Sie Mary[1], sie soll mir eine Nachricht zukommen lassen, wenn Sie am Morgen fertig sind, denn ich wäre zu unglücklich, wenn ich ohne Sie nach unten gehen müßte. Geben Sie gut auf sich acht, und schlafen Sie lange. Sprechen Sie nicht zuviel, denn Sie müssen sich ausruhen. Ein Junge hält Sie ganz fest umarmt, immer und immer wieder, meine Vielgeliebte. Ihr David.»

Ein Satz in diesem kleinen Briefchen verdient es, hervorgehoben zu werden: «Passen Sie gut auf sich auf.» Seltsam, denn Blenheim gilt nicht als Räuberhöhle. Wenn der König Wallis auffordert, auf sich aufzupassen, dann kann es nur auf den Mann bezogen sein, mit dem sie das Appartement teilt, nämlich Ernest.

1 Man wagt nicht, daran zu denken, daß auch Mary Raffray Ernest nach Blenheim begleitet hätte... Es handelt sich aller Wahrscheinlichkeit nach um Mary Cain, das Zimmermädchen von Wallis.

Der Leser möge nun zur Kenntnis nehmen: Es ist das letzte Mal, daß Ernest Wallis zu einem Wochenende mit dem König begleitet.

Am Sonntag morgen, immer noch in Blenheim, kommt ein neues Briefchen des Königs: «Guten Morgen, haben Sie gut geschlafen, und wann sind Sie fertig, mein Herz? Das Whiteman-Orchester hat gerade aufgehört und das Frühstück ist aufgetragen. Die *Babys* sagen Ihnen auch Hallo. Ihr David.» Um dem Wort Babys einen Sinn zu geben, kann ich nichts anderes machen, als mich Michael Blocks fundierter Kenntnis der Windsors anzuschließen: «Man kann sich nur denken, daß es sich um die Hunde des Königs handelt...»

Wohin auch immer er sich ohne sie begibt, der König vergißt nie, der Geliebten einen kurzen Brief zu schicken, so auch von Portsmouth, wo er zu einer Flotteninspektion hingefahren ist: «Dienstag. Guten Tag, mein Herz, fehle ich Ihnen beim Aufwachen?»

Sechs Monate sind seit dem Tod Georgs V. vergangen; die Hoftrauer ist zu Ende. Bis dahin sind die Mitglieder des königlichen Haushalts in ihren Ämtern geblieben. Wenn Eduard eine Verjüngung anstrebt, dann ist jetzt der Zeitpunkt günstig, einige Posten neu zu besetzen. Das geht notwendigerweise nicht ohne Zähneknirschen ab. So manche sind, ohne es recht wahrzunehmen, im Treibhaus einer Geborgenheit bietenden Monarchie ergraut. Das ist der Fall bei Lord Wigram, dem Privatsekretär des verstorbenen Herrschers, der die sechzig bereits überschritten hat. Er selbst hat erklärt, er sei entschlossen, sein Amt nicht weiterzuführen. Die Suche nach einem Nachfolger gestaltet sich schwierig, denn in der britischen Monarchie ist der Privatsekretär das einzige Band zwischen dem König und seinen Ministern.

Eduard hält es für das Beste, an Stelle von Lord Wigram einen seiner zwei Adjutanten zu ernennen. Es handelt sich um Major Alexander Hardinge und Hauptmann Alan Lascelles. So sehr sie einander verbunden sind, so ungleich sind sie: Vom Typ her ist Lascelles ebenso gesellig wie Hardinge ein trockener Typ ist. Lascelles hatte schon in der Vergangenheit in Diensten des Prinzen von Wales gestanden. Vom Temperament und von der Abstammung her ist er Aristokrat, rechtschaffen und stolz, und er ist kleinlicher als jeder andere, was den Ritus der Anglikanischen Kirche angeht. Hardinge ist der Sohn des ehemaligen Vizekönigs von Indien. Harold Laski hat ihn als eine zwiespältige Persönlichkeit, eine Art Januskopf, beschrieben, dessen eine Hälfte wirkliche staatsmännische Eigenschaften aufwies, dessen andere aber nicht leicht von einem Lakaien zu unterscheiden war. Konnte Eduard VIII. ahnen, daß er den Bock zum Gärtner machte, als er aus eigenem Antrieb Alexander Hardinge zum Privatsekretär und Lascelles zu dessen Stellvertreter ernannte?

Eine glücklichere Hand hat er bei Ulick Alexander, der sich um die Privatschatulle des Königs kümmert. Wir werden sie alle bald als handelnde Personen erleben, ebenso wie andere, von denen wir den Namen Perry Brownlows, des Ersten Adjutanten, im Gedächtnis behalten wollen.

Sind es die Personen eines Dramas? Selbst wenn unsere Geschichte noch den Anschein einer Komödie erweckt, wird einem das Lachen bald vergehen. Hat der große William nicht die Vermischung beider Genres erfunden? Von Shakespeare fehlen nur noch die Kostüme, und selbst die nicht immer.

Eduard bleibt hartnäckig. Am 9. Juli gibt er in York House ein Essen, das Teil eines wohlausgereiften Plans ist. Auf dem königlichen Schachbrett rückt Eduard Feld um Feld vor.

Unweigerlich tut der *Hofbericht* am nächsten Tag seinen Lesern kund, daß zu einem Diner des Königs der Marquis von Willingdon, ehemaliger Vizekönig von Indien, und seine Frau, Mr.

und Mrs. Winston Churchill, Lady Diana Cooper, Lady Colefax und Major Alexander Hardinge dem Ruf Seiner Majestät gefolgt waren. Sir Samuel Hoare hatte besonderes Aufsehen erregt, denn seine Anwesenheit bedeutete, daß die Strafe, die er seit dem Abkommen mit Laval abbüßen mußte, nun zu Ende ist. All diese Leute führt der *Hofbericht* schon seit Jahren auf. Doch es gibt eine bedeutende Ausnahme: Mrs. Simpson. Es ist zwar nicht das erste Mal, daß sie im *Hofbericht* auftaucht, aber bis dahin stand ihr Name immer neben dem ihres Mannes. Jetzt ist jedoch von einem Mann keine Rede. Die Leser des Hofberichts können ihre Augen so weit aufreißen, wie sie wollen: Weit und breit ist kein Mr. Ernest Simpson zu finden. Zum ersten Mal schüttelt Stanley Baldwin den Kopf. Die *Society* nimmt es zur Kenntnis: Der König hat eine neue Stufe auf dem Weg zu seinem Ziel genommen.

Am 21. Juli fährt Ernest nach Bray, das nicht weit von Maidenham an der Themse liegt. Er steigt im Hotel Paris ab, wo er sich unter dem Namen «Ernest A. Simmons» einträgt. Er ist nicht allein. Im selben Gästebuch stellt sich seine Begleiterin als «Buttercup Kennedy» vor. Sollte es sich um Mary Raffray handeln? Einige Zeit zuvor hatte diese eine so ausgefallene Frisur zur Schau getragen, daß ihre Freunde ihr den Beinamen «Buttercup», auf Deutsch «Butterblume», gaben.

Wer auch immer seine Partnerin gewesen war, der Rechtsbruch ist vorschriftsmäßig festgehalten worden. Sie haben in einem Zimmer, das nur mit einem Bett ausgestattet war, gemeinsam gefrühstückt. Das Scheidungsverfahren wird nun in Gang kommen können. Ernest verhält sich dabei, wie man es von einem Gentleman erwartet.

Am 23. Juli schreibt Wallis an Ernest, daß sie alles weiß: «Anstatt bei der Arbeit zu sein, wie Sie es mir gegenüber vorgaben, waren Sie mit einer Frau in Bray.» Das bestätigt den «Argwohn», den sie schon lange hegte. «Ich werde also meine Anwälte bitten, das Scheidungsverfahren in Gang zu bringen.» Daß ein gewisser

Theodore Goddard das Konzept dieses Briefes verfaßt hat, sollte uns nicht in Erstaunen versetzen.

Kurz vor Eduards Abreise in die Ferien wird der erste Konflikt zwischen ihm und seinem Privatsekretär ausbrechen. Eduard hatte schon immer einen ausgeprägten Sinn für Sparsamkeit gehabt. Er ist der Ansicht, daß der Haushalt eines Prinzen oder Königs, der ganz und gar vom Geld der Steuerzahler abhängt, nicht deren Geld verschleudern sollte. Nachdem er König geworden ist, hat er sorgfältig seinen privaten Etat durchforsten lassen und dann gemeint, daß einige Gehälter überprüft werden müßten.

Das gefällt den betroffenen Personen überhaupt nicht. Nichtsdestotrotz fällt Eduard aus allen Wolken, als er liest, was Hardinge in einem auf den 20. Juli 1936 datierten Brief schreibt, den er auf seinem Schreibtisch vorfindet. Hardinge lehnt sich, zwar respektvoll, aber mit sichtbarer Entschlossenheit, gegen das bis zu ihm gedrungene Gerücht auf, das Gehalt des Privatsekretärs müsse reduziert und auf das gleiche «Niveau wie das des Verwalters der Privatschatulle gesenkt» werden. Hardinge wagt zu schreiben – ist es nun Ironie oder heiliger Zorn? – , daß der König zweifellos nur eine ungenaue Vorstellung von dem Amt eines Privatsekretärs habe, einem Amt, das ein Bericht über den königlichen Haushalt aus dem Jahre 1933 als «von höchster Bedeutung» charakterisierte. Unter diesen Umständen, erklärt Hardinge noch immer respektvoll, aber genauso bestimmt, befürchte er, daß die Aufmerksamkeit Seiner Majestät noch «nicht auf diesen Aspekt der Angelegenheit gelenkt worden sei.»

War das jetzt der berühmte Tropfen, der den Historikern so vertraut ist? Die Dinge entwickeln sich sehr schnell. Kaum hat er den Brief gelesen, zeigt Eduard seinem Privatsekretär das Schlechtwettergesicht. Daraufhin äußert sich Hardinge in einem Brief, der das Datum des folgenden Tages trägt, «betrübt», daß sein Brief seinen Herrn hat verärgern können. Er stellt klar und deutlich heraus, daß die Frage der Bezahlung – 500 £ mehr oder weniger – sich für ihn nicht stellt. Wenn er sich eingemischt hat, dann mit dem einzigen Ziel, daß «das Amt des Privatsekretärs mit seiner großen Tradition nicht entwertet wird.»

Was Eduard betrifft, ist der Fall abgeschlossen. Für sein Gegenüber ist er es wahrscheinlich nicht.

Als Prinz von Wales hat David seine Ferien immer außerhalb Großbritanniens verbracht. Wie wird er als König verfahren? Den August über hielt sich Georg V. immer in Balmoral auf. Wir wissen, daß er um nichts in der Welt die Eröffnung der Birkhuhnjagd versäumen wollte. Gegenüber dieser ungetrübten Freude seines Vaters an der englischen Landschaft hat Eduard nie verhehlt, daß er den idyllischen blauen Himmel und die ununterbrochen scheinende Sonne des Mittelmeeres vorzieht. Am 1. August 1936 schreibt Wallis an Tante Bessie: «Der Revolver, der auf seine Majestät gerichtet war[1], hat unser Leben etwas durcheinandergebracht ebenso wie die ins Wasser gefallenen Pläne für den Sommer. Ernest ist so oft weg, daß es fast unmöglich ist, zu planen[2]. Es gibt ein paar Amerikaner, die unsere Wohnung mieten wollen. In diesem Fall werde ich bis zur Krönung ein möbliertes Haus nehmen. Wir werden jetzt auf einer vom König gemieteten Yacht an die dalmatische Küste fahren und werden dabei von zwei Zerstörern begleitet. Dieselben Leute wie in Cannes, vielleicht ein Ausflug auf die griechischen Inseln und ein Besuch bei dem König da unten, ebenso wie bei Prinz Paul, dem Regenten von Jugoslawien. Alles hängt von der politischen Situation in Europa ab, die sich von Tag zu Tag ändert. Es scheint

1 Ein Irrer namens Mac Mahon hatte während einer Militärparade im Juli einen geladenen Revolver auf den König gerichtet. Ein Polizist hatte ihn entwaffnen können.

2 Die Scheidung ist in die Wege geleitet, aber Wallis benutzt gegenüber Tante Bessie, wie man sieht, eine Art künstlerische Unschärfe.

so, als gäbe es keinen absolut sicheren Ort für den König. Im September werde ich nach Balmoral fahren und werde dabei unterwegs Station machen, zuerst bei der Herzogin von Bucclenck und danach bei den Sutherlands; am 27. werde ich nach London zurückfahren. Ernest ist jetzt mit Mary in Schottland...

Der Name der Jacht ist *Nahlin*.»

Hier ist also der Name des Schiffes, das überall in der Welt ganze Sturzbäche von Tinte jeglicher Couleur auslösen sollte. In diesem Augenblick können es weder Eduard noch Wallis ahnen – glückliche Unwissenheit!

Bis zum 25. August wird die *Nahlin* – laut Wallis ein «wunderbares und komfortables Schiff» – die Adria durchziehen. Mit seinem feinen, zurückhaltenden Humor, den seine Freunde an ihm schätzen, stellt Eduard fest:

– Der Reiz einer großen Yacht besteht darin, daß sie es erlaubt, das Dasein eines Herumtreibers am Strand mit dem Komfort des Waldorf Astoria zu verbinden.

Was Wallis betrifft, so ist sie ganz einfach entzückt über die «unvergleichlichen Vorteile, die das Reisen in Gesellschaft eines Königs mit sich bringt.» Zweifellos. Am 24. August schreibt sie an Tante Bessie: «Liebste, ich habe nicht geschrieben, weil wir hier eine Hitze wie in den Tropen haben. Wir waren in so entlegenen Winkeln, daß ich Ihnen nichts Großes zu berichten habe. Wir haben gebadet, gedöst, und wunderbare bergige Küsten und kleine malerische Dörfer gesehen. Auf Korfu haben wir mit dem König von Griechenland diniert... In Athen haben uns die Coopers und Butlers verlassen, dafür ist Lord Sefton gekommen, und die Rogers, die die Stelle der Brownlows einnehmen, die wegen der Krankheit von Mr. Brownlows Mutter in London bleiben mußten, kommen demnächst. Seine Majestät hat den Rogers vor zwei Tagen telegrafiert, und sie sind unterwegs. Ich hoffe, daß Sie einen guten Sommer hatten und daß Sie mich bald besuchen werden. All love.» Am 25. fährt man durch den Kanal von Korinth in die Ägäis.

Die ganze Welt verfolgt die Kreuzfahrt der *Nahlin*. Der Grund ist, daß ein König sie gechartert hat, daß sich eine Dame an Bord befindet, daß der Ehemann dieser Dame sie nicht begleitet und daß der König selbst ledig ist.

Für die amerikanische Presse, die immer ärger loslegt, ist das ein wunderbares Thema. Die britische Presse bewahrt in ihrer Mehrheit weiterhin Stillschweigen. Ihre Unabhängigkeit, die auf eine lange Geschichte zurückblicken kann, bleibt gewahrt, aber genauso die Zurückhaltung, die sie der Königlichen Familie, besonders aber dem König, schuldet. Eine der Zeitschriften, die diese Regeln bricht, heißt *Cavalcade*, ein Magazin, das erst jüngst nach dem Vorbild der *Times* herausgebracht wurde. Die Titelseite der Ausgabe vom 15. August kündigt einen Artikel über den «Herzog von Lancaster und seinen weiblichen Gast» an. Man muß verdeutlichen: Der Titel Herzog von Lancaster ist einer von denen, die traditionell der König von England trägt. Bilder vom König und Wallis werden im Inneren des Blattes ausgebreitet. In der folgenden Nummer geht *Cavalcade* noch weiter und zeigt das Paar in einem kleinen Boot, wie Wallis sich auf den Arm von Eduard stützt. Von einem Kontinent zum anderen stürzen sich die Zeitungen auf das Foto und kommentieren es, mit Ausnahme von England. Der Chefredakteur des *Daily Express*, der Lord Beaverbrook gehört, veröffentlicht das Foto, wie der König sich einschifft, schneidet aber – «ohne Gewissensbisse», wie er sagt – das Bild von Mrs. Simpson heraus. Lord Rothermere, der Besitzer des *Sunday Dispatch* hat eine klare Linie vorgegeben: Da Seine Majestät in Urlaub ist, soll man sein «natürliches Bedürfnis, nicht mehr im Mittelpunkt des öffentlichen Interesses zu stehen», respektieren. Der *Telegraph* veröffentlicht die Gästeliste der *Nahlin*, hütet sich aber wohl, den Namen von Mrs. Simpson zu zitieren.

Überall, wo die Jacht anlegt, wartet ein Heer von Fotografen auf den König. Eduard VIII. alleine interessiert die Ritter des Objektivs nicht, genausowenig Mrs. Simpson. Man braucht sie beide, und zwar gemeinsam. In Paris protestiert der *Figaro* gegen die ständige Verletzung der Privatsphäre eines Monarchen. Die Zeitung berichtet kurz über die Kreuzfahrt, erwähnt aber Mrs. Simpson nicht. Die anderen französischen Zeitungen machen sich – wie die Amerikaner, Deutschen und Italiener – über solche Aufrufe zur Diskretion nur lustig.

Das «einfache Volk» ist entzückt. In jedem Hafen, in dem die *Nahlin* anlegt, sind die Einheimischen aus dem Häuschen. In Dubrovnik empfängt man die Gäste des Königs mit dem Ruf: «Zivila Gubav», was «Es lebe die Liebe» bedeutet.

Nachdem sie in Piräus vor Anker gegangen waren, setzen sie ihre Reise bis Istanbul fort, wo man vom 4. bis zum 6. September bleibt. An Bord merkt man, daß sich der Blick des Königs verfinstert. Es wird fast unmöglich, ihn von seiner Schwermut abzulenken. Er geht Entscheidungen aus dem Weg. Man fragt ihn:

– Was sind Ihre Pläne für heute, Sir?

Er dreht sich zu Mrs. Simpson:

– Wallis, was sind die Pläne für heute?

Die Wahrheit ist, daß Eduard fühlt, daß ein Tag der Entscheidung herannaht. Der Tag ist nicht mehr weit, an dem er die Wahl, die er im Innern seines Herzens getroffen hat, öffentlich machen muß. Er weiß, daß man sich dann auf die Frau stürzen wird, die er liebt. Der Historiker erkennt, daß die Kreuzfahrt auf der *Nahlin* nicht nur den Höhepunkt des leidenschaftlichen Abenteuers bezeichnet, sondern auch den Anfang einer Krise, die dazu führen sollte, daß Mrs. Simpson niemals Königin werden wird.

In jenem Monat hat man in den britischen Clubs viel vom König gesprochen, genauso wie in den Landhäusern und an den Stränden. Man kritisiert nicht wirklich, man ist bekümmert; das ist die in England übliche subtile Art der Kritik. Ein Zeitzeuge, Emil Ludwig, hat es mit klarem Blick so formuliert: «Drei oder vier Peers von England, ein paar Unterstaatssekretäre und Bankdirektoren haben sich zum ersten Mal gefragt, ob es nicht sehr angenehm wäre, einen leichter zu handhabenden König zu haben.» Die Gelegenheit hätte vielleicht lange auf sich warten lassen. Doch das Schicksal liefert sie in Form von Fotos vom Mittelmeer.

Stanley Baldwin macht ebenfalls am Mittelmeer Urlaub. Er ist krank und hat beschlossen, die Krankheit hier auszukurieren. Seine Mitarbeiter lassen ihn in Frieden. Später berichtet er im Unterhaus, daß er im Oktober, als er seine Amtsgeschäfte wieder aufnahm, «Hunderte von Briefen» zur Kenntnis nehmen mußte, die ihn über den Skandal informierten. Wirklich? Könnte es sein, daß der Premierminister der einzige Brite war, der nichts von der Kreuzfahrt der *Nahlin* wußte? Kann man glauben, daß seine Geheimdienste ihn nicht davon unterrichtet hätten, daß Mrs. Simpson die Scheidung eingereicht hat?

In Istanbul haben Eduard und seine Gäste die *Nahlin* verlassen und den Zug genommen. Man fährt durch Bulgarien, Jugoslawien und Ungarn. Von dort geht es weiter nach Wien. In dieser Stadt, sagt Wallis, «die immer sowohl die Könige als auch die Liebe geliebt hat, hat unser schöner Sommer seinen Höhepunkt erreicht.» Er und sie sind im selben Hotel, dem Bristol, abgestiegen, haben aber – für alle offenkundig – getrennte Zimmer. Wenn er morgens weggehen muß, bevor sie aufwacht, schickt er ihr reizende kleine Briefe: «Guten Morgen, Wallis, Sie haben nicht angerufen, also vermute ich, daß Sie noch schlafen. Ich gehe weg, um ‹König zu spielen›[1]...

Bedauern Sie mich, bis ich gegen eins zurück bin. Ihr David.»

Von Wien aus fährt man nach Zürich. Eduard kann seine

1 Just off kinging.

Rückkehr nach England nicht weiter hinausschieben. Wallis hat beschlossen, in Paris Station zu machen, um in ihre geliebten Modegeschäfte zu gehen. Man rät dem König davon ab, durch Frankreich zu fahren, das sich im Taumel der Volksfront befindet. Er fliegt von Zürich aus allein nach London, entschlossen, trotz Churchills Rat zur Vorsicht, Wallis bald in Schottland, auf Balmoral, zu treffen.

Noch am Abend seiner Rückkehr, am 14. September, speist Eduard im Buckingham-Palast in Gesellschaft seiner Mutter, die dabei ist, sich in Marlborough House einzurichten. Eduard entdeckt einige Schwermut im Blick von Königin Mary. Sollte der Klatsch der amerikanischen Presse bis zu ihr gedrungen sein? Nichts deutet darauf hin. Das Herz des Königs krampft sich zusammen, als er versteht, daß die Traurigkeit von der Verpflichtung kommt, die ruhige Wohnung aufzugeben, die sie seit einem Vierteljahrhundert bewohnt. Die Alltäglichkeit des Diners täuscht nicht darüber hinweg, daß er und seine Mutter völlig gegensätzliche Einstellungen haben. Auf den Lippen der Königinmutter zeichnet sich indes ein Lächeln ab, als Eduard ihr erklärt, daß er zwei Wochen in Balmoral verbringen wird. Er denkt aber keinen Augenblick daran, ihr zu gestehen – er wagt es auch nicht – daß er dort eine gewisse Wallis Simpson treffen wird. Was wäre dann aus diesem Lächeln geworden?

In Paris ist Wallis im Hotel Meurice abgestiegen, wo sie auf ihre Freunde, die Rogers, wartet. Eine Erkältung bricht bei ihr aus. Sollte es die Wirkung der Luft in Paris oder der im Meurice sein? Denken wir nur an den März. Dieses Mal wird die Erkältung zur Grippe, und sie muß das Bett hüten. In ihre Decken vergraben, sieht sie ihre Post durch. Mehrere Briefe kommen von ihren Freunden jenseits des Atlantiks, die ihren Schreiben eifrig Zeitungausschnitte aus der amerikanischen Presse beigefügt haben.

Natürlich stimmt auch Tante Bessie in dieses Konzert ein. Sie drückt ihre zunehmende Unruhe aus, unterstreicht übertriebene Sätze. Wallis bleibt ihrer bis dahin eingenommenen Haltung treu und redet sich ein, daß sie sich weiterhin darüber amüsieren muß. Aber was zuviel ist, ist zuviel. Sie ist zuerst leicht verärgert, dann gereizt und läßt dann ihrem Zorn freien Lauf.

Gewiß, David ruft sie ununterbrochen an. Er bleibt Philosoph:

– Ich habe das schon durchgemacht, als ich vor einigen Jahren in Long Island war. Das ist alles bedeutungslos.

Das ist jedoch nicht die Ansicht von Wallis. Der Ton dieser Unterhaltung steigert sich. Davids Ruhe bringt die junge Frau schließlich in Wut. Sie reagiert sich an ihm ab, ein typisches Ehegattenverhalten.

Sie hat aufgelegt. Seltsam, jetzt kommt ihr wieder jener andere Aufenthalt in Paris, im März, in Erinnerung, wo sie sich zum ersten Mal auf sich selbst besonnen hatte. Alle Argumente, die sie damals erörtert hatte, passieren erneut Revue vor ihren geschlossenen Augen. Hatte sie damals nicht völlig klar gesehen? Weil sie diesen Mann liebt, hat sie seinen Protesten und Beschwörungen Gehör geschenkt. Sie hat nachgegeben, weil es sehr angenehm war, sich treiben zu lassen. Sie hat hinreißende Wochen erlebt, zu viele zweifellos, denn sie haben ihren Blick für die Wirklichkeit getrübt.

Gewiß, sie hat die Scheidung eingereicht, und der König hat nicht nur ihr seine Entschlossenheit erklärt, sie zu heiraten, sondern hat es auch anderen kundgetan. Er hat seine Ankündigung wahr gemacht und ihr 300 000 £ geschenkt, die ihr, was auch immer kommen mag, materielle Sicherheit geben. Sie kann sich nicht nur der Liebe Eduards sicher sein, sondern sie liebt ihn auch so sehr, daß auch nur der Gedanke, ihn zu verlassen, sie zerreißen würde. Ist es das Fieber, das ihr paradoxerweise die Augen öffnet? Wirken die Briefe aus Amerika, die Zeitungsartikel wie ein Katalysator? Es gibt eine Gewißheit: All das ist aussichtslos. Sie läuft doch nur Gefahr, entsetzlich zu leiden – vielleicht ihr ganzes Leben lang. Er ist König. Er setzt seinen Thron aufs Spiel. Sie hat nicht das Recht, sich an einer solchen Katastrophe mitschuldig zu machen.

Also schreibt sie ihm zwei Tage nach ihrer Ankunft in Paris am 16. September aus dem Hotel Meurice:

«Lieber David, es ist zu dumm, daß ich jetzt erkältet bin. Ich bin jedoch ans Bett gefesselt und fühle mich sehr, sehr schlecht. Dies ist ein schwieriger Brief, aber es ist besser, als zu reden und auch weniger mühsam. Ich muß auf jeden Fall aus vielerlei Gründen zu Ernest zurückkehren. Ich bitte Sie, haben Sie Geduld und lesen Sie! Der erste Grund ist, daß wir uns vollkommen verstehen, was in der Ehe eine Kunst ist. Wir hegen keinen Groll gegeneinander. Ich habe Vertrauen in ihn, daß er sich um mich und um sich kümmert. Mit anderen Worten: Ich fühle mich bei ihm in Sicherheit, und er läßt mich meine Rolle spielen. Wir führen unser Leben mit der gelegentlichen Hilfe des einen oder anderen und alles geht seinen normalen Gang, ohne nervöse Spannungen.

Es stimmt, daß wir arm sind und nicht die Mittel haben, die verlockenden und amüsanten Dinge zu tun, die ich – das muß ich zugeben – sehr liebe und die mich glücklich machen. Ich liebe es, schöne Dinge zu besitzen. Aber wenn ich es abwäge gegen das ruhige und gleichförmige Leben auf der anderen Seite, entscheide ich mich lieber für das letztere, denn obwohl ich im Augenblick sehr leiden muß, weiß ich, daß ich einst eine glückliche alte Dame sein werde.

Ich war diesen Abend alleine und habe meine Freunde nicht gesehen, aber ich hätte lieber meinen Mann als meine Freunde bei mir, denn keiner kann seinen Platz einnehmen und keiner außerhalb meiner Familie ist mir so wichtig. Ich kenne Ernest und habe den tiefsten Respekt vor ihm. Ich fühle mich mit ihm besser als mit Ihnen, und Sie müssen das verstehen. Ich bin sicher, mein lieber David, daß Ihr Leben in einigen Monaten weitergehen wird wie zuvor, ohne daß ich für Unruhe sorge. Zudem hat es Ihnen immer an Zuwendung gefehlt. Wir haben wundervolle Augenblicke erlebt, für die ich dem Himmel danke, und ich weiß, daß Sie Ihre Rolle weiter jedes Jahr spielen werden, immer besser und immer würdevoller. Und ich werde darüber glücklich sein. Ich bin sicher, daß wir beide zusammen nur in die Katastrophe schlittern können. Ich werde immer das lesen, was man über Sie schreibt, und werde nur die Hälfte davon glauben. Und Sie werden wissen, daß ich will, daß Sie glücklich sind. Aber ich weiß, daß ich Ihnen dieses Glück nicht geben kann und, aufrichtig gesagt, Sie könnten es mir auch nicht geben. Ich werde Allen bitten, Ihnen das zurückbringen, was Sie mir gegeben haben.

Wenn Sie diesen Brief gelesen haben, werden Sie verstehen, da bin ich sicher, daß kein Mensch eine solche Verantwortung übernehmen kann und daß es unredlich wäre, mir die Dinge noch schwerer zu machen, wenn Sie mich wieder treffen würden.

Adieu, mein lieber David, WE.»

Dieser Brief ist schwer zu lesen, so viele durchgestrichene Stellen bedecken das Papier; manche Sätze sind mehrfach begonnen oder verändert worden. Einige Abschnitte sind ausradiert. Während einer ersten Lektüre habe ich mich gefragt, ob dieser Brief nicht – im selben Hotel Meurice und unter dem Eindruck einer anderen Erkältung – während des Märzaufenthaltes in Paris geschrieben wurde. Daß Wallis zu dieser Zeit vor den Hindernissen zurückgeschreckt wäre, schien verständlicher. Ende September ist sie mit dem König so sehr verbunden, daß ein solcher Text fast unwahrscheinlich scheint. Aber nein: Das Datum ist da, zwar schwer leserlich, aber unstrittig.

Als er auf die Beziehung zwischen Wallis und Eduard zu diesem Zeitpunkt der Geschichte zu sprechen kam, hat Walter Monckton geschrieben: «Das Einfachste wäre gewesen, daß sie alles getan hätte, damit er sie zurückweist.» Und genau das versucht sie, als sie diesen Brief schreibt. Die Frau, die an den Wochenenden in trauter Zweisamkeit stundenlang mit «ihrem» David sprach, immer Hand in Hand, und die nicht aufhörte, ihr Entzücken über die unvergleichlichen Augenblicke auszudrücken, die sie mit ihm verbracht hatte, diese Frau vergleicht jetzt Ernest mit Eduard: «Ich fühle mich besser mit ihm als mit Ihnen.» Das ist ganz sicher nicht wahr! Die bewußte Kälte – «Lieber David» –, die sich über den ganzen Brief ausbreitet, ist es genauso wenig. Was aber tragischerweise wahr ist, was sie mit all ihren Kräften glaubt, ist dies: «Wir beide können zusammen nur in die Katastrophe schlittern .» Diese Katastrophe will sie weder für sich noch für ihn. Sie muß ihn also so sehr entmutigen, daß er seinen Widerstand aufgibt: Versuchen Sie nicht, mich wiederzusehen. Und dann dieses unwiderrufliche «Adieu».

Ich habe mich lange gefragt, ob dieser Brief überhaupt abgeschickt wurde. Hat Wallis die Kraft dazu gefehlt, als sie ihn noch einmal las? Die Möglichkeit kann nicht ganz ausgeschlossen werden. In den Windsorarchiven findet sich keine direkte Antwort Eduards. Konnte ein solch entscheidender und folgenschwerer Brief ohne Antwort bleiben? Man könnte einwenden, daß der König Wallis jeden Tag anrief. Doch hätte es einen Mann, der durch einen solchen Brief seinen Laufpaß erhält, nicht gedrängt – besonders in einer Zeit, wo man sich oft schrieb – mit einem Brief zu antworten?

Heute ist alle Unsicherheit verschwunden. Eduard hat den Brief tatsächlich erhalten. Seit kurzem können wir uns dank Philip Ziegler, dem offiziellen Biographen des Königs, auf eine grundlegende Aussage stützen. Philip Ziegler waren die Aufzeichnungen des zweiten Earl Baldwin zugänglich. Er beruft sich auf eine Unterhaltung mit Lascelles, der ohne Umschweife die Episode schildert, deren Zeuge er war[1].

1 Philip Ziegler, King Eduard VIII, the official biography, C. Collins, London 1990.

Kaum hat Eduard den Brief von Wallis zu Ende gelesen, als abgrundtiefe Hoffnungslosigkeit von ihm Besitz ergreift. Er ist mit den Nerven am Ende, buchstäblich außer sich, ergreift den Telefonhörer, verlangt das Hotel Meurice und hat Wallis am Apparat. Man kann sich ihr Entsetzten vorstellen: Am anderen Ende der Leitung hört sie eine kaum erkennbare Stimme, Schreie, vielleicht Schluchzen. Es ist also wahr? Sie will ihn verlassen? Sie soll wissen, daß er sich umbringen wird. Sterben, ja, er will sterben. Sie soll ihren Brief zurücknehmen, auf diese schreckliche Drohung verzichten, wenn nicht, wird er sich sofort umbringen: «threatening to cut this throat», wie Lascelle sagt, «er droht, sich die Kehle durchzuschneiden.»

Sind wir Zeugen einer – bewußten oder unbewußten – Erpressung durch eine Selbstmordandrohung? Die Briefe, in denen man mühelos die rasende Leidenschaft lesen kann, die Eduard seit Monaten beherrscht, sprechen für eine völlige Aufrichtigkeit seinerseits. Eduard VIII., König von England, hat also wegen Wallis sterben wollen.

Wir wissen allerdings sicher, daß Eduard sich nicht die Kehle durchgeschnitten hat. Man kann annehmen, daß Wallis aus Mitleid und aus Liebe mehr seinen unerträglichen Klagen als seinen Drohungen nachgegeben hat.

Zwischen dem Brief von Wallis und Eduards Anruf hat ihr persönliches Drama – daran besteht kein Zweifel – seinen Gipfel erreicht.

Doch bevor er Wallis' Brief erhält, ist Eduard auf dem Fort angekommen. Er kann nicht wissen, daß Wallis damit beschäftigt ist, ihm zu schreiben, noch kann er wissen, daß sie entschlossen ist, mit ihm zu brechen. Er steht dagegen noch unter dem Eindruck der Abfuhr, die er im Verlauf des Tages am Telefon von ihr hat hinnehmen müssen. Er gesteht ein, daß die Lektüre der amerikanischen Presse diese Abfuhr erklären, aber sie nicht rechtfertigen kann. Er grämt sich also darüber:

«Halb ein Uhr nachts. Gute Nacht, meine Wallis, warum sagen Sie David manchmal so harte Dinge am Telefon? Sachen wie z. B., daß Sie heute abend lieber jemand anderen bei sich hätten, wo Sie doch krank sind, daß ich Ihnen zur Last falle, daß ich Sie nicht verstehe und viele andere Sachen, die mich sehr verletzen und mir zeigen, daß es Ihnen an Glauben und Vertrauen in mich fehlt, und das macht mich schrecklich unglücklich. Ich bin so traurig heute abend, Liebste, aus diesen und anderen Gründen. Zunächst, weil es Ihnen so schlecht geht und ich nicht da bin, um mich um Sie zu kümmern. Dann, weil ich Sie nicht vor meiner Abfahrt nach Balmoral sehen werde und ich nicht weiß, wann Sie zu mir kommen. Oh, ich bitte Sie, kommen Sie schnell, meine Liebe, denn jeder Augenblick, den wir getrennt sind, bedeutet für mich Trauer und Einsamkeit.

Ich werde Sie nicht belästigen und Sie bitten, Pläne zu machen, wo Sie doch nicht bei guter Gesundheit und nicht in guter seelischer Verfassung sind. Das Wichtigste ist, daß Sie so schnell wie möglich gesund werden.

Unsere friedvollen Ferien haben Ihnen so gut getan, und nun bleibt nichts davon übrig. Das macht auch mich krank. Sehen Sie, Wallis, ich liebe Sie so total und in jeder Hinsicht und auf jede Art und Weise, irrsinnig, zärtlich, ich bewundere und vergöttere Sie und habe solches Vertrauen zu Ihnen.

Ich fühle mich heute abend wie verklärt durch unsere Liebe und warte sehnlichst darauf, Sie fester in meine Arme zu schließen, als ich es jemals zuvor getan habe. Mr. Loo[1] und ich sind oben in unserem weißen Zimmer, und Sie fehlen uns schrecklich (Wir drehen uns wegen Ihrer Abwesenheit wie Verrückte im Kreis)... Bitte, versuchen Sie, mir so sehr zu vertrauen,

1 Namen, den sie manchmal ihrem kleinen Hund Slipper geben.

wie Sie mich lieben, und haben Sie keine Zweifel. Ich schwöre Ihnen, daß es keinen Grund dafür gibt. Wenn Sie in meinen Gedanken lesen könnten, hätten Sie keine Zweifel.»

Darf der Historiker ein Geständnis wagen? Während eines halben Jahrhunderts vertrauten Umgangs mit der Geschichte ist er nie einem so verliebten König begegnet.

Die schreckliche Krise hat diese heftige Leidenschaft nicht im geringsten beeinträchtigt. Alles beweist, daß Eduard den Abschiedsbrief als null und nichtig angesehen hat. Noch besser: Er hat Wallis überzeugen können, daß er nie existiert hat.

Der Beweis: Vier Tage später schreibt Wallis an ihre Tante. Es fällt kein Wort über den Sturm, der sich in ihrem Kopf abgespielt hat und sie in ihrem Bett im Hotel Meurice hat erbeben lassen. Was ist das wesentliche Thema ihres Briefes? Sie erzählt von einem Haus, das sie in einer piekfeinen Gegend gemietet hat, bevor sie zu der Kreuzfahrt aufbrach. Es handelt sich um vier Etagen am Regent's Park in der Cumberland Terrace 16. Die Fassade hat ein neogriechisches Peristyl mit überreichen Säulenreihen. Die breiten und hohen Fenster gehen direkt auf den Park, der Frieden und Ruhe ausstrahlt. Am 21. September schreibt sie an Tante Bessie: «Ich habe in der *Time* ein absolut unglaubliches Foto gesehen: einen Komplex von zehn Häusern, von denen man behauptet, es sei mein Haus. Sie werden Regent's Park Crescent als Ganzes darin wiedererkennen. Ist das nicht fantastisch!»

Am Tag, an dem sie diesen Brief zur Post bringt, fährt sie zum König.

VII

Das Scheidungsverfahren: ein Rechtsspruch «Nisi»

In Balmoral, wo er am 19. September angekommen ist, wartet Eduard auf Wallis. Wie jede Initiative des Königs während der letzten Wochen stellt das Kommen von Wallis an diesen von dynastischen Traditionen geprägten Ort eine weitere wohl vorbereitete Etappe dar. Statt die öffentliche Meinung frontal anzugehen, hat er eine Vorgehensweise gewählt, die wir die «chinesische Methode» nennen wollen. Er will die Frau, die er liebt, ohne Aufsehen und in kleinen Schritten in die königliche Umgebung einführen. Deshalb Balmoral.

Ursprünglich war Balmoral ein kleiner Landsitz in Aberdeenshire in Schottland. Königin Viktoria hatte ihn für eine Saison gemietet, um hier die Ferien in Begleitung ihres geliebten Albert zu verbringen. Der Landsitz hatte ihr gefallen, sie hatte ihn gekauft und hier ein Schloß im neogotischen Stil bauen lassen, dem bevorzugten Stil der Briten im 19. Jahrhundert. Seitdem war sie jedes Jahr hierhergekommen, was das schottische Nationalgefühl sehr stärkte. Nach dem Tod von Prinz Albert verbrachte Viktoria oft sechs Monate im Jahr als despotische Schloßherrin auf Balmoral. Und eine Angewohnheit wird in England oft zu einer Tradition. Eduard VII. wandelte auf den Spuren seiner Mutter, obwohl er sich auf Balmoral noch mehr als anderswo langweilte. Georg V. zog Sandringham vor, begab sich aber aus Pflichtgefühl nach Balmoral. Nur Eduard VIII. hat diesen Sitz in den Highlands wirklich geliebt. Er wollte zurück zu den Ursprüngen.

Und er beweist das, als er beschließt, den Herbst 1936 hier zu verbringen. Er vertraut darauf, daß die Luft und die Bewegung ihn in Form bringen werden für das «schwere Programm» – so sein Ausdruck –, das ihn im Herbst erwartet. Und es wird in der Tat schwer werden, in jedem Sinne des Wortes.

Balmoral nennt der König sein «Zuhause». Das Anwesen war aus der Privatschatulle von Königin Viktoria bezahlt worden, und Eduard sieht es als sein persönliches Erbe an. Also empfängt er dort nur Leute, die ihm gefallen. Einmal keine Erzbischöfe, Minister, Generäle, Admirale; nur Freunde und, wenn nötig, einige aus der Familie; einige Herzöge und Herzoginnen, die er aber aus Freundschaft einlädt. Der *Hofbericht* veröffentlicht ihre Namen, aber damit es niemandem entgeht, fügt er die Namen von Wallis, den der Rogers' und der Buists hinzu. Wallis ist am 23. September angekommen, und natürlich hat Eduard sie am Bahnhof von Aberdeen abgeholt.

Weder sie noch er scheinen sich bewußt zu sein, daß diese Ferien in Schottland – an dem Punkt, an dem ihr Abenteuer angelangt ist – einen schweren Fehler darstellen. Wie sie selbst sagt, hat Wallis «jede Minute» ihres Aufenthalts genossen. Wie zur Zeit von Königin Viktoria gibt man sich der Hirschjagd hin. Kaum daß der Morgen dämmert, bedienen sich die Freunde des Königs selbst am Büffet, wo ein Überfluß an warmen Gerichten auf sie wartet. Um zehn Uhr verlassen die Jäger das Schloß und kehren erst mit der hereinbrechenden Nacht zurück. Wallis ist entzückt von den zarten, tiefen und schon mit Gold überzogenen Farben der schottischen Landschaft. Am Abend kleidet man sich um: Smoking und langes Abendkleid. Man lädt die Schloßherren aus der Nachbarschaft ein. Dudelsackpfeifer, unter denen man Eduard erkennt, umrunden den Tisch. Oft wird der Abend mit einer Filmvorführung beendet. Am 26. September schickt Eduard Wallis die Liste mit sechsundzwanzig Gästen, die, so erläutert er, «Sie heute abend langweilen werden». Als Antwort läßt sie ihm eine Mitteilung bringen, ob er daran gedacht hätte den Film zu wechseln. «Alle diese dummen Nüsse haben ihn schon gesehen, und WE können ihn in London sehen.»

Die Tage vergehen wie im Flug. Bald wird Wallis klar sein, daß sie die vorerst letzte Zeit friedlicher Ruhe durchlebt hat, denn bald wird der Sturm losbrechen. Ende des Monats verlassen sie das Schloß. Wie könnte sich Eduard vorstellen, daß er es nie wiedersehen würde?

Bevor sie sich nach Balmoral begab, hatte Wallis in London Theodore Goddard, ihren Anwalt, getroffen. Er war in Sorge. Nach seiner Ansicht näherte man sich der heikelsten Phase der Angelegenheit, die Mrs. Simpson ihm anvertraut hatte. Sein Hauptanliegen war es, so wenig Lärm wie möglich um die Scheidung seiner Mandantin zu machen. Er hielt es für das Beste, das Verfahren in der Provinz abzuwickeln. Er hatte die Grafschaft Suffolk ins Auge gefaßt und gab sich überzeugt, daß die Angelegenheit vor dem Gericht von Ipswich schnell über die Bühne gehen könnte. Natürlich mußte sich Mrs. Simpson eine gewisse Zeit in diesem Gerichtsbezirk aufhalten. Das Einverständnis seiner Mandantin vorausgesetzt, hatte er für sie Beach House, ein kleines Haus in Felixstowe reserviert. Würde Mrs. Simpson seine Wahl gutheißen?

Sie war einverstanden.

Am 1. Oktober 1936 sind Wallis und der König zurück in London, sie im Claridge, weil ihr Mietvertrag in Cumberland Terrace erst ab dem 7. gilt, und er im Buckingham-Palast.

Buck! Welch trauriges, karges Gemäuer! Laut Eduard riecht es dort muffig. Seitdem er dort die Schwelle überschritten hat, hat er ein seltsames Gefühl, das er so beschreibt: «Ich hatte den Eindruck, daß ich dort nicht lange bleiben würde.» Und er schreibt sogar: «Während der zwei Monate, die ich im Buckingham-Palast zubrachte, konnte ich nie den Eindruck überwinden, daß ich dort nicht zu Hause war. Ich fühlte mich verloren in seinen königlichen, unermeßlichen Ausmaßen.» Seltsamerweise bewohnt er nur einige Zimmer und läßt als einzige Veränderung eine Dusche und eine moderne Telefonanlage einbauen; das hindert ihn aber nicht daran, sich in die Arbeit zu stürzen. Sein Terminkalender ist bis Weihnachten randvoll mit Verpflichtungen. Die Mitglieder des Kabinetts finden ihn indes nervös. Briefe erreichen den Palast, die offen Fragen nach seinem Privatleben stellen. Sie kommen manchmal von hochgestellten Persönlichkeiten, aber auch von einfachen britischen Staatsbürgern, die im Ausland wohnen und vom Klatsch der amerikanischen Presse beunruhigt sind. Einige werden ihm persönlich vorgelegt von seinem Sekretär Alec Hardinge, der sich so bewußt in den Vordergrund der Bühne spielt, die er bis zum Schluß des Stückes nicht mehr verlassen wird.

Hier sind wir am Scheideweg dessen angelangt, was uns schon als *Affäre* vorkommt. Gewiß, der Privatsekretär muß entsprechend seiner Aufgabe als Mittler zwischen dem König und seinen Ministern fungieren – und Hardinge hat das in dem weiter oben zitierten Brief betont –, aber das doch im Interesse des Königs. Dient es wirklich den Interessen seines Herrn, wenn Hardinge sich im Laufe des Sommers zu Baldwin begibt, um ihn zu überzeugen, daß er bei Eduard VIII. intervenieren müsse? Er hat hartnäckig insistiert und dem Premierminister deutlich gemacht, daß es zu seinen Aufgaben gehört, dem Herrscher den heiklen Charakter der Situation klarzumachen.

Als ich mich im Herbst 1980, vierundvierzig Jahre nach diesen Ereignissen, nach Felixstowe begeben habe, war der Himmel grau, sah es nach Regen aus, aber es hatte sich fast nichts ver-

Mrs. Merryman, Tante Bessie (Keystone)

Ernest Simpson, der zweite Ehemann von Wallis (Keystone/IBA)

Am Strand von Biarritz, Sommer 1934 (L'illustration/Sygma)

Wallis mit dem Hund Slipper, den Eduard ihr geschenkt hatte (Historia, Tallandier)

An der dalmatischen Küste, während der Kreuzfahrt auf der Nahlin, Sommer 1936 (Keystone)

Der König nimmt zum einzigen Mal während seiner kurzen Regentschaft an der Parlamentseröffnung teil (Keystone)

Der König verkündet am Radio seinen Thronverzicht (Keystone/IBA)

Nach der
Trauung,
auf der Terrasse
des Schlosses
von Candé
(Keystone)

Der Herzog und
die Herzogin
von Windsor
(Rex Features/
Dukas)

ändert. Ich bin die Hauptstraße dieses so typischen und banalen kleinen britischen Seebads entlanggegangen: Ziegelsteinhäuser, reizlose Läden, dann der alte Bahnhof und die Post. Eine schmale, lange Straße führt zum Strand. Unvermittelt beschreibt das gelb und grau schimmernde Meer einen Bogen. Bei Flut bleibt auf dem steinigen Strand wenig Platz. Die Wellen verlieren erst bei einer Reihe hölzerner Kabinen, die im Sommer den Badegästen als Schutz dienen, ihren Schwung. Oberhalb der Meeresstraße ziehen sich kleine Landhäuser in ordentlicher Reihe hin.

Ich gestehe, daß ich einige Schwierigkeiten hatte, Beach House zu entdecken, jenes Haus, in dem Wallis sich in den ersten Oktobertagen in Erwartung ihrer Scheidung hat verstecken müssen, anders kann man das nicht nennen. Als ich es endlich gefunden hatte, habe ich eine kleine Holztür aufgestoßen, die fast in einer Hecke verschwand. Über einen etwas steilen Pfad bin ich bis zu dem ausgedehnten Rasen hinaufgestiegen, der sich oberhalb des Meeres ausbreitet. In genau diesem Augenblick hat sich die Banalität verflüchtigt, und es gab nur noch diese wahrhaft herrliche Aussicht und eine Bank mit Blick auf das Meer.

Ich habe mich dann zu dem langen, weißen Haus hingewandt. Es bestand aus einem Rundbau in der Mitte mit zwei seitlichen Flügeln; im Erdgeschoß hatte es fünf Fenster und links die Eingangstür. Ich bin zu einem dieser Fenster hingegangen und habe mich zu den kleinen Glasscheiben gebeugt, dabei habe ich mit blumigen Stoffen bezogene Sessel gesehen, dazu Ohrensessel und einen niedrigen Tisch, auf dem – ich schwöre, daß es keine Erfindung ist, – der Tee serviert war. In genau diesem Augenblick hatte die Besitzerin meine Anwesenheit bemerkt. Ich sehe und höre sie heute noch, wie sie aus der linken Tür heraussstürzt und schreit, daß ich in ihre Privatsphäre eindringe. Ich habe versucht, mich zu verteidigen:

– Entschuldigen Sie, Madame, ich hatte keine Möglichkeit,

mich bemerkbar zu machen. Ich habe unten an der Tür vergeblich nach einer Klingel gesucht.

Ein Franzose? Die Dame hat sich ein wenig beruhigt, und ich habe den Grund meines Besuches erklärt. Ein langes Klagelied war die Antwort auf meine Verteidigungsrede:

– Wenn Sie wüßten, Monsieur! Mein Leben ist durch die Vergangenheit dieses Hauses völlig ruiniert. Ohne Unterlaß belagern mich Leute, verfolgen mich, bedrängen mich mit Fragen.

Und sie nimmt mich in ihrem Schmerz als Zeugen und ruft aus:

– Dabei hat sie hier nur zwanzig Tage verbracht!

In der Tat, zwanzig Tage. Nachdem ich mich versichert hatte, daß sich in Beach House überhaupt nichts verändert hatte, stellte ich mir Wallis vor, wie sie aus London ankam und dieselbe kleine Villa, dasselbe Meer entdeckte, denselben kleinen Pfad hinaufstieg, die Tür desselben weißen Hauses aufstieß. «Mein erster Eindruck», erinnert sie sich später, «war katastrophal... Was gibt es auch Deprimierenderes als einen Badeort am Ende der Saison? Nur das melancholische Geräusch der Wellen, die sich am verlassenen Strand brachen, und der um die verschlossenen Landhäuser pfeifende Wind unterbrachen die Stille.» Wie hätte sich ihr Herz da nicht zusammenkrampfen sollen – vor Bitterkeit?

Gewiß, Eduard hatte ihr seinen großen Buick und seinen Privatchauffeur, George Ladbrook, einen ein Meter neunzig großen, neunzig Kilogramm schweren Mann von 40 Jahren zur Verfügung gestellt, dessen Treue und Mut unerschütterlich waren. Gewiß, als sie dem König von den Mängeln in der Villa berichtet, läßt er ihr – eine seltene Fürsorge bei einem König – Küchen- und Haushaltsgeräte bringen. Gewiß, George und Kitty Hunter, ihre liebsten und ältesten englischen Freunde, die sich vorstellen, wie grausam dieses Exil für sie sein muß, besuchen sie. All das ändert nichts daran, daß jeder Tag, der hier vergeht, ihr wie ein neuer Alptraum erscheint.

Der Termin für den Scheidungsprozeß ist auf den 27. Oktober festgesetzt. Bis dahin werden sich zwei schwere Figuren – und was für welche – auf dem Schachbrett in Bewegung setzen: Lord Beaverbrook und Stanley Baldwin.

Wenn der Ausdruck «hochrotes Gesicht» auf eine Person jener Zeit angewandt werden konnte, dann sicher auf Lord Beaverbrook. Im Alter von dreißig Jahren hatte Max Aitken den Zusammenschluß aller kanadischen Zementfabriken zuwege gebracht, was ihm ein enormes Vermögen verschafft hat. 1910 zog er nach England. Er ist gut gewachsen, robust wie der Beton, den er so gut kennt, die Tatkraft ist ihm ins Gesicht geschrieben, und es gelüstet ihn nach der Macht. Mit der Unterstützung von Bonar Law, der wie er aus Kanada stammt, tritt er der Konservativen Partei bei und läßt sich zum Abgeordneten wählen. Seine Begabung für das politische Ränkespiel ist unbestreitbar. Wenn sich Bonar Law an die Spitze der Konservativen setzt, dann nur dank seines Freundes Max. 1916 verhilft er Lloyd George zur Macht, der ihm darauf den Titel eines Peers anbietet. Erfreut nimmt dieser Rastignac, dieser Lebemann aus Übersee an. Er ist jetzt Lord Beaverbrook (und Baron), bemerkt aber zu spät, daß das ein Danaergeschenk war, denn der Adelstitel versperrt ihm Ministerämter.

Sein Machthunger ist aber noch nicht befriedigt. Wie soll er ihn stillen? Man benutzt noch nicht das Wort *Massenmedien*, aber deren Vormachtsstellung steht schon außer Zweifel. Beaverbrook kauft den *Daily Express*, gründet den *Sunday Express* und erwirbt von Lord Rothermere die Mehrheit des *Evening Standard*. Er hat seine Wette gewonnen: Jeden Tag lesen Millionen Briten seine Zeitungen, und er kann ihnen seine Vorstellungen einflößen, wie er will. So macht er Politiker und läßt sie wieder fallen. Sein langer Kampf mit Baldwin fasziniert die Öffentlichkeit. Beaverbrook verabscheut ihn und Baldwin zahlt es ihm heim. Beaverbrook macht Baldwin in seinen Zeitungen lächerlich, und Baldwin brandmarkt von der Rednertribüne die Macht der «Journaille».

Anfang Oktober 1936 sucht Percey Cudlipp, der Direktor des *Evening Standard*, Beaverbrook auf, denn es ist ein heikles Problem aufgetaucht. Die Zeitung hat «auf diskreteste Weise» eine wichtige Information bekommen: Der Scheidungsprozeß von Mrs. Simpson wird am 27. Oktober in Ipswich stattfinden. Welche Haltung soll der *Evening Standard* einnehmen?

Beaverbrook ist siebenundfünfzig. Er wohnt in Stornorway House, einem Palais mitten in London, wo seine Bediensteten kurze schwarze Satinhosen und an der Seite ein kleines Schwert tragen. Er hat Mrs. Simpson nur einmal flüchtig auf einer Abendgesellschaft in Winborne House getroffen. Natürlich hat er die amerikanische Presse gelesen, weiß aber von den tatsächlichen Beziehungen zwischen dem König und Wallis nichts. Der *Evening Standard* hat wie andere englische Zeitungen Angebote für Sensationsartikel erhalten. Man hat sie beiseite geschoben. Was sollte er Cudlipp nun antworten? Beaverbrook denkt, wenn das öffentliche Interesse es rechtfertigt, ist es die Pflicht einer Tageszeitung, die bevorstehende Scheidung zu melden. Und das ist offensichtlich der Fall: «Der Name von Mrs. Simpson war den Briten vertraut geworden», erklärt Beaverbrook, «und ihre Freundschaft mit dem König war bekannt. Ihre Scheidung war zweifellos eine große Neuigkeit.»

Dennoch eine Vorsichtsmaßnahme. Beaverbrook ist ein alter Freund von Theodore Goddard. Er ruft ihn an und teilt ihm mit, daß der *Evening Standard* über die Scheidung seiner Mandantin berichten wird. Goddard ist sehr erschüttert und will Beaverbrook sofort treffen. Der Pressemagnat empfängt ihn noch am gleichen Abend. Goddard tritt für Stillschweigen ein; seine Mandantin braucht jetzt «die größte Diskretion», doch Beaverbrook gibt nicht nach.

Widerwillig hat sich Lord Beaverbrook auf die *Affäre* eingelassen, und er wird bis zum Schluß nicht mehr herauskommen. In dem für den Historiker wertvollen Bericht, den er der Geschichte all dieser Wochen gewidmet hat, erzählt Beaverbrook, daß er am Dienstag, den 13. Oktober, einen Anruf des Königs erhielt. Dieser wünschte ihn dringend zu sprechen, und man machte ein Treffen für Freitag, den 16. Oktober aus.

Beaverbrook erklärt, daß dieses Datum, das angesichts der Dringlichkeit des vom König geäußerten Wunsches sehr spät war, durch rasende Zahnschmerzen erzwungen war, unter denen er damals litt und die ihn zwischen Dienstag und Freitag zu zahlreichen Zahnarztterminen zwangen.

Wir wären gerne bereit, das zu glauben, wenn man nicht die Notizbücher Beaverbrooks gefunden hätte. Nicht ein einziger Zahnarzttermin zwischen dem 12. und 16. Dagegen findet man unter dem 15. Oktober um 17 Uhr 30 die Eintragung eines Termins, die, wenn es noch notwendig wäre, beweisen würde, daß Lord Beaverbrook sich nie ohne Munition in eine Affäre von solcher Bedeutung stürzen würde. Im Notizbuch ist an diesem Tag, zu dieser Stunde ein Name festgehalten: Mr. Ernest Simpson.

Am Freitag erscheint Max im Buckingham-Palast, wo der König ihn sogleich empfängt: «Der König bat mich, ihm dabei zu helfen, daß nichts im voraus über die Scheidung von Mrs. Simpson veröffentlicht würde und daß die Veröffentlichungen nach dem Spruch begrenzt blieben. Er bat mich ruhig, aber bestimmt darum. Als Grund gab er an, daß der Gedanke an das öffentliche Aufsehen um ihre Person Mrs. Simpson krank, unglücklich und ratlos mache. Sie sei in der Öffentlichkeit bekannt geworden, weil sie sein Gast an Bord der *Nahlin* und auf Balmoral gewesen sei. Da ihr Name mit dem seinen verknüpft würde, hielte er es für seine Pflicht, sie zu beschützen.

Diese Gründe reichten mir und ich versuchte durch Verhandlungen zu erreichen, daß die Veröffentlichung von Informationen über Mrs. Simpsons Scheidung sich in Grenzen hielten und nicht auf ihre Freundschaft zum König angespielt würde.

Jetzt beginnt das, was Eduard «ein einzigartiges Werk in den Annalen der Fleet Street» genannt hat, «wo schon der kleinste Gedanke an Zensur als Beleidigung aufgefaßt wird.» Walter Monckton und George Allen, die beiden Rechtsberater des Königs, treten auf den Plan. In Begleitung Moncktons trifft Beaverbrook Esmond Harmsworth, den Präsidenten des Vereins der Zeitungseigner, mit dem man einen wahren Schlachtplan erstellt. Man nimmt zu jeder Zeitung Kontakt auf, und die Gesamtheit der Presse erklärt sich einverstanden, eine Politik der Verschwiegenheit zu verfolgen. Als Sir Walter Layton vom *News Chronicle* zögert, läßt sich Beaverbrook zu ihm fahren und vertritt seinen Standpunkt so lebhaft, daß er die Zusage erhält, daß Layton die gleiche Diskretion walten läßt wie er selbst. Selbst die Zeitungen des sonst unzugänglichen Irland machen mit. Die französische Zeitung *Paris-Soir*, deren Auflage damals zwei Millionen überstieg, hatte einen Artikel veröffentlicht, der Eduard VIII. sehr mißfallen hat. Beaverbrook interveniert persönlich bei Jean Prouvost, dem Besitzer der Zeitung. Prouvost antwortet: «Ich verstehe wohl, daß das Thema sehr heikel ist. Ich habe daher den Chefredakteuren Anweisung gegeben, in Zukunft nichts mehr davon zu erwähnen, es sei denn, daß ich absolut dazu gezwungen bin, die Information weiterzugeben. In diesem Fall werde ich Sie vorher anrufen.»

Eduard verfolgt leidenschaftlich die Entwicklung dieser Kampagne großen Stils. «Ich sah den König fast jeden Tag», schreibt Beaverbrook später und schwört – soll man ihm dieses Mal glauben? – , daß er überhaupt nicht gewußt hätte, «daß der König eine Heirat im Sinn hatte.» Er bekräftigt: «Er hatte diesbezüglich keinerlei Anspielung gemacht, und Theodore Goddard, der Anwalt von Mrs. Simpson, hatte mir gesagt, Seine Majestät hätte keine solche Absicht. Ich gab diese Zusicherung an die Zeitungseigner weiter. Und ich glaubte es selbst. Wenn ich gewußt hätte, daß er vorhat, sie zu heiraten, hätte ich genauso gehandelt. Aber es bleibt bei der Tatsache, daß ich es nicht wußte.»

Der Tag der Verhandlung kommt näher; die Presse bewahrt Stillschweigen.

In jenem Herbst regnet es ununterbrochen. In Felixstowe hat die Mehrzahl der Villen die Fensterläden geschlossen. Selbst die eingefleischtesten Strandliebhaber haben den Ort verlassen. Zwischen zwei Regengüssen vertreiben sich Wallis und die Hunters die Langeweile mit einem Spaziergang am Strand. Sie gehen ins Dorf, um Zeitungen und die Post zu holen. Zuerst hatte Wallis befürchtet, daß die Einwohnerinnen und Einwohner sie wie ein seltsames Tier anstarren würden. Offensichtlich kam niemand auf die Idee. Mrs. Simpson ist für die Bevölkerung von Felixstowe kein Thema. So bleiben nur die Stille, gelegentlich unterbrochen vom Wind, der die Läden der geschlossenen Villen peitscht, und vom Rauschen der Wellen, die sich unermüdlich auf einen Strand ergießen, der leer wie eine Wüste ist.

Trotz der Anwesenheit der Hunters und des Detektivs David Storier, den Scotland Yard ihr abgestellt hat, war sie sich noch nie in diesem Maße ihrer Einsamkeit bewußt geworden. Es geht ihr gesundheitlich schlecht. Die Magenschmerzen im Juni und die Grippe im September haben sie sehr mitgenommen. In Felixstowe fühlt sie sich am Ende ihrer Kräfte. In all den Augenblicken großer Verwirrung – und Gott weiß, wie viele davon sie seit ihrem Zusammentreffen mit David durchgemacht hat – hat sie sich immer an die gewandt, die sie als ihre zweite Mutter betrachtet. In der letzten Zeit ist der Briefwechsel mit ihrer Tante immer seltener geworden. Da, in diesem Landhaus, wo sie spürt, wie die Angst in ihr hochsteigt, wendet sie sich wieder an ihre Tante Bessie: «Liebste, verzeihen Sie mir alles, aber ich hatte und habe immer noch große Sorgen. Ich denke, daß es besser ist, sie nicht mit anderen zu teilen, und aus diesem Grund habe ich Ihnen nicht geschrieben. Ich hätte gerne, daß Sie kommen, und ich werde Ihnen alles erzählen. Nehmen Sie das nächste Schiff nach dem 1. November und besuchen Sie mich. Ich kann keinen Fuß in die Vereinigten Staaten setzen wegen des Getöses, das es dann geben würde. Ich bedauere, daß Sie nicht wissen, was vor sich geht, aber vielleicht ist das besser für Sie. Ich liebe Sie und hoffe, daß doch noch alles in Ordnung kommt. Es ist wirklich ein schwieriger Augenblick für mich. Ich bin für zehn Tage in Felixstowe an der Nordsee. Die Hunters sind bei mir. Ich werde die Differenz des Fahrpreises auf der *Queen Mary* bezahlen. Ich liebe Sie. Wallis.»

Dieser Brief ist beruhigend und zärtlich zugleich. Nur in einem Satz bricht die Angst durch: «Das ist jetzt ein schwieriger Augenblick für mich.»

Am 12. Oktober erreicht Baldwin von Aix-les-Bains kommend London, ein bißchen früher als vorgesehen. Bei einem so methodischen Menschen kann das als Zeichen von Besorgnis gesehen werden. Auf seinem Schreibtisch stapelt sich die Post zu dieser «Affäre». Wie die Dogge, die er manchmal zu sein vorgibt, schnuppert Baldwin an dieser Korrespondenz. Bei ihm gibt es keine Logik, das wäre für ihn gegen den englischen Geist. Was ihn leitet, ist der Instinkt. Von Natur aus entzieht er sich jeder Initiative, sträubt sich aber nicht, wenn man ihn an der Hand führt, auch wenn er zu gegebener Zeit den Rückzug antreten muß. Diesmal weiß er, daß er Stellung beziehen muß. Nur welche?

In Felixstowe denkt Wallis gewiß nicht an Mr. Baldwin, sondern an diesen Mann, der sie liebt und über dessen Haupt sie einen Sturm sich zusammenbrauen sieht. Von Felixstowe schreibt sie am Donnerstag, den 14. Oktober 1936 an Eduard: «Mein Liebster, alles wird viel verwickelter als wir es vorausgesehen hatten, sowohl für Sie als auch für mich, denn wir werden alle beide von der Presse verfolgt. Denken Sie immer noch daran, unsere Beziehung fortzusetzen, während ich doch fühle, daß das Ihrer Beliebtheit im Land schaden würde? Letzte Nacht habe ich von seiten der Hunters soviel gehört, daß es mich geschaudert hat und ich bin durcheinander und sehr krank davon, bis vier Uhr morgens geredet zu haben. Das ist fast zum Streit ausgeartet, denn es waren keine angenehmen Sachen, die ich darüber hören mußte, wie mich der Mann auf der Straße wahrnimmt. Ich habe sagen hören, daß Sie im Kino ausgepfiffen worden sind, daß man sich im Theater geweigert hat aufzustehen, als man «God save the King» spielte und daß man anderswo hinzugefügt hat: «und Mrs. Simpson». Wirklich, lieber David, wenn ich Ihnen so sehr schade, wäre es da nicht besser, wenn ich ohne Aufhebens verschwände? Heute hat mich Ernest angerufen, um mir zu sagen, daß er von Telegrammen seitens der amerikanischen Presse überschwemmt wird. Es hat dort eine Radiosendung gegeben... Ich kann Ihnen nicht zu Hilfe kommen, aber ich spüre, daß Sie Probleme mit dem Unterhaus haben werden, und vielleicht werden Sie gezwungen sein, dorthin zu gehen. Ich kann Sie nicht in eine solche Situation bringen. Ich habe auch Angst, daß dieser Richter[1] seine Gelassenheit verliert – und was wird dann passieren? Ich bin betrübt, daß ich Ihnen so viele Unannehmlichkeiten bereite, mein Liebster, aber ich bin wie ein Tier, das in einer Falle sitzt, und bin bedrückt von dem Gedanken, daß Sie meinetwegen ihre Popularität verlieren werden. Bitte, entscheiden Sie sich bei all dem so, wie es für Sie das Beste scheint, wenn Sie mich nach der Lektüre des Briefes anrufen. Ich denke, daß wir gemeinsam stark genug sind, dieser gehässigen Welt entgegenzutreten, aber getrennt fühle ich mich elend, und ich habe Angst um Sie, um

1 Der Richter in ihrem Scheidungsverfahren. Man war übereingekommen, daß der Name des Königs nicht erwähnt würde, aber sie fürchtet, daß es anders kommen könnte.

Ihre Sicherheit!... Die Hunters sagen auch, daß man meinen Wagen mit Steinen bewerfen wird. Bitte, David, halten Sie mich fest an sich gedrückt.»

Am nächsten Tag, Freitag, den 15. Oktober, muß Eduard zu einer Jagdpartie nach Sandringham fahren. Das königliche Ritual nimmt keine Rücksicht auf gequälte Herzen, in Großbritannien vielleicht noch weniger als anderswo. Es scheint, daß Wallis' verzweifelter Brief den König hier erreicht hat, denn unter Mißachtung des Protokolls verläßt er am Sonntag seine Gäste für einige Stunden. Sie selbst stiehlt sich für den gleichen Zeitraum aus Felixstowe weg. Ein kleiner Brief, der am Samstag von Sandringham abgeht, gibt uns Gewißheit.

«Diese eanum Nachricht, um ein Mädchen zu ihrer Rückkehr willkommen zu heißen und ihr zu sagen, daß ein Junge sie immer noch liebt und daß er sich beeilt, sie zu besuchen. Oh, mein Herz, welch ein Alptraum waren diese Tage, die Gott sei Dank zu Ende gehen. Ich rufe Sie morgen nachmittag an, um Ihnen zu sagen, wann ich ankomme. Gott segne WE, meine Wallis. Ihr David.»

Die Begegnung ist nur kurz, aber wie könnten wir an der Leidenschaft zweifeln, die Eduard aufgewühlt haben muß, um der zu antworten, die ihn zu Hilfe rief: «Bitte, David, halten Sie mich fest an sich gedrückt...»

Im Laufe des Wochenendes folgt Stanley Baldwin der Einladung von Lord Fitzalan, ehemaliger Chef der Konservativen Partei und Vizekönig von Irland. Er begibt sich nach Cumberland Lodge, einem Sitz auf der Domäne von Windsor, dessen Nießbrauch Fitzalan hat. Der Vizekönig ist von der Wendung, die die Dinge genommen haben, beunruhigt; er macht sich Sorgen um die Zukunft der Krone und hat aus diesem Anlaß Wert darauf gelegt, einige Herren bei sich zu versammeln: den Herzog von Norfolk, der mit der Krönungszeremonie betraut ist, die im Mai

1937 stattfinden soll; Lord Salisbury, den ehemaligen Sprecher der Peers im Oberhaus; Lord Kemsley, einen großen Zeitungsverleger, der die mächtige rechtsgerichtete Zeitungskette führt, die unter anderem den *Daily Telegraph*, die *Sunday Times* und die *Financial Times* herausgibt; und schließlich Alec Hardinge. Man kann es zumindest ungewöhnlich finden, daß der eigene Privatsekretär eines Königs zu einer Veranstaltung eingeladen wurde, die einige ein Komplott gegen Eduard nannten. Und besonders, daß er dieser Einladung gefolgt ist.

Die Diskussion dreht sich hauptsächlich um die Scheidung von Mrs. Simpson. Alle Anwesenden sehen die Variante, daß Mrs. Simpson verheiratet bleibt, als einzige wirkliche Garantie an, über die sie verfügen. Sie wissen, daß das Scheidungsurteil nach dem herkömmlichen Verfahren zusammen mit einem Rechtsspruch herausgegeben wird, der eine Frist von sechs Monaten setzt, bevor die Scheidung rechtsgültig wird, der sogenannte Rechtsspruch nisi[1]. Wenn im Laufe dieser Frist keine Einwände erhoben werden, wird die Scheidung endgültig ausgesprochen. Es bedarf nur einer kleinen Rechnung, um festzustellen, daß die Scheidung, wenn sie im Verfahren am 27. Oktober ausgesprochen wird, am 27. April 1937 rechtsgültig wäre. Da die Krönung auf Mai angesetzt ist, hätte Eduard gerade noch Zeit, Mrs. Simpson zu heiraten und in den heiligen Hallen von Westminster zu seiner Königin zu machen. In den Augen dieser ehrenwerten Mitglieder der Society ist diese Möglichkeit inakzeptabel. Es gibt also nur eine Lösung: Premierminister Baldwin muß dem entgegentreten.

Die Phantasie zu bemühen ist eine Sünde für den Historiker. Wir können aber trotzdem nicht umhin, uns diese Männer vorzustellen, wie sie sich alle gleichzeitig Stanley Baldwin zuwenden, um ihn aufzufordern, zur Tat zu schreiten. Wir stellen uns

1 «Nisi» ist lateinisch und bedeutet «wenn nicht».

diesen John Bull vor, wie er gleichzeitig verärgert und beunruhigt ist, wie er zögernd mit dem Kopf nickt und zustimmt.

Der Form halber wird Baldwin Hardinge um Rat fragen. Die beiden Männer kommen überein, daß es unmöglich ist, länger zu warten. Sie wissen, daß der König zur Jagd nach Sandringham gefahren ist. Hardinge ruft ihn an. Die lakonische Antwort: Der König ist nicht erreichbar. Baldwin sagt sich, daß Sandringham wahrscheinlich nur ein Alibi war. Der König hat «die Dame» in Felixstowe besuchen müssen. Und damit, das wissen wir jetzt, liegt er gar nicht so sehr daneben. Nichtsdestoweniger erklärt er Hardinge, daß er bereit ist, sich nach Sandringham zu begeben. Der Privatsekretär wagt es, eine gegenteilige Ansicht zu formulieren, denn eine Unterredung in Sandringham würde mit Sicherheit zu einer unerwünschten Publizität führen. Doch Baldwin besteht darauf. Schließlich erreicht Hardinge den König. Eduard wird Sonntag abend nach Fort Belvedere zurückkehren und Baldwin dort Montag morgen empfangen.

Die Rollen in diesem Drama scheinen gut verteilt zu sein. Das Räderwerk läuft reibungslos. Bis hierher haben die handelnden Personen getrennt agiert. Jetzt werden sie aufeinandertreffen. Eduard hat keinen Zweifel über den Inhalt der Unterredung, um die Baldwin ihn gebeten hat, und er fühlt sich hilflos: «Wenn er wirklich die Absicht hätte, mir als Premierminister einen Rat in bezug auf meine Beziehung zu Wallis zu geben, dann fragte ich mich, wie weit er gehen würde. Es war klar, daß eine Krise auf mich zukam.»

Am besagten Tag, zur besagten Stunde begibt sich der König an die Türschwelle von Fort Belvedere, um Baldwin zu empfangen. Man läßt einen König nicht warten: Um Punkt 16 Uhr hält der Wagen des Premierministers. Mit Mühe entsteigt Baldwin dem Gefährt. Eduard erinnert sich später, daß dieser schwarze Wagen «um die Hälfte zu klein für ihn zu sein schien.»

Baldwin ist sehr aufgeräumt. «Er war freundschaftlich, natürlich und etwas weitschweifig wie ein Nachbar, der gekommen war, um sich mit mir über die Grenzen unserer Anwesen zu verständigen. Er lobte die Schönheit der Landschaft, die gelungene Anlage der Gärten, den silbernen Schimmer der Birken und die zarten Farben des Herbstes. Wir setzten uns im achteckigen Salon vor das Kaminfeuer, er in einen Sessel, ich auf einen Diwan. Aber innerlich war er nicht so ruhig, wie er sich den Anschein gab, denn er wurde langsam nervös und fragte mich, ob er sich einen Whisky Soda nehmen könnte.»

Ein Whisky um diese Tageszeit? Eduard verbirgt sein Erstaunen, so gut er kann. Er läutet dem Butler und befiehlt ihm, Whisky zu bringen. Der Bedienstete tut, wie ihm geheißen, und zieht sich zurück, nachdem er das Tablett auf einen Tisch hinter dem Diwan gestellt hat. Mr. Baldwin steht auf, nimmt die Karaffe und ein Glas und betrachtet den König mit ernster Miene:

– Sire?

Mit gleicher Schlichtheit antwortet der König:

– Nein, danke, Mr. Baldwin, ich trinke nie vor sieben Uhr abends.

Der Premierminister zuckt leicht zusammen. Er gießt sich Whisky und Soda ein. Einen langen Augenblick betrachtet er sein Glas. Er nimmt seine Pfeife heraus und beginnt – ein Bild ministerieller Ruhe –, sie zu stopfen. Als Symbol königlicher Majestät nimmt auch Eduard seine Pfeife und tut es ihm nach. Während dieser ganzen Zeit fällt zwischen den beiden Männern kein Wort.

Schließlich öffnet Mr. Baldwin den Mund. Wenn er sich erlaubt, in einer solch delikaten Angelegenheit zu intervenieren, dann nicht nur in seiner Funktion als Premierminister, sondern auch als Freund, der dem König helfen möchte: «Die Klatschgeschichten und die Kritik in den kanadischen und amerikanischen Zeitungen hatten eine lebhafte Beunruhigung bei ihm hervorgerufen. Wenn das so weiterginge, meinte Mr. Baldwin, könnte es das Ansehen der Monarchie in Gefahr bringen.»

Baldwin redet eine Stunde lang um dieses Thema herum. Eduard greift kaum ein, er hört zu. Er möchte wissen, wie weit Baldwin gehen will. Und wie weit er tatsächlich gehen wird. «Nach und nach verstand ich, daß es der Zweck seines Besuches war, von mir die Zusage zu bekommen, daß ich Druck auf Wallis ausüben würde, damit sie ihre Scheidungsklage zurückzöge. Da über die Klage noch nicht entschieden war, konnte ich mich zu diesem Zeitpunkt nicht auf eine solche Diskussion einlassen. Schließlich fragte der Premierminister fast brutal: «Muß dieses Vorhaben wirklich durchgeführt werden?»

«Mr. Baldwin», antwortete ich und versuchte so gut wie möglich, meine Gefühle zu verbergen, «ich habe nicht das Recht, mich in die persönlichen Angelegenheiten anderer einzumischen, wer immer es auch sei. Es wäre nicht recht von mir, Mrs. Simpson zu beeinflussen, nur weil sie zufällig eine Freundin des Königs ist.»

Jetzt ist es an Baldwin zuzuhören. Er begleitet jeden Satz, jedes Wort, mit einem angemessenen Gesichtsausdruck. Seine ganze Haltung will sagen: Sind seine Gefühle wirklich so tief, wie man es sagt? Ist es eine vorübergehende Leidenschaft oder eine wahre Liebe? Eine einzige Frage könnte es Baldwin erlauben, seine Zweifel zu zerstreuen: «Hat Eure Majestät die Absicht, Mrs. Simpson zu heiraten, wenn sie frei ist?» Aber er stellt sie nicht. «Er erhob sich, um sich zu verabschieden und murmelte einige Worte der Befriedigung über das Eis, das jetzt gebrochen sei. Mir lag eine gute Antwort auf der Zunge: Bis jetzt war doch nur das Eis in seinem Whisky geschmolzen. Aber da Mr. Baldwin einen nicht kalkulierbaren und manchmal auch aussetzenden Sinn für Humor hatte, schien es mir besser, es nicht zu sagen. Wir schieden, wenn schon nicht mit der herzlichen Versicherung gegenseitiger Achtung, so doch ohne Bitterkeit voneinander.

Beim Abschied machte mir Mr. Baldwin noch einmal Komplimente über die Schönheit meines Gartens und gab mir einen guten Rat für meine Rabatten mit den mehrjährigen Pflanzen.»

Es besteht kein Zweifel: Die Unterredung hat die Feindseligkeiten zwischen dem König und dem Premierminister eröffnet. Und auch darüber besteht kein Zweifel: Das Komplott der Notablen ist gescheitert. Sie haben den König nicht dazu bringen können, Mrs. Simpson zu bewegen, ihre Scheidungsklage zurückzuziehen. Das Drama nimmt seinen Lauf.

Es sind noch mehr als drei Tage bis zum Prozeß. In Ipswich, der Stadt, wo das Scheidungsverfahren durchgeführt wird, hat die «Mund-zu-Mund-Propaganda» in überwältigendem Ausmaß um sich gegriffen. Die amerikanischen Journalisten sind als erste mehrere Tage vor dem Prozeß angekommen und machen sich in den Bars breit, wo sie lauthals über den Grund ihrer Anwesenheit sprechen. Die englischen Reporter, die verärgert sind, daß man ihnen zuvorgekommen ist, stellen ihre schlechte Laune zur Schau. Sie wissen im voraus, daß sie von dem Verfahren nur Nebensächliches berichten dürfen. Falls es nicht einen Zwischenfall gibt, der die britische Presse von ihrer Schweigeverpflichtung befreit, haben sie die Reise vergebens unternommen. Die Amerikaner, die über die englischen Bräuche nicht auf dem laufenden waren, rechneten auf ihre Kollegen, um an Informationen zu kommen. Ein offensichtlich mangelnder guter Wille stellt sich ihrem Vorhaben entgegen. Deshalb greift die Verdrossenheit der Briten auch auf die Amerikaner über. Das Klima wird drückender und die Gemüter erhitzen sich.

Wallis wäre nicht Wallis, wenn sie nicht daran dächte, sich auch im Prozeß «präsentabel» zu zeigen. Es gibt weder in Felixstowe noch in Ipswich einen «entsprechenden» Friseursalon. Sie faßt einen Entschluß: Sie wird nach London in die Bond Street zu ihrem Hausfriseur fahren. Ladbrook wird sie mit dem Buick hinbringen und Inspektor Storier über ihre Sicherheit wachen.

Wie ist diese Menschenmenge in London nur informiert worden? Etwa durch eine Indiskretion des Friseurs? Als ihr Wagen in die Bond Street einbiegt, warten mehrere hundert Leute auf sie. Journalisten und Fotografen lauern schon. Wallis hat gerade noch Zeit, sich in den Friseursalon zu stürzen. Die Menge davor wächst weiter an. Man hört nur, wie der Name von Mrs. Simpson immer wieder genannt wird. Während ihre Frisur wieder die klassische Form erhält, die sie liebt, nimmt ihre Angst zu. Als letzte Hand angelegt ist, läßt sie Storier rufen: Er muß ihr da heraushelfen. Storier entdeckt eine Hintertür und verständigt Ladbrook, der seinen Wagen unter tausend Sicherheitsvorkehrungen dorthin fährt. Die Menge läßt sich nicht täuschen und folgt ihm. Voller Hoffnung gleitet Wallis durch die kleine Tür, als sie sich plötzlich einer Horde gegenübersieht. Sie stürzt sich in den Wagen, der eilig davonbraust. Am gleichen Abend ist sie wieder in Felixstowe. Sie ist verzweifelt.

Am Samstag, den 24. Oktober 1936 schreibt Eduard an Wallis: «Diese drei Gardenien sind eanum, aber sie machen ein enormes Oh und sagen, daß ein Junge ein Mädchen immer mehr liebt und daß er sie fest in seinen Armen hält während dieser harten Tage des Wartens. Das Härteste ist, daß wir nicht zusammen sein können, und wir sind so einsam und entwurzelt! Aber das wird alles bald zu Ende sein, mein Herz, und alles wird dann so wunderbar und aufregend werden. Ich weiß, daß es leicht ist zu sagen «Machen Sie sich nichts draus!», aber bitte, Wallis, machen Sie sich nicht allzu viel draus. Ich nehme Ihnen die Hälfte der Sorgen ab, indem ich hier tue, was ich kann. Oh, wie ich mich nach Ihnen verzehre, und wie sehr Sie allen Wesen und allen Dingen hier im Fort fehlen. Es ist ein schöner Tage heute, wenn man davon absieht, daß die Sonne sich nicht zeigt. Gott segne WE, meine Vielgeliebte. Ihr David.»

Es sind noch drei Tage bis zu dem Termin. In der Nacht vor dem Prozeß sucht Wallis vergeblich Schlaf. Sie geht in ihrem Zimmer auf und ab und fragt sich einmal mehr: Hat sie einen Fehler begangen, als sie sich geweigert hat, die Folgen dieser Scheidung zur Kenntnis zu nehmen? Fügt sie damit nicht letztendlich dem König nicht wiedergutzumachenden Schaden zu? «Schließlich beruhigte ich mich», erzählt sie später, «indem ich mir sagte, daß es sowieso zu spät war umzukehren.»

Die Verhandlung wird nur einen Tag dauern, und sie hat beschlossen, gleich nach London zurückzufahren, sobald der Richter sein Urteil gefällt hat. Am Vorabend hat sie ihre Koffer gepackt. Sie hat beschlossen, daß die Hunters in dem jetzt allseits bekannten Buick nach London zurückkehren und sie ihr mitbringen sollen.

Sehr früh am Morgen des 27. Oktobers hält ein Wagen vor Beach House, derjenige Theodore Goddards, der seine Mandantin abholt, um sie nach Ipswich zu bringen. Er wird ihre Sache nicht selbst vor Gericht vertreten, denn das britische Rechtssystem verbietet das. In Absprache mit Wallis hat er den Anwalt Sir Herman Birkett ausgewählt, der sie vor Gericht vertreten soll. Man macht sich auf nach Ipswich.

Ich bin die Strecke selbst abgefahren. Die Straße von Felixstowe nach Ipswich windet sich zwischen zwei Reihen kleiner Landhäuser mit roten Ziegeldächern. Nahe der Straße stehen Bäume. Das Land ist sehr flach, eine typische Landschaft der Grafschaft Suffolk. Ipswich ist eine kleine, triste Stadt mit engen Straßen. Überall sieht man die gleichen einstöckigen Häuser. Auf einem winzigen Platz vor der traditionellen, düsteren Backsteinfassade des Justizpalasts hat der Wagen von Wallis angehalten. Über der roten Holztür steht ein Datum: 1837, das Jahr der Thronbesteigung Königin Viktorias. Wenn man in das Gebäude eintritt, verliert man sich in einem Labyrinth schmaler Flure. Die linke Treppe, die sie hochsteigen, führt in einen rechteckigen Saal. Im Gegensatz zu französischen Gerichten befindet sich die Richterbank an der Längsseite.

Mein Führer hat mir bestätigt, daß sich hier seit damals nichts geändert hat. Der Tisch ist mit rotem Samt bedeckt, rot sind auch die Sessel der Richter und der Baldachin über ihnen. In der Mitte des Zimmers ist ein Eichentisch für die Anwälte. Das Licht fällt durch eine Reihe hochliegender Fenster.

Als Wallis mit einem blauen Kostüm und einem kleinen Hut bekleidet in die Vorhalle tritt, erlebt sie ihren ersten Schock: Die Journalisten warten dicht gedrängt auf sie. Einen Augenblick fürchtet sie einen Ansturm, ein Gedränge, aber sie täuscht sich. Niemand stellt ihr Fragen, noch richtet irgend jemand das Wort an sie. Man beobachtet, wie sie vorbeigeht, das ist alles. Aber egal, allein diese Blicke sind eine Heimsuchung. Ihre Anwälte führen sie zu der Sitzreihe gegenüber dem Gericht. Sie setzt sich auf den Stuhl, der ihr zugwiesen wird.

– Der Rechtsstreit Simpson gegen Simpson.

Die Sitzung ist eröffnet. Der Richter, Sir John Hawke, verzieht das Gesicht unter der Perücke: Man hat nicht nur außerhalb des Justizpalastes Sicherheitsmaßnahmen ergriffen, sondern auch, ohne daß man geruht hätte, ihn zu fragen, innerhalb desselben. Überall sind Polizisten. Das hat es vorher noch nie gegeben, daß man den Mitgliedern der Anwaltskammer von Ipswich den Zugang zum Gerichtssaal verwehrt hat. Man hat die Fotografen hinausgewiesen, die sich schon Stunden vor dem Prozeß mit ihren Kameras in der Nähe der Richterbank niedergelassen hatten. Nur dreißig Journalisten haben die Genehmigung erhalten, im Saal zu bleiben. Zudem hat man die Presse, die traditionell gegenüber den Zeugen sitzt, hinter Mrs. Simpson verbannt. Man hat den Anwälten, die zu anderen Prozessen im Gebäude waren, verboten, den Umkleideraum zu benutzen. Aber ohne ihre Robe kommen sie doch gar nicht in den Gerichtssaal. Das alles genügt, um die schlechte Laune von Hawke zu begründen, und im übrigen leidet er an einem Schnupfen, was seine Laune auch nicht verbessert.

Sir Norman Birkett K.C.[1] erhebt sich. Für Wallis ist er kein Unbekannter. In London hat sie lange mit ihm beraten.

– Ich möchte zusammen mit meinem Freund, Mr. Walter Frampton, die Sache der Antragstellerin, Mrs. Simpson, vertreten, die ich hiermit aufrufe.

Bleich, aber sicher geht Wallis zum Zeugenstand. Der Gerichtsdiener liest ihr die Eidesformel vor, und sie spricht sie ihm nach.

– Ihr Name ist Wallis Simpson...

Die üblichen Formalitäten, Familienstand, derzeitige Adresse. Auf eine persönlichere Frage antwortet Wallis, daß sie von ihrem Ehemann Ernest Aldrich Simpson keine Kinder hat. Birkett fährt fort:

– Waren Sie bis zum Herbst 1934 mit dem Beklagten glücklich?

– Ja.

Der Beklagte? Es handelt sich um Ernest. Sicherlich haben ihn viele Journalisten in diesem Augenblick im Gerichtssaal gesucht. Nein, der Beklagte ist nicht da. Immer noch Birkett:

– Und zu diesem Zeitpunkt hat sich das Verhalten des Beklagten verändert? Inwiefern?

– Er ist gleichgültig geworden und war oft an den Wochenenden fort.

Der Ton Birketts wird schneidender:

– Am Weihnachtstag 1934 haben Sie ein Briefchen auf ihrer Frisierkommode gefunden.

– Ja.

1 K.C.: Kings Counsel, Titel für Rechtsanwälte, die bei höheren Gerichten zugelassen sind.

Birkett reicht das Briefchen dem Richter. Hawke liest es still. Wallis erklärt dann, daß ihr kurz vor Ostern durch das Verwechseln des Umschlages ein Brief an ihren Mann in die Hände gefallen ist. Birkett:

– Nachdem Sie seinen Inhalt zur Kenntnis genommen haben, haben Sie sich an Ihren *Solicitor* gewandt?

– Ja.

– Dieser hat Ihnen die Auskünfte gegeben, die Sie dazu geführt haben, in diesem Prozeß Ihr Recht zu suchen. Wollen Sie dem Gericht den Brief vorlesen, den Sie danach dem Beklagten schrieben?

Wallis entnimmt ihrer Tasche den Brief. Sie hebt die Stimme nicht beim Vorlesen, aber in der totalen Stille wird jeder einzelne Satz von den Anwesenden verstanden.

Die Befragung von Wallis ist damit beendet. Sie geht zu ihrem Stuhl zurück und setzt sich. Norman Birkett ruft jetzt die Angestellten des vornehmen Hotels Paris in Bray-on-Thames auf. Sie bestätigen, daß sie einer Dame, die nicht die Antragstellerin war, den Tee serviert haben und daß diese Dame mit Mr. Simpson im Bett lag. In einem großen Bett, wie sie erklären.

Sir John Hawke blickt auf. Es gelingt ihm nur schwer, sein Mißfallen zu verbergen angesichts der Wendung, die die Dinge nehmen:

– Ich nehme an, daß ich auf Ehebruch erkennen muß, sagt er.

Peinliche Stille breitet sich unter der getäfelten Holzdecke des Gerichts aus.

– Ich vermute, das ist das, was Euer Ehren im Sinn hat.

Birkett hat eingegriffen und die drückende Stille unterbrochen. Der griesgrämige Gesichtsausruck des Richters gerät zu offensichtlicher Verärgerung.

– Wie können Sie wissen, was ich im Sinn habe, Mr. Birkett?

Pardon. Sir John hat nichts im Sinn. Birkett beeilt sich, das einzuräumen.

– Ich vermute, antwortet er mit tiefem Respekt, ich vermute, daß Euer Ehren das im Sinn hat, was man gewöhnlich «Beweis in flagranti» nennt. Mit dem Respekt, den ich Euer Ehren schulde, wollte ich sagen, daß Sie daran gedacht haben.

Sir John ist erleichtert.

– Darum handelt es sich wohl, Mr. Birkett, danke, daß Sie das Problem erhellt haben.

– Der Name der Frau ist im Scheidungsantrag festgehalten, Euer Ehren.

Der Name hätte schon lange genannt werden müssen. Sir John hätte den Anwalt und das Hotelpersonal diesbezüglich befragen müssen. Er hat sich davor gehütet, zur riesigen Enttäuschung der Journalisten, die nur darauf warteten. So kommt es, daß in Ipswich niemand erfährt, daß Mr. Simpsons «Komplizin» Butterblume hieß. Mit buchstäblich ausgesuchter Höflichkeit sagt Birkett:

– Ich würde Sie bitten, Euer Ehren, einen vorläufigen Spruch zu Lasten und auf Kosten des Beklagten zu fällen.

Der Richter hebt den Kopf:

– Ja, auf Kosten und zu Lasten des Beklagten, fürchte ich. Ich nehme an, daß ich mich unter diesen ungewöhnlichen Umständen dazu entschließen muß.

Das alles hat neunzehn Minuten gedauert. Das Gericht fällt einen Rechtsspruch nisi zugunsten von Mrs. Simpson. Und schon nimmt Mr. Goddard Wallis am Arm, zieht sie aus dem Saal und läßt sie in seinen Wagen steigen.

Gewiß hat niemand die Worte der Verhandlung mitstenografiert. Die amerikanischen Zeitungen ersetzen die fehlenden Stenografen. Man muß sie nur konsultieren, um Rede und Gegenrede im kleinsten Detail nachlesen zu können. Die Gegenüberstellung der Berichte – wie es zum Beispiel Geoffrey Bocca tut – erlaubt es, zu einer an Gewißheit grenzenden Wahrscheinlichkeit zu gelangen[1].

Im Wagen, an der Seite des strahlenden Mr. Goddard, verspürt Wallis keine Erleichterung oder, wie sie selbst sagt, «keinerlei Freude». Sie muß noch sechs Monate warten, bis sie wirklich frei ist. Das beherrscht jetzt ihr Denken. Sie denkt auch an Tante Bessie, die angekündigt hat, daß sie bald kommen würde. Nie zuvor hat Wallis Tante Bessie so sehr gebraucht. Höflich setzt Mr. Goddard sie vor Cumberland Terrace, ihrer neuen Wohnung, ab. Sie macht die Tür auf und traut ihren Augen nicht. Ist es möglich, daß ihr noch soviel Freude zuteil werden kann? In ihrer Abwesenheit haben das Zimmermädchen und die Köchin das Haus vollständig eingerichtet. Sie geht von Zimmer zu Zimmer. Alle Dinge, auf die sie Wert legt, stehen an der Stelle, die sie selbst ihnen zugedacht hatte. Kaum ist sie wieder zu sich gekommen, als das Telefon klingelt. Es ist Eduard, der seiner Freude freien Lauf läßt und sich zum Diner ankündigt. Die Zukunft hellt sich auf.

Sollte der Alptraum zu Ende sein?

1 Man kann sich gleichermaßen auch auf die Biographie Norman Birketts von H. Montgomery Hide (Hamish Hamilton, London 1964) stützen.

VIII

Britannicus verwirrt das Spiel

Der König hält im Buckingham-Palast Rat. Um ihn sind versammelt der ehrenwerte J. Ramsay MacDonald, Lordpräsident des Privy Councils, Graf von Cromer, der Lordkämmerer, der Earl of Stanhope, Erster Beauftragter für öffentliche Arbeiten, der ehrenwerte W. L. Mackensie King, Premierminister von Kanada. An diesem Morgen haben der Herzog von Sutherland (Kammerlord), der Herzog von Beaufort (Hofstallmeister) und der ehrenwerte Major Hardinge (Privatsekretär des Königs) als Mitglieder des Privy Council ihren Eid abgelegt. Der *Hofbericht* führt aus: «Der ehrenwerte J. Ramsay MacDonald wurde vor der Ratssitzung in Audienz empfangen und der ehrenwerte W. L. Mackenzie King nach der Sitzung. Lord Brownlow und Kapitän zur See Charles Lambe hatten Dienst bei Seiner Majestät.»

Am 27. Oktober erfüllt Eduard VIII. – an diesem wie an allen anderen Tagen – ernst und pünktlich seine Pflichten. Doch seine Gedanken sind weit weg in Ipswich: «Den ganzen Morgen über, als ich mich bemühte, meine Pflichten mit meiner gewohnten Genauigkeit zu erfüllen, war ein Teil meiner Aufmerksamkeit woanders; er war mit dem beschäftigt, was gerade in Ipswich passierte.»

Gleich nach dem Frühstück hatten ihn seine Anwälte angerufen und ihn informiert, daß das Gericht einen Rechtsspruch *nisi* gefällt hatte. Seine Gedanken haben dann beim Kalender verweilt. Die Krönung ist auf den 12. Mai festgelegt. «Das ließ mir genügend Zeit, um zu versuchen, die Dinge in Ordnung zu bringen. Erleichtert – sehr zu Unrecht – machte ich mich wieder an die Arbeit.»

Als er am Abend in Cumberland Terrace erscheint, gibt sich Wallis einer Freude hin, die der König uneingeschränkt teilt. Dies umso mehr, als der König ihr einen Smaragdring mitbringt, der einst dem Großmogul gehört hat: «Ihr Verlobungsring!» Doch die Stimmung hält nicht an. Sehr schnell verdüstert sich seine Miene. Sie bestürmt ihn mit Fragen. Er berichtete – «widerwillig», wie sie sagt – von seiner ersten Begegnung mit Baldwin und verschweigt dabei nicht die Versuche des Premierministers, eine Rücknahme der Scheidungsklage zu erreichen. Wallis ist wie betäubt. Sie wehrt sich nicht gegen den Schrecken, der sie erfaßt. Als der König auf die britische Presse zu sprechen kommt, die man nicht auf ewig zum Schweigen verpflichten kann, wird ihre Angst panisch. Sie sieht sich nur noch als ein Hindernis in Eduards Leben, so sehr, daß er versucht, sie zu beruhigen. Mit viel Zärtlichkeit in der Stimme sagt er:

– Haben Sie keine Angst. Ich bin sicher, daß wir alle Hindernisse aus dem Weg räumen können.

Wallis wäre dessen gerne sicher. Aber sie ist es nicht.

Erst in der Not erkennt man seine wahren Freunde. Mitten unter der Post ist ein Brief der Rogers' aus Cannes. Lou Viei, Cannes, den 28. Oktober 1936: «Liebe Wallis, Ihr verzweifelter Brief aus Felixstowe ist heute morgen angekommen. Ich kann Ihnen nicht sagen, wie betrübt wir sind, daß Sie solch unglaubliche Prüfungen erdulden müssen. Ich habe keine Vorstellung von der Zeit, die ein Scheidungsverfahren in Anspruch nimmt, aber ich hoffe, daß gestern der Anfang und das Ende dieser Geschichte war, daß die Perücken Sie nicht entmutigt haben und daß Sie jetzt zurück in London sind, wo die Umzugssorgen Ihnen helfen werden, ihre größeren Sorgen zu vergessen.

Möchten Sie, daß wir bei Ihnen sind, oder möchten Sie herkommen? Sie wissen, wenn wir Ihnen irgendwie helfen können, machen wir das von ganzem Herzen. Das gilt auch für die Zukunft, und ich bitte Sie, erinnern Sie sich daran, wenn Sie uns jemals brauchen sollten. Sie sind für mich immer das lebende Beispiel einer überaus klugen und vollkommenen Persönlichkeit. Wir sind immer bei Ihnen... Besuchen Sie uns, wenn und wann immer Sie möchten – oder rufen Sie an, wenn Sie wollen, daß wir kommen.»

Das erstaunliche, von Lord Beaverbrook ausgehandelte Abkommen hält immer noch: Die britische Presse hat mit bemerkenswerter Einsilbigkeit über das Scheidungsurteil berichtet. Nichts über das Polizeiaufgebot in Ipswich, nichts über die Reibereien mit den Journalisten, nichts über die mangelnde Begeisterung von Richter Hawke. Die Weisung lautet weiterhin, nichts zu sehen, nichts zu hören und vor allem nichts zu schreiben. Bedauern wir diese britischen Journalisten, die sich an ihrem Schreibtisch festhalten müssen, um nicht den Versuchungen zu erliegen, besonders wenn sie die Schlagzeilen der amerikanischen Presse lesen. Die schönste davon war sicher: *King's Moll Reno'd in Wolsey's Home Town*. Obwohl es schwierig ist, diesen amerikanischen Jargon zu übersetzen, könnte man es in etwa so wiedergeben: *Das Liebchen des Königs macht ein «Reno» aus der Geburtsstadt von Wolsey*. Jeder weiß, daß die Stadt Reno in den Vereinigten Staaten berühmt ist für die Problemlosigkeit, mit der man sich dort scheiden lassen kann. Der Titel bekommt dadurch seine Würze, daß auf Thomas Wolsey angespielt wird, der um 1473 in Ipswich geboren wurde. Dieser war Beichtvater Heinrichs VIII., Erzbischof von York, Kardinal, dann Kanzler und hat beim Papst interveniert, um die Scheidung des Königs von Katharina von Aragon zu erreichen. Sein Mißerfolg hat ihn in Ungnade gestürzt und zu seinem Untergang geführt. Ein reizender Vergleich, selbst wenn niemand so weit gegangen ist zu fordern, man sollte Wallis in den Tower von London sperren.

Aber wie weit wird man gehen? Das ganze Establishment stellt sich die Frage. Angesichts dieser quälenden Vorstellung veranlaßt die zunehmende Unruhe des Königs – seine Unruhe beunruhigt seine Freunde immer mehr – diesen, den Rat eines Mannes zu suchen, dessen aufrichtige Freundschaft ihm die Gewißheit gibt, daß dieser Rat ohne Hintergedanken ist. Er wendet sich an den guten Walter Monckton.

Eduard bewundert seinen Witz, achtet sein Urteil. Seine großzügige Art flößt ihm tiefe Sympathie ein. Er lädt ihn zum Essen aufs Fort ein und nimmt ihn danach mit zu einem Spaziergang in den Garten. Er erzählt ihm von Wallis, berichtet über seine Unterredung mit Mr. Baldwin. Sie spazieren unter den Zedern, diesen herrlichen Bäumen. Eduard hält an und stellt sich vor Monckton hin:

– Hören Sie, Walter, man kann nicht sagen, wie die Ereignisse sich entwickeln werden. Ich beginne mich zu fragen, ob ich der König bin, der ihnen gewachsen ist. Bin ich nicht zu freiheitsliebend? Wie Sie wissen, ist meine Geisteshaltung ganz anders als die meines Vaters. Ich glaube, daß sie lieber einen hätten, der meinem Vater ähnlicher wäre. Nun gut, da ist ja noch mein Bruder Bertie.

Also zieht Eduard zum ersten Mal die Möglichkeit einer Abdankung in Betracht. Monckton bringt eine maßvolle Ablehnung vor, muß aber die Logik des Gedankenganges zugeben.

Am 2. November geben der Marquess of Londonderry, ein ehemaliger Minister Baldwins, und seine Gattin anläßlich der Parlamentseröffnung, die der König am nächsten Tag vornehmen soll, in Londonderry House, ihrem Palais in der Park Lane, einen Empfang. Jedes Fest, das in diesem prunkvollen Anwesen gegeben wird, erweist sich – Tradition verpflichtet – als einer der

Höhepunkte der Londoner Saison. Am Morgen dieses Tages erreicht eine Botschaft des Königs Londonderry House: Er ist nicht eingeladen worden. In aller Einfachheit fragt Eduard, ob er kommen könne. Allerdings: in Begleitung von Mrs. Simpson. Die Antwort wird sofort zum St.James-Palast gebracht: Lady Londonderry wird sich geehrt fühlen, sie alle beide zu empfangen.

Montgomery Hyde, der Privatsekretär von Lord Londonderry, hat sich später der Ankunft Mrs. Simpsons in Begleitung des Königs erinnert. Sie trug «ein sehr schönes, himmelblaues Kleid und einen Hut im gleichen Farbton», und der König war mit einem kurzen, schwarzen Jackett und einer gestreiften Hose bekleidet. Als das Paar die Gemäldegalerie durchschreitet, sind beide «Gegenstand forschender Blicke». Im Establishment steigt das Fieber. Die Bande, die Eduard und Wallis verbinden, sind nicht mehr eine Neuigkeit sondern, wie Tom Jones sagt, DIE Neuigkeit. Geoffrey Dawson, der Chefredakteur der *Times* notiert: «Überall spricht man nur noch vom König.»

Parlamentseröffnung: Der Historiker kann hier nur mit einer gewissen Gemütsbewegung verweilen, da es die einzige Zeremonie dieser Art war, deren Vorsitz König Eduard VIII. führte. In der Tat hätte er am 3. November in der für diesen Fall vorgesehenen goldenen und von acht grauen Pferden gezogenen Kutsche den Buckingham-Palast verlassen sollen. Entlang der Mall hätten die Königliche Kavallerie und die Hellebardiere der Garde eine Eskorte bilden sollen, wie sie des jahrhundertealten Prunks der Monarchie würdig wäre. Warum schreibe ich im Konditional? Weil sich nichts von all dem ereignet hat. Als Eduard um acht Uhr aufwacht, sieht er, daß es in Strömen regnet.

Schon lange steht sein Urteil fest: «Der Prunk braucht die Sonne.» Er erinnert sich noch gut an «regentriefende und durch Pfützen watende Festzüge durch halbleere Straßen, deren Teilnehmer unter ihren verschmutzten schönen Kleidern bis auf die Knochen durchnäßt waren». Er zögert nicht und sagt in alleiniger Entscheidung die Parade ab. Um sich ins Oberhaus zu begeben, verläßt er den Palast in seinem Daimler. Er kann sich indes einer zunehmenden Gemütsbewegung nicht erwehren. Kein Herrscher seines Geschlechts hat sich dieser Pflicht entzogen, der alljährlichen Verlesung der «sehr huldvollen Thronrede», in der der Zustand des Königreiches und die großen Linien der Regierungspolitik dargestellt werden. Es ist unvermeidlich, daß diese Rede lang ist. Jeder Satz ist reiflich überlegt worden. Der König hat nicht das Recht, auch nur einen Absatz, eine Zeile, ein Wort zu ändern. Georg V. selbst, der die Tradition so schätzte, verabscheute, was er eine lästige Bürde nannte. Er versicherte, daß es keine gab, die man vergleichen konnte mit der Verpflichtung, «die Rede eines anderen vorzulesen und dabei auf seinem Kopf eine goldene Krone von mehr als einem Kilo Gewicht zu balancieren.»

Der einzige Vorteil, dessen Eduard sich erfreuen kann, ist, daß er noch nicht gekrönt worden ist. Das Protokoll hat beschlossen, daß die Krone durch den Zweispitz eines Flottenadmirals ersetzt wird. Gott sei Dank!

Eduard wird nie die «große Stille im Oberhaus» vergessen, als er die Stufen des Thrones hinaufsteigt. Ein undefinierbarer Duft begleitet den wahrhaft beeindruckenden Anblick der prunkvoll gekleideten Lords. Der König braucht ein paar Minuten, um zu begreifen, daß der Geruch von Naphtalin herrührt, das zum Schutz der Roben vor Motten benutzt wird, da sie die meiste Zeit in den Schränken schlummern.

Wie die Etikette es vorschreibt, bittet Eduard die Lords, Platz zu nehmen. Lord Halifax, der Lordsiegelbewahrer des Königreiches, übergibt ihm den Text der Erklärung. Er fängt an, sie zu verlesen: «Die Spannung löste sich langsam. Meine Stimme klang laut und kräftig in meinen Ohren. Und je weiter ich las, desto mehr fühlte ich mich durch die Aufgabe herausgefordert. Mein Selbstvertrauen wuchs. Ich hatte die Hürde genommen und war sicher auf der anderen Seite angekommen.»

Die Leserinnen und Leser werden es zu würdigen wissen, daß der König das Wort *herausgefordert* benutzte, um auszudrücken, was er an jenem Tag empfand. Selten war ein Ausdruck so angemessen.

Da ihm klar war, wie wenig er mit dieser Rede zu tun hatte, konnte er am nächsten Tag mit einer mit Ironie vermischten Belustigung in der *Times* diese lobenden Zeilen lesen: «In der Geschichte des Parlaments ist eine neue Seite aufgeschlagen worden. Ein junger König hat seine Thronrede gehalten, aber seine königliche Haltung ließ spüren, daß er zu denen gehört, die eins sind mit ihrem Königreich.»

Tante Bessie ist wie vorgesehen Anfang November in London eingetroffen. Zwar war sie durch die tägliche Lektüre der amerikanischen Presse sehr aufgewühlt und belastet, hat aber dennoch ihren Humor nicht verloren. Nach Mrs. Merryman ist die Familie Warfield weniger beunruhigt über die Gerüchte, die man über Wallis in Umlauf bringt, als über unrichtige Behauptungen, die man über sie selbst erzählt. Arme Tante Bessie! In amerikanischen Zeitungen hat sie gelesen, mit eigenen Augen gelesen, daß die Familie Warfield aus den einfachen Vierteln von Baltimore käme und daß Wallis' Mutter eine Familienpension betrieben hätte. Man kann nicht sagen, ob die alte Dame beleidigt ist oder sich lustig macht, wenn sie ausruft:

– Wenn man sie hört, könnte man glauben, wir kämen geradewegs aus *Tobacco Road*[1]!»

1 Tabakstraße, berühmter Roman von Erskine Caldwell, der darin das elende Leben und die lockeren Sitten des bäuerlichen Lumpenproletariats beschreibt.

Der britische Journalist, auf dem das Gesetz des Schweigens am drückendsten lastet, heißt Geoffrey Dawson, die perfekte Verkörperung des Establishments. Beaverbrook beschreibt ihn als «einen Menschen von mittlerer Größe mit einem schönen, etwas kahlen Kopf und einer eher blühenden Gesichtsfarbe. Er ging mit festem Schritt und hätte auf der Brücke eines Kriegsschiffes eine gute Figur abgegeben... Das war noch *jemand*!» Brian Inglis hat sich mit Fug und Recht auf eine Sendung des BBC von 1952 berufen, in der Beaverbrook ohne Umschweife erklärte: «Mit Ausnahme von Baldwin war Dawson die wichtigste Kraft unter denjenigen, die den König zur Abdankung zwangen.» Eine solche Einschätzung kann man nicht beiseite schieben. In unserem Drama spielt Dawson eine der Hauptrollen.

Seit 1912 ist er Direktor der *Times* und steht in der Tat Baldwin nahe, der ihm nie seine Unterstützung versagte. Er sieht ihn oft zur Teestunde in den Büros der Zeitungen auftauchen. Ohne Umschweife legt ihm Baldwin ein Problem dar. Dawson hört zu, wägt das Für und Wider ab und formuliert einen Ratschlag, der fast immer befolgt wird.

Aber wen man wirklich liebt, den züchtigt man auch. Trotz der engen Bindungen zwischen Dawson und Baldwin hat die *Times* eine Kampagne eröffnet, die Samuel Hoare aus der Regierung gejagt hat. Baldwin hat verstanden, daß er mit der *Times* genauso vorsichtig umgehen muß wie mit seinem Freund Dawson. Gleich nach seiner Rückkehr aus den Ferien 1936 haben sich die zwei Männer über den König unterhalten. Der Viktorianer Dawson kann jedem Plan nur mit tiefer Abneigung begegnen, der das Leben des Königs von England mit dem einer zweimal geschiedenen Frau verknüpfen würde. Vor allem ist er Chefredakteur der *Times*. Sein Blatt bekommt mehr Zuschriften als die anderen Zeitungen zusammen. Wenn die *Times* eine Institution ist, sind die Leserbriefe eine andere. Von Tag zu Tag nimmt die Zahl der Briefe zu, die sich mit dem Problem der eventuellen Heirat

Eduards VIII. beschäftigen. Zunächst haben sie Beunruhigung ausgedrückt, jetzt sind sie feindselig. Dawson wiederholt es gern: Diese Briefe sind das sicherste Mittel, den Puls der Nation zu spüren. Seit seiner frühesten Jugend hat man ihm beigebracht, daß der innere Zusammenhalt Englands und des Empire sowie deren Wirkung nach außen ihre Quelle im Respekt vor der Krone hätten. Dawson kann es nicht ertragen, daß so viele Leute sie in Frage stellen.

Sicher war er damit einverstanden, die Absprachen mit Beaverbrook über das Stillschweigen der Presse einzuhalten. Darüber hinaus war die *Times* noch nie ein Skandalblatt. Wenn sich ihre erhabenen Spalten einer Information über das Privatleben des Königs öffnen sollten, müßte ein Punkt, wo es kein Zurück mehr gibt, erreicht sein. Bis zur Scheidungsklage von Mrs. Simpson war das für Dawson nicht der Fall. Nach dem 27. Oktober ist alles anders. Jetzt ist Handeln oberste Pflicht. Er vertraut sich Baldwin darüber an. Das Erstaunliche ist, daß Baldwin Dawson nicht vorwärtstreibt, sondern seine ganze Überredungskunst einsetzt, um ihn zu beruhigen. Man darf das Abkommen nur unter einer Bedingung brechen, nämlich wenn man sicher ist, daß der König Mrs. Simpson heiraten wird. Dawson schluckt seinen Ärger erstmal hinunter.

Ein Brief, der zufällig aus der Tagespost herausfällt wird ihm wie der Leuchtturm erscheinen, der dem Schiffbrüchigen den Weg weist. Ein Brief? Es ist ein anonymer Brief. Kann man einen Brief, der mit Britannicus in partibus infidelium unterzeichnet ist, anders bezeichnen? Der Schreiber stellt sich als britischer Staatsbürger vor, der in den Vereinigten Staaten lebt: daher das Pseudonym. In seinem sehr, sehr langen Brief versammelt er alle Niederträchtigkeiten, die seit einiger Zeit in gewissen Kreisen umgehen: den Skandal selbst, die Parallele zwischen dem strengen, einfachen Georg V. und seinem umstrittenen Sohn; das irreführende, herabsetzende und lächerliche Bild, das dem Ausland von seinem neuen König geboten wird. Britannicus übertreibt stark: «In der amerikanischen Öffentlichkeit überwiegt die Ansicht, daß die Grundfesten des britischen Thrones erschüttert sind, seine moralische Autorität, seine Ehre und seine Würde auf den Misthaufen geworfen sind. Um es brutal zu sagen: Georg V. war ein Trumpf von unschätzbarem Wert für das Ansehen Englands im Ausland. Eduard VIII. hat einen nicht zu unterschätzenden Mangel an Verantwortung gezeigt.»

Britannicus zitiert eine gewisse Anzahl von Artikeln der amerikanischen Presse – eine sehr einfache Übung, wie wir wissen –, die sich mit betonter Vulgarität mit Eduard VIII. und Mrs. Simpson befassen. Für den Briefpartner der *Times* ist das nichts weniger als eine «Lawine aus Schlamm und Dreck.» Mehr noch: «Im Laufe der vergangenen Monate hat England (in den Augen des Durchschnittsamerikaners) den herausragenden Platz eingenommen, der auf dem Gebiet gemeiner Intrigen gewöhnlich durch irgendwelche Balkanstaaten wie Rumänien besetzt wurde.»

Welche Lösung sollte man bei diesem wirklichen Ausnahmezustand empfehlen? Britannicus zögert nicht: «Ich würde anmaßend oder gar ungehörig erscheinen – denn ich bin so weit vom Zentrum der Ereignisse entfernt – wenn ich ein Heilmittel vorschlüge, aber ich kann nicht umhin zu schreiben, daß nichts mir mehr Freude bereiten würde, als zu hören, daß Eduard VIII. zugunsten seines erbfolgeberechtigten Bruders abgedankt hätte, der, dessen bin ich sicher, in der Lage wäre, die glänzende, von seinem Vater begonnene Tradition fortzusetzen. Meiner Ansicht nach wäre es gut, wenn ein solcher Wechsel stattfände, solange es sich nur um einzelne dreht und bevor die Unruhe bis zu einem Punkt fortschreitet, wo sie die Institution der Monarchie selbst in Frage stellt.»

Ein solcher Brief stürzt Dawson in heftiges Grübeln. Er entspricht so sehr seinen Vorstellungen, daß er ihn gern selbst geschrieben hätte. Einige haben ihm dessen übrigens bezichtigt, allerdings grundlos, wie es scheint. Er selbst hat sich, wie später sein Biograph, dagegen gewehrt. Hat Dawson daran gedacht, den Brief von Britannicus in der *Times* abzudrucken? Nein. Seine Veröffentlichung hätte eine Stellungnahme bedeutet, die so gewagt gewesen wäre und so fremd, sowohl den britischen Traditionen als auch denen der *Times*, daß ihm diese Möglichkeit unannehmbar schien. Was sollte er also damit machen?

Ganz einfach, *sich seiner bedienen*. Es handelt sich um eine Angriffswaffe erster Ordnung. Wenn man sie geschickt benutzt, kann sie verheerenden Schaden anrichten – und zuerst im Kopf des Königs selbst. Eduards Selbstgewißheit erschüttern bedeutet für die Kreise, die Dawson so gut verkörperte, einen ersten Sieg, dem folgerichtig weitere, entscheidende Siege folgen würden.

In Eile läßt Dawson also Kopien des Briefes anfertigen. Am 26. Oktober bringt er Alec Hardinge ein Exemplar in den Buckingham-Palast, dann ein anderes zu Baldwin in die Downing Street. Der Erzbischof von Canterbury, Gordon Cosmo Lang erhält ein drittes.

Der Gedanke der Abdankung läßt Dawson von nun an keine Ruhe mehr. Vielleicht erschreckt es ihn ein wenig, aber er formuliert den Wunsch, mögen andere sich ihm anschließen. Weiß er, wer Britannicus ist? Einige haben es durchblicken lassen. Der Archivar der *Times* erklärt heute, daß er das Original des Briefes besäße. Die Adresse auf der Rückseite des Umschlages ist wirklich die eines Engländers, der in Amerika lebt. Jedoch, so bekräftigt der Archivar, war dieser Engländer ein Freund von Dawson. Es bleibt die Frage: War der Brief spontan geschrieben worden?

Die Maske erscheint uns allzu bequem. Die Leidenschaft, die den Brief durchzieht und die sich ganz fein in Haß verwandelt – Haß gegen die neue Art der Herrschaft, gegen den König selbst – gibt die Herkunft des Autors preis: Es handelt sich um einen Briten, der den Kreisen angehört, die die Hoffnungen und Pläne des Königs kennen. Zu diesem Zeitpunkt ist der Kreis so klein, daß ein umsichtiger Detektiv wie Hercule Poirot keine Mühe gehabt hätte, den Verfasser zu finden.

Halten wir das Wichtigste fest: Zum ersten Mal wurde das Wort Abdankung in den höchsten Kreisen des Königreiches ausgesprochen.

Am 11. November, bei der traditionellen Zeremonie in Albert Hall, trifft Eduard VIII. seine alten Waffengefährten wieder, um die Lieder anzustimmen, die die englischen Soldaten sangen, wenn sie aus den Schützengräben stiegen. Als er das Gedicht von Laurence Binyon «Sie werden nicht altern, wie wir...», vorliest, entfesselt er einen Gefühlssturm bei den Veteranen.

Am nächsten Tag geht er in Begleitung Samuel Hoares, der in Gnaden wieder aufgenommen und zum Ersten Lord der Admiralität ernannt wurde, nach Southampton, um die Parade der Homefleet abzunehmen. Hoare erinnert sich später: «Ich hatte die außergewöhnliche Gelegenheit, die fesselndste Seite seiner Persönlichkeit kennenzulernen. Wenn er einerseits, wie viele es dachten, launenhaft und unverantwortlich war, hatte er andererseits die wunderbare Begabung, die Begeisterung der Massen zu wecken. Er vermittelte den Eindruck, als würde er jeden Offizier, jeden Matrosen kennen.» Auf dem Flugzeugträger Courageous sind Tausende Seeleute versammelt. «Plötzlich», sagt Samuel Hoare, «dreht sich der König zu mir und sagt: ‹Ich werde sehen, was sich am anderen Ende tut.› Er steht auf. Mit den Ellbogen bahnt er sich einen Weg durch die Menschenmenge; er stimmt in ihren Gesang ein. Dann schlägt ein Matrose drei Hurras auf den König vor und es folgt eine unvergeßliche Szene von wildestem und spontanstem Enthusiasmus. Er war der zauberhafte Prinz, der die Herzen aller Männer und Frauen aus allen Ständen gewinnen und die Massen erbeben lassen konnte.»

Am Freitag – es ist ein Freitag, der 13. – ist Eduard nach London zurückgekehrt. Am gleichen Abend fährt er nach Fort Belvedere zu Wallis ... und Tante Bessie. Er ist in sehr guter Stimmung, noch sichtlich entzückt von dem Empfang, den ihm die Royal Navy bereitet hat. Nachdem er kurz berichtet hat, muß er sich entschuldigen: Auf seinem Schreibtisch warten die roten Aktenkoffer auf ihn.

Sie sind wohlgeordnet im Arbeitszimmer für den König bereitgestellt. Auf einem von ihnen befindet sich eine Notiz: «dringend und vertraulich.» Der Besuch bei der Homefleet hat den König ermüdet. Er hat es eilig, ein heißes Bad zu nehmen. Aber da ist diese eilige Sache. Er öffnet den Aktenkoffer und findet einen Brief in einem Umschlag. Er öffnet ihn und erkennt die Schrift seines Privatsekretärs. Er beginnt zu lesen.»

«Sire,

mit meinem untertänigen Respekt als Privatsekretär sehe ich es als meine Pflicht an, Ihre Aufmerksamkeit auf folgende Tatsachen zu lenken, die mir bekanntgeworden und die meines Wissens richtig sind.

1. Das Stillschweigen der britischen Presse in bezug auf die Freundschaft Eurer Majestät mit Mrs. Simpson wird nicht gewahrt bleiben; es ist wahrscheinlich eine Sache von Tagen. Die Wirkung wird katastrophal sein, wenn man von den Briefen her urteilt, die britische Staatsbürger schreiben, die im Ausland leben, wo sich die Presse offen geäußert hat.

2. Der Premierminister und die Mitglieder des Kabinetts versammeln sich heute, um zu diskutieren, welche Maßnahmen ergriffen werden müssen angesichts der ernsten Situation, die sich entwickelt. Wie Eure Majestät sicher weiß, könnte die Entscheidung der Regierung Eurer Majestät dazu führen – eine Möglichkeit, die keineswegs ausgeschlossen ist – jemand anderen zu suchen, der fähig ist, eine Regierung zu bilden und die Unterstützung des Unterhauses hätte. Ich habe gute Gründe zu sagen, daß das kaum realistisch ist. Die einzige Möglichkeit, die dann

bleibt, ist die Auflösung des Parlaments und die Abhaltung von Neuwahlen, deren Hauptthema die Privatangelegenheiten Euer Majestät sein würde. Und, ich kann nicht umhin zu denken, daß selbst diejenigen, die mit Euer Majestät als Person sympathisieren, zutiefst den Schaden empfinden würden, der der Krone unweigerlich zugefügt würde – und die Krone ist der Eckstein, auf dem das ganze Empire ruht.

Wenn Euer Majestät mir erlauben wollen, das zu sagen: Eine einzige Maßnahme bietet noch einen Ausweg aus dieser gefährlichen Situation, nämlich daß Mrs. Simpson ohne jegliche Verzögerung ins Ausland abreist. Ich flehe Euer Majestät an, diesem Vorschlag die ernsthafteste Beachtung zu schenken, bevor die Situation sich nicht mehr umkehren läßt: Da die Haltung der Presse sich geändert hat, ist die Angelegenheit von höchster Dringlichkeit.

Alexander Hardinge.»

«Schockiert und wütend» legt der König den Brief hin. Seine erste Eingebung ist, zum Telefon zu greifen und sich mit Hardinge auszusprechen. Er zögert, verzichtet darauf, denkt nach. Schließlich nimmt er ein Bad. Dieser Zorn ist verständlich – oh, wie sehr! Jeden Tag trifft er Hardinge. Während in allen Palästen der Krone von der «Affäre» geredet wird, hat sich Hardinge nie ein Wort zu diesem Thema erlaubt. Darin besteht sicher sein größter Fehler. Sein Brief spiegelt nur die Realität wider. Mehr als die Worte, die er enthält, hat Eduard VIII. die Art schockieren können, wie Hardinge sie vorbringt. Der König verweilt bei dem Satz «Ich habe gute Gründe zu glauben». Er folgert daraus, daß Alec Hardinge ihn verrät und ganz offensichtlich als Agent des Premierministers auftritt. «Aber welches Ziel verfolgte Mr. Baldwin? Versuchte er herauszufinden, wie tief meine Herzensneigung war? Wenn es sich darum handelte, mich dazu zu bringen, auf Wallis zu verzichten, indem sie die Drohung mit dem Rücktritt des Kabinetts wie eine Pistole auf mich richteten, dann hatten sie sich getäuscht. Ich war verliebt und zudem hatten sie meinen Stolz zutiefst verletzt. Nur ein Feigling hätte eine solche Herausforderung hinnehmen können, ohne zu reagieren.»

Als Eduard zu Wallis in die Bibliothek geht, versteht sie gleich, daß etwas Ernsthaftes passiert ist. Die Fröhlichkeit, die noch eine Stunde zuvor das Fort erfüllte, ist wie weggeblasen. Der König ist düster geworden. Wallis stellt ihm keine Fragen. Der König, Wallis und Tante Bessie beginnen, Rommé zu spielen.

Soll man an Freitag, den 13. glauben? Von diesem Tag an nimmt das Geschehen eine filmreife Wendung. Während vier Wochen, vom 13. November bis zum 10. Dezember, dem Tag der Abdankung, nimmt es das Tempo eines spannenden Drehbuches an. Die Geschichte nimmt unaufhaltsam ihren Lauf.

Das Exposé wird – wie vereinfacht auch immer – zum Vergnügen eines riesigen Publikums beitragen. Der neue König von England ist in eine Amerikanerin verliebt, die gerade dabei ist, sich zum zweiten Mal scheiden zu lassen. Er will sie heiraten. Beide sind um die vierzig, ein Alter, in dem man nicht mehr Süßholz raspelt. Er ist sehr beliebt in seinem Königreich und sieht es als seine Pflicht an, sich um die benachteiligten Klassen zu kümmern, um die Arbeitslosen und um die Veteranen. Sie ist lebhaft, geistvoll und hat die Erfahrung zweier gescheiterter Ehen hinter sich; ihr zweiter Mann hat sie mit einer Freundin aus ihren Kindertagen betrogen. Der König liebt sie, und sie liebt den König.

Drei undurchsichtige Gestalten werden alles versuchen, um die Heirat zu verhindern. Zunächst der Premierminister des Königs, der von der imperialen Tradition im Dienste konservativer Machtausübung durchdrungen ist. Er glaubt sich mehr oder weniger von Gott und vom Establishment inspiriert, und sein Bild von der Monarchie entspricht mehr demjenigen der nichtadligen

Aufsteiger als demjenigen der Könige selbst. Die zweite zwielichtige Persönlichkeit ist ein Geistlicher, der Erzbischof von Canterbury. Die dritte zweifelhafte Gestalt ist ein kahler Journalist, der seine ganze Eingebung aus einem anonymen Brief schöpft. Die ganze Energie dieser Männer, besonders des ersten, zielt darauf, den König zur Abdankung zu bringen.

Das wäre – und ist oft gewesen – die Sichtweise der Filmemacher und Fernsehautoren. Die so umgestellte Geschichte gibt sich manichäisch, d.h. sie wird auf Gut und Böse reduziert, was verteufelt gut den Fortgang der Geschichte erleichtert und ihren Reiz ausmacht.

Wir müssen uns aber daran erinnern, daß wir weder im Kino noch im Fernsehen sind. Umso schlimmer, denn der Historiker muß angesichts der Dokumente einsehen, daß die Argumente und Beweggründe der einen oder der anderen Seite weit davon entfernt sind, den tatsächlichen Verlauf der Geschichte zu rechtfertigen.

Am 15. November sind Eduard und Wallis bei den Kents zum Tee in ihrer Residenz eingeladen. Zu Beginn des Nachmittags bittet Eduard Wallis, ihn zu entschuldigen: Er muß sich nach Windsor begeben, um mit dem Bibliothekar eine dringende Frage zu regeln. Sie soll ein wenig später auch aufs Schloß kommen, dann könnten sie sich gemeinsam nach Iver begeben. Tatsächlich hat der König mit seinem Freund Monckton ein Treffen verabredet.

Niemals zuvor ist Eduard Schloß Windsor so eindrucksvoll und unbeweglich in seiner jahrhundertealten Massigkeit erschienen. Während sein Wagen sich dem Schloß nähert, scheint es ihm, als würde er in ein Gebäude außerhalb der Zeit eindringen, so weit weg von dem Problem, das ihn beschäftigt, daß dieses Problem unwirklich erscheint.

Eduard zeigt seinem Freund Monckton den Brief von Alec Hardinge. Dieser nimmt sich Zeit, ihn zu lesen. Auch er ist schockiert und teilt die Auffassung des Königs: Da steckt Baldwin dahinter. Folglich liegt es am König, die Initiative zu ergreifen. Eduard hat sich später sehr genau an das Gespräch an jenem Tag erinnert:

– Als erstes muß ich morgen den Premierminister zu mir bestellen, sagt er. Ich werde ihm sagen, daß ich bereit bin zu gehen, wenn die Regierung und er, wie es scheint, gegen meine Heirat mit Mrs. Simpson sind.

– Er wird das nicht mögen, wirft Monckton ernst ein.

– Und für mich wird es auch nicht leicht sein, das zu sagen!

Seit einigen Tagen ist der König überzeugt, daß er in diesem Augenblick einen persönlichen Berater braucht. Er wendet sich an Monckton: Ist er bereit, diesen Part zu übernehmen? Wenn die Presse ihr Schweigen bricht, erwartet die Öffentlichkeit, daß der König sich äußert. Er wird einen Sprecher brauchen. Man müßte auch mit Downing Street 10 verhandeln. Ein Mann wie Monckton könnte in Sorge um seine Karriere und seine Zukunft zögern. Doch er akzeptiert sofort. Wir ziehen den Hut.

Man meldet Eduard, daß Wallis angekommen ist. Eduard verläßt Monckton und begibt sich mit ihr zu George und Marina von Kent. Man verbringt einige sehr angenehme Stunden, dann fährt man ins Fort zurück. Erst da vertraut Eduard Wallis alles an: den Brief von Hardinge, die Drohungen, die er enthält, die Unterredung mit Monckton.

Wallis hat immer gewußt, daß es so weit kommen würde. Mit aller Macht hat sie diese Vorstellung aus ihrem Kopf zu vertreiben gesucht. Jetzt ist die Gefahr da, steht unmittelbar bevor. In jenem entschlossenen Tonfall, den Eduard gut kennt, erklärt sie ihm, daß ihr nur eines zu tun bleibt: «England so schnell wie möglich zu verlassen, wie es Hardinge gefordert hat.»

Wir besitzen zwei Versionen der Unterhaltung. Der König erinnert sich, er habe Wallis' Hände in die seinen genommen und erklärt:

– Ich habe die Absicht, den Premierminister morgen zu treffen. Ich werde ihm sagen, daß ich bereit bin, zu gehen, wenn sich die Regierung unserer Heirat widersetzt, wie Hardinge es behauptet.

– Seien Sie nicht so ungestüm, soll Wallis geantwortet haben. Es muß eine andere Lösung geben.

– Nach diesem Brief glaube ich es nicht mehr. Ich kann diese Drohung keinen Tag länger über uns schweben lassen.

Wie Wallis erzählt, soll Eduard, nachdem sie ihm ihren Willen, England zu verlassen, erklärt hat, geantwortet haben:

Sie werden nichts dergleichen tun. Ich bin vollkommen dagegen. Dieser Brief ist eine einzige Frechheit!

– Das ist möglich, aber dieser Mensch ist nichtsdestotrotz aufrichtig. Er versucht, Ihnen zu verstehen zu geben, daß die Regierung alles tun wird, damit Sie auf mich verzichten.

– Das wird ihr nicht gelingen. Ich heirate Sie, auch wenn ich auf den Thron verzichten müßte!

Als Wallis wiederholt, daß er sie gehen lassen müßte und daß «weiteres Hoffen, weiterer Kampf gegen das Unvermeidliche für ihn nur zur Katastrophe führen würde», nimmt Eduard wie ein Mann, der nichts hören will, ihre Hand und erklärt, daß er Baldwin für den nächsten Tag zu sich bestellen wird:

– Ich werde ihm mitteilen, daß ich abdanken werde, wenn das Land sich unserer Heirat widersetzt.

Abdanken! Wallis bricht in Schluchzen aus.

– David, es ist Wahnsinn, eine solche Sache zu denken oder gar zu sagen!

– Auf jeden Fall lege ich Wert darauf, mit dem Premierminister darüber zu sprechen.

Die beiden letzten Endes kaum unterschiedlichen Versionen haben den gleichen Schluß. Der König hat sich für den Kampf entschieden.

Da man ihm damit droht, daß die Presse auf dem Kampfplatz erscheinen würde, taucht in seinem Kopf sogleich ein Name auf. Er ruft Lord Beaverbrook an. Ein Sekretär läßt Seine Majestät wissen, daß Mylord sich an Bord der *Bremen* befindet. Er leidet an Asthma, fürchtet den Londoner Nebel und hat deswegen beschlossen, in der Wüste von Arizona etwas dagegen zu tun. Die Abwesenheit eines Verbündeten von solchem Format ist ein harter Schlag!

Lord Beaverbrook ist wirklich sehr erstaunt, als er auf der *Bremen* kurz hintereinander mehrere Botschaften des Königs erhält: Eduard verhehlt nicht, daß er sehr auf seinen Rat, vielleicht seine Hilfe angewiesen ist, und Beaverbrook ist nicht der Mann, der sich verweigert. Leider kann er den Kommandanten des Schiffes nicht dazu bewegen, umzukehren. Er fährt also bis New York, um am gleichen Abend, immer noch an Bord der *Bremen*, zurückzufahren.

Zwischen der ersten Botschaft, die der König Beaverbrook über den Atlantik schickt, und der Rückkehr desselben nach Großbritannien vergehen zwölf Tage, die unbestreitbar die wichtigsten des Dramas sind. Denken wir daran, daß die ersten Transatlantikflüge erst 1939 stattfanden, und stellen wir fest, daß es eine Frage eines einfachen technischen Fortschritts gewesen wäre, daß Lord Beaverbrook in einem Augenblick beim König hätte seine können, wo seine Anwesenheit – wer weiß – seinen Thron hätte retten können.

Am Montag, den 16. November, um 18 Uhr 30 steht Baldwin vor dem König. Die zwei Männer beobachten sich. Sichtlich bewegt eröffnet der König das Feuer:

– Ich glaube zu wissen, daß Sie selbst und mehrere Mitglieder des Kabinetts fürchten, daß eine Verfassungskrise aus meiner Freundschaft mit Mrs. Simpson erwachsen könnte.

– Ja, Sire, das stimmt.

Zwischen den beiden Männern schwebt etwas Unausgesprochenes: der Brief von Hardinge, den sie beide kennen.

Mr. Baldwin spricht und spricht. In einer Art Manie schnalzt er mit dem Daumen und Zeigefinger hinter seinem rechten Ohr. Nach seiner Ansicht wird das Volk niemals eine zweimal geschiedene Frau als Königin akzeptieren, deren zwei Ehemänner noch leben. Förmlich und selbstsicher sagt Baldwin:

– Ich glaube zu wissen, was die Öffentlichkeit toleriert und was nicht. Das würden mir selbst meine Feinde zugestehen.

Redet hier Gallup[1] oder Baldwin? Im stillen stellt sich Eduard diese Frage. Zwischen ihnen ist ein neuer Schatten aufgetaucht, der nicht greifbar ist, aber nicht weggehen will und eine zunehmende Gefahr verkörpert: der Schatten Gordon Cosmo Langs, des Erzbischofs von Canterbury. Während der Krise wird der König den Geistlichen kein einziges Mal treffen und trotzdem glaubt er, daß Gordon Cosmo Lang hinter allen feindlichen Vorschlägen, Ultimaten und allem Verrat steckt.

Er vertreibt diese quälende Vorstellung aus seinem Kopf. Baldwin gibt zu verstehen, daß die Scheidung von Mrs. Simpson noch nicht rechtsgültig sei, daß man mit den sechs Monaten nach dem Scheidungsurteil zu rechnen habe und daß bis dahin diverse Hindernisse aus dem Weg geräumt werden könnten. Die Vorstellung des Premierministers entfaltet sich: Das Volk kann sich notfalls an eine Mätresse, nicht aber an eine Königin gewöhnen. Eine verschwiegene Residenz, Treffen, die nicht weniger verschwiegen wären, eine königliche Liaison, wie man sie in der Vergangenheit so oft gesehen hat. In den Augen von Mr. Baldwin kann die Moral aus dem Geheimen ebenso einen Nutzen ziehen wie aus der Pflichterfüllung.

Eduards Stimme zittert:

1 1935 hat der amerikanische Journalist und Statistiker George Gallup die Grundlagen für repräsentative Umfragen gelegt, die seinen Namen tragen.

– Ich möchte, daß Sie als erster wissen, daß ich eine Entscheidung getroffen habe und daß mich nichts dazu bringen wird, sie rückgängig zu machen. Und ich habe es sehr wohl bedacht. Ich habe vor, entweder Mrs. Simpson zu heiraten oder abzudanken!

Ist Baldwin ein Schauer von Angst und gleichzeitig von Hoffnung über den Rücken gelaufen?

– Das ist, Sire, eine schwere Entscheidung, und ich bin darüber zutiefst betrübt.

Die beiden Männer gehen auseinander und drücken sich dabei lange die Hand. Eduard kommen Tränen in den Augen. Später, als er sich über den bewegten Gemütszustand klar war, in dem er den König angetroffen hatte, erzählte Baldwin, daß Eduards Gesicht bei der Erwähnung von Mrs. Simpson einen so schönen Ausdruck angenommen hätte wie der eines jungen Ritters beim Anblick des Heiligen Gral.

Das ist jedoch noch nicht die schwerste Prüfung an diesem Tag. Eduard hat seine Mutter angerufen und möchte sie zum Essen treffen. Königin Mary hat natürlich zugestimmt. Als die Stunde gekommen ist, legt Eduard seinen Frack an: Schon immer waren Frack und Abendkleid am Tisch von Königin Mary vorgeschrieben. Daß sie jetzt Königinmutter ist, ändert daran nichts. Ihrer Ansicht nach darf gegen keinen Brauch, keine Tradition verstoßen werden. Niemals.

Als er zu seiner Mutter kommt, trifft er dort auch auf seine Schwester Mary und seine Schwägerin Alice, die junge Gattin von Harry. Das Essen scheint nicht aufhören zu wollen. Das Gespräch dreht sich nur um zwei Themen: Erstens die Londoner «Needlework Guild», ein Wohltätigkeitsverein, in dem sich die Königin engagiert. Und zweitens die Renovierung der Fassade des Buckingham-Palast, die zur Krönung beendet sein sollte.

Nach dem Essen verabschiedet sich Alice, weil sie müde ist. Die Königin, Mary und Eduard ziehen sich in das Boudoir zurück. Vor den beiden Frauen, deren zunehmende Spannung und Unbehagen man nur ahnen kann, spricht Eduard von seiner Liebe zu Wallis: Er wird sie heiraten, auch gegen die Meinung des Premierministers und der Regierung. Gewiß, die beiden Marys wissen alles, aber es ist das erste Mal, daß dieses Tabuthema von Eduard vor seiner Mutter und seiner Schwester angesprochen wird. Sie machen ihm keinerlei Vorwurf. Im Gegenteil. Aber wenn Eduard erklärt, daß er nur abdanken wird, wenn man ihn dazu zwingt, dann liest man auf ihren Gesichtern Erstaunen und Verblüffung.

Es muß der Augenblick kommen, wo das unvermeidliche Wort zwischen ihnen fällt: Pflicht. Das überrascht Eduard nicht. Es handelt sich nicht darum, sich einer Pflicht zu entziehen, aber für ihn besteht kein Widerspruch zu dem Recht, das er in Anspruch nimmt, sich entsprechend seiner Neigung zu verheiraten.

Dann kommt die Frage oder eher die Bitte des Sohnes an die Mutter:

– Würden Sie mir erlauben, Ihnen Wallis vorzustellen? Wenn Sie sie kennenlernten, würden Sie verstehen, was sie mir bedeutet und warum ich nicht auf sie verzichten kann. Ich habe lange gewartet, bis ich eine Frau gefunden habe, die ich heiraten will. In meinen Augen ist es nicht die Frage, ob sie die richtige Frau für mich ist, sondern ob ich ihrer würdig bin.

Die Königinmutter schüttelt den Kopf: Nein, das ist nicht möglich. Wie könnte sie, die ohne Murren das Gefängnis jahrhundertealter Tradition ertragen hat, ihren Sohn verstehen? Trotz der tiefen Verwirrung, in die sie das Geständnis Eduards gestürzt hat, will sie sich nur eine Gewißheit ins Gedächtnis rufen: Die Frage der Liebe in der Ehe hat sich für sie *nie* gestellt.

Am nächsten Tag schickt sie ihm folgende Zeilen:

«Marlborough House, den 17. November 1936

Geliebter David,

als Mutter muß ich Ihnen ein paar Zeilen wirklicher Zuneigung schreiben in der schwierigen Situation, in der Sie sich befinden. Ich habe den ganzen Tag an Sie gedacht und gehofft, daß Sie in bezug auf Ihre Zukunft eine kluge Entscheidung treffen. Ich fürchte, daß Ihr Besuch in Wales eine weitere Prüfung sein wird, über die hinaus, die schon auf Ihnen lasten.

Gott segne Sie, geliebter David,
Ihre ergebene Mutter
Mary»

An diesem Montag ist Wallis mit Tante Bessie nach Cumberland Terrace zurückgekehrt. Sie versucht gar nicht mehr, gegen die Angst anzukämpfen. Mit jedem Tag fühlt sie sich elender. Die ganze Welt will ihr übel, dessen ist sie sich sicher. Ist Wallis im November 1936 eine Frau in auswegloser Lage? Eduard hat sie nur ein einziges Mal kurz vor dem Essen mit seiner Mutter anrufen können. Alle Gespräche in jenen Tagen sind einsilbig. Daß Eduard seine Besuche einschränken muß, macht es noch härter. Sie versteht, daß er keinen Anlaß für neue Schlagzeilen in der amerikanischen Presse geben will in der Art: «Der König jeden Abend bei Wallis», aber sie leidet unendlich darunter. Als sie ihn endlich wieder sieht, kommt es ihr vor, als würde sie einen anderen Mann treffen. Der Blick ist zerstreut und in die Ferne gerichtet; er entzieht sich genaueren Fragen. Als sie sich darüber beklagt, beschränkt er sich darauf zu antworten:

– Ich allein kann diese Verhandlungen zu einem guten Ende bringen.

Welche Verhandlungen? Er hat sich mit seinen drei Brüdern getroffen. Er ist nicht sicher, daß sie ihn verstanden haben. Die Abdankung des Ältesten droht das Räderwerk der Familie ernsthaft zu stören. Für den Herzog von York mündet die Abdankung seines Bruders in ein furchtbares Schicksal, das er keinesfalls gewünscht hat, nämlich König zu werden. Harry fürchtet, daß er wegen der veränderten Erbfolge seine militärische Karriere, an der ihm sehr liegt, aufgeben muß. Ein einziger ist ernsthaft erschüttert, und das ist George, der Eduards Bruder wie auch sein Freund ist.

Eduard hat seine jüngeren Geschwister nicht um Rat gefragt, er hat sie informiert, das ist alles. Er muß noch andere Meinungen hören, das empfindet er ganz deutlich. Er braucht Verbündete im Kabinett. Bevor er nach Wales aufbricht, läßt er Samuel Hoare und Duff Cooper wissen, daß er sie zu treffen wünscht.

Was Samuel Hoare angeht, macht der König sich keine großen Illusionen: «Ich hoffte höchstens, ihn zu überzeugen, daß er von meinem Recht auf Heirat sprechen würde, wenn die Frage im Kabinett diskutiert werden sollte.» Das war zuviel verlangt. Hoare erklärt, daß seine Sympathie vollkommen auf der Seite des Königs sei, daß er aber mit der politischen Wirklichkeit rechnen müsse:

– Mr. Baldwin ist Herr der Situation: Die Inhaber der wichtigsten Ministerien sind vollkommen auf seiner Seite. Wenn Sie versuchen, dem Kabinett Ihre Heiratspläne aufzuzwingen, werden Sie mit dem Kopf gegen eine Wand rennen.

Die Bande Eduards zu Duff Cooper sind enger. Sie gehören derselben Generation an. Man hat die Coopers oft auf dem Fort gesehen. Eduard behielt die Unterredung in dankbarer Erinnerung: Duff war «so optimistisch und ermutigend wie Samuel Hoare pessimistisch war.» Er schlägt eine Lösung vor, die der König für «subtil» hält. Da Wallis sich nicht wieder verheiraten kann, bevor die Scheidung rechtsgültig ist, muß der König sich für das Stillschweigen entscheiden, sich davor hüten, das Kabinett um Rat zu fragen und alles in allem so vorgehen, als gäbe es überhaupt kein Problem. Pracht und Prunk der Krönung würden das Gezänk vergessen lassen. Wenn alles ruhig geworden ist, kann der König über das nur ihm zustehende Recht sprechen, die Frau auszusuchen, die er heiraten will. So erinnert sich jedenfalls der König. In seinem Buch *«Der Greis vergißt»* bestätigt Duff Cooper, daß er dem König geraten hat, sich zu gedulden und die anderen warten zu lassen, aber das in ganz anderer Absicht, als Eduard zu erraten geglaubt hat. Seine seltsame Argumentation war die folgende: Wenn er erst einmal gekrönt wäre, würden die Bindungen des Königs an den Thron immer stärker. Er würde dann immer weniger daran denken, auf die Krone zu verzichten und «könnte von Zeit zu Zeit jemanden treffen, den er mehr liebte.» Wenn es wirklich das war, was Duff Cooper durch den Kopf ging, muß man sagen, daß er sich nicht gut verständlich gemacht hat.

Was wird mit den anderen Ministern sein? Werden sie, wie es Hoare vorausgesehen hat, bis zur offenen Feindseligkeit gehen? Wird Eduard zur Abdankung gezwungen sein? Oder dazu, das britische Volk zum Richter in seinem Streit mit dem Kabinett zu machen?

Jedenfalls wartet jetzt Wales auf ihn. Dieser Tapetenwechsel kommt gerade zum rechten Zeitpunkt. Er nimmt die Form eines Ausbruchs an, der es im übrigen erlauben wird, die Popularität des Königs bei den Volksmassen zu testen. Interessant.

IX

Die Bombe von Bradford

In dem Zug, der nach Westen fährt, fühlt sich Eduard seltsam ruhig. Nach der Aufregung der vergangenen Tage hat sich so etwas wie Frieden in ihm ausgebreitet. Es ist der Friede, der über einen kommt, wenn man die Entscheidung getroffen hat, die man nicht mehr rückgängig machen kann.

In Wales sind Elend und Hunger immer noch das Los Tausender Arbeitsloser, von Männern wie Frauen. Nun als König findet Eduard Probleme vor, die ihm schon als Prinz von Wales vertraut waren. Während zweier Tage besucht er kleine Bergarbeiterdörfer, in denen ausgemergelte Gestalten herumgeistern. In Dowlais erwarten ihn Hunderte Arbeitslose. Sobald sie ihn kommen sehen, stimmen sie einen alten walisischen Gesang an. Er lauscht ihnen aufrecht stehend, mit entblößtem Haupt und von Gefühlsaufwallungen geprägtem Gesicht. Man hört ihn mit lauter, vernehmbarer Stimme sagen:

– Es *muß* etwas getan werden, damit Sie Arbeit finden.

In Pontypool sagt er noch:

– Sie können sicher sein, daß ich alles in meiner Macht stehende tun werde, damit bessere Tage in Ihr Tal zurückkehren.

In Bleanevon bekräftigt er:

– Es *wird* etwas für Beschäftigung getan werden.

Gewiß, als er am Abend des 19. November den Zug zurück nach London nimmt, hat er die Krise nicht beendet, aber er hat wieder Hoffnung aufkeimen lassen. Der Leser, die Leserin, mag vielleicht denken, daß es manchmal ein Verbrechen ist, eine trügerische Hoffnung zu wecken. Wenn man von dem Grundsatz ausgeht, daß jede Krise eines Tages zu Ende ist, warum sollten dann gute Worte nicht mithelfen, das Ende des Tunnels zu erreichen? Eduard hat etwas Vertrauen in den Gesichtern wahrgenommen, das ihnen so lange gefehlt hat. Er zweifelt nicht daran, daß er diesen Leuten etwas gegeben hat.

Als er am Bahnhof von Paddington eintrifft, sieht man ihm seine Fröhlichkeit an. Die zwei Tage in diesen verelendeten Regionen haben ihn seine eigenen Probleme vergessen lassen. Für einen Augenblick ist er wieder zu dem geworden, der von besseren Tagen spricht. Und diese Art von Versprechen können nur von einem amtierenden König gehalten werden: Sollte er sich mit seiner Abdankung also doch noch nicht abgefunden haben? Am Vorabend der Schlacht scheint sich Eduard gesagt zu haben, daß er sie dank der kleinen Leute gewinnen könnte.

Die *Times* äußert sich befriedigt über die Rundreise des Königs. Sie erlaubt es, so schreibt sie, die Aufmerksamkeit auf eine Region zu lenken, die unter der Krise leidet, und sie betont die Fähigkeit des Königs, die Worte zu finden, die ihn schon zu diesem Zeitpunkt in die Geschichte eingehen lassen. Die *Times* hat es sehr eilig, aus Eduard VIII. eine Person der Geschichte zu machen. Die Worte, mit denen man ihn lobt, haben nicht allen gefallen, angefangen bei Premierminister Baldwin. Daß die Popularität des Königs zunimmt, kommt ihm gar nicht zupaß. Nach der Abdankung werden manche gerade in dieser Popularität die Rechtfertigung für ihre Feindseligkeit suchen. Sie schwören, daß sie in Eduard VIII. einen König gefunden haben, der bereitwillig die Schwächen des kapitalistischen Systems bloßgestellt hätte und aus seiner verfassungsmäßigen Rolle herausgetreten wäre, um sich in Dinge einzumischen, die ihn nichts angingen, z.B. das Elend und Leiden der kleinen Leute. Ein roter König? Sicher nicht. Man käme der Wahrheit näher, wenn man von einem rosaroten König spräche.

Wallis ist in Cumberland Terrace in Wartestellung; nur Tante Bessie ist bei ihr. Ihre Anwälte haben ihr geraten, den König so selten wie möglich zu treffen, solange ihre Scheidung noch nicht endgültig ausgesprochen ist. Jeden Tag erhält sie Briefe mit Beleidigungen und Drohungen. Wenn sie nach draußen sieht, begegnet sie bösen Blicken, die auf ihre Fenster gerichtet sind. Ihre moralischen Kräfte lassen Stück für Stück nach, genau wie ihre körperlichen. Sie schreibt an Lady Colefax: «Liebste Sibyl, man hat mir aus politischen Gründe eine Woche Bettruhe verordnet; ich fühle mich isoliert, ermüdet und verwirrt – und mein Herz ist zerrissen... Ich habe die Absicht, für einige Zeit zu verreisen. Ich denke, daß alle Welt dies wünscht – mit Ausnahme einer Person natürlich, – aber ich denke an einen ehrenhaften Weg, um aus all dem herauszukommen. In einiger Zeit wird man meinen Namen vergessen haben und nur zwei Personen werden unter meinem Weggang leiden im Gegensatz zu den anderen, die keinerlei Interesse für die Gefühle der einzelnen zeigen und nur an das Funktionieren des Systems denken. Ich habe mich entschlossen, das Risiko einer Abreise auf mich zu nehmen, denn es ist unangenehm, in einem Haus zu bleiben, dessen Gastgeber den Gast nicht mehr erträgt[1]. Ich werde Sie noch einmal sehen, bevor ich meine Zelte abbreche. Alles Liebe.»

Abreisen? Seit David zum ersten Mal von seinen Schwierigkeiten gesprochen hat, hat sie diesen Vorschlag formuliert. David hat ihn zurückgewiesen. Nun kommt sie darauf zurück. Als gute Amerikanerin vergißt sie nicht, daß die Pioniere, wenn sie ihr Lager abbrachen, ihre Zelte zusammenlegten: *I shall see you before I fold my tent.*

1 Gemeint ist Wallis als Gast in England.

Es ist der gleiche Ton, in dem sie an Foxy Gwynne schreibt: «Alles geht schlecht und schlechter – und ich habe genug von allem. Selbst mein Herz ist verwirrt, und man hat mir eine Woche vollständige Bettruhe verordnet – unwiderruflich. Der amerikanischen Presse ist es immerhin gelungen, das Leben zweier Menschen zu ruinieren – und sie zermalmt sie weiter... Ich denke, daß ich mich für einige Zeit auf Reisen begeben muß, sobald ich die Kraft dazu habe. Und daß ich erst wieder zurückkomme, wenn diese Krone fest auf Davids Kopf sitzt...»

Warum nimmt sie, der man das Telefonieren untersagt hat, einen Anruf von Esmond Harmsworth entgegen? Es ist wahr, daß Esmond nicht nur ein Freund, sondern auch der Sohn von Lord Rothermere ist, jenes Zeitungsmagnaten, der sich zusammen mit Lord Beaverbrook zum Verfechter der Sache des Königs gemacht hat. Er lädt sie zum Essen ein; sie nimmt an. Mitten beim Essen fragt Esmond sie, ob der König nicht an die Möglichkeit einer morganatischen Ehe gedacht hat.

Wallis fährt hoch:

– Morganatisch?

Harmsworth erklärt, daß solche Ehen auf dem Kontinent üblich waren, besonders bei den Habsburgern. In diesem Fall wird die Frau nicht Königin, sondern nur Gemahlin des Königs. Die Kinder aus dieser Ehe sind nicht erbberechtigt. Wallis versteht schlecht. Sie mag das Wort nicht. In England hat «morganatisch» einen so abfälligen Beigeschmack angenommen, daß es gleichbedeutend mit «nicht-englisch» geworden ist. Die Idee einer solchen Ehe kommt nicht von Esmond, sondern von seinem Vater.

Zusammen mit Tante Bessie fährt sie schon am 20. November zu Eduard ins Fort. Die Munterkeit, die der König nach seiner Rückkehr aus Wales in sich trug, ist schon wieder vergessen. Wallis findet ihn «erschöpft» vor. Sie fragt sich, ob sie seinen Sorgen eine weitere hinzufügen und ihm von Harmworths Vorschlag erzählen soll. Sie entschließt sich dazu. Und wenn das *die* Lösung wäre?

Eduard zeigt wenig Begeisterung:

– Wie immer die Sache ausgeht, ich glaube nicht, daß eine morganatische Ehe eine gute Lösung ist.

Wallis bleibt hartnäckig. Wenn das die einzige Möglichkeit wäre, die Krise zu beenden und auf dem Thron zu bleiben, so muß man sie ins Auge fassen.

Er denkt nach, seufzt schließlich:

An dem Punkt, wo ich jetzt angelangt bin, bin ich bereit, alles zu versuchen, egal was.

Die Lösungsmöglichkeit wird Eduard also zu der seinen machen, eine Zeitlang und ohne Begeisterung. Er berät sich mit Walter Monckton, der Zweifel äußert: Da die morganatische Ehe im englischen Recht nicht bekannt ist, bräuchte man einen Parlamentsbeschluß. Würde man ihn bekommen? Eduard bittet dann Harmsworth, sich zu Baldwin zu begeben und ihm die Idee zu unterbreiten. Wallis ist beunruhigt: Wenn man den Premierminister um seine Ansicht bittet, würde das doch darauf hinauslaufen, ihm ein Kontrollrecht zuzubilligen, von dem der den unheilvollsten Gebrauch machen kann. Eduard selbst ist entschlossen, alle Möglichkeiten auszukundschaften.

– Ich muß etwas tun, antwortet er Wallis. Und wenn ich meinen Kopf auf den Richtblock legen muß, dann auf so angenehme Art wie möglich.

Aber die Meinung des Premierministers ist unumstößlich. Als Harmsworth seinen Plan vortragen will, läßt er ihn rundweg abblitzen. Um sich davon zu überzeugen, genügt es, die Worte zu lesen – oder besser, zu hören –, die er zuvor seiner Nichte Monica gesagt hat: «Harmsworth hat mich aufgesucht. Ich habe ihm gesagt, daß er und sein widerwärtiges Blatt den Geist des englischen Volkes nicht kennen, während ich ihn kenne. Und ich habe ihm erklärt, daß eine morganatische Ehe ein vom Parlament verabschiedetes Gesetz erfordere und daß das Parlament dem nie zustimmen würde. Harmsworth hat ausgerufen: ‹Oh, ich bin sicher, daß es dafür stimmen wird. Die moralischen Standards sind viel offener seit dem Krieg.› Ich habe ihm geantwortet: ‹Ja, Sie haben recht. Das Ideal von Moral, Pflicht, Opfer und Anstand ist seit dem Krieg sicher im Niedergang begriffen, aber das Ideal des Königtums ist immer höher gestiegen, höher als es jemals in der Geschichte war. Und ich kann Ihnen versichern, daß das englische Volk das nie akzeptieren wird, was Sie gerade vorschlagen.› Harmsworth war wirklich sehr komisch, aber er hat es nicht gemerkt.»

Baldwin wird also am 25. November zum dritten Mal vom König empfangen. Der Vorschlag von Harmsworth? Baldwin antwortet, daß er ihn noch nicht stud-iert ha-be. Er betont alle Silben des Satzes einzeln. Er hat noch nie so langsam gesprochen. In seinem Bericht vor dem Unterhaus erklärt der Premierminister später: «Er fragte mich, was ich dachte. Ich antwortete ihm, daß ich den Vorschlag noch nicht untersucht hätte: ‹Ich kann keine fundierte Stellungnahme abgeben.› Wenn er, inoffiziell natürlich, meine erste Reaktion darauf wissen wollte, so würde ich denken, daß das Parlament einem solchen Gesetz nie zustimmt. Aber wenn er es wünschte, würde ich die Sache offiziell untersuchen. Der König erklärte, daß er das wünschte.»

Hat Eduard auf Anhieb verstanden, daß das Wichtigste noch kommen sollte?

– Ich muß anmerken, Sire, insistiert Baldwin, daß der Ausdruck «offiziell» bedeutet, daß der Vorschlag nicht nur dem Kabinett sondern auch den Premierministern der Dominions bekanntgegeben wird. Wünschen Sie das wirklich, Sire?

Eduard antwortet mit Ja. Wie ein Mann, der es sehr eilig hat, verabschiedet sich Baldwin und entschwindet mit großen Schritten. Eduard VIII. hat gerade sein Schicksal besiegelt.

Am nächsten Tag legt die *Bremen* in Southhampton an. Ohne sich auch nur die Zeit zu nehmen, bei sich zu Hause hereinzuschauen, läßt sich Lord Beaverbrook nach Fort Belvedere fahren. Während der ganzen Fahrt hat er alle seine Gedanken auf das Problem des Königs gerichtet.

Es ist gut, wenn ein Stratege klarsichtig ist, besonders gegenüber seinen Gegnern. Als er sich der Sache des Königs verschreibt, hat Beaverbrook das Für und Wider wohl abgewogen: «Der König hatte gewichtige Faktoren auf seiner Seite. Er konnte auf fähige Freunde zählen, die zum Teil die öffentliche Meinung auf ihrer Seite hatten. Es war nicht sicher, ob die Parteien gemeinsam Front gegen ihn machen würden und absolut nicht unmöglich, daß ein neuer Premierminister in beiden Kammern Unterstützung finden würde. Die Berater des Königs könnten aus der Schwäche Baldwins Nutzen ziehen, denn der Premierminister war in Verruf gekommen. Er hatte kürzlich vor dem Parlament zugegeben, daß er die Wähler getäuscht hatte, um die Wahlen von 1935 zu gewinnen... Baldwin hatte auch eingestanden, daß er die Abgeordneten unzureichend über die deutschen Luftstreitkräfte informiert hatte. Er hatte sich lächerlich gemacht und war zum Gespött aller geworden. ‹Zugenähter Mund› nannten ihn die Karikaturisten... Man konnte überall auf Plakaten Karikaturen von Baldwin mit einem Heftpflaster auf dem Mund sehen. Auf der politischen Ebene hatte niemand mehr Vertrauen in ihn.»

In dem Rolls, der ihn mit hoher Geschwindigkeit zum Fort bringt, macht Beaverbrook eine Bestandsaufnahme. Wenn er die beiden Lager einander gegenüberstellt, sieht er den König als Sieger: «Von der Verfassung her ist der König frei, zu heiraten, wen er will, es sei denn eine Katholikin.»

Es gibt im Land eine Macht, die Beaverbrook nicht vernachlässigen will: die Kirche. Gewiß ist Eduard nicht, wie man es allgemein glaubt, das «Oberhaupt der Kirche von England», aber die Sukzessionsakte bezeichnet ihn offiziell als «Verteidiger des Glaubens». Die Kirche von England sieht die Heirat – wie die katholische Kirche – als unauflöslich an. Als Verteidiger des Glaubens muß Eduard also, wenn er diese Regeln übertritt, mit der Exkommunikation rechnen. Diese hätte dann zwangsläufig die Forderung nach Abdankung zur Folge. Was würde passieren, wenn der Erzbischof sich weigerte, Eduard zu krönen? Beaverbrook kann in dem Augenblick, als er das Fort erreicht, nicht wissen, daß Cosmo Lang sich die Frage schon selbst gestellt hat und daß er sich geantwortet hat: Was auch passiert, ich werde die Krönung vornehmen. Sein Biograph Lockhart hat uns auch die Gründe dafür enthüllt. Der Erzbischof betrachtet es als gefährlich, wenn die Leitung der Kirche einem anderen Geistlichen als ihm anvertraut würde, dessen «ungeschickte und wenig vertrauenswürdige Hände» er schon im voraus fürchtet. Wenn Beaverbrook das wüßte, würde er noch mehr Vertrauen in den Sieg seines Champions setzen.

Was die religiöse Seite betrifft, hat das königliche Lager noch einige Trümpfe in der Hand: Es handelt sich um die Kirchen, die man im Gegensatz zur anglikanischen Kirche Freikirchen nennt. Diese Kirchen haben mehr praktizierende Gläubige als die Staatskirche. So definiert die Kirche von Schottland die Ehe nicht als Sakrament, sondern als einen Vertrag. Sie erlaubt ihren Mitgliedern, einen geschiedenen Partner zu heiraten, selbst wenn er schuldig gesprochen wurde, unter der Bedingung, daß er beweisen kann, daß er bereut hat. In den Dominions hat die offizielle Kirche keine Macht. Der Presbyterianismus konkurriert erfolgreich mit dem Anglikanismus. Im Spannungsfeld dieser Kirchen glaubt Beaverbrook für den König einen echten Handlungsspielraum zu erkennen. «Die anglikanischen Abgeordneten werden predigen, daß der König nicht im Gegensatz zu den Glaubenssätzen handeln kann. Die schottische Partei wird geltend machen, daß der König, wenn er in Schottland ist, auch

Mitglied der Kirche von Schottland ist, die ja die Scheidung anerkennt».

In seinem Rolls faßt Beaverbrook die lange Kette seiner Gedanken, die unter der deutschen Flagge der *Bremen* zum Abschluß gekommen ist, in dieser persönlichen Einschätzung zusammen: «*Der König muß nur hartnäckig bleiben, um zu gewinnen.*»

Eduard empfängt ihn auf den Stufen des Forts. Er reicht ihm herzlich die Hand:

– Ich werde nie vergessen, was Sie für mich getan haben.

Man geht zu Tisch. Es war Anweisung gegeben worden, daß die Mahlzeit entsprechend der Diät von Max zubereitet würde. Der König spricht. Beaverbrook hört zu. Eduard erzählt alles, und er erzählt gut. Alles kommt vor: seine Unterredungen mit Baldwin, der Brief von Alexander Hardinge, seine Gespräche mit Samuel Hoare und Duff Cooper, der Vorschlag einer morganatischen Ehe von Harmsworth:

– Mrs. Simpson, bemerkt der König, zieht die morganatische Ehe jeder anderen Lösung vor.

Beaverbrook sperrt Mund und Augen auf. Mit Nachdruck bringt er hervor:

– Man muß den Plan einer morganatischen Ehe sofort zurückziehen, denn er wird vom Parlament sicher zurückgewiesen werden!

Beaverbrook hat die Erwiderung in seinem Bericht zitiert, und der Herzog von Windsor bestätigt sie in dem seinen: «Sein Gesicht verdüsterte sich. Ein solches Vorhaben, erklärt er, würde weder der Regierung noch dem englischen Volk gefallen. Max Beaverbrook war Anhänger einer Politik des Abwartens; er drängte mich, den Vorschlag von Harmsworth zurückzuziehen und so eine ablehnende Antwort zu verhindern, die zweifellos kommen mußte. So hätten er und meine anderen Freunde

Zeit, die ‹Sache des Königs› in dieser Heiratsangelegenheit in dem Kreis der Öffentlichkeit zu vertreten, dessen Denken nicht von Heuchelei und Vorurteilen beherrscht wurde.»

Beaverbrook entwickelt kraftvoll seinen Gedankengang: Man muß auf einer Heirat ohne Bedingungen bestehen, die niemand in England die Macht hat, zu verhindern. Man muß Zeit gewinnen, bevor man eine starke Stellung beziehen kann. So wird man die Kriegsmaschinerie, die Baldwin so subtil in Schwung gebracht hat, ins Leere laufen lassen.

Im Augenblick, wo ich schreibe, kann man objektiv sagen, daß dieser Vorschlag gut war. Wenn er ihn annimmt, ist es Edward VIII. selbst zu diesem Zeitpunkt noch möglich, den Sieg davonzutragen. Warum hat er ihn nicht befolgt? Er hat das folgendermaßen begründet: «Ich muß zugeben, daß ein solcher Plan hätte Erfolg haben können, wenn ich rechtzeitig gehandelt hätte und wenn mein eigener Charakter ein anderer gewesen wäre. Aber angesichts der Einheitsfront der herrschenden Elemente aller Parteien, die Mr. Baldwin, wie ich Gründe hatte anzunehmen, zusammenbringen würde, zweifelte ich von Anfang an am Erfolg dieser Strategie. Überdies störte mich der Gedanke, daß trotz aller Vorsichtsmaßnahmen ein solcher Plan mich zu einer Heuchelei zwingen würde, zu der ich weder die Neigung noch das Talent hatte.»

Max Beaverbrook hat sich in seinen Wagen gezwängt und ist nach London gefahren. Nach diesem Besuch fühlt sich Edward weniger allein. Er genießt jetzt die Unterstützung eines Verbündeten, und zwar eines Verbündeten von Format!

Ganz anders die Stimmung bei Wallis. Die Flut der anonymen und beleidigenden Briefe nimmt weiter zu: «Ich fühlte mich wie ein gehetztes Wild, dem die Meute auf den Fersen war.» Die amerikanischen Zeitungen berichten, man habe ein Komplott aufgedeckt, das ihr Haus in die Luft sprengen wollte. Der *Daily Mir-*

ror bricht das Schweigen der Presse und druckt am nächsten Tag unter dem Titel *Falsche Nachrichten aus den USA* eine Richtigstellung ab: «Nach einer eingehenden Untersuchung konnte der *Daily Mirror* feststellen, daß die Drohungen gegen Mrs. Simpson, eine amerikanische Dame, die zur Zeit in London lebt, die von den amerikanischen Zeitungen ständig nachgebetet werden, jeder Grundlage entbehren und daß es falsch ist, daß Wachen eingestellt wurden, um sie zu beschützen. Wir bedauern, daß wir diese Information in unserer gestrigen Ausgabe gedruckt haben.»

London steht jetzt Kopf. Wallis kritzelt mit Bleistift diese Notiz an den König: «Man muß etwas machen, und zwar schnell. Ich hoffe, daß es Ihnen besser geht und daß wir glücklich sein können, obwohl unsere Blicke im Moment so traurig und verletzt sind. Ich wäre so gerne wieder froh und vertrauensvoll gegenüber der Welt. Es ist ein schreckliches Leben, wenn man sich verstecken muß.»

Man muß etwas tun. Der Satz von Wallis erinnert an den, den der König den Arbeitslosen in Wales gesagt hat. Etwas, aber was?

Am Freitag, den 27., morgens, an dem Tag, an dem das Kabinett zusammentritt, um den Text für die Anfrage an die Dominions abzufassen, läßt der König Wallis einen kleinen Brief von seiner Hand bringen. Gegen jede Vernunft, gegen ihrer beider Interesse lädt er sie wie auch Tante Bessie ins Fort ein, um das Wochenende mit ihm zu verbringen. Ihr Fort, ihr Wochenende. Er hält es nicht mehr aus. Er muß sie in die Arme schließen. Er selbst wird sie am Abend abholen. Er fügt ein Postskriptum an: Die Bediensteten sollen zu niemandem davon etwas sagen. Wallis denkt nicht daran zu diskutieren. Zum Teufel mit den Vorsichtsmaßregeln. Das Fort bleibt ihr Zufluchtsort par excellence.

Für sie wie für Edward ist das Fort WE.

Die Kabinettssitzung dauert zwei Stunden. Speziell für die Presse gibt man bekannt, daß die Minister wegen der Ereignisse in Spanien zusammengerufen wurden. Gehorsam drucken die Zeitungen die Erklärung. Nur der *Manchester Guardian* weigert sich. Sein Korrespondent läßt wissen, daß das Kabinett zusammengekommen ist «nicht um eine auswärtige, sondern eine innere» Angelegenheit zu bereden. Um zu verstehen, muß man zwischen den Zeilen lesen. Die wenigsten Leser sind dazu in der Lage. Die Eingeweihten haben hier ein deutliches Zeichen sehen können: Man erreicht einen Punkt, wo es kein Zurück mehr gibt und die Schweigeverpflichtung zu zerbrechen droht. Als Eduard nach Einbruch der Dunkelheit Tante Bessie und ihre Nichte abholt, weiß er nicht mehr weiter. Wallis hat nur wenig zusammengepackt. Sie denkt, daß sie nur zwei oder drei Tage im Fort bleiben wird. Sie gehen in der Nacht hinaus und Eduard selbst hilft Tante Bessie zum Wagen. Seine Hand, die beruhigend sein soll, verweilt auf der von Wallis.

Der Wagen fährt Richtung Fort. Die letzten Lichter Londons verschwinden. Dort ist das Schicksal von Wallis eingraviert, dort wird ihr Schicksal entschieden. Die Lichter der Stadt: «Ich war weit davon entfernt zu glauben, daß drei Jahre vergehen würden, bis ich sie wiedersehen würde.»

Die Atmosphäre auf dem Schloß hat sich verändert. Auf den Gesichtern der Bediensteten entdeckt Wallis einen ungewohnten Ernst. Kaum haben sie die Schwelle überschritten, als man den König schon ans Telefon ruft. Ein schmerzlicher Gedanke durchzuckt Wallis: Das Fort ist kein bezauberndes Schloß mehr, sondern eine belagerte Festung.

Am Samstag früh, 28. November, bringt man dem König einen der berühmten roten Koffer, die er mit dem goldenen Schlüssel öffnet, der seinem Vater gehört hatte. Logischerweise müßte sich die Analyse der Kabinettssitzung vom Vortag darin befinden.

Eduard findet nur ein einfaches Blatt, das in wenigen Zeilen die Ereignisse in Spanien anspricht, von denen man annimmt, daß das Kabinett sich damit befaßt hat. Man behandelt den König von England nicht anders als jeden beliebigen Journalisten.

Einige Freunde des Königs sind besser informiert als er. Im Laufe des Tages teilt ihm einer den geheimen Kabinettsbeschluß mit. Baldwin hat den Vorschlag einer morganatischen Ehe ohne weiteres als «nicht praktikabel und nicht wünschenswert» beiseite geschoben. Es gibt nur zwei Möglichkeiten: Entweder akzeptiert die Regierung, daß Mrs. Simpson Königin wird, wenn sie den König heiratet, oder sie wiedersetzt sich dieser Lösung. Wenn der König im zweiten Fall darauf besteht, sie zu heiraten, wird er abdanken müssen. Das Kabinett hat sich geschlossen hinter Baldwin gestellt mit Ausnahme von Duff Cooper, der dafür plädiert hat, daß man dem König erlaubt, gekrönt zu werden. Erst dann wäre die Zeit da, die Frage der Heirat zu stellen.

Zur gleichen Zeit wie der König hat Max Beaverbrook Kenntnis von der Entscheidung des Kabinetts erhalten. Er taucht, völlig außer sich, im Fort auf. Niemals hatte Eduard ihn so erregt gesehen:

– Sire, ruft er aus, Sie haben Ihren Kopf auf den Richtblock gelegt. Baldwin muß nur noch das Beil niedersausen lassen.

Der König schweigt. Mit forschendem Blick fragt Max:

– Haben sie die Telegramme gelesen, die man in die Dominions geschickt hat?

– Nein.

– Haben Sie eine Vorstellung, was darin steht?

Der Informant des Königs hat ihm nichts darüber gesagt. Beaverbrook aber weiß alles. Telegramme sind an die Adressen der Regierungen Kanadas, Australiens, Neuseelands, Südafrikas und des Freistaates Irland gegangen. Man hat drastische Ausdrücke verwendet. Beaverbrook glaubt zu wissen, daß die grundlegende Frage in folgenden Worten gestellt wurde: «Würden Sie einer morganatischen Ehe des Königs zustimmen? Oder würden Sie zur Abdankung raten, wenn der König auf der Heirat besteht?»

Beaverbrook zeigt sich sehr entschlossen. Man muß, wenn noch Zeit dazu bleibt, das Absenden der Telegramme verhindern:

– Ich bin Kanadier und ich kenne die Dominions. Ihre Antwort wird ein sofortiges und endgültiges *Nein* sein.

Die Telegramme stoppen. Wie Eduard Baldwin kennt, hat dieser sie gleich nach der Kabinettssitzung abschicken lassen. Im übrigen müßte man, um das Absenden zu verhindern, den Vorschlag einer morganatischen Ehe zurückziehen. Eduard wird es nicht tun. Und dann kann er nicht verhindern, daß tief aus seinem Innern die Erinnerungen an seine triumphalen Reisen als Prinz von Wales aufsteigen. Damals hatten die Dominions ihn geliebt. Eins ums andere Mal – und mit welchen Begeisterungsausbrüchen – hatten diese weit entfernten Völker ihm ihre Zuneigung entgegengejubelt. Er will nicht glauben, daß sie ihn so kurz danach fallen lassen werden.

Anthony Eden hat in seinen *Memoiren* erklärt, daß die Botschaft an die Dominions «mit einer gewissenhaften Unparteilichkeit verfaßt war, die dem Leser nicht zeigte, wie die Regierung in London darüber dachte.» Falsch! Wir wissen jetzt durch Stanley Lyons, den Premierminister von Australien, daß die offiziellen Fragen der britischen Regierung von privaten Botschaften an die Regierungschefs der Dominions begleitet wurden. Lyons hat ein persönliches und geheimes Telegramm von Baldwin bekommen, der ihn informierte, «daß er sich mit Seiner Majestät über Mrs. Simpson unterhalten hatte und daß Seine Majestät seine Absicht erklärt hatte, Mrs. Simpson zu heiraten. Aber seine Majestät hatte gleichzeitig gesagt, da es nicht möglich sei, daß sie Königin würde und ihre Kinder den Thron besteigen könnten, würde er seine Abdankung ins Auge fassen und den

Herzog von York auf dem Thron folgen lassen. Seine Majestät hätte dann noch Mr. Baldwins Meinung zu einem neuen Vorschlag gefragt, nach dem aufgrund eines speziellen Gesetzes die Heirat Mrs. Simpson nicht zur Königin machen würde und ihre Kinder von der Thronfolge ausgeschlossen wären.» Mr. Baldwin informiert seine Kollegen, «daß er Seiner Majestät angedeutet hätte, daß er nicht dächte, daß es die geringste Chance gäbe, daß ein solches Arrangement die Zustimmung des Parlaments von Großbritannien finden könnte und daß im übrigen die Einwilligung der Dominions unabdingbar für die Durchführung eines solchen Arrangements sei.» Stanley Lyons fügt hinzu: «Er bat mich um meinen persönlichen Standpunkt.»

Hier grenzt die Geschicklichkeit an Machiavellismus. Baldwin achtet sorgfältig darauf, erst die Dominions zu beruhigen. In jedem Fall ist kein gefährlicher Konflikt zu befürchten: Was auch immer kommen mag, der König ist bereit abzudanken.

Stanley Lyons seinerseits hat nicht gezögert. Dieser fromme Katholik weist jeden Gedanken an Scheidung von sich. Er hat dem australischen Parlament seine Antwort an Baldwin zur Kenntnis gebracht: «Wenn die beabsichtigte Heirat dazu führte, daß Mrs. Simpson Königin würde, so würde das allgemeine Mißbilligung stoßen. Was den anderen Vorschlag, mit anderen Worten die vom Parlament speziell zu billigende morganatische Ehe betrifft, würde sie der höchsten volkstümlichen Vorstellung der Monarchie zuwiderlaufen.» Joseph Michael Savage, Premierminister von Neuseeland und auch er Katholik, formuliert die gleiche Meinung ebenso wie die Premierminister des Freistaates Irland, de Valera, ebenfalls Katholik, und General Herzog, der Premierminister Südafrikas. Die Antwort des kanadischen Premierministers Mackenzie King ist weniger deutlich, aber letztendlich denen der Regierungschefs der Dominions ähnlich. Die Parlamente der Dominions waren nicht befragt worden. Wie wenige Wochen später die Debatten über die Abdankung zeigen sollten, wäre die Stimmung dort dem König viel günstiger gewesen. In Canberra (Australien) wurden die Abgeordneten sogar handgreiflich. Doch Baldwin hat sich nicht an die Parlamentarier gewandt. Die Regierungschefs alleine haben den König verurteilt.

Zurück zu Hause, in Stornorway House, gibt sich Max Beaverbrook noch nicht geschlagen. Er wird bis zum Ende für den König kämpfen. Wenn es sein muß, auch gegen den Willen des Königs. Von einer Batterie von Telefonen umgeben, ruft er all die an, auf die er glaubt zählen zu können. Er trägt vor, bittet, droht. Von Vitalität strotzend, scheint er seine besten Tage zu erleben. Beaverbrook haßt allein den Gedanken zu verlieren. Die Sache des Königs ist zu der seinen geworden. In Großbritannien gibt es eine vierte Gewalt: die Presse. Selbstsicher wie ein Oberbefehlshaber brüllt Beaverbrook ins Telefon und mobilisiert diese vierte Gewalt. Baldwin zählt auf seine Mehrheit. Beaverbrook geht weiter. Auf Millionen Zeitungsexemplare gestützt – seine Zeitungen und die seiner Freunde – will er das Volk mobilisieren.

Überdies scheint er schon an die extreme Lösung gedacht zu haben, die des letzten Karrees[1]: Warum sollte man Wallis nicht deutlich machen, daß nur ihr Verschwinden Eduards Glück garantieren kann? Er könnte das Undenkbare wagen und Eduard gegen Wallis ausspielen, um ihn vor sich selbst zu schützen.

Jede Stunde zählt. Am 29. November gibt es für Baldwin genausowenig eine Sonntagsruhe wie für Beaverbrook. Baldwin unterschätzt die Bedrohung durch Beaverbrook keineswegs. Am Abend schickt er Samuel Hoare zu ihm, der sich ohne Umstände selbst zum Essen einlädt. Bei Tisch verbirgt der Erste Lord der Admiralität seinem Gastgeber nicht: Alle Minister ohne Aus-

1 Anspielung auf die napoleonische Armee.

nahme stehen hinter Baldwin. Der König kann auf keine «Bresche und kein Schwanken» zu seinen Gunsten hoffen. Hoare spricht den zweiten Punkt seiner Botschaft an: Der Skandal wird öffentlich ausbrechen. Das Kabinett wird sich am Mittwoch, den 2. Dezember versammeln, um eine Entscheidung über eine morganatische Ehe zu treffen. Beaverbrook zweifelt keinen Augenblick daran: Diese Entscheidung wird zum Nachteil des Königs ausfallen. Man muß sie um jeden Preis verhindern.

Am Montag, den 30., morgens, macht Max sich wieder zum Fort auf. Noch einmal spricht er laut und deutlich. Der König muß auf jeden Fall «seine Anfrage bezüglich der Heirat zurückziehen, und nicht nur das Gesuch um ein Gesetz über die morganatische Ehe. Er soll zu Baldwin sagen, daß er im Augenblick keine Ratschläge hinsichtlich seiner Heiratsabsichten braucht.» Die Untersuchung zieht sich hin: «Der König wiederholte immer wieder, daß er sich verheiraten wolle, ob auf dem Thron oder nicht. Mrs. Simpson, so erklärte er, werde er nicht verlassen. Aber er war einverstanden, meinem Rat zu folgen, und gab Monckton Anweisung, daß er Baldwin ausrichten solle, der König wolle nicht mehr, daß man ihn hinsichtlich der Heirat berate.» Dieses Mal macht Beaverbrook vielleicht den wichtigsten Punkt seit seiner Rückkehr aus den Vereinigten Staaten. Als der König hinzufügt, es sei wünschenswert, daß Max dringend Winston Churchill träfe, ist er beruhigt: Die Geschichte nimmt eine eindeutig günstigere Wendung. Wenn der König sich Leute sucht, die ihn verteidigen, dann hat er die Hoffnung noch nicht aufgegeben. Das ist für Beaverbrook das Entscheidende. Er verläßt das Schloß mit dem festen Entschluß, Churchill noch am gleichen Tag zu treffen.

Wenn Wallis geglaubt hatte, auf dem Fort Frieden zu finden – welch ein Irrtum! Während des ganzen Wochenendes ist es ein Kommen und Gehen von Beratern, Adjutanten und Postboten. Ständig läutet das Telefon. Sonntag nachmittag bespricht Eduard ausführlich die Lage mit ihr. Er will ihr nichts verheimlichen:

– Wie Sie sehen, meine Liebe, tue ich alles, was in meiner Macht steht. Noch ist nichts verloren. Ich glaube immer noch, daß es eine Lösung geben muß. Mein letztes Wort ist noch nicht gesprochen.

Wallis hört ihm zu, wie sie sagt, «zerrissen und verzweifelt zu sehen, wie seine Liebe zu mir eine Regentschaft kompromittiert, die unter so ruhmreichen Vorzeichen angefangen hat.» An jenem Tag formuliert sie eine Ansicht, die ihn fasziniert. Sie hat nicht Roosevelts berühmte «Plaudereien am Kamin», noch die «Weihnachtsbotschaften» Georgs V. vergessen. Warum sollte Eduard sich nicht persönlich an sein Volk wenden? Warum sollte er nicht im Radio sprechen?

Wenn auch Eduards Gesichtszüge immer angespannter, seine Augen immer stärker umschattet sind und seine Wangen sich immer mehr röten, so ist sein Blick jetzt doch voller Zärtlichkeit:

– Liebling, das heißt vielleicht, sich an einem Strohhalm zu klammern, aber ich werde es trotzdem versuchen. Sie haben da eine großartige Idee gehabt. Aber ich werde dazu die Erlaubnis des Kabinetts brauchen, und das wird nicht einfach sein.

Sich an einen Strohhalm klammern: Das zeigt uns klar und deutlich, was im König vorgeht.

Max Beaverbrook hätte diesen «Strohhalm» nicht gemocht. Gleich nach seiner Rückkehr nach London hat er Churchill angerufen. Die beiden Männer haben sich für nachmittags 17 Uhr verabredet. Als Vorkämpfer für die Sache des Königs kann man sich keine bessere Wahl vorstellen als Churchill. Unter den herausragenden politischen Persönlichkeiten können nur zwei – Lloyd George und er – einen wirklichen Einfluß auf das Parlament ausüben, und darüber hinaus auch auf die öffentliche Meinung. Lloyd George ist weit weg, in Westindien. Er wird erst am 3. Dezember von der Krise um den König erfahren. An dem Tag reiht er sich dann aus Überzeugung in das Lager Eduards ein:

«Eine Nation hat das Recht, seine Königin zu wählen, aber der König hat auch das Recht, seine Frau zu wählen. Wenn Baldwin gegen diese Rechte ist, dann bin ich gegen Baldwin.» Alles sollte dann so schnell gehen, daß Lloyd George nicht mehr die Zeit hat, nach England zurückzukehren, um den König zu verteidigen. Es sei erlaubt, von dem außergewöhnlichsten Tandem zu träumen, das die Verbindung von Lloyd George und Churchill dargestellt hätte, wenn sie gemeinsam Eduard VIII. zu Hilfe geeilt wären. Ein schöner Traum.

Churchill aber ist sehr wohl da und bereit, dem Ruf des Königs zu folgen. Der Leser ist erstaunt. Er erinnert sich, gelesen zu haben, daß in diesem Jahr 1936 die Unbeliebtheit Churchills ihren Höhepunkt erreicht hat. Gewiß, es macht nicht beliebt, wenn man Kassandra spielt. Diese undankbare Rolle füllt Churchill schon seit Jahren aus. Er hat vorhergesagt, daß Deutschland aufrüsten würde. Und Deutschland hat aufgerüstet. Er hat England beschworen, sich Hitler fest entgegenzustellen, da ein neuer europäischer Krieg sonst unvermeidbar würde. Und der Krieg zeichnet sich am Horizont ab. Ein Mann wie Baldwin haßt lieber Churchill, als daß er sich seine eigenen Fehler eingesteht. Die Mitglieder der Konservativen Partei weigern sich, ihn ernst zu nehmen. Als er eines Tages im Unterhaus auszurufen wagt: «Gott sei Dank, gibt es noch eine französische Armee!», hat er in den Gesichtern nur Haß wahrnehmen können.

Ja, er ist unpopulär. Aber der Mann bleibt, wie Gott ihn gemacht hat, mit seinem unbeugsamen Willen und seiner eisernen Verachtung für die, die ihn nicht mögen. Den Churchill der Legende gibt es nicht erst seit 1940, es hat ihn immer gegeben.

Was weiß er von den Problemen um den König? In den Archiven des Herzogs von Windsor befindet sich ein als *geheim* eingestuftes Dokument mit der Überschrift: «Die Abdankung König Eduard VIII.» Der Autor? Winston Churchill.

Es ist sicher, daß Winston Churchill gleich nach der Kreuzfahrt der *Nahlin* über die Affäre unterrichtet wurde. «Ende Juli wünschte mich Walter Monckton, Verwalter des Herzogtums Cornwall und enger Vertrauter des Königs, zu sprechen, und ich empfing ihn in Morpeth Mansions. Er sagte mir, daß Mrs. Simpson vorhabe, sich scheiden zu lassen und daß ihr Ehemann darin einwilligte, weil er drauf und dran war, mit einer anderen Frau zusammenzuleben. Mr. Monckton versicherte mir, daß der König nicht daran dächte, sich mit Mrs. Simpson zu verheiraten, daß er aber glücklich wäre, sie frei zu sehen, denn ‹sein Besitzerinstinkt› sei sehr stark. Er wollte wissen, was ich darüber dachte. Er fragte auch nach meiner Ansicht zu einer eventuellen Einladung von Mrs. Simpson nach Balmoral. Ich antwortete, daß eine solche Scheidung höchst gefährlich sei, daß die Leute frei seien, den Klatsch zu glauben oder nicht, daß aber ein Scheidungsurteil etwas ganz anderes wäre. Wenn ein Urteil gegen Mr. Simpson gefällt würde, könnte jeder Priester in der Messe behaupten, daß ein Unschuldiger wegen des engen Zusammenseins seiner Frau mit dem König verurteilt worden sei. Ich empfahl sehr, alle Anstrengungen zu unternehmen, um ein juristisches Vorgehen zu vermeiden. Was Balmoral betraf, riet ich stark davon ab, daß Mrs. Simpson an einen Ort käme, auf den alle Augen Schottlands gerichtet sind und den man seit Königin Viktoria und John Brown als geweiht betrachtet. All dies wiederholte man gegenüber Mrs. Simpson und es war ihr nicht angenehm. Sie zeigte sich überrascht, als sie hörte, daß ich mich «dagegen» ausgesprochen hatte. Zwei Tage später speiste ich mit dem König in York House. Er war noch nicht von meiner Unterredung mit Mr. Monckton unterrichtet und fragte mich, ob ich ihn gesehen und worüber wir gesprochen hätten. Ich antwortete mit einem Wort: «Klatsch». Seine Majestät sah mich starr an, verfolgte das Thema aber nicht weiter.»

Warum wendet sich der König auf dem Höhepunkt der Krise an ihn? Weil er einen Ersatz für all die sucht, die sich jetzt entziehen. Er glaubt, keinen besseren finden zu können. Er hat recht.

Als er um eine Unterredung bat, ist der König den Wünschen Churchills entgegengekommen, der nun darauf brennt, ihn zu treffen. Um eine Audienz beim König zu erhalten, hat er sich zuvor an Stanley Baldwin gewandt, der mit Bestimmtheit abgelehnt hat. Winston teilt voll und ganz die Ansichten Beaverbrooks: Verfassungsmäßig hindert den König nichts daran, Mrs. Simpson zu heiraten, und diese Regierung hat sich nicht darin einzumischen. Selbst die Kirche, betont Churchill, darf keine Einwände erheben: «Nach den liberalen Reformen des 19. Jahrhunderts bekräftigt das englische Recht die Gültigkeit der Zivilehe, das Recht der Geschiedenen, sich wieder zu verheiraten und das Recht für jene, denen nicht die Schuld an der Scheidung zugewiesen wurde, sich auch wieder kirchlich zu verheiraten».

Churchill hat sich in der Frage der Heirat des Königs öffentlich zurückgehalten. Der König muß wissen, wann er diesen Veteranen der monarchischen Idee einsetzen will – so wie Napoleon im entscheidenden Augenblick der Schlacht die Alte Garde vorgeschickt hat.

Die Unterredung zwischen Churchill und Beaverbrook zieht sich über eine Stunde hin. Zufrieden und mit neuer Kraft läuft Beaverbrook dann zu Sir Samuel Hoare. Er weiß, daß Hoare hartnäckig jede Unterstützung verweigern wird, hofft aber, daß er einverstanden ist, nützliche Informationen weiterzugeben. Hoare bestätigt, daß auf der nächsten Kabinettssitzung dem König auf seinen Vorschlag einer morganatischen Ehe geantwortet werden soll. Die Antwort wird natürlich negativ sein.

Beaverbrook kocht förmlich. Es bleibt für den König nur noch ein Tag – der 1. Dezember –, um sich zu retten.

In der Nacht ruft Walter Monckton Beaverbrook an. Auf Anweisung des Königs soll er Baldwin sofort unterrichten, daß Seine Majestät seine Anfrage in bezug auf seine Heirat zurückzieht: Also: keine morganatische Ehe, kein Eingreifen der Regierung. Eduard VIII. behält die Zügel in der Hand. Er hält das Versprechen, das er Beaverbrook am gleichen Morgen gegeben hatte. Das ist offenkundig. Beaverbrook kann sich mit Jubel im Herzen die Fassungslosigkeit seines alten Feindes Baldwin vorstellen.

Jeden Morgen läßt sich der König gleich nach dem Aufstehen die Zeitungen bringen. Zuerst schlägt er die *Times* auf, denn er ist überzeugt, daß die *Times* die erste Salve abfeuern wird. Doch das Feuer wird anderswo eröffnet, an einem Ort, wo man es am wenigsten erwartet hätte.

Montag morgen wird in Bradford eine Diözesankonferenz eröffnet. Logischerweise steht ihr der Bischof, der Sehr Ehrwürdige A. W. F. Blunt vor, eine sehr obskure Persönlichkeit und Autor von Büchern wie *Israel in Christus und unser Verlangen nach Gott*, das vor kurzem erschienen war. Blunt kommt gerade aus London, wo er an einer anderen Konferenz teilgenommen hat, die vom Erzbischof von Canterbury einberufen worden war. Der Akt kann beginnen.

Cosmo Gordon Lang hat Baldwin Anfang November getroffen. Seitdem hält er sich Tag für Tag auf dem laufenden. Mit einer Offenheit, die nicht frei ist von Scheinheiligkeit, hatte er vor den in London versammelten Bischöfen seine Zwangslage beschworen. Wird der König zur Krönung gehen? Er hat im Vertrauen gesagt, daß er seit dem Tode Georgs V. fürchtete, daß die Krönung in Frage gestellt sei! Wegen einer Ausländerin, einer zweimal geschiedenen Frau. Mit offenem Mund haben die Bischöfe gehört, wie Cosmo Gordon Lang auf ein Problem zu sprechen kam, von dem die meisten nichts wußten, Doktor Blunt genausowenig wie die anderen.

Der Sehr Ehrwürdige A. W. F. Blunt ist noch ganz erfüllt von diesem verwirrenden Thema und kann nach seiner Rückkehr nach Bradford nicht an sich halten, vor den Geistlichen seiner Diözese über den König zu sprechen, daß dieser sich hüten solle zu vergessen, daß er der Gnade Gottes bedarf, wenn er seine Pflichten richtig erfüllen will. Doktor Blunt geht so weit hinzuzufügen: «Wir hoffen, daß er sich dieser Notwendigkeit bewußt ist. Einige unter uns würden wünschen, daß er positive Beweise dieses Bewußtseins liefert...» Die Leserinnen und Leser können heute sagen, daß es sich um eine völlig belanglose Kritik handelt. Aber Achtung, sie zielt auf den König, und nichts ist ungewöhnlicher. «In dieser aufgeladenen Atmosphäre,» sagt Eduard später selbst, «war das der Funke, der den Brand entfachte.»

Spät am Abend ruft Beaverbrook den König an. Er hat die Ausgabe der *Yorkshire Post* vom Vortag in den Händen. Darin ist ein Artikel abgedruckt, dessen wesentlichen Gehalt Beaverbrook wiedergibt:

«Doktor Blunt hat sicher gute Gründe gehabt, eine so scharfsinnige Bemerkung zu machen. Zur Stunde weiß die ganze Welt – oder fast die ganze Welt –, daß amerikanische Sensationsblätter zahlreiche Gerüchte über den König veröffentlicht haben. Es ist richtig, den Tratsch um die Mitglieder des Königshauses mit Verachtung zu strafen. Der Bischof von Bradford hätte es natürlich nicht gewagt, sich direkt darauf zu berufen. Aber man kann die Erklärungen in einigen angesehenen amerikanischen Zeitungen und sogar in einigen Zeitungen der Dominions nicht mit der selben Gleichgültigkeit behandeln. Sie sind zu detailliert. Darüber hinaus haben sie auch offensichtlich eine Grundlage.» Beaverbrook ist sich sicher, daß die Londoner Zeitungen die Rede des

Bischofs ausführlich wiedergeben werden. Die Schleusen sind geöffnet.

Eduard nannte dieses Ereignis später die Bombe von Bradford. Von diesem Tag an gerät das Räderwerk außer Kontrolle... Nichts kann es mehr anhalten. Und es sollte noch zehn Tage so weiterlaufen.

X

Die längsten Tage

Am Mittwochmorgen, den 2. Dezember, veröffentlicht die gesamte britische Presse die Rede des Bischofs von Bradford. Am gleichen Tag weist das Kabinett die Möglichkeit einer morganatischen Ehe zurück trotz des erklärten Willens des Königs, daß man sich nicht mehr mit der Heirat befassen solle. Gleich nach der Sitzung wird der nach Downing Street geladene Walter Monckton von Baldwin selbst über die Entscheidung des Kabinetts in Kenntnis gesetzt. Baldwin kündigt zudem an, daß er dem König einen Besuch im Palast abstatten will. Monckton verläßt den Premierminister und ruft sofort Eduard an.

Am Nachmittag ruft auch Max Beaverbrook den König im Palast an: Alle Zeitungen der Fleet Street[1] bereiten für den nächsten Tag ganzseitige Artikel vor, in denen sie Enthüllungen über die Krise, über Mrs. Simpson und über den Konflikt zwischen König und Regierung bringen wollen. Beaverbrook hat schon Kontakt mit den Herausgebern von einigen dieser Zeitungen aufgenommen. Die Freunde des Königs müssen die Argumente für die Verteidigung zusammentragen.

– Was wollen Sie im *Express* sagen, Max? fragt der König.

– Sire, der *Express* wird wie die anderen Zeitungen einen Bericht über die Tatsachen geben, das ist unsere Pflicht.

1 Die Straße, in der die meisten großen Zeitungen ihren Sitz haben.

– Das ist mir klar und ich verstehe auch, warum. Aber werden Sie Stellung beziehen?

– Baldwin hat die Initiative an sich gerissen. Sie können sicher sein, daß er von jetzt an seine Vorteile konsequent ausnützen wird. Die Tatsachen, die jetzt dem englischen Volk enthüllt werden, werden es schockieren und betäuben. Die erste Reaktion wird also unvermeidlich gegen Sie und zugunsten des Premierministers sein: Die Regierungspresse wird schon dafür sorgen.

Mit unverbrauchtem Schwung insistiert Beaverbrook: Seine eigenen Zeitungen und die befreundeter Gruppen müssen vom König die Erlaubnis erhalten, «hart zurückzuschlagen», und das gleich:

– Viele Leute glauben wie ich, daß der König nichts Schlechtes tut, wenn er eine geschiedene Frau heiratet. Das ist eine sehr starke Position.

Doch das ist überhaupt nicht die Meinung Eduards VIII. Er kann sich nicht entschließen, der König einer Gruppe zu werden, selbst wenn es die ergebenste wäre. Beaverbrook faßt die Weigerung des Königs in einem bitteren Satz zusammen: «Ich bat den König, die Beschränkungen aufzuheben, die er der ihm freundlich gesonnenen Presse auferlegt hatte. Er lehnte ab.» Eduard schreibt seinerseits: «Als unser Telefongespräch zu Ende ging, schien der natürliche Kampfgeist von Max durch meine Haltung verwirrt und geschwächt.»

Kaum hat er aufgelegt, als Baldwin sich schon ankündigen läßt. Er ist wie immer ein Bild der Selbstsicherheit. Eduard fragt ihn: Hat man die Stellungnahme der Dominions erhalten? Diese Frage stellt er nur pro forma, denn alles im Verhalten des Premierministers zeigt, daß diese Antworten nicht günstig sind. Baldwin bestätigt es.

– Und das britische Parlament? fragt der König.

– Ich bin sicher, daß die Antwort die gleiche sein wird.

– Aber das Parlament ist nicht befragt worden!

Baldwin antwortet noch immer unerschütterlich, daß er «in der üblichen Weise» Erkundigungen eingezogen habe. Die Antwort hat das Kabinett überzeugt, daß das englische Volk die Heirat des Königs mit Mrs. Simpson nicht billigen würde.

– Es bieten sich ihnen drei Möglichkeiten, Sire, fügt Baldwin hinzu: auf die Heirat zu verzichten; eine Heirat gegen den Rat des Kabinetts; Heirat und Abdankung. Als er diese Wahlmöglichkeiten wie ein Fallbeil niedersausen läßt, läßt Baldwin Eduard nicht aus den Augen. Er fügt hinzu, daß die zweite Möglichkeit natürlich nicht ins Auge gefaßt werden kann, denn wenn der König gegen den Willen seiner Minister heiratet, kann er nicht auf dem Thron bleiben.

– So lassen Sie mir nur eine Möglichkeit, Mr. Baldwin. Baldwin wendet den Kopf:

– Glauben Sie mir, Sire, es ist meine ehrliche Hoffnung und auch die des Kabinetts, daß Sie unser König bleiben.

Mit sichtbarer Gefühlsbewegung antwortet Eduard, daß er Mrs. Simpson heiraten und, wenn nötig, abdanken werde. Später behauptet Baldwin, daß er den König gedrängt habe, nur an seine Pflicht zu denken. Die Echtheit von Eduards Antwort, wie sie uns überliefert ist, steht außer Frage:

– Wallis ist die wunderbarste Frau der Welt; ich könnte nicht ohne sie leben.

Während dieses ganzen historischen Tages – hier trifft das abgenutzte Wort wirklich zu – haben Wallis und ihre Tante im Fort gewartet. Man kann sich leicht vorstellen, in welcher Verfassung. Als Eduard zum Essen zurückkehrt, genügt Wallis ein Blick in sein Gesicht, um zu verstehen, daß «das Schlimmste eingetreten ist.» Während des Essens kommt man mit keinem Wort, mit gar keinem, auf die Unterredung des Königs mit Baldwin zu sprechen. Eduard hat Tante Bessie liebgewonnen, und er will um keinen Preis die liebe, gute Amerikanerin beunruhigen. Nach dem Essen schlägt er Wallis einen Spaziergang im Garten vor, eine scheinbar seltsame Idee, denn in Dezembernächten sind die Gärten des Forts nicht sehr gastlich, und schon gar nicht, wenn ein dichter Nebel die Gebäude, die Bäume, die Gartenanlagen und Alleen einhüllt. Aber dorthin zumindest wird ihnen Tante Bessie nicht folgen.

Lange gehen sie eng umschlungen auf der mit Steinplatten gepflasterten Terrasse auf und ab.

Die Lage läßt sich leicht zusammenfassen, sagt David: Entweder ich verzichte auf Sie, oder ich danke ab. Und ich habe nicht die Absicht, auf Sie zu verzichten.

Abdanken! Das Wort ist für Wallis wie eine Beleidigung. Heftig lehnt sie die Alternative ab. Ihre Stimme dringt durch die Nacht. Er hängt verbissen seiner Idee nach: Es gibt keine andere Lösung. Ein Gespräch zwischen Tauben. Sie ist völlig durcheinander und sieht den Thron in Gefahr. Und dann dieser David, der nichts hören will! Später sagt sie, daß ihr da etwas bewußt wurde: In dem Maße, wie es ihr möglich war, mußte sie die «Dinge in die Hand nehmen.»

Sie bemüht sich, ihre Ruhe wiederzufinden:

– David, ich werde abreisen. Ich habe viel zu lange gewartet. Ich hätte England gleich verlassen müssen, als Sie mir den Brief von Hardinge gezeigt haben, aber an dem Punkt, an dem wir jetzt angelangt sind, wird mich nichts, was Sie sagen könnten, hier zurückhalten.

David protestiert nicht. Er scheint im Gegenteil erleichtert. Hat er auf einen solchen Vorschlag gewartet, es aber nicht gewagt, ihn selbst zu machen?

– Es wird schwer für mich sein, Sie gehen zu lassen, sagt er sanft. Aber es wäre noch schmerzlicher, wenn Sie blieben.

Er teilt ihr mit, daß die englische Presse schon am nächsten Tag vom Leder ziehen wird und daß Sie darauf gefaßt sein muß, «unwahre und höchst einseitige Behauptungen» über sich zu lesen.

– Auch wenn man all das andere beiseite läßt, würde das alleine reichen, um Ihr Leben in England unerträglich zu machen. Sie haben recht, daß Sie abfahren wollen. Ich muß der Situation alleine ins Auge sehen.

Als sie in den Salon zurückkommen, teilt Wallis Tante Bessie ihre Entscheidung mit. Auch mitten in diesem Durcheinander wie nach einem Erdbeben hat die alte Dame aus Baltimore nie den Boden unter ihren Füßen verloren und auch nichts von ihrer Klugheit eingebüßt. Sie schüttelt ihr weißhaariges Haupt. Aus ihren Augen leuchten Intelligenz, Güte und Mitgefühl: Was ihre Nichte beschlossen hat, hatte sie ihr selbst vorschlagen wollen. Wallis muß nicht nur abreisen, sie hat auch keinen Augenblick zu verlieren. Sie selbst wollte im Haus ihrer Nichte in London warten, um ihr später zu folgen.

Als man am nächsten Morgen, dem 3. Dezember, Wallis zum Frühstück die Zeitungen bringt, ist sie auf das Schlimmste gefaßt. Aber das Schlimmste wird noch übertroffen. Auf der ersten Seite jeder Zeitung prangen riesige Schlagzeilen: «Die Monarchie in Gefahr», «Schwere Krise», «Verfassungskrise». Und eine einzige ist daran schuld, eine Frau, und das ist sie. Überall sieht man ihre Fotos, überall ihren Namen in großen Lettern. Das idealisierte Bild, das David sich von ihr geschaffen hat, ist mit einem Schlag in den Schmutz gezogen. Und wenn Eduard unbewußt dem Einfluß dieses Hasses und dieser Verachtung erliegen würde? Sie wird sich immer an das erinnern, was sie sich damals gesagt hat: «Warum, warum nur, bin ich nicht meiner Intuition gefolgt? Warum bin ich nicht gegangen, als ich wußte, daß es das einzige war, was ich tun konnte?»

Sie geht zum König in sein Arbeitszimmer. Vergebens versucht er, den dicken Stapel Zeitungen zu verbergen, der neben ihm liegt.

– Geben Sie sich keine Mühe, David, ich habe sie schon gelesen.

Er erhebt sich, nimmt sie in den Arm. Er hätte ihr so gerne solch eine Prüfung erspart. Sie läßt ihrem Kummer freien Lauf. Wie soll sie den Gedanken ertragen, der «Grund von all dem zu sein?»

– Was geschehen ist, ist geschehen, sagt er ernst. Jetzt müssen wir, ohne zu zögern, handeln.

– Sie haben recht. Es ist unbedingt notwendig, daß ich England im Verlauf des Tages verlasse.

Seit dem Vortag denkt Eduard darüber nach. Sie muß abreisen, aber nicht allein. Wo immer sie auch hingeht, die Journalistenmeute wird sie aufspüren und verfolgen. Man muß einen treusorgenden Freund für sie finden, der sie beschützt. Und dann, wohin wird Wallis gehen? Sie suchen vergebens, alle beide. Unerschütterlich richten sich Wallis Gedanken auf die Freunde, die sie niemals enttäuscht haben: die Rogers. Sie vergißt nicht ihren Vorschlag vom Tag nach der Scheidungsverhandlung, daß sie zu ihnen kommen solle oder sie zu ihr kommen würden. Als sie ihren Namen erwähnt, zögert David nicht: Man kann niemand besseren finden.

Sobald sie Herman Rogers am Telefon hat, fragt sie ihn durch die Blume, ob sie bei ihnen in der Villa Lou Viei in Cannes Zuflucht finden kann. Herman versteht sofort:

– Natürlich, Wallis. Sie müssen zu uns kommen.

Abreisen. Noch am Abend abreisen. Sehr schnell legt man die Einzelheiten fest. Um die Journalisten auf eine falsche Fährte zu locken, vereinbart man, daß George Ladbrook den Buick von Wallis bis Newhaven fahren und dort auf die Fähre nach Dieppe bringen soll. Wenn die Nacht hereingebrochen ist, wird Wallis das Fort im Wagen von Lord Brownlow verlassen und sich, wenn möglich inkognito, auf die Fähre in Newhaven einschiffen. Es ist in der Tat Perry Brownlow, der Kammerlord und Offizier der Gardegrenadiere, den der König schließlich ausgesucht hat, um Wallis auf den Kontinent zu begleiten. Perry und Kitty Brownlow gehören zu den ausdauerndsten Besuchern auf dem Fort. Das Paar hat Wallis ständig seine Sympathie bekundet. Wallis fällt ein Stein vom Herzen.

Das Seltsamste an der Sache ist, daß jemand anders im selben Augenblick ebenfalls an Brownlow gedacht hat. Allerdings wegen einer ganz anderen Aufgabe.

An dem Morgen eben jenes 3. Dezember kämpft Beaverbrook noch – immerhin. Er will so viele Zeitungen wie möglich für die Sache des Königs gewinnen. Er hat also Winston Churchill ein weiteres Mal getroffen. Churchill ist, da der Krieg nun erklärt ist, bereit, zum Angriff überzugehen. Gemeinsam suchen sie Julius Salter Elias auf, den Herausgeber des *Daily Herald*, der großen Tageszeitung der Labour Party. Vergebens. Der *Herald* wird Baldwin unterstützen und für die Abdankung zu Felde ziehen.

Wenn Beaverbrook auch auf der einen Seite scheitert, so hat er doch an anderen Fronten Erfolg. Lord Rothermere sichert ihm seine bedingungslose Unterstützung zu. Im Verlauf des Tages kann er erste Bilanz ziehen: Die *Times*, die *Morning Post*, der *Daily Telegraph* und der *Daily Herald* stellen sich gegen den König ebenso wie die Pressegruppe, die Lord Kemsley führt. Dafür versichern die Gruppen von *Express* und *Mail*, daß sie für ihn eintreten, ebenso mehrere Provinzzeitungen.

Die Gesamtauflage der britischen Zeitungen erreicht 21 Millionen Exemplare. Die befreundeten Zeitungen stellen 12,5 Millionen Exemplare dar, also sechzig Prozent von allen. Noch ist nichts verloren.

Wird der König selbst es akzeptieren, daß seine Verteidiger

Verstärkung holen? Die letzten Reaktionen Eduards lassen Zweifel aufkommen. Dann kommt Max im Verlauf dieses 3. Dezembers auf eine Idee zurück, die ihm schon einmal durch den Kopf gegangen ist: «Der König kann ganz offensichtlich seinen Entschluß zur Ehe nicht mehr rückgängig machen, und das um so weniger, seit seine Pläne publik gemacht wurden… Aber es bleibt weiterhin die Möglichkeit, daß Mrs. Simpson sich zurückzieht.»

Beaverbrook wird alles auf eine Karte setzten und Wallis im Fort treffen. Das Unternehmen ist nicht einfach. Bei allem, was Wallis betrifft, ist der König sehr empfindlich. Man kann sie nur über ihn erreichen. Wenn Beaverbrook sich darauf beschränkt, Eduard seinen Wunsch, Mrs. Simpson zu sehen, mitzuteilen, wird er sicher abgewiesen. Einfallsreich denkt er sich eine Methode aus, um die Schwierigkeiten zu umgehen: Er wird einen Hintergrundartikel über die Krise um den König verfassen, in dem er sich bemüht, Ausdrücke zu wählen, die Mrs. Simpson schmeicheln. Kaum ist der Text getippt, da ruft er auch schon den König an und kündigt sein bevorstehendes Erscheinen an. Um sicher zu sein, daß Mrs. Simpson mit allen Einzelheiten einverstanden ist, möchte er ihn ihr vorlesen. Der König antwortet, Beaverbrook solle den Artikel bringen lassen. Er wird ihn Mrs. Simpson zeigen, wenn er ihn für gut befindet. Beaverbrooks List ist durchschaut worden.

Er muß unbedingt etwas anderes finden. An jenem Abend in Stornorway House – wir haben immer noch den 3. Dezember – versammelt er mehrere seiner Freunde um sich. Unter ihnen sind George Allen und Walter Monckton, die zwei Berater, auf die der König am meisten zählt. Beaverbrook, der politische Instinktmensch par excellence, spekuliert auf die Treue der beiden Männer, nämlich daß sie dem König dienen wollen, und sei es gegen dessen erklärten Willen. In Beaverbrooks Arbeitszimmer betritt noch eine andere Person die Bühne: Perry

Brownlow. Der Leser wird die Augen weit aufreißen; der Historiker versteht es.

Max entwickelt seinen Gedanken. Der König darf nicht abdanken. Man muß diese Katastrophe, bei der Großbritannien und das Empire auf dem Spiel stehen, um jeden Preis verhindern. Eine einzige Person kann Eduard VIII. von der Abdankung, auf die er sich geradewegs zubewegt, abhalten: Wallis Simpson. Man muß sie überzeugen, ihr beweisen, daß sie sich zurückziehen muß, wenn sie den König wirklich liebt. Einmal vom Thron verbannt, würde Eduard seine Entscheidung immer bedauern und auf ewig bitter bereuen müssen. Doch es gibt keine Liebe, die diesem Bedauern standhalten könnte. Man glaubt Beaverbrook zu hören: «Nicht wahr?» Alle stimmen zu.

Was in diesem Adelshaus vor sich geht, wird der König später «eine Verschwörung» nennen. In seinen eigenen Memoiren hat Beaverbrook diesem Ausdruck lebhaft widersprochen: «Das war keine Verschwörung. Ich wollte in keinem Fall den König daran hindern, Mrs. Simpson zu heiraten. Der Verzicht, den ich von ihr erwartete, war weder endgültig noch unwiderruflich... Meine einzige Absicht war es, die Lage zu entspannen und Zeit zu gewinnen. Wenn Baldwin keine Entschuldigung mehr dafür hatte, die Ereignisse so gnadenlos vorwärts zu treiben, konnten wir versuchen, der öffentlichen Meinung das Problem der Heirat im wahren Licht zu zeigen. Wenn eine ihm günstige öffentliche Meinung ihn unterstützte, könnte der König zu gegebener Zeit seine Absichten aufs neue erklären.»

Beaverbrook wendet sich an Perry Brownlow. Er ist häufiger Gast des Forts und Freund von Mrs. Simpson. Er muß sich zu ihr begeben, mit ihr sprechen, sie überzeugen, ihren Verzicht bekanntzugeben. Und Brownlow akzeptiert. Offensichtlich enthüllt er Beaverbrook nicht, daß er schon als Reisebegleiter und Leibwächter von Wallis ausgesucht worden ist. Er verabschiedet sich und macht sich zum Fort auf.

Das Zimmermädchen von Wallis hat von Cumberland Terrace die Kleider gebracht, die für den Aufenthalt in Frankreich nötig sind. Wallis hat gerade ihr Testament gemacht. Sie bestimmt Eduard zum Testamentsvollstrecker, sieht Schenkungen an ihre beiden Zimmermädchen vor und vermacht ihren ganzen Besitz Tante Bessie. Zu diesem Zeitpunkt meldet man Perry Brownlow. Eduard und Wallis empfangen ihn mit offenen Armen. Er verliert kein Wort darüber, daß er mit Beaverbrook und den anderen die Köpfe zusammengesteckt hat. Der Historiker kann daraus nur eine Schlußfolgerung ziehen: Lord Brownlow ist ein diskreter Mensch.

Nacht hüllt das Fort ein. Um sieben Uhr abends verlassen Eduard, Wallis und Brownlow das Fort und gehen zum Auto. Im letzten Augenblick verzichtet Wallis darauf, Slipper mitzunehmen, den kleinen Mops, den ihr Eduard geschenkt hat. Beim Wagen wartet Inspektor Evans, den der König als Verstärkung angefordert und auch erhalten hatte.

Noch einmal schließt Eduard Wallis in seine Arme:

– Ich weiß nicht, wie das alles enden wird, sagt er. Es wird einige Zeit vergehen, bevor wir uns wiedersehen können. Wie lange unsere Trennung auch sein mag, warten Sie auf mich. Ich werde niemals auf Sie verzichten.

Eduard hat Wallis' Idee nicht vergessen, der er sich mit so viel Begeisterung angeschlossen hat: eine Radiobotschaft an all jene Engländerinnen und Engländer zu richten, die die Vorgänge nicht verstehen. Noch am gleichen 3. Dezember hat er zu schreiben begonnen. Jedesmal, wenn er einen Satz zu Ende hat, wird er gestört. Als sie auf dem Fort ankommen, helfen ihm Walter Monckton und George Allen, seine Gedanken schwarz auf weiß niederzulegen. Die allgemeine Idee, die er entwickelt, ist folgende: Der König will seinem Volk eine konkrete Lösung vorschlagen. Aus diesem Grund wird er Großbritannien für einige

Zeit verlassen und warten, daß die Geschichte sich klärt. Die Nation und das Empire werden sich entscheiden, ohne durch seine Anwesenheit gehemmt zu sein.

Die Rede ist vergebens geschrieben worden. Sie wird niemals gehalten werden. In seinen *Erinnerungen* gibt Eduard nur einen kurzen Auszug daraus wieder. Der ganze Text, der in den Archiven des Herzoges gefunden wurde, weckt deshalb um so mehr das Interesse. Der König hatte sich so geäußert: «Gemäß althergebrachter Tradition richtet der König an sein Volk nur offizielle Worte. Heute abend werde ich zu Ihnen wie zu Freunden sprechen – zu Ihnen, Briten, Männer und Frauen, wo auch immer Sie wohnen, im oder außerhalb des Empire. Als ich mich das letzte Mal über Radio an Sie alle wandte, am Sankt-Davids-Tag, sagte ich Ihnen, daß Sie mich besser als Prinz von Wales kennen. Ich bin immer noch derselbe Mensch, dessen Devise war *Ich diene, I serve*, und ich habe mich während der vergangenen zwanzig Jahre bemüht, diesem Land und dem Empire zu dienen. Und heute abend vergesse ich nicht die großen Dominions und die überseeischen Besitzungen, die mir immer ihr aufrichtigstes Wohlwollen bekundet haben.

Ich bin mir jetzt bewußt, daß die Zeitungen anderer Länder Ihnen Grund gegeben haben, darüber zu spekulieren, wozu ich mich entschließen werde und was geschehen wird. Und ich möchte hier den britischen Zeitungen meine Dankbarkeit ausdrücken für die Höflichkeit und Rücksichtsnahme, die sie bewiesen haben.

Es war nie meine Absicht, etwas vor Ihnen zu verbergen, was es auch sein mochte. Bis hier war es mir nicht möglich, zu Ihnen zu sprechen. Jetzt muß ich es.

Ich kann nicht weiter die schwere Bürde tragen, die auf mir als König lastet, wenn ich bei dieser Aufgabe nicht durch ein glückliches Eheleben unterstützt werde. Deswegen bin ich fest entschlossen, die Frau, die ich liebe, zu heiraten, sobald sie frei ist.

Sie kennen mich gut genug, um zu verstehen, daß ich niemals eine Vernunftheirat in Erwägung ziehen konnte. Ich habe lange gebraucht, bis ich die gefunden habe, die ich zu meiner Frau machen will. Ohne sie bin ich ein sehr einsamer Mensch gewesen. Mit ihr werde ich ein Heim haben, das Beieinandersein und die gegenseitige Zärtlichkeit, die das Eheleben bringen kann. Ich weiß, daß viele unter Ihnen das Glück eines solchen Lebens genießen und ich bin sicher, daß sie mir in ihren Herzen das Gleiche wünschen.

Weder ich noch Mrs. Simpson hatten je die Absicht zu verlangen, daß sie Königin wird. Alles, was wir gewünscht haben, war, daß unser eheliches Glück ihr auch einen Titel und eine Stellung gewährt, wie sie ihr als meiner Gattin zustehen.

Wo ich Sie jetzt so habe ins Vertrauen ziehen können, erscheint es mir besser, daß ich für einige Zeit weggehe, damit Sie in Ruhe über das, was ich Ihnen gesagt habe, nachdenken können. Nichts sehnt mein Herz mehr herbei, als bald zurückzukehren; aber was auch passieren mag, ich werde immer eine tiefe Zuneigung für mein Land, das Empire und Sie alle haben.»

Der Wagen Perry Brownlows ist im Dunkel der Nacht verschwunden. Nach einem kurzen, bewegenden Gespräch mit Tante Bessie läßt sich der König nach London fahren. Er hat die Absicht, den Premierminister von seinem Plan einer Radioansprache zu unterrichten, in der Hoffnung, daß dieser es zuläßt. Er ist kaum im Palast angekommen, als Baldwin sich melden läßt. Ohne sich mit überflüssigen Höflichkeitsfloskeln aufzuhalten, spricht er sogleich zu Baldwin vom Projekt seiner Radioansprache. Baldwin macht einen sehr überraschten Eindruck. Bereitet ihm dieser König da doch tatsächlich noch immer Unannehmlichkeiten! Baldwin beschränkt sich auf die Antwort, daß er das Kabinett am nächsten Tag zusammenrufen wird. Die Frage wird dort besprochen werden. Der König fragt ihn auch, ob er Mr. Winston Churchill sehen könne. Widerwillig gibt Baldwin sein Einverständnis.

Der König hat eine dringende Botschaft seiner Mutter bekommen: *Die Lektüre der Zeitungsartikel hat sie betrübt, um so mehr, als sie ihn seit 10 Tagen nicht gesehen hat. Kann er sie im Laufe des Tages besuchen?* Er kann sich diesem Besuch, auf den er keinen Wert legt, nicht entziehen.

Bei der strengsten aller Königinnen findet er seine Schwester Mary und seinen Bruder Bertie, den Herzog von York, der ihm vielleicht auf dem Thron folgen wird und der in sein Tagebuch schreibt: «In Anwesenheit von Mary und mir hat er zu Königin Mary gesagt, daß er als König nicht allein leben könne und daß er Mrs. Simpson heiraten wolle...»

Einmal mehr versucht er zu erläutern:

Ich möchte Sie, Sie und meine Familie, nicht in diese Angelegenheit hineinziehen. Ich muß mich selbst darum kümmern.

Königin Mary hat keinen Kommentar dazu abgegeben. Eduard fährt in den Buckingham-Palast zurück. Vor dem Palast, zu Füßen des Denkmals für Königin Viktoria, ist eine kleine Menschenmenge zusammengeströmt. Wieder einmal empfindet er Abneigung gegen dieses Gebäude, in dem er sich nie – niemals – zu Hause gefühlt hat.[1]

Monckton und Allen sind gerade von Stornorway House zurück, wo sie den Redeentwurf Max Beaverbrooks zu lesen gegeben haben. Die Erschöpfung des Königs nimmt zu. Er kann das Bedürfnis, sofort zum Fort zu fahren, nur schwer unter-

1 In «Eines Königs Geschichte» schreibt er: «In diesem Augenblick kam aufs neue wie eine Woge ein starkes Gefühl der Abneigung gegen dieses Gebäude in mir hoch, die es seit meinen Kindertagen in mir geweckt hat. War ich dort wirklich zu Hause? Mein Herz antwortete: Ohne Wallis bestimmt nicht.»

drücken. Monckton bemerkt, daß es spät ist und die Bediensteten sicher schon schlafen. Verärgert antwortet er, daß er seinen eigenen Schlüssel hat und sich sehr gut um sich selbst kümmern kann. Monckton verbeugt sich, erklärt aber, daß er den König begleiten wird.

Vor dem Palast ist die Menge trotz der Jahreszeit und der späten Stunde beträchtlich angewachsen. Als der Wagen um 1 Uhr morgens durch das Gittertor fährt, hört Eduard erstaunt Hochrufe.

Er schöpft wieder Hoffnung. Vielleicht liegt im Grunde hier der Ausweg, hier, beim Volk. Er ist schon dabei, den Wagen anhalten zu lassen, sich vor die Leute zu stellen und sich ihnen zu erklären. Er verzichtet dann doch darauf. Nie hat ein konstitutioneller Monarch Englands etwas Derartiges gemacht. Er lehnt es ab, als erster damit in die britische Geschichte einzugehen. Außerdem wenden sich in ganz Europa zu viele Männer von einem Balkon herab an fanatisierte Massen. Diese Art Begeisterung paßt nicht zum englischen Charakter. Gott sei Dank.

Ist es möglich, daß all das an einem Tag, dem 3. Dezember, passiert ist? Der Rolls von Lord Brownlow hat das Fort mit Standlicht verlassen und ist in die Nacht eingetaucht. Neben Field, dem Chauffeur, sitzt Inspektor Evans, hinten sitzen Wallis und Brownlow. Dieser Reisegefährte ist in einer seltsamen Lage. Es ist niemals leicht, Doppelagent zu sein, selbst wenn diese Doppelzüngigkeit einer guten Absicht dient, was hier der Fall ist. Weder er noch Wallis öffnen den Mund. Sie ist ganz in Gedanken versunken, und die präsentieren sich in sehr düsteren Farben. Brownlow fragt sich, in welchem Augenblick er das Schweigen brechen kann. Er entschließt sich. Respektvoll fragt er Wallis, warum sie so schnell aufgebrochen sei. Sie nennt ihm ihre Gründe. Er stimmt ihr zu und stellt ihr dann eine Frage, die sie überrascht:

– Sind Sie sicher, daß es klug ist, England zu verlassen?

Natürlich ist sie sich dessen sicher. Perry hat angefangen, laut nachzudenken:

– Ist Ihnen nicht in den Sinn gekommen, daß Sie dadurch, daß Sie wegfahren und ihn allein eine Entscheidung treffen lassen, geradezu das provozieren könnten, was wir alle zu vermeiden suchen?

Als sie ihn mit zugeschnürter Kehle fragt, worauf er hinauswolle, macht er diese etwas geheimnisvolle Äußerung:

– Ich glaube, daß es angebracht wäre, unsere Pläne im Licht dessen, was ich erfahren habe, zu ändern, bevor wir weiterfahren.

Er befiehlt dem Fahrer anzuhalten. Man fährt an den Straßenrand. Die Unterhaltung wird leise weitergeführt, so daß weder Field, der Chauffeur, noch Inspektor Evans etwas hören können. Perry spricht leise und verleiht jedem seiner Worte einen Nachdruck, der ihr unter die Haut geht. Er enthüllt ihr, daß auch der König England verlassen will. Sie fährt zusammen, sagt, daß sie das nicht glaubt und daß sein Volk ihn niemals ziehen lassen würde. Traurig bekräftigt es Perry: Der König hat ihm selbst seinen Entschluß anvertraut, ins Exil zu gehen, um ohne Druck die Entscheidung der Regierung abzuwarten. Perry meint, daß es für ihn nur eine Lösung gäbe: die Abdankung, und daß der König diesen Schritt tun wird.

Jedesmal, wenn Wallis das Wort Abdankung gehört hat, selbst aus dem Munde Eduards, hat sie geglaubt, daß es sich um einen Kampfbegriff, um eine Drohung handelt, mit der man spielt, ohne sie jemals wirklich ausführen zu wollen. Eine Welle von Hoffnungslosigkeit schüttelt sie. Ein armes Etwas fleht:

– Was soll ich tun, Perry?

Brownlow formuliert jetzt einen für sie völlig unerwarteten Vorschlag: Sie muß in England bleiben, sich bei ihm in Belton verbergen. Sie versteht immer weniger. Es würde nichts an der

Sache ändern, wenn sie sechs- oder siebenhundert Meilen vom König entfernt wäre. Sanft erklärt er: – Der König wird es als Trost empfinden, Sie in der Nähe zu wissen. Sie werden den Kontakt zu ihm nicht verlieren. Von Belton aus können Sie ihren Einfluß geltend machen, damit er keine übereilte und unwiderrufliche Entscheidung trifft.

Sie kennt ihren David gut. Sie weiß, daß er es unter seiner gelassenen Oberfläche nur schwer erträgt, wenn man seine Pläne durchkreuzt. Es wird ihn sicher aufs äußerste reizen, wenn sie einseitig einen Plan ändert, den man gemeinsam beschlossen hat. Perry weiß das auch. Er gibt sich überzeugt, daß die Verantwortung, die er auf sich nimmt, ihn die Freundschaft und das Vertrauen des Königs kosten wird. Er ist bereit, dieses Risiko auf sich zu nehmen. Für den König.

Schweigend wägt sie das Für und Wider ab, dann lehnt sie ab. Wenn sie in England bleibt und der König abdankt, wird man ihr die Verantwortung dafür zuschieben. All das bestärkt sie in ihrer Entscheidung. Mit entschlossener Stimme, aber voller Bitterkeit, sagt sie:

– Es bietet sich nur eine Lösung: Ich muß endgültig aus dem Leben des Königs verschwinden, und ich bin entschlossen, das zu tun.

Unternehmen geglückt, Lord Brownlow? Es handelte sich darum, von Wallis das Zugeständnis zu erreichen, daß sie verzichtet. Und sie verzichtet. Die ungeheuere Mutlosigkeit, die sie empfindet, hat sie geradewegs zum Verzicht geführt. Zwanzig Jahre später ist ihr diese entscheidende Episode wieder eingefallen. Sie hat – mit erstaunlicher Klarsicht – bedauert, daß sie den Vorschlag Brownlows nicht angenommen hat: «Ich bin heute bereit, im Lichte der Ereignisse anzuerkennen, daß aller Wahrscheinlichkeit nach Perry recht gehabt hat und ich unrecht. In dem Augenblick, wo ich den Kanal überquerte, hatte ich keinen Einfluß mehr auf den König.» Hat sie in diesem Augenblick die kurze Nachricht an Eduard verfaßt?: «*Bleiben Sie ruhig wegen Baldwin. Aber sagen Sie morgen dem Land, daß ich für Sie verloren bin. Perry und ich können unauffällig handeln... Ein großes, großes ooh!*» Als sie schreibt: «Sagen Sie dem Land...» spielt sie auf die Ansprache an, die der König im Radio halten will.

Perry hat Field angewiesen, den Motor wieder zu starten. Von neuem fährt der Rolls Richtung Newhaven.

Brownlow und Wallis müssen unter einem Pseudonym als Mr. und Mrs. Harris reisen. Als man in Dieppe von Bord geht, muß sie die Wagenpapiere vorzeigen. Die Zöllner merken sogleich, daß der von Ladbrook gelenkte Buick Mrs. Ernest Simpson gehört, dieser Dame, aus der die französischen Zeitungen – wie alle Zeitungen der Welt – einen Star des Zeitgeschehens gemacht haben.

Es ist Mitternacht. Brownlow schlägt vor, nach Rouen zu fahren, wo man sich einige Stunden ausruhen könnte. Wenn man früh aufstünde, könnte man hoffen, um Mitternacht des nächsten Tages in Cannes zu sein. Man hält am 4. Dezember um zwei Uhr morgens in Rouen vor dem Hôtel de la Poste. Ohne sich auszuziehen, läßt sich Wallis aufs Bett fallen und schläft gleich ein. Sie haben ausgemacht, daß Brownlow sie bei Tagesanbruch abholt und daß man aufbricht, bevor das Hotel auf den Beinen ist. Aber Perry ist ebenso erschöpft wie Wallis und wacht nicht rechtzeitig auf. Es ist daher schon spät, als er bei Wallis hereinstürmt und sie inständig bittet aufzubrechen, ohne eine Minute zu verlieren. Sie träumt von einem Bad, von frischer Wäsche. Kommt nicht in Frage. Sie geht durch die Eingangshalle, die voll von Menschen ist, die sie erkennen. Sie zwängt sich in den Wagen. Er hat ein für einen Engländer völlig harmloses Nummernschild, das aber geeignet ist, alle Chansonniers von Montmartre und Umgebung in Ohnmacht fallen zu lassen: CUL 547[1]. Unter diesem Emblem wird die vom König auserkorene Frau ein Land durchqueren, in dem das Wort «gaulois»[2] nicht nur eine Abstammung bezeichnet.

Hat Wallis vom Hôtel de la Poste aus den König angerufen? Schauspieler der Comédie Française, die in Rouen auf Tournee waren, schworen später, daß sie gehört hätten, wie Wallis am einzig verfügbaren Apparat im Empfangsbüro «ihre Liebe zu ihrem König herausgeschrien hat». Eduard dagegen erinnert sich nicht, einen Anruf aus Rouen erhalten zu haben. Er berichtet nur, daß Wallis, als sie die Eingangshalle durchquerte, von einer Schauspielerin erkannt worden war. Diese ist hinter ihr hergelaufen und hat, als Wallis in den Buick stieg, den verdutzten Passanten zugerufen: – Voilà la dame![3]

Das erklärt vielleicht das – einzige – Anzeichen von Gereiztheit bei Inspektor Evans, der einer jungen Frau, die versuchte, Wallis zu fotografieren, die Kamera mit dem Handrücken zu Boden schleuderte, wo sie in die Brüche ging.

Dagegen zögert Wallis nicht, als man zum Essen in Evreux in der Hostellerie du Grand Cerf absteigt. Zumindest in der Telefonzelle wird sie die Ruhe haben, mit Eduard zu telefonieren. In jener Zeit sind die internationalen – und übrigens auch die nationalen – Verbindungen oft schlecht. Sie sieht voraus, daß sie viel Mühe haben wird, sich verständlich zu machen. Sie muß das Wichtigste in wenigen Worten ausdrücken. Schnell kritzelt sie einen Gesprächsplan hin. Sie haben untereinander einen Code festgelegt. Der König ist *Mr. James*, Wallis *Janet*, Beaverbrook *Tornado*, Baldwin *Crutch*[4], Churchill (Winston Spencer Churchill) *WSC*. Perry verlangt Fort Belvedere. Den Blick fest auf ihren Merkzettel gerichtet schließt sich Wallis in die Telefonzelle

1 Cul = frz. Arsch.
2 «Gaulois» bedeutet sowohl «Gallier, gallisch» als auch «schlüpfrig».
3 Da ist die Dame! Im Text der *Erinnerungen* des Herzogs von Windsor auf Französisch.
4 Krücke.

ein. Die erste Zeile: «Mr. James darf auf keinen Fall die Stufen hinuntergehen.» Dann: «Versäumen Sie es nicht, Rat einzuholen. Konsultieren Sie Ihre alten Freunde. Sehen Sie Duff Cooper. Sprechen Sie mit Lord Derby, mit Aga Khan[1]. Keine voreiligen Entschlüsse.»

Als Perry Brownlow ihr den Hörer gibt, erkennt sie kaum Eduards Stimme. Und er versteht nichts von dem, was sie sagt. Sie hebt die Stimme, schreit, daß er nicht die Stufen hinuntergehen solle. Er versteht immer noch nicht. Zum Schluß brüllt sie: «Ich flehe Sie an, gehen Sie nicht die Stufen hinunter!» Die Gäste an der Bar verstummen. Sie versuchen zu erraten, was diese Frau – mehrere haben sie erkannt – am Telefon brüllen könnte. Perry und Inspektor Evans, die natürlich außerhalb der Kabine geblieben sind, merken das und fangen jetzt selbst zu schreien an, um Wallis' Stimme zu übertönen. Eine tragikomische Szene, bei der ein Thron auf dem Spiel steht. Auf dem Gipfel ihrer Angst wiederholt sie, daß er nicht abdanken solle und teilt ihm mit, daß sie sich entschlossen hat, aus seinem Leben zu verschwinden. Doch Eduard hört und versteht nichts. Hartnäckig will er, daß sie ihm erklärt, warum sie ihn aus Evreux anruft.

So kann sie ihm nichts von dem Plan mitteilen, der Stück für Stück in ihr gereift ist: Sie wird nur einige Tage, vielleicht einige Stunden, zu den Rogers gehen. Von dort wird sie in die Vereinigten Staaten, vielleicht nach China abreisen. Die Beweisführung, die Brownlow im Namen der «Verschwörer» vorgetragen hat, hat ihre Früchte getragen. Sie will nicht der einzige Vorwand sein, wenn in einem der wichtigsten Länder der Welt die Thronfolge geändert wird. Sie sagt selbst: «Ohne jede Hoffnung legte ich auf.»

1 Anmerkung von Wallis: «Ich habe den Namen dieses klugen und erfahrenen Mannes, der überdies noch geistliches Oberhaupt war, auf Vorschlag von Perry Brownlow hinzugefügt. Der Aga war ein enger Freund von Georg V. gewesen, der ihn bewunderte und ihn oft privat um Rat fragte bei politischen Fragen.»

Man ißt schnell und macht sich dann wieder auf den Weg. Kaum sind ungefähr acht Kilometer zurückgelegt, als Wallis feststellt, daß sie ihre Notizen in der Telefonzelle vergessen hat. Sollte man zurückfahren und um Rückgabe des Zettels bitten? So würde man ganz sicher die Aufmerksamkeit darauf lenken. Wenn man ihn dort läßt, geht man das vielleicht größere Risiko ein, daß er in die Hände von Journalisten fällt. Gott befohlen! Man fährt weiter. Der Hotelier findet das Dokument und nimmt es an sich, ohne es jemandem zu zeigen. Erst einige Monate später kam es durch Harold Nicolson in die Hände des Herzogs von Windsor.

Es beginnt zu schneien. Nachts ist es gefährlich, mit dem Auto zu fahren. Man beschließt, in Blois im Hôtel de France et de Guise abzusteigen. In der Hotelhalle warten mehr als zwanzig Reporter, Fotografen und Kameraleute auf sie. Wie haben sie wissen können, daß Mrs. Simpson hier absteigen würde? Wer hat sie informiert? Die gleiche Frage könnten wir die ganze Fahrt über stellen. Könnte es sein, daß einer der drei Begleiter von Wallis zum Presseinformanten geworden wäre? Man sollte das nicht von vornherein unterstellen. Und jetzt?

Die Journalisten haben sich auf den Sofas, Stühlen, Sesseln und sogar auf den Tischen breitgemacht, und es ist klar, daß sie sich auf eine Belagerung einrichten, die sie nicht so leicht aufheben werden.

– Das bedeutet letzten Endes, Wallis, so erklärt Perry, daß wir vor Tagesanbruch von hier abhauen müssen.

Wallis steigt dann tatsächlich am 5. Dezember um drei Uhr leise die Treppe des Hotels hinab. Trotz des Tricks eines Reporters, der den Buick mit seinem eigenen abgeschlossenen Wagen blockiert hat, kann man entkommen, ohne bemerkt zu werden. Es herrscht eisige Kälte und der Schnee auf den Straßen ist zu Eis gefroren. Kann man bis zum Abend in Cannes sein? Es spricht einiges dagegen.

Um sieben Uhr morgens frühstückt man in Moulins. Perry schickt den Rogers ein Telegramm, um ihnen mitzuteilen, daß Wallis am Abend bei ihnen anzukommen hofft. Ein zweites schickt er an Walter Monckton, damit er Lord Beaverbrook unterrichtet, daß er ganz sicher ist, «daß die Krise gelöst werden kann, wenn es gelingt, den König zu überzeugen, daß er seine Heiratspläne auf wenigstens ein Jahr nach der Krönung verschiebt.» Perry hütet sich wohl, Wallis von diesem zweiten Telegramm zu erzählen. Lord Brownlow ist diskret wie immer.

Dann geht die Tour durch Frankreich weiter. Wallis erinnert sich später «an das Gefühl der Verzweiflung, das während dieser ganzen Reise mein unsichtbarer, unerbittlicher Begleiter war.» Doch glücklicherweise auch mit einigen, wenn auch zu seltenen, Augenblicken der Entspannung, sogar der Freude.

In den Vororten von Lyon verfährt sich Ladbrook. Während ein Passant ihnen freundlich den Weg erklärt, verschlingt ein anderer den Wagen und seine Insassen mit den Augen. Plötzlich ruft er:

– Voilà la dame!

Passanten bleiben stehen und bilden einen Kreis um den Wagen. Ladbrook fährt eilig davon. Dieser seltsame Satz: «Voilà la dame» wird Wallis noch lange verfolgen. Ihr Kummer wird umso größer. Sie ist nicht mehr Wallis Simpson, noch eine Frau unter anderen Frauen. Sie ist katalogisiert als «die Dame».

Am Ortsausgang von Lyon bemerkt der Fahrer im Rückspiegel eine lange Autoschlange, die ihnen Stoßstange an Stoßstange folgt. Die Journalisten haben die Spur von Wallis wieder aufgenommen. Ladbrook versucht zu beschleunigen und der Meute zu entkommen, aber es ist unmöglich, sie abzuhängen.

Als sie gegen drei Uhr nachmittags in Vienne ankommen, erinnert sich Wallis an das Restaurant von M. und Mme Point, eines der berühmtesten der Welt. Sie ist müde und bittet Ladbrook, hier anzuhalten. Die beeindruckende Kolonne hinter dem Buick hält ebenfalls. Mme Point führt Wallis in ihr eigenes Zimmer, damit sie sich etwas ausruhen kann. Mehrere Journalisten, Fotografen und Kameraleute setzen sich mit offensichtlicher Befriedigung an die Tische im Restaurant.[1] Man hat nicht jeden Tag Gelegenheit, in einem Drei-Sterne-Restaurant zu essen, und in was für einem! Beim Studieren der Karte läuft ihnen schon das Wasser im Mund zusammen. Einmal kann ihr Chef bei den Spesen nicht knausern, selbst wenn eine gigantische Rechnung zusammenkommt.

Mme Point hat Wallis einen Tisch im ersten Stock im leeren Bankettsaal reserviert. Der Ton der Unterhaltungen, die aus dem Erdgeschoß nach oben dringen, zeigt die Euphorie der Verfolger. Wallis, die einzige, die sich zu dieser Tageszeit mit dem Essen zurückhält, nimmt nur Rührei. Mit gedämpfter Stimme schlägt ihr Mme Point vor, über die Küche durch den Keller zu fliehen. Wallis fügt sich. Eine heute zugemauerte Tür ermöglicht es, vom Keller in ein kleines Gäßchen zu gelangen[2]. Der vorher informierte Ladbrook hat den Buick dort hingefahren. Er entschwindet auf der Nationalstraße sieben, ohne daß ein Journalist Verdacht geschöpft hätte.

Um elf Uhr abends fährt man in Brignoles ein. Das ganze Esterelgebirge muß noch durchquert werden, was zu dieser Zeit keine Kleinigkeit ist. Man muß die Rogers über die neuerliche Verspätung unterrichten, die Post ist jedoch geschlossen. Perry Brownlow schlägt sich vergeblich die Knöchel wund. Er findet schließlich eine öffentliche Telefonzelle, erreicht mit Mühe eine Telefonistin, die er offensichtlich stört. Sein vages Französisch und der provenzalische Dialekt der Frau treffen unglücklich auf-

1 Aussage, die der ehemalige Weinkellner des Restaurants gegenüber dem Autor machte.

2 Mme Point hat es dem Autor so erzählt. Die Geschichte von einem Oberlicht, durch das sich Wallis gezwängt hätte, ist reine Erfindung.

einander. Wallis erlebt bei diesem so wohlerzogenen Mann einen Wutausbruch, der sie zugleich verwirrt und belustigt: «Im Licht der Scheinwerfer und mit dem Hörer in der Hand beleidigte er ungestüm das französische Telefonnetz und das von Brignoles ganz besonders und hämmerte dabei mit der Faust an die blaue Zelle, in der der Apparat hing.» Die Telefonistin stellt ihn schließlich zu Herman Rogers durch. Der zeigt sich zuversichtlich: Wallis soll sich nicht beunruhigen. Man würde auf sie warten, sie solle nur kommen, auf jeden Fall kommen! Am 6. Dezember, um 7.30 Uhr morgens, fährt der Buick in den Garten der Villa Lou Viei. Um den Journalisten, die am Tor lauern, zu entkommen, muß sich Wallis auf die Rückbank legen, und Perry breitet eine Decke über sie. Mit ihren Kräften am Ende, wirft sie sich Katherine in die Arme, die sie ins Wohnzimmer führt, wo ein großes Holzfeuer brennt. Sie hat das Ziel erreicht.

Aber welches Ziel?

Wir müssen wieder zwei Tage zurückgehen. Am 4. Dezember hat Eduard im Fort, gleich nachdem er aufgewacht war, in die Zeitungen geschaut. Beaverbrooks Voraussagen haben sich bewahrheitet: Die Presse von Rothermere und Beaverbrook berichten zu seinen Gunsten, alle anderen gegen ihn. Geoffrey Dawson notiert: «Wieder ein beschwerlicher Tag. Die Volkszeitungen bemühen sich noch, den König und seinen Premierminister einander gegenüberzustellen; sie versuchen, den Gang der Dinge aufzuhalten, ans Volk zu appellieren, ein Mittel zu finden, um den König zu schützen...»

Wo sie jetzt die Hände frei haben, legen Rothermere und Beaverbrook los. Im *Daily Mail* veröffentlicht Margaret Lane eine leidenschaftliche Lobrede auf Wallis Simpson, «eine der bezauberndsten Frauen, eine hinreißende Persönlichkeit». Der *Daily Express* enthüllt tausend Einzelheiten über ihre Qualitäten als Hausfrau und Gastgeberin. Diejenigen, die bei ihr eingeladen worden waren, loben ihre unvergleichliche Art, ihre Gäste zu bewirten und sich angenehm zu machen. So wird Stück für Stück ein Bild entworfen, das man dem Volk vermitteln will: Die Gemahlin des Königs würde – ob auf dem Thron oder neben dem Thron – dem König eine standesgemäße Partnerin sein.

In der *Times* erinnert Geoffrey Dawson in dem für das Blatt üblichen gedämpften Ton daran, daß das Haupthindernis weder Wallis' Nationalität noch ihre soziale Herkunft ist, sondern die Tatsache, daß «die betreffende Dame schon zwei noch lebende Ex-Männer hat, von denen sie jeweils geschieden wurde, das letzte Mal liegt noch nicht lange zurück und die Umstände sind wohlbekannt.» Er besteht auf der Feststellung, daß nicht das Kabinett sich in die Privatangelegenheit des Königs, also Eduards VIII., eingemischt hätte, sondern daß er es war, der zuerst «eine Heirat wünschte, zu der ein Gesetz des Parlaments vonnöten war» und «der die Initiative ergriffen hat, eine solche Abstimmung in die Wege zu leiten.» Dawson selbst ist sich bewußt, daß die vornehme Leserschaft der *Times* neben den Millionen Lesern von *Mail* und *Express* wenig zählt. Kann man mit dem Florett gegen eine Artilleriebatterie vorgehen?

Er hat nicht unrecht, die Wirksamkeit dieser Presse zu bezweifeln. Schon bilden sich Menschenansammlungen in den Straßen von London: vor dem Buckingham-Palast, St. James' und Downing Street. Kleinere Menschenmengen lassen den König hochleben und buhen Baldwin aus. Am selben Tag berichtet Cosmo Gordon Lang, der Erzbischof von Canterbury, über die schreckliche Unruhe, die ihn ergreift beim Anblick der Leute, die ihre Zuneigung zum König demonstrieren. Er notiert in seinem Tagebuch, was er an ach so vielen Orten hört: «Ist es nicht eine ehrenwerte Sache, wenn er die Frau heiraten will, die er liebt? Warum sollte er sie nicht heiraten?» Bitter stellt der Erzbischof fest, daß die Leute, die so argumentieren, die Konsequenzen nicht kennen und gar nicht auf sie vorbereitet sind» und den wahren Grund der Krise überhaupt nicht erfassen können.

Baldwin ruft wie vorgesehen das Kabinett zusammen. Auf der Tagesordnung steht der Vorschlag des Königs, sich über Radio an sein Volk zu wenden. Abgelehnt. Das Kabinett ist immer weniger zu Konzessionen bereit. Einige Minister schlagen sogar vor, daß der König aufgefordert wird, die Angelegenheit nicht weiter hinauszuzögern und bis Mitternacht eine Entscheidung zu treffen. Baldwin ist dagegen. Ein Ultimatum ist überhaupt nicht notwendig. Er weiß sehr genau, wie er vorgehen muß.

Als Eduard am Vorabend von seiner Mutter weggegangen war, hat er Bertie gebeten, ihn aufzusuchen. Am 4. Dezember morgens ruft er Bertie an. Der notiert dann in seinem Tagebuch: «Er hat mich nicht sehen wollen und hat das Treffen auf Samstag verschoben.»

Am frühen Nachmittag erfährt der König von Walter Monckton, daß er auf seine Radioansprache verzichten muß. Nach seiner eigenen Aussage ist das ein «harter Schlag», den ihm Baldwin versetzt. «Mit dieser Ablehnung», schreibt er, «verschwindet die einzige Möglichkeit, sich an die ganze Nation zu wenden.» Er sagt nichts weiter, aber dem Historiker drängt es sich auf, hier den Punkt zu sehen, an dem sich seine endgültige Entscheidung formte.

Eine Tatsache beweist es: Genau am 4. Dezember teilt Monckton Beaverbrook mit, daß er den König von nun an nicht mehr treffen könne. Dieser hätte es verboten. Verblüfft sagt Max: «Zum ersten Mal begann ich zu glauben, daß der König ernsthaft beschlossen hatte abzudanken. Er hatte den ersten Schritt getan, um auf den Thron zu verzichten, und konnte nur schwer wieder umkehren.»

Es ist immer noch der 4. Dezember und das Unterhaus tritt zusammen. Am Vortag hatte Churchill Baldwin eine Frage gestellt:

«Wird mein ehrenwerter Freund uns die Zusicherung geben, daß keine unwiderrufliche Entscheidung gefaßt wird, bevor im Parlament eine offizielle Erklärung abgegeben worden ist?» Baldwin kann nicht nur nicht mehr ausweichen, er will es auch nicht mehr. Die öffentliche Meinung erhebt sich zugunsten des Königs. Man muß diesen Schwung im Keim ersticken. Im Handumdrehen macht Baldwin der Lösung einer morganatischen Ehe ein Ende:

– Der König braucht niemandens Zustimmung, um sich rechtskräftig zu verheiraten, aber, wie ich es gesagt habe, wird die Person, die er heiratet, notwendigerweise Königin. Sie genießt dann also die Stellung, die Rechte und Privilegien, die diesem Rang von Rechts wegen und durch die Krone zukommen, und mit denen uns das Beispiel Ihrer verstorbenen Majestät, Königin Alexandra, und Ihre Majestät, Königin Mary, vertraut gemacht haben. Ihre Kinder werden direkte Anwartschaft auf den Thron haben.

Daraus schließt er: Die Regierung wird kein Gesetzesvorhaben unterstützen, das die traditionelle Stellung der Gattin des Königs verändern soll. Da übrigens auch die Dominions diese Lösung verworfen haben, ist die Frage nicht mehr von praktischem Interesse. Mit vorgetäuschter Ergebenheit, die nur schlecht eine unbeugsame Beharrlichkeit verbirgt, schlägt Baldwin die Tür für eine Verständigung zu.

Baldwin läßt sich beim König anmelden, der, während er auf ihn wartet, die Depeschen aus den Dominions zur Kenntnis genommen hat. Er hat sich überzeugt, daß die Ablehnung einhellig ist. Traurigkeit hat seine Seele überflutet.

Am selben Freitag, den 4., speist Beaverbrook mit Sir Samuel Hoare. Er ruft einiges Erstaunen bei ihm hervor, als er behauptet, daß nichts geregelt sei und daß die Krise zweifellos durch einen Verzicht von Mrs. Simpson gelöst würde. Das ist nicht nur einfach eine Ansicht. Max hat zu dieser Stunde schon das kodierte Telegramm im Ärmel, das ihm Perry Brownlow aus Blois geschickt hat. Er versucht, ihn auf seine Seite zu ziehen, und gibt Hoare zu verstehen, daß der König im Fall einer Krise und eines Rücktrittes von Baldwin sich sehr wohl an ihn wenden könnte. Hoare, ein gerissener Politiker, zeigt nur Skepsis: Er zweifelt daran, daß der König sich noch lange auf dem Thron halten und so in der Lage sein könnte, einen neuen Premierminister zu berufen...

Beaverbrook ist wütend. Wie soll er erneut Kontakt mit dem König aufnehmen? Er ersucht um eine Audienz. Eduard läßt ihm sagen, daß «es nichts mehr zu tun gibt, als den Wortlaut der Abdankung festzulegen», und daß ihm Max für eine solche Verhandlung «keinerlei Hilfe, eher ein Hindernis» sein könnte. Unglücklicher Beaverbrook.

Die Würfel sind gefallen. Warum kommt Eduard unter diesen Voraussetzungen plötzlich der Gedanke, erneut Kontakt mit Churchill aufzunehmen, dessen Haltung in dieser Angelegenheit mit der Beaverbrooks völlig identisch ist? Wenn der Leser sich nicht damit zufriedengibt zu denken, daß die Entscheidungen von Königen wesensmäßig undurchschaubar sind, wird er, um zu verstehen, den Besuch Churchills abwarten müssen, der – da kann er sicher sein – nicht auf sich warten läßt: eine Sache von einigen Stunden und von einer Seite in diesem Buch.

Am Nachmittag des 4. Dezember ist Baldwin wieder im Fort, und er scheint keinesfalls davon zermürbt, daß er diesen Weg so oft geht. Er bestätigt dem König, daß er nicht im Radio wird reden können, und übergibt ihm zwei Texte, die die Angelegenheit regeln. Eduard tut, als ob er sie lesen würde. Was können sie ihm Neues bringen?

Der König erhebt sich, um zu signalisieren, daß die Audienz zu Ende ist, als Baldwin ihn mit einer Handbewegung unterbricht. Könnte Seine Majestät der Regierung nicht unverzüglich eine Antwort geben, damit nicht in Großbritannien und im Empire «eine gefährliche Verfassungskrise» entsteht? Wenn möglich am Wochenende? Und vielleicht sogar – warum nicht – gleich hier, bevor er, Baldwin, nach London zurückfährt?

Langes Schweigen. Der König betrachtet Baldwin und Baldwin weiß nicht, was er mit sich anfangen soll. Nach und nach nimmt Eduards Gesicht eine große Entschlossenheit an.

– Sie werden nicht mehr lange warten müssen, Mr. Baldwin.

Baldwin gleitet auf die äußerste Kante seines Sitzes. Er sieht den König mit überraschender Starrheit an.

– Sire, es ist noch Zeit für Sie, die Meinung zu ändern. Das ist in Wahrheit die Bitte der Diener Eurer Majestät.

Erneutes Schweigen. Was soll die Bitte bedeuten? Wäre das der Gipfel einer Treue, die er verkannt hätte? Oder wäre das der schamlose Wink, zu kapitulieren?

Der König bricht das Schweigen:

– Mr. Baldwin, ich werde Ihnen meine Antwort so bald wie möglich geben.

Das Telefon läutet ununterbrochen. Die Freunde des Königs flehen ihn an durchzuhalten. Sie zitieren Zeitungen, die auf seiner Seite stehen, berichten von den spontanen Reaktionen im Land, die immer mehr werden. Eine starke Ermattung überwältigt Eduard. Man hat gesehen, wie im Verlauf des Tages sein Zustand von beunruhigender Nervosität in tiefe Niedergeschlagenheit übergegangen ist. Nicht erst seit diesem Tag verwirrt sein Verhalten seine Umgebung. Beaverbrook erzählt es so: «Die Krise nahm den König sehr mit, das sah man. Er rauchte viel, mal Zigaretten, mal Pfeife, und hörte nicht auf zu sagen: ‹Keine Heirat, keine Krönung›, und wiederholte diesen Satz immer öfter und immer lauter. Manchmal setzte er sich und nahm den Kopf in die Hände. Er wischte sich die Stirn mit seinem zusammengefalteten Taschentuch oder preßte das Taschentuch dagegen, wie um einen Schmerz wegzunehmen. Wenn er so weitermachte, mußte man von seiner Seite eine verhängnisvolle Entscheidung befürchten.»

Hat der König Churchill, diesen mustergültigen Kämpfer, treffen wollen, weil er sich am Ende fühlt? Als Antwort auf den Ruf des Königs hat sich Winston für den selben Tag zum Essen angesagt. Bei Tisch sind fünf Gäste: Eduard, Walter Monckton, Ulick Alexander, George Allen – und Churchill. Erinnern wir uns, daß Alexander, Verwalter der Privatschatulle, der einzige aus dem königlichen Haushalt war, den Eduard übernommen hatte.

Von Anfang an ergreift Winston das Wort und läßt es sich nicht wieder nehmen. Der König läßt seine Augen nicht mehr von ihm: Churchill ist auf seinem Stuhl hingestreckt, den wuchtigen Kopf zwischen die Schultern gezogen. Mit glühendem Blick und fester Stimme ist er der Mittelpunkt dieser königlichen Tafel. In einem verbalen Feuerwerk jongliert Winston mit der Verfassung , die jeder umso mehr im Munde führt, als sie als solche gar nicht existiert. Ein seltsames Essen von Leuten, wo jeder seine Rolle spielt und bewußt die der anderen ignoriert: Der König weiß, daß er abdanken wird, lauscht aber glücklich den Worten dieses Paladins, der ihm zuruft, es nicht zu tun. Churchill weiß selbst, daß eine morganatische Ehe keine Lösung wäre, und schert sich um Wallis so wenig wie um seine erste Zigarre, aber wegen des berauschenden Vergnügens zu kämpfen zieht dieser Recke sein Schwert gegen Baldwin.

Mitternacht ist schon lange vorbei. Die Müdigkeit scheint keine Gewalt über Churchill zu haben. Er schüttelt sich, knurrt, berauscht sich im voraus an dem Gesicht, das Baldwin machen wird, wenn er den Brief bekommen wird, den er für ihn vorbereitet. Und die Erklärung, die er für die Presse gedacht hat, davon wird man noch hören, darauf gibt er sein Wort.

Als er sich verabschiedet, können sich die anderen schon nicht mehr aufrecht halten. Winston stellt sich vor den König. Er lacht nicht mehr. Sein Gesicht ist voller Ergriffenheit:

– Sire, jetzt ist die Stunde des Nachdenkens. Sie müssen den Bataillonen Zeit lassen, sich in Marsch zu setzen.

Er geht und sagt dabei noch, daß es im übrigen das Beste wäre, wenn er sofort zu Beaverbrook ginge. Zu dieser Stunde? Was macht schon die Uhrzeit? Wollen Eure Majestät die Güte haben, Max anzurufen und ihn zu bitten, auf ihn zu warten? Oder ihn zu wecken, man weiß ja nie. Es gibt Leute, die früh zu Bett gehen.

Alle sind gegangen. Im Fort ist es wieder still geworden. Eduard grübelt. Er nimmt den Hörer ab und verlangt Stornorway House. Beaverbrook fällt vor Staunen aus allen Wolken: «Als der König sich an diesem Tag geweigert hatte, mich zu empfangen, hatte ich daraus geschlossen, daß er wirklich abdanken wollte. Als er an diesem Freitagabend am Telefon mit mir sprach, schloß ich daraus, daß er seine Meinung geändert hatte und daß er bereit war, um seinen Thron zu kämpfen. Churchill war auch dieser Ansicht. Seine Kraft, seine Beredsamkeit und seine Begeisterung hatten dem König wieder Mut gemacht. Als Churchill um zwei Uhr morgens in Stornorway House ankam, sagte er mir, daß er zwei Briefe schreiben müsse: einen an den König selbst und den anderen an den Premierminister. Er wollte auch gegenüber der Presse eine Erklärung abgeben.

Als er sich spät in der Nacht von mir verabschiedete, dachte ich nicht mehr an die Enttäuschung, die ich empfunden hatte, als ich vom König erfuhr, daß er abdanken wollte. Churchills Begeisterung war ansteckend und ich glaubte, gute Gründe dafür zu haben, anzunehmen, daß der König seine verhängnisvolle Entscheidung rückgängig gemacht hatte. Mein Optimismus wurde noch durch eine andere Nachricht bestärkt. Aus Frankreich war eine verschlüsselte Nachricht gekommen, daß Mrs. Simpson bereit war, auf die Heirat zu verzichten.

Der König hatte die Unterstützung Churchills, die Presse unterstützte ihn mehr, als wir es erwartet hatten, und Mrs. Simpson kabelte, daß sie bis zum Herbst warten würde.»

In dieser Nacht oder besser dieser Morgendämmerung des 5. Dezember haben sich zwei Männer in der Überzeugung zu Bett gelegt, daß der König um seine Krone kämpfen würde, nämlich Beaverbrook und Churchill. Und der König?

Nachdem Churchill weggegangen ist, hat Eduard den kleinen Hund von Wallis gesucht – jenen Slipper, den er Mr. Loo nennt –, hat ihn gefunden, ihn aufgeweckt und in das Zimmer von Wallis gebracht. Er hat sich an den Tisch gesetzt und zu schreiben angefangen. Er schreibt an Wallis: «Heute Abend könnte ich vor Liebe übergehen, und ich habe eine solche Sehnsucht, Sie fest an mich zu drücken, fester als ich es je zuvor getan habe.

Mr. Loo und ich sind in *unserem*[1] blauen Zimmer, und Sie fehlen uns höllisch. Das ist die Hölle, aber in einem gewissen Sinne ist es hier auch wunderbar. Versuchen Sie, mir so sehr zu vertrauen, wie Sie mich lieben, und haben Sie keinerlei Zweifel. Ich versichere Ihnen, daß es dafür nicht den geringsten Grund gibt. Wenn Sie nur in meinen Gedanken lesen könnten, hätten Sie keine mehr… Zweifeln Sie also nicht an mir.

Ich bin erschöpft und werde jetzt versuchen einzuschlafen, wie Sie es hoffentlich auch können. Ich werde den Brief morgen früh zu Ende schreiben und ihn dann per Luftpost schicken, damit Sie das, was ich Ihnen zu sagen habe, so schnell wie möglich lesen können.

Gott segne WE.»

Er versucht zu schlafen? Er geht ins Bett, doch der Schlaf flieht ihn. Er spricht später von den «düsteren Stunden der Schlaflosigkeit in jener Nacht.» Was Churchill ihm gesagt hat, hat

1 Vom Autor unterstrichen.

ihn erschüttert. Was ihn am meisten verblüfft, ist die Existenz dieser «Partei des Königs», die von Stunde zu Stunde stärker wird. Niemand hat die Leute bezahlt, die sogar dem Wagen zujubeln, in dem Monckton sitzt, nur weil es der Wagen des Königs ist. Darf er die Existenz dieser Partei fördern? Kann er sich auf sie stützen? Er beschwört später den dramatischen Zwiespalt, in dem er sich in jener Nacht befand: «Ich wäre noch König, aber ich wäre nicht mehr König durch die freie Übereinstimmung aller. Die Krone hätte dadurch einen großen Teil ihrer praktischen Nützlichkeit verloren. Die der englischen Seele so liebgewordene Idee eines Königs, der über der Politik steht, wäre zerstört, und das britische Parteiensystem könnte einen verhängnisvollen Schlag erhalten haben. Konnten Wallis und ich unter diesen Umständen hoffen, glücklich zu werden? Das war die Frage, die ich mir in jener Nacht ganz offen stellte. Meine Antwort war Nein.»

In seinen Erinnerungen findet man etwas später einen Satz, der im Licht der Ereignisse, wie sie sich vor unseren Augen abspielen, seine volle Bedeutung erlangt: «Ich habe sicher aus Liebe geheiratet. Aber ich habe aus Pflichtgefühl abgedankt.»

Hat er hier nicht eine Sichtweise festgelegt, die durch die Zeit zurechtgestutzt und geschönt wurde? Zwischen seinen Erinnerungen und den Berichten von Churchill und Beaverbrook ist eine dermaßen große Diskrepanz, daß der Historiker sich diese Frage zumindest stellen muß.

Churchill hat Wort gehalten. Am Samstag, den 5. Dezember, läßt er Baldwin morgens den Brief bringen, den er ihm geschrieben hat:

«Mein lieber Premierminister,

der König hatte mir mitgeteilt, daß er Ihre Erlaubnis hatte, mich zu empfangen, und so habe ich gestern abend mit Seiner Majestät gespeist und lange mit ihm geredet.

Ich habe von den Mitgliedern seines Haushaltes nachdrücklich verlangt, daß sie einen Arzt anrufen. Seine Majestät schien mir in einem gefährlichen Zustand innerer Anspannung und nahe daran zusammenzubrechen. Zweimal hat der König zwei ‹Löcher› gehabt und völlig den Gesprächsfaden verloren. Obwohl er zu Anfang sehr liebenswürdig war, geriet er doch sehr schnell an den Rand der Unhöflichkeit. Seine seelische Erschöpfung festzustellen war traurig. Nichts ist schwerer zu ertragen, als die Mischung aus privater und öffentlicher Anspannung.

Ich habe dem König empfohlen, er solle Sie bitten, ihm Zeit zu geben, damit er nachdenken kann, jetzt wo die Dinge sich zu einem solchen Chaos entwickelt haben. Angesichts der schwerwiegenden Folgen, sowohl verfassungsmäßiger als auch privater Natur, die Sie ihm aus Pflichtgefühl vor Augen geführt haben, bezweifle ich nicht, daß Sie ihm gegenüber Wohlwollen und Rücksicht walten lassen werden. Es wäre sehr grausam und verhängnisvoll bei dem Zustand, in dem er sich befindet, eine Entscheidung zu erzwingen.»

Ein außerordentlich geschickter Brief. Als er zu lesen anfängt, hat Baldwin denken müssen, daß Churchill das Lager gewechselt hat, daß er den König belastet, indem er ihn als einen Mann am Rande des Nervenzusammenbruchs darstellt, der reif für den Psychiater ist. Doch dieses bewußt düster gezeichnete Bild hat tatsächlich nur das Ziel, den letzten Abschnitt vorzubereiten:

Der König ist krank, man muß ihm Zeit geben, sich zu erholen, damit er seine Entscheidung im Vollbesitz seiner geistigen Kräfte und in Kenntnis der Sachlage treffen kann. In seinen Memoiren schreibt der Herzog von Windsor, der Wortlaut dieses Briefes sei «nie enthüllt worden». Also hat er von der Note Churchills, die der Brief an Baldwin enthielt, erst nach dem Verfassen seines Werkes Kenntnis erhalten.

Churchill hält sein Versprechen doppelt, denn er hat zur gleichen Zeit ein meisterhaftes Exposé an die Presse gerichtet. Es ist von bewundernswerter Kraft und Überzeugung und fängt so an: «Ich fordere Zeit und Geduld. Die Nation muß das Wesen dieser Verfassungskrise verstehen. Es geht nicht um einen Konflikt zwischen dem König und dem Parlament. Das Parlament ist nicht befragt worden und es wurde ihm nicht erlaubt, seine Meinung auszudrücken.» Und es endet im gleichen Ton:

«Bei der Wendung, die diese Angelegenheit nimmt, wird sie sicher Schaden anrichten und läuft gar Gefahr, Katastrophen herbeizuführen. Aber ihre schädlichen Aspekte werden noch über alle Maßen verschlimmert, wenn die Minister der britischen Nation keinen ritterlichen Geist und Menschlichkeit gegenüber diesem so begabten und beliebten König zeigen, der das Opfer eines Konfliktes ist zwischen seinen Pflichten als König und anderen Pflichten, die aus seiner Liebe erwachsen. Die Kirche predigt Barmherzigkeit. Sie glaubt an die Kraft des Gebets. Doch ihr Einfluß darf sich natürlich einer Zeit des Nachdenkens nicht entgegenstellen. Ich plädiere dafür, ich bitte darum, daß die Zeit und die Toleranz nicht verweigert werden.

Der König hat keine Möglichkeit, direkt mit seinem Parlament oder seinem Volk Verbindung aufzunehmen. Zwischen ihm und ihnen stehen in ihrer Funktion die Minister der Krone. Auch wenn diese es als ihre Aufgabe ansehen, ihre Macht und ihren Einfluß gegen ihn zu richten, muß der König schweigen. Das ist ein Grund mehr für die Minister, ihre Befugnisse nicht zu mißbrauchen und ihre Treue und christliche Duldsamkeit unter Beweis zu stellen, selbst wenn daraus einige politische Schwierigkeiten für sie folgen sollten…»

Dieser Aufruf, dieses Plädoyer kommt zur rechten Zeit, um die Partei des Königs zu begeistern und mitzureißen. Seit dem Vortag hat sie beträchtlich zugenommen. Die *Daily Mail* berichtet, daß am Vorabend im St. James-Theater das Publikum nach dem *God save the King* in Beifallsstürme ausgebrochen ist, «die sehr lange anhielten.» In den Restaurants erheben sich Gäste und bringen in einem Trinkspruch auf den König ihre Anhänglichkeit zum Ausdruck, was dann von dem übrigen Publikum sogleich aufgenommen wird. An diesem Morgen des Samstags, des 5. Dezembers, ist die Menschenmenge vor dem Buckingham-Palast beeindruckend geworden. Ohne müde zu werden, läßt sie den König hochleben.

Aber er, der sich freiwillig in seinem Fort eingeschlossen hat, wo ist er mit seinen Gedanken?

Am Morgen dieses gleichen 5. Dezember hat Bertie erneut seinen Bruder angerufen. Bestätigt Eduard ihm, daß er ihn heute, am Samstag empfangen wird? Im *Tagebuch des Herzogs von York* lesen wir: «Ich habe ihm gesagt, daß ich um 12 Uhr 30 im Royal Lodge sein werde. «Kommen Sie am Sonntag zu mir, hat er mir geantwortet, ich werde da sein und Ihnen meine Entscheidung mitteilen, wenn ich in meinem Kopf klargekommen bin».

Gleich danach hat der König Walter Monckton anrufen lassen:

– Ich möchte, daß Sie sofort nach London fahren und dem Premierminister mitteilen, daß ich ihm, wenn er heute nachmittag aufs Fort kommt, offiziell meine Abdankung bekanntgeben werde.

Monckton ist dem Denken seines Herrn zu nahe, um wirklich überrascht zu sein. Seit Stunden, seit Tagen vielleicht, weiß er, daß verhängnisvollerweise alles darauf zuläuft. Seine eigene Aufgabe scheint ihm jetzt klar: Nicht über das Thema diskutieren und sich dafür einsetzen, daß dem König die günstigsten Bedingungen gewährt werden. Er hat versucht, einen König auf dem Thron zu halten; er hat verloren. Jetzt muß er sich so gut wie möglich aus der Affäre ziehen. Sobald der König abgedankt hat, wird er das Land verlassen müssen. Hat er daran gedacht, daß es unmöglich ist, Wallis vor ihrer Scheidung zu treffen? Wird er in dem Zustand, in dem Monckton ihn sieht, eine solche Wartezeit ertragen, die vielleicht unmenschlicher ist, als die Zeit, die hinter ihm liegt? Was soll er tun? Monckton kommt eine Idee: Warum sollte er nicht versuchen, von Baldwin das Versprechen zu erhalten, daß er im Parlament gleichzeitig mit dem Gesetz über die Abdankung einen zweiten Text einbringt, der Wallis' Scheidung unmittelbar rechtskräftig werden ließe und so die Frist von sechs Monaten, wie sie das Recht verlangt, vermeiden würde. Er legt den Plan dem König vor:

– Wenn es so kommt, Sire, könnten Sie bald zu ihr, und Ihre Heirat wird ohne Wartezeit stattfinden können.

Wallis ohne Verzögerung heiraten? Von dieser Idee entzückt, gibt der König Monckton sofort grünes Licht. Im gleichen Zug beauftragt er George Allen, jemanden in die Schweiz zu schicken, der sich «diskret nach einem angemessenen Hotel bei Zürich umsieht.»

Walter Monckton begibt sich sogleich zu Baldwin. So ist der Premierminister also ans Ziel gekommen. Insgeheim entzückt, bewahrt er doch seinen würdevollen Ton und aus Angst, der König könne sich anders besinnen, akzeptiert er ohne Zögern, das Gesetz der Abdankung mit einem anderen zur Scheidung von Wallis zu verbinden.

– Ich denke, sagt Monckton dann zum König, daß wir jetzt alles regeln können.

Eduard fühlt sich zutiefst erleichtert und unglücklich zugleich. Jetzt ist also alles zu Ende. Bald wird er nicht mehr König sein, bald wird er Wallis wiedersehen. Ist das wirklich das Ende? Bei dieser Art Angelegenheit darf man nie übereilt zum Ende kommen.

An jenem Morgen des 5. Dezember, um elf Uhr läßt sich Beaverbrook zur Wohnung von Churchill in Westminster fahren. Churchill liest ihm mit Betonung seine Presseerklärung vor und kündigt an, daß sie in allen Abendzeitungen erscheinen wird.

Beaverbrook sieht das Dokument als sehr ergreifend, sehr stark an, aber doch auch als überholt. Er brummt:

– Aber unser Hahn wird nicht kämpfen. Es hat keinen Zweck, ihn retten zu wollen.

Churchill betrachtet ihn ungläubig über seine kleinen Brillengläser hinweg. Beaverbrook kann sich des Gedankens nicht erwehren, daß Winston ein totes Pferd antreibt. Ungehalten steht er auf und verabschiedet sich. Dabei wiederholt er:

– Das Spiel ist aus.

Die Tagespresse ist erschienen. Die dem König ungünstig gesonnenen Zeitungen verschärfen den Ton. Die *Times* beklagt, daß «sich ein so beunruhigender Faktor in die öffentlichen Angelegenheiten eingeschlichen hat in einem Augenblick, wo Ruhe und nationale Einheit so notwendig sind wie selten zuvor. Eine sofortige Entscheidung, die der Aufregung und Verwirrung ein Ende setzen würde, wäre nicht der geringste Dienst, den Seine Majestät der Nation erweisen könnte.» Der *Manchester Guardian* verwirft unmißverständlich die Lösung einer «Prinzgemahlin, die dazu verdammt ist, keine Rolle – oder eine völlig unbedeutende – im öffentlichen Leben des Monarchen zu spielen.» Der *Guardian* meint, daß «diese Rolle nicht die ist, die sowohl dem König als auch dem Volke angemessen ist.» Trotz allem bleibt diese zunehmende Strenge im Ton doch gemäßigt. Das ist bei der Volkspresse jedoch überhaupt nicht der Fall. Die Zeitungen von Rothermere und Beaverbrook legen los. Rothermeres *Mirror* erscheint mit der riesigen Schlagzeile: «NENNEN SIE UNS DIE TATSACHEN, MR. BALDWIN.» In seinem *Evening Standard* hat Beaverbrook die Dienste George Bernard Shaws in Anspruch genommen. Man hat nicht arg drängen müssen, damit der Ire seine Feder in die Tinte taucht, denn bissige Pamphlete sind sein Markenzeichen. Er erfindet einen Dialog um einen König, der Mrs. Daisy Bell, eine geschiedene Amerikanerin, zur Frau nehmen will. Shaw macht den Premierminister lächerlich. Und ebenso den Erzbischof, der sich weigert, die Krönung vorzunehmen. Er legt dem König folgende Argumentation in den Mund: Da nur elf Prozent seiner Untertanen Christen seien, glaubte er einem Wunsch der Nation nachzukommen, wenn er den religiösen Teil der Zeremonie wegließe.

Alle Abendausgaben der Zeitungen veröffentlichten Churchills Aufruf: Er ist ein nationales Ereignis, das überall leidenschaftlich kommentiert wird. Von da an entwickelt sich die Situation zu einem allgemeinen Mißverständnis. Während dem Kabinett schon die Entscheidung des Königs, abzudanken, mitgeteilt worden war, läßt die Presse durchblicken, daß eine Einigung immer noch möglich wäre. Man versteht, daß die Kabinettsmitglieder, wenn sie die Zeitungen immer und immer wieder lesen, ihren Zorn nicht zurückhalten können.

Als die Nacht hereingebrochen ist, kommt Baldwin im Fort an, und der König begleitet ihn in den Salon, wo Walter Monckton zu ihnen stößt, um vor den zwei schweigenden Männern die groben Linien der auszuhandelnden Vereinbarung darzulegen: ein doppeltes Gesetz über die Abdankung und die Scheidung.

Baldwin stimmt mit einem Kopfnicken zu: «Das ist ein sehr berechtigtes Übereinkommen.» Er fügt hinzu, daß man sich keine Illusionen machen solle: Mehrere Minister würden in dieser Hinsicht sehr lebhaften Widerstand leisten. Man würde sie entwaffnen müssen. Er hat deswegen für den Morgen des nächsten Tages, einen Sonntag, ein Dutzend seiner Kollegen zusammengerufen, und zwar genau die, von denen er «den härtesten Widerstand» erwartet.

Feierlich versichert er:

– Sire, ich würde meinen Rücktritt einreichen, wenn das Kabinett das zweite Gesetzt ablehnt.

Eduard bleibt überzeugt, daß Baldwin in diesem Fall guten Glaubens war. Dennoch tauscht er mit Walter Monckton einen überraschten Blick aus.

Kaum ist der Premierminister weggefahren, als Monckton und Allen sich schon auf den Weg nach London machen, um in Whitehall mit dem Generalsstaatsanwalt Donald Somerwel das doppelte Gesetzesvorhaben zu besprechen. Sir John Simon, der Innenminister, sieht die von beiden Seiten akzeptierten Texte als ausgezeichnet an. Monckton bringt diese Neuigkeit ins Fort. An diesem Abend legt sich Eduard mit der Gewißheit hin – endlich –, daß er der unerträglichen Pein ein Ende gesetzt hat.

Er widmet Wallis einen besorgten Gedanken. Ist sie endlich bei den Rogers in Sicherheit? Wird er den Klang ihrer geliebten Stimme hören können, wenn er aufwacht?

XI

Intrigenspiel

Es ist Sonntag, der 6. Dezember. In allen Ländern Nordeuropas feiert man den Tag des Heiligen Nikolaus, des Schutzpatrons der Kinder. Geschenke füllen die kleinen Schuhe. Weder in Lou Viei, wo Wallis in der Nacht eingetroffen ist, um endlich Frieden zu finden, noch in Fort Belvedere, das Zielscheibe fieberhafter Aufmerksamkeit aller Briten ist, scheint jemand an ein Geschenk gedacht zu haben.

Am frühen Morgen kehrt Monckton, der bald jeden Stein des Weges kennt, nach London zurück. Der Premierminister wollte ihn unbedingt dabei haben, wenn die Annahme der doppelten Gesetzesvorlage verkündet wird. Gewiß wird die – pro forma – Kabinettsitzung nicht lange dauern. Nun aber wartet Monckton schon zwei Stunden. Die Tür öffnet sich und er erblickt einen höchst betretenen Baldwin, der ihn – äußerst ungewöhnlich – auffordert, in den Kabinettssaal zu kommen. Die Minister, die um den Kabinettstisch sitzen, starren ihn unfreundlich an. Baldwin läßt ihn in seiner Nähe Platz nehmen und erklärt ihm betreten, daß die Antwort «Nein» lautet. Das Kabinett glaubt, daß ein Gesetz, welches Mrs. Simpson eine ungerechtfertigte Bevorzugung einräume, nach einem Kuhhandel aussehe. Es entspreche nicht der Würde der Regierung, sich einer derartigen Übereinkunft zu beugen, besonders, wenn diese das Moralgefühl beleidigen könnte.

Monckton schweigt. Was soll er auch sonst tun? Wie wird der

König auf die Entscheidung des Kabinetts reagieren, fragt ein Minister? Monckton antwortet, daß er in dieser Angelegenheit keine Hypothesen aufstellen wolle:

– Seine Majestät hatte gehofft, daß die beiden vom Premierminister sehr günstig beurteilten Gesetzesvorlagen annehmbar sein würden. Diese Stellungnahme wird in zutiefst enttäuschen. So, wie die Dinge liegen, wird er sicherlich zusätzliche Bedenkzeit fordern.

– Wieviel Zeit wird der König verlangen? Wieviele Tage? fragt Ramsay MacDonald.

– Es werden keine Tage sein, sagt Monckton sanft. Ich vermute, daß es sich um Wochen handeln wird.

Stanley Baldwin ist aufgeregt. Er greift überstürzt ein:

– Diese Angelegenheit muß vor Weihnachten geregelt sein!

Mehrere Minister erheben ihre Stimme: Das ist unmöglich, man kann nicht bis Weihnachten warten! «Der König muß sich sofort entscheiden!» «Die dauernde Unsicherheit hat dem Weihnachtsgeschäft bereits sehr geschadet!» Nach Moncktons Erinnerung stammte der letzte Einwand von keinem anderen als Neville Chamberlain, der zwei Jahre später mit seinem Kotau vor Hitler in München unrühmlich in die Geschichte eingehen sollte.

In der Tat hat das Kabinett Baldwin einen empfindlichen Dämpfer verpaßt. Man findet, er habe sich zu sehr festgelegt, als er dem König versicherte, daß die Vorlage bereitwillig aufgenommen würde. Plötzlich neigen die vorher wie ein Mann hinter ihm stehenden Minister zu der Ansicht, ihr Premierminister sei zu lasch. Einige schauen schon auf Chamberlain. Baldwin soll doch gehen, wenn er unzufrieden ist! Baldwin hört schon die Kugeln um die Ohren pfeifen. Er wird sich hüten zurückzutreten.

Bis jetzt hat der König geglaubt, verhandeln zu können. Es wird ihm klar, daß man ihn getäuscht hat. Niemals war er in der Lage, etwas auszuhandeln. Man sagt «*Nein*» zu seinen morganatischen Heiratsplänen. «*Nein*» zur Rede im Radio. Und nochmals «*Nein*» zu seinem letzten Vorschlag. Unter dem heuchlerischen Vorwand konstitutioneller Tradition muß er sich dem eisernen Willen seiner Minister beugen. Ihn selbst hat dies an «den unerbittlichen Druck eines Schraubstockes, der sein Objekt nicht mehr freigibt», erinnert. Voller Schmerz ruft er aus: «Wie allein ein Monarch doch ist, wenn er mit einem raffinierten Premierminister kämpfen muß, der den ganzen Apparat eines modernen Staates im Rücken hat!» Den ganzen Apparat, in der Tat. Die ausnahmsweise einigen politischen Parteien finden sich im Gleichklang mit dem Establishment, den Geldmächten – und der Kirche.

Offiziell schweigt der Erzbischof von Canterbury seit Beginn der Krise. Er hat nur eine Botschaft an den britischen Klerus gerichtet, die den Geistlichen empfahl, auf keinen Fall von der Kanzel herab auf die Krise um den König hinzuweisen. Diese vordergründige Untätigkeit täuscht niemanden. Edward sagt später, daß er «von Anfang an dieses beunruhigende Gefühl hatte,» Cosmo Gordon Lang hätte «überall und unsichtbar» seine Hände im Spiel.

An diesem Sonntag tritt der Erzbischof zum ersten Mal ins Rampenlicht. Das Kabinett hat sich gerade entschieden, als er in Downingstreet 10 erscheint. Baldwin hat ihn kommen lassen, um ihn zu dem Gesetz anzuhören, das durch Beschleunigung von Mrs. Simpsons Scheidung dem König erlaubt hätte, diese gleich nach seiner Abdankung zu heiraten. Man versteht den Vorstoß Baldwins nicht ganz. Angenommen, das Kabinett hätte zugestimmt, hat Baldwin dann beabsichtigt, einen Rückzieher zu machen, falls der Erzbischof eine kritische Meinung äußerte? Es macht tatsächlich den Eindruck, als ob Baldwin unter dem Druck der Ereignisse schlicht einen Fehler in der Koordination begangen hätte. Der Erzbischof hätte *vor* der Kabinettssitzung erscheinen müssen, und nicht *hinterher*. Es sei denn, Cosmo Gordon Lang hätte – und das wäre der Gipfel an politischem Geschick – es vorgezogen, sich freiwillig in der Zeit zu irren. Jedenfalls mußte die Frage nicht mehr debattiert werden. Als der Erzbischof eintrifft, hat das Kabinett bereits Nein gesagt. Der Form halber hört Baldwin ihn trotzdem an, und – das sollte uns nicht überraschen – Lang ist natürlich mit dem Kabinettsbeschluß einverstanden.

Als er aus Downingstreet 10 herauskommt, erkennt ihn die Menge, die sich seit dem Morgen hier versammelt hat – und dem König wohlgesonnen ist. Über den Zweck seines Vorstoßes hat sie sich keinen Augenblick getäuscht. Sie buht ihn aus. Als er zu seinem Auto geht, sieht er sich plötzlich von vielen Leuten umringt, die ihn sogar herumschubsen. Ihm ist unwohl in seiner Haut, und er kann erst wieder aufatmen, als er im Auto sitzt und sich dieses so schnell wie möglich entfernt. Am nächsten Tag findet sein Mißgeschick starken Widerhall in der Presse. Unter dem überall zu sehenden Foto des Erzbischofs ist folgende Unterschrift zu lesen: «Der Mann, der Einspruch erhebt.» Langsam aber sicher beginnt Cosmo Gordon Lang in eine Unbeliebtheit abzugleiten, von der er sich nicht mehr erholen wird.

Diese Ansammlungen vervielfachen, verzehnfachen sich im Laufe des Tages. Der durch den englischen Sonntag erzwungene Müßiggang führt an den zentralen Stellen Londons zu regelrechten Menschenansammlungen. Nach Schätzung der Polizei halten sich alleine um den Buckingham-Palast ständig dreitausend Personen auf. Am gleichen Tag bilden konservative Abgeordneten eine Gruppe mit dem erklärten Ziel, Eduard auf dem Thron zu halten. Sie argumentieren, daß Mrs. Simpson nur ein Vorwand sei. Die Wahrheit liege woanders: die Regierung und die Kirche wollen sich für das Interesse rächen, das der König für die Regionen, in denen die Wirtschaftskrise herrscht, gezeigt hat. Am Tag darauf sind dies vierzig Abgeordnete in Westminster.

Warten, immer nur Warten. Dies ruft beim Bruder des Königs zunehmend Verbitterung hervor. Der Herzog von York schreibt in sein *Tagebuch*: «Sonntagabend, ich habe ihn wieder angerufen. ‹Der König ist in einer Konferenz und wird Sie später treffen›, war die Antwort.» Die Zeit vergeht unendlich langsam. Autos kommen im Fort an und fahren wieder weg. Anrufe, Ratschläge der einen, Beschwörungen der anderen. Für den Hauptdarsteller ist dies die letzte Wartezeit.

Wallis macht am selben Tag in der von der Presse buchstäblich belagerten Villa Lou Viei, die sich oberhalb von Cannes befindet, dieselbe Angst durch. In diesem ehemaligen Kloster aus dem 12. Jahrhundert, das die Rogers zu einem bezaubernden, wunderschönen Ort gemacht haben, müßte sie doch ihren Frieden finden. Da, ganz unten, unter dem zarten Blau des Himmels zeichnet sich etwas dunkler die Krümmung der Mittelmeerküste ab. Jenseits davon, im Osten, ragt der Gipfel des Pic de l'Ours auf. Im Westen liegt die Insel Sainte-Marguerite und die alte Festung, in der man den Mann mit der eisernen Maske eingesperrt hatte. Die Sonne scheint, diese Wintersonne der Côte d'Azur, die seit dem 18. Jahrhundert. und der Reise Tobias George Smoletts die Engländer stets entzückt hat. Das ist alles schön und gut, doch kann sich Wallis einem Fenster nicht einmal nähern. Das Meer zu betrachten ist ihr genauso verboten wie die Berge des Estérel-Gebirges. Katherine Rogers hat, als sie ihr das Frühstück brachte, die Situation auf den Punkt gebracht:

– Die französische Polizei tut ihr Bestes und Herman hat auf alles ein Auge, doch würden Sie gut daran tun, sich hier für einige Zeit als Gefangene zu betrachten. Wenn sie trotzdem versucht, verborgen hinter einem Vorhang einen Blick nach draußen zu wagen, entdeckt sie rings um die Mauern der Villa das Lager einer

Armee: unzählige Autos, auf deren Dächern Fotografen lauern, die Lastwagen der Wochenschau und die des Rundfunks. Wallis ist nur noch eine Beute für die Journalisten.

An diesem Tag ruft Eduard vom Fort aus an. Zum ersten Mal wägt er seine Worte sorgfältig ab. Es ist ihm bewußt, von Ohren gehört zu werden, die alles andere als Freunde[1] sind. Wallis und er verwenden zwar ihren Code, doch beherrschen sie ihn nicht wirklich. Bald versteht die eine, bald der andere bestimmte Wörter nicht. Hinzu kommt, daß die Verbindung oft ganz schlecht ist, übertönt – wie Wallis später sagen wird – von einem «scheußlichen Störgeräusch». Sie beginnt jedoch zu verstehen, daß Eduard die Ereignisse nicht mehr im Griff hat.

– Alles wird davon abhängen, sagt er, wie Mr. Churchill und Lord Beaverbrook im Hinblick auf die Verfassung argumentieren… der erste vor dem Unterhaus, der zweite vor der Presse… Edward beteuert, daß man «noch hoffen» kann. Tragischerweise besitzt er keine Überzeugungskraft: Alles weist darauf hin, daß er sie nur zu beruhigen versucht. Sie erahnt am anderen Ende der Leitung einen von Zweifeln geplagten Mann. Plötzlich schiebt sie alle Vorsicht beiseite:

– David, ich flehe Sie an, befolgen Sie den Rat Ihrer Freunde.

– Ich verspreche es Ihnen…

Wie falsch seine Stimme klingt! Wallis wird sagen, daß sie in dem Augenblick «den Eindruck hatte, mit einem Fremden zu sprechen». Sie fleht:

– Sie müssen sie anhören. Nichts würde verloren sein, nichts verändert durch diese Verzögerung.

Eduards Stimme geht im Rauschen unter:

1 Im Verlauf von Wallis' Aufenthalt in Cannes nahm die Telefonspionage unglaubliche Ausmaße an. Nach einer Intervention Herman Rogers' beim Präfekten des Departements Alpes-Maritimes mußte der französische Außenminister Vorsichtsmaßnahmen ergreifen und die Telefonisten von Cannes durch zwei Beamte aus Paris ersetzen.

– Vertrauen Sie mir... Nur ich allein kann in letzter Instanz eine Entscheidung treffen.

Warum fehlt es ihr ausgerechnet an Vertrauen? Der dringende Wunsch, sich über ihre Gedanken klar zu werden, erwacht. Sie befürchtet, daß sie sich wegen der vorsichtigen Ausdrucksweise schlecht hat verständlich machen können. Also schreibt sie.

«Geliebter,

ich schicke Ihnen dies per Luftpost, weil ich es für wichtig halte, daß Sie es so bald wie möglich haben. Ich hoffe, daß Sie nicht abdanken und denke, wenn Sie es tun würden, stünde ich vor aller Welt in einem schlechten Licht, weil man sagen würde, ich hätte Sie davon abbringen können. Chips[1] hat mich angerufen, um mir zu sagen, daß das Kabinett für heute um fünf Uhr eine Antwort verlangt. Deshalb schicke ich Ihnen diesen Brief per Luftpost. Wenn Sie es wünschen, teilen Sie Baldwin meinen Plan mit. Wenn er ihn verwirft, haben Sie noch Zeit und alle Welt kann wissen, daß ein zweiter Kompromiß verweigert wurde. Mein Plan ist, daß Sie folgendes sagen: «Ich bestätige alles, was ich gesagt habe.» Damit retten Sie sich und mich in den Augen der Leute, denn falls Sie es nicht tun, stünden Sie vor der Welt als Feigling da, und ich wäre die Frau, Sie wissen schon, die verstoßen wurde... Um auf das Hauptthema zurückzukommen, wiederhole ich, was Mr. B. gesagt werden muß: «Ich bestätige alles, was ich gesagt habe, doch möchte ich keine komplizierte Lage in diesem Land schaffen. Ich möchte deshalb nichts überstürzen und komme im Herbst wieder darauf zurück.»...

Ich bitte Sie, dies Mr. B. zu sagen und zwar so, daß keiner behaupten kann, wir hätten nicht mit allen Mitteln versucht, unsere Pflicht in einer so großen Angelegenheit zu erfüllen. Persönlich glaube ich, daß er ablehnen wird, und es bliebe dann die grandiose Lösung, abzudanken, aber natürlich, falls dies eintreffen

1 Chips Channon.

sollte, würden wir das Opfer bringen, uns die ganze Zeit nicht zu sehen, oder eben heimlich mit Hilfe unserer Freunde.

Ich bin entsetzt über das, was die Leute sagen und wiederhole, daß sie sagen werden, ich hätte das alles verhindern können. Ich weiß auch nicht, wie irgend jemand die Macht haben könnte, dieses Dekret zu verabschieden. Sehen Sie sich vor, daß man nicht tausend Argumente vorbringt und geben Sie auch acht wegen des Geldes und auch wegen des Titels Königliche Hoheit. Seien Sie nicht wütend, daß alles so schnell auf uns zukommt. Diese drei Dinge[1] hängen zusammen, und es darf keine Ausflucht geben. Meine Idee könnte im Oktober gelingen und dürfte allen Leuten gefallen. Wir hätten uns zudem als faire Verhandlungspartner erwiesen. Sollte B. sich im Oktober weigern, wird er einen Skandal haben. Niemand außer B. und den Dominions wünscht unsere Abreise und wie Aga Khan mir telephonisch mitteilte, haben Sie Ihnen keine Möglichkeit gelassen zu kämpfen. Die Leute von der Presse warten auf ein Wort von Ihnen. Sie sind es Ihnen wohl schuldig, und, wenn Sie dieses Zeichen per Radio setzen, denke ich, daß sich Mr. B. im Oktober nicht mehr erlauben kann, Nein zu sagen, und daß man die Dominions wird überzeugen können. Denken Sie daran, mein Liebling. Ist es nicht besser, nicht unüberlegt und egoistisch zu sein, sondern hinter Ihrem Volk zu stehen und für es ein Opfer von acht Monaten zu bringen? Dann wird es Ihnen zugestehen, was Sie sich wünschen und falls nicht, werden wir in den Augen aller als Verlierer dastehen, und keiner wird sagen können, daß Sie sich Ihrer Pflicht entzogen haben, als das Volk Ihre Hilfe verlangte.

Mr. Baldwin hat Ihren Fall vor dem Parlament verzerrt wiedergegeben, indem er dort wiederholte, daß ich Königin sein wollte... Lassen Sie sich nicht zum Schweigen bringen und ver-

1 Die Scheidung, eine Pension für den König und den Titel Königliche Hoheit für sie.

gessen Sie nicht, ich flehe Sie an, daß Sie, was die Abdankung anbelangt, das Kabinett Ihnen praktisch die Tür vor der Nase zugeschlagen hat, indem es Ihre zwei Vorschläge abgelehnt hat. Ich werde es nicht dulden, daß Sie dem Land diese beiden Vorschläge nicht unterbreiten. Ich möchte, daß alle Ihre Unternehmungen von den Leuten verstanden werden und falls sie von Baldwin verheimlicht würden, könnten wir nicht mehr glücklich sein, und alle Leute würden sich gegen mich wenden. Während wir jetzt noch ihre Sympathie haben.

Ich flehe Sie an, B. meinen Plan zu unterbreiten. Was ist, wenn er sich weigert, sagte ich Ihnen bereits. Nun gibt es nichts mehr hinzuzufügen, außer daß ich mehr denn je an Ihnen hänge.»

Sie hat ihren Stift niedergelegt. Hat sie die Seiten ihres Mammut-Briefes gezählt? Zweifelsohne nicht. Wir haben es getan: fünfzehn Seiten! Ob sie sie nochmals durchgelesen hat? Wahrscheinlich nicht, denn dann hätte sie gemerkt, daß ihr Wunsch, Ordnung in ihre Gedanken zu bringen, zu einem solchen Durcheinander geführt hat, daß sie selbst Schwierigkeiten gehabt hätte, sich wiederzuerkennen. Kann der Leser sich daran stoßen? Vor allem möchte sie nicht als Urheberin eines Fehlschlages dastehen. Sie will auch nicht, daß der Mann, den sie liebt, eine schlechte Figur macht. Wir verstehen schließlich, daß für Sie nicht alles verspielt ist. Falls sie Zeit gewinnen will, dann, damit man sich in England nach und nach an die Idee einer morganatischen Ehe gewöhnt? Ist es, damit der König in aller Ruhe mit seinem Königreich ins reine kommen und er mit ihr an seiner Seite auf dem Thron bleiben kann? Will sie, was wahrscheinlicher ist, den Zeitraum nutzen, um ihre wahre Absicht zu verwirklichen: sich dem König zu entziehen, damit er, befreit von ihr, weiter regieren kann? Will sie sich zurückziehen, um ihren inneren Frieden wiederzufinden, der seit so vielen Tagen verloren ist?

Heute mag man glauben, daß diese letzte Erklärung die einzig wahre ist. Sie selbst hat es später bestätigt, indem sie auf die Schlußfolgerung hinwies, die sich ihr im Laufe des allerletzten Tages, den sie im Fort verbrachte, aufdrängte: «Ich muß endgültig aus dem Leben Davids verschwinden.» Sie wies auch darauf hin, daß sie folgendes wiederholte: «Wenn er sich nicht von mir lossagen will, muß ich mich von ihm lossagen, und zwar auf eine Art und Weise, die ihm keine andere Wahl läßt, als meine Entscheidung zu akzeptieren.» Ein Brief, den sie ein paar Tage später an ihre engste Vertraute richtete, liefert uns den endgültigen Beweis. Am 18. Dezember 1936 schreibt Wallis an Sybil Colefax:

«Ich kann all dies immer noch nicht schriftlich wiedergeben, weil ich so sehr fürchte, die Tatsachen nicht ganz wahrheitsgemäß darzustellen und auch, weil mich die Kämpfe der letzten Wochen dermaßen zermürbt haben – das Geschrei (am Telephon), um unzählige Vorschläge nach London durchzubringen, mein Flehen, um ihn zu ermutigen, nicht um ihn unter Druck zu setzen. Ich kannte ihn so gut, ich wollte ihm meinen Rat erteilen. Doch nein, indem sie die Sache vorantrieben, unterlagen sie der unabwendbaren Gesetzmäßigkeit der Tragödie. Wenn sie wenigstens gesagt hätten: Lassen wir die Idee erst einmal ruhen und greifen sie im Herbst wieder auf! Und, liebe Sybil, im Herbst wäre ich so weit fort gewesen. Ich wäre schon verschwunden gewesen. Eines Tages, wenn wir uns sehen, werde ich Ihnen alles sagen. Der letzte Funke Hoffnung, an den ich mich klammerte, erlosch, als ich sah, wie England einen Mann bedrängte, der unfähig war, sich selbst zu verteidigen und der seinem Land doch stets so rechtschaffen gedient hat…»

Ihren Willen, aus Eduards Leben zu scheiden, drückt sie den Rogers gegenüber aus und wiederholte ihn vor Perry Brownlow. Seinen Verpflichtungen gemäß, hat der das gewiß gutgeheißen. Noch mußte sie ihre Absichten in die Tat umsetzen. Von nun an kann nur noch eine offizielle Erklärung von Wallis die Abdankung verhindern. Sie allein wird den König vor vollendete Tatsachen stellen.

Sie ist entschlossen. Sie wird die Erklärung am nächsten Tag verfassen und, nachdem sie sie Eduard vorgelesen hat, diese der Presse übermitteln.

Es gelingt Wallis in einem mühsamen und schmerzlichen Prozeß, Stück für Stück zu einer Entscheidung zu kommen. Warum erscheint uns der König zur gleichen Zeit verschwommen und unentschlossen, als ob er sich treiben ließe und den Glauben an sich selbst verloren hätte?

Ihre telefonischen Zwiegespräche sind tragisch! Sie beschwört ihn, dem Rat seiner Freunde zu folgen, er scheint ihre Argumente anzuerkennen und sie versteht doch, daß er es nicht tun wird. Warum gibt er nicht zu, daß er niemals daran glaubte, daß seine Freunde den Sieg davontragen könnten? Warum versucht er, sie zu täuschen? Weshalb macht er sie glauben, daß man «noch hoffen» könne? Worauf hoffen? Die Wahrheit ist, daß er selbst wußte, daß er die Abdankung nicht wird vermeiden können. Er hat resigniert. Angesichts seiner Verteidiger, die sich wacker schlagen, will er das nicht zugeben. Sagen wir so: Er wagt es nicht. Er hört sie an, stimmt ihnen zu, zeigt ihnen seine Dankbarkeit, sogar seine Bewunderung. Gelegentlich findet er wieder Geschmack an der Sache und eine aufkommende Begeisterung läßt seinen Blick glänzen und täuscht seine Gesprächspartner über seinen wahren Entschluß. Nur kurz flackert die Flamme auf und erlischt.

Bei Wallis ist das eine andere Sache. Er weiß, daß sie entschieden gegen die Abdankung ist und die Gründe für diese Haltung berühren ihn mehr als die Beschwörungen Beaverbrooks und Churchills. Während er also überzeugt ist, daß der Thronverzicht nicht gegen die Ehre verstößt, weiß er, daß Wallis um ihr eigenes Ansehen kämpft. Sie möchte nicht, daß die öffentliche Meinung – und vielleicht die Geschichte – sie anprangert als diejenige, die einen König gestürzt hat. Auch bei ihr ist es eine Frage der Ehre. Was soll er ihr also antworten, wenn er außer der Abdankung keine Lösung sieht? Genausowenig wie bei seinen Freunden besitzt er gegenüber dieser Frau, die seinetwegen soviel erlitten hat, die Kühnheit, ihr die Stirn zu bieten. Also zögert er die Dinge hinaus. Schöne Worte sind alles, was er ihr zugesteht.

Im übrigen bekommen die von seinen Verteidigern heroisch errichteten Schutzwälle an allen Seiten Risse. Verzweifelt Eduard VIII. daran? Das ist noch längst nicht erwiesen. Was das Herz zusammenschnürt, ist zu sehen, wie er sich offen aufregt, nicht über die, die ihn von der Macht vertreiben wollen – in seinen Augen haben sie unwiderruflich gewonnen – sondern über die Hindernisse, die seine Freunde und die Frau, die er liebt, gegen die Abdankung aufzurichten suchen.

Vom König im Stich gelassen, ist die Königspartei tot. «Am Dienstag», sagt Eduard später, «war sie nur noch eine Leiche. Sie starb schnell, aber nicht ohne Zuckungen». Tatsächlich. Am Nachmittag, im Unterhaus, schleudert Josiah Wedgwood den Funken ins Pulverfaß, indem er den Premierminister fragt, ob er dem Unterhaus versichern könne, daß eine eventuelle Abdankung des Königs den Abgeordneten auf jeden Fall zur Zustimmung vorgelegt würde. Zum ersten Mal wird das Wort *Abdankung* in dieser erlauchten Umgebung ausgesprochen. Ein wahrer Tumult bricht aus. Josiah Wedgwood wird niedergeschrien und kann nicht weitersprechen. Attlee knüpft im Namen der Labour-Partei daran an. Warum hat man bis zu diesem Punkt gezögert, die Frage vor das Parlament zu tragen? Aus Achtung vor dem König, sagt Baldwin. Sobald seine Entscheidung bekannt sein wird, werde es das Kabinett nicht versäumen, den Rat der ehrenwerten Abgeordneten einzuholen. Dann erhebt sich Churchill.

Seine Freunde haben ihn angefleht, nichts zu unternehmen, aber derjenige, der Winston vom Reden abhält, muß erst noch geboren werden. Er versucht also, seine Argumente, die ihm vier Tage zuvor Erfolg bescherten, aufs neue vorzubringen. Der alte Parlamentarier wollte nicht wahrhaben, daß eine Versammlung in der Zeitspanne von vier Tagen die Meinung ändern kann. Proteste werden laut, dann ertönt wie bei Josiah Wedgwood Geschrei. Churchill redet sich mit dröhnender Stimme die Seele aus dem Leib. Vergeblich. Lautstarker Protest übertönt seine Stimme. Er muß schweigen, sich setzen. Er hat verloren. Ein Zeuge erklärt später, daß er der schmählichsten parlamentarischen Niederlage beigewohnt hat, die es jemals gab.

In sich zusammengesunken, mit verzerrtem Gesicht, schaut Churchill starr geradeaus. Ein liberaler Abgeordneter erhebt sich und schlägt vor, daß die Abgeordneten dem Premierminister ihr Vertrauen aussprechen. Das geschieht sogleich durch Akklamation.

Eduard sah klar. Der stärkste Verfechter der Königspartei, Winston Churchill, liegt am Boden. Später wird der Herzog von Windsor – was ihn ehrt – das Folgende schreiben: «Ich habe diesen Zwischenfall stets bedauert und würde viel dafür geben, um ihn aus den Annalen dieser Versammlung auslöschen zu können, die den, dem sie soviel verdankt, auf so schmähliche Weise behandelt hat. Und dennoch bin ich stolz, daß von allen Engländern gerade Mr. Churchill es war, der seine Stimme mit dem Ziel erhob, den König, seinen Freund, zu verteidigen.»

An diesem Montag, dem 7. Dezember, telefonieren Eduard und Wallis mehrere Male. Wallis wehrt sich wie ein Tier in der Falle. Von Stunde zu Stunde sieht sie die Abdankung zur Gewißheit werden. Das Grauen packt sie. Sie will nichts davon wissen, um gar keinen Preis. In Zusammenarbeit mit Perry Brownlow und Herman Rogers verfaßt sie die Mitteilung, die sie am Vortag angekündigt hat. Sie lautet wie folgt:

«Im Laufe der letzten Wochen hatte Mrs. Simpson stets den Wunsch, jede Handlung und jeden Plan zu vermeiden, der geeignet gewesen wäre, dem König oder dem Thron Schaden zuzufügen. Ihre Haltung hat sich auch heute nicht geändert, und sie ist bereit, falls eine solche Entscheidung das Problem lösen sollte, sich aus einer Situation zurückzuziehen, die unglücklich und unhaltbar geworden ist.»

Brownlow besteht darauf, daß der Text präziser sein müsse. Wallis solle schreiben, daß sie den König nicht heiratet. Daß sie ihn niemals heiraten wird. Wallis weigert sich. Sie kennt David zu gut. Niemals würde er einen solchen Text ertragen. Und dabei hat er schon soviel ertragen müssen.

Nachmittags ruft sie im Fort an und liest ihm ihren Text vor. Sie sagt, daß er sich «verletzt und verärgert» gezeigt habe. Wie gewöhnlich versteht man sich kaum. Nach der Lektüre tritt eine lange Stille ein. Wallis glaubt, Eduard habe aufgelegt. Schließlich hört sie seine sehr müde Stimme:

– Tun Sie dies, falls Sie es wünschen, doch wird es nichts ändern.

Um sieben Uhr abends verläßt Perry Brownlow die Villa Lou Viei und übergibt die Erklärung der Presse. Sie erregt Aufsehen. Die Journalisten rennen auseinander und eilen zum Telefon. Alle informieren ihre Redaktion darüber, daß die Krise beendet sei.

Wallis ist wieder allein. Nun ist ihr schönes Liebesabenteuer also zu Ende. Hat sie vielleicht in diesem Augenblick die Bilder einer Geschichte, von der sie nicht einmal mehr die Gewißheit hat, die Heldin zu sein, im Zeitraffer Revue passieren lassen, die Geschichte der kleinen Amerikanerin aus Baltimore? Unscharf und verschwommen sieht sie das Bild ihrer Mutter, Onkel Sol und seine Tänzerinnen, Tante Bessie, einen schönen Flieger, China, die Rückkehr nach Amerika. Dann Ernest Simpson, sehr streng in seinem gestreiften Anzug. Eine Tür öffnet sich während das junge Gesicht eines charmanten Prinzen erscheint, das von einem etwas traurigen Lächeln erhellt wird. Die Sonne, das Meer, eine Jacht. Ein König. Der Film reißt. Der Traum ist zu Ende. Könige heiraten keine Schäferin, auch dann nicht, wenn sie aus Pennsylvania kommt.

Am Nachmittag des 7. Dezember ist ein unerwarteter Besucher im Fort Belvedere vorstellig geworden: Der Anwalt von Wallis, Mr. Theodore Goddard. Monika Baldwin, die Nichte des Premierministers, beschreibt diesen Goddard als einen kräftigen, breitschultrigen Mann mit einem Gesicht, das so blaß ist wie ein Leichentuch. Was will er beim König? Er selbst schrieb im Juli 1951 in einem Brief an Lord Beaverbrook, daß Sir Horace Wilson ihm damals am Ende der vorangegangenen Woche mitgeteilt hätte, er wünsche, daß er, Goddard, sich zu Mrs. Simpson begeben möge, um sich nach ihren genauen Absichten zu erkundigen.

Wir stehen hier vor einem der Rätsel in dieser Krise, das noch nicht geklärt ist. In dem Moment, in dem man Goddard bat, an die Côte d'Azur zu fahren, war der Prozeß der Abdankung praktisch vollendet. Versuchten Baldwin und die hohen Beamten, die sich Goddards bedient haben, eine letzte Anstrengung zu unternehmen, damit der König seine Entscheidung zurücknähme? Wollten sie nicht vielmehr eine Heirat *nach* der Abdankung verhindern? Der Biograph der Königin Mary gibt zu, daß diese Baldwin gebeten hat, die Scheidung von Mrs. Simpson zu verhindern. Ich kann zu diesem Thema eine bezeichnende Einzelheit beisteuern: Die britische Regierung hat Goddard ein Honorar in Höhe von fünfhundert Pfund für seine Reise nach Cannes überwiesen.

Theodore Goddard hat erzählt, er sei an eben diesem Montag ins Fort Belvedere gerufen worden, wo sich, in Anwesenheit von Walter Monckton und George Allen, «ein längeres, vertrauliches Gespräch mit dem König» entsponnen habe.

Zum Fort gerufen? Hat ihn also der König kommen lassen? Der König erinnert sich anders: «Aus welchen Gründen auch immer erscheint Mr. Goddard plötzlich an jenem Montag nachmittag im Fort mit dem vagen Plan, sich nach Cannes zu begeben, um dort mit Wallis zu sprechen. Meiner Erinnerung nach, die in bezug auf dieses Gespräch nicht so genau ist, habe ich ihm förmlich untersagt, dorthin zu gehen.»

Kaum nach London zurückgekommen, eilt Goddard in die Downingstreet 10, wo ihn Baldwin gleich empfängt. Das Verbot, das der König ihm erteilt hat? Baldwin wischt es mit einer Handbewegung beiseite:

– Mr. Goddard, dem englischen Gesetz ist die Beziehung zwischen einem Juristen und seinem Klienten heilig. Nicht einmal der König kann sich querstellen. Betrachten Sie es als Ihre Pflicht Ihrer Klientin gegenüber, nach Cannes zu gehen?

– Gewiß.

– Gut, dann fragen Sie *mich* nicht nach meiner Meinung, Mr. Goddard, sondern erfüllen Sie Ihre Pflicht, ohne auf die Ansicht des Königs Rücksicht zu nehmen.

In den Londoner Redaktionsstuben kommentiert man fieberhaft die Erklärung von Wallis. Für den *Daily Express* vom Mittwoch, den 8. bereitet man einen Artikel vor, der unter einer riesigen Schlagzeile erscheint: *Das Ende der Krise*. Da Mrs. Simpson ja verzichtet, gibt es keine Krise mehr.

Die anderen Massenblätter gehen nicht ganz so weit, doch sie räumen alle ein, daß der König nun in der Lage sei, eine Situation, die bis dahin aussichtslos erschien, zu klären. Die *Times* machte eine besonders perfide Methode ausfindig, die Erklärung von

Mrs. Simpson zu diskreditieren. Sie veröffentlicht die Information neben einer anderen in der selben Aufmachung, die lautet: «Thelma, Gräfin Furness, ist gestern in Southampton an Bord des Passagierschiffes *Queen Mary* aus New York angekommen. Für Baldwin ist das eine neue Beunruhigung: Wenn der König nun seine Abdankung rückgängig machte?

Es gibt tatsächlich nichts Fruchtloseres, als diese neue Hoffnung, diese wiederentstandene Unruhe. Für Eduard VIII. hat sich nichts, absolut nichts, geändert. Nichts auf der Welt kann ihn von dem Ziel abbringen, an dem er sich orientiert wie ein Schiffbrüchiger an einem Stern.

Noch am 7. hat Bertie seinen Bruder um zehn Uhr morgens angerufen. Eduard hat ihm mitgeteilt, daß er sich am Abend mit ihm treffen wolle und daß er ihn noch anrufen würde. Er ruft ihn tatsächlich kurz vor sieben Uhr an, um ihn zum Abendessen bei sich einzuladen. Tief bewegt antwortete Bertie:

– Ich komme sofort.

Als er im Schloß ankommt, geht der König im achteckigen Salon auf und ab. Viele Leute sind bei ihm: unter anderen ihr Bruder George. Und auch Baldwin.

Sie sitzen zu neunt bei Tische: der König, sein Bruder Bertie, sein anderer Bruder George, Major Thomas Dugdale, der den Premierminister eskortiert, Monckton, Allen, Ulick Alexander, Edward Peacock. «Dieses Diner war ein wahrer Kraftakt des Königs», sagt Monckton. Und der Herzog von York, der bald König Georg VI. sein wird, schreibt in sein Tagebuch: «Ich möchte dieses Diner nicht vergessen. Alle Leute waren traurig, nur mein Bruder war mit Leib und Seele dabei. Er wandte sich mit Äußerungen an den Premierminister, die diesem niemals zuvor zu Ohren gekommen waren, z.B. über die Zentren der Arbeitslosigkeit etc. und spielte dabei auf seine Reise nach Wales an. Ich flüsterte Monckton ins Ohr: ‹Und diesen Mann werden wir verlieren.› Man konnte es nicht glauben, niemand konnte es glauben.»

Kein einziges Mal wurde die Krise um den Thron angeschnitten, kein einziges Mal wird der Name von Mrs. Simpson erwähnt. Der Premierminister verabschiedet sich um halb zehn. Eduard glaubte in seinem «wächsernen und leblosen» Gesicht ablesen zu können, daß auch ihm die Krise stark zugesetzt hat. Die beiden Männer sahen sich niemals wieder.

Am nächsten Tag sagt Baldwin vor dem Ministerrat, daß er einen glücklichen und fröhlichen König gesehen habe, «geradeso, als wäre er schon in den Flitterwochen».

Als er am nächsten Morgen, am 8. Dezember, erwacht, ist sich der König sicher, «daß das Schlimmste überstanden sei und ihn keine unliebsame Überraschung mehr erwarten könne». Er vergißt Mr. Theodore Goddard. In der Nacht vom 7. auf den 8. sind der Rechtsanwalt, sein Sekretär und Dr. Kirkwood, sein Arzt, – Goddard leidet unter einer Herzkrankheit und hat den festen Boden unter seinen Füßen niemals verlassen – zum Flughafen von Croydon gegangen, wo das Privatflugzeug von Baldwin um zwei Uhr morgens abheben sollte. Die Wetterverhältnisse haben den Abflug verzögert. Man ist erst am frühen Vormittag des 8. Dezember abgeflogen.

Am 8. Dezember bleibt das Wetter den ganzen Tag über schlecht. Das Flugzeug muß mehrere Zwischenlandungen einlegen, die letzte, als die Nacht hereinbricht, in der Nähe von Marseille.

In der Villa Lous Viei, wartet Wallis auf Goddard, der seine Ankunft im Verlaufe des Abends angekündigt hat.

Am 9. Dezember um zwei Uhr morgens ist Goddard noch immer nicht eingetroffen. Genau in dem Augenblick, da Wallis beschließt, sich in ihr Zimmer zurückzuziehen, tritt Inspektor Evans ein und wedelt mit einer Pressenotiz, die er Wallis hinhält: «Mr. Goddard, ein sehr bekannter Jurist, Rechtsanwalt von Mrs. Simpson, ist mit einem Spezialflugzeug in Marseille gelandet. Er befindet sich in Begleitung des berühmten Gynäkologen, Mr. Kirkwood, und eines Anästhesisten.» Diese Meldung wurde von vier englischen Zeitungskorrespondenten unterschrieben.

– Was ist zu tun, fragt Evans? Die Journalisten stehen vor der Tür.

Das Widerwärtige an dieser kurzen Mitteilung, die Machenschaft, die sie birgt, die Verworfenheit, die sie erkennen läßt, all dies bestürzt Wallis zutiefst: Man will glauben machen, daß sie schwanger sei – vom König selbstverständlich – und wenn sie sich nach Frankreich begeben hat, dann in leicht verständlicher Absicht.

Peter Brownlow erblaßt. Ärger und Zorn ergriffen ihn. Er geht hinaus, stürzt bis zum Tor des Parks, um der Geierbande zu trotzen. Er schreit hinaus, daß die Information falsch sei. Wenn Mr. Goddard nach Cannes kommt, dann um Mrs. Simpson um Anweisungen wegen ihres Hauses in London zu bitten. Dann, erst dann, legen sich Wallis und ihre Freunde schlafen.

Mr. Goddard braucht nicht weniger als eine ganze Nacht, um mit dem Auto von Marseille nach Cannes zu gelangen. Er fährt die ganze Nacht hindurch. Am Mittwoch, den 9. Dezember teilt man Wallis, die gerade ihr Frühstück zu sich genommen hat, mit, daß Mr. Goddard angerufen habe, um zu erfahren, ob sie ihn empfangen könne. Mit einer gewissen Heftigkeit fragt ihn Brownlow, der den Anruf entgegengenommen hat, warum man die infame Meldung, die am Vortag der Presse übergeben wurde, verfaßt hat. Goddard versteht nicht: Ein Gynäkologe? Was für ein Gynäkologe? Perry wird deutlicher: Kirkwood. Goddard protestiert lauthals: Kirkwood sei kein Frauenarzt, sondern sein Leibarzt. Er, Goddard, sei herzkrank. Für den Flug, man weiß ja nie, habe er deshalb seine Vorsichtsmaßnahmen getroffen. Ein Anästhesist? Welcher Anästhesist? Hat er nicht das Recht, sich von seinem Sekretär begleiten zu lassen?

Perry verlangt sehr verblüfft, daß Goddard mit leeren Händen in die Villa kommt. Besonders ohne Handtuch und ohne Köfferchen, das an eine Bestecktasche erinnern könnte. Goddard fügt sich. Sobald er Wallis gegenübersteht, kommt er zum Kern der Sache. Er ist nur mit der Absicht zu ihr gekommen, sie anzuflehen, ihre Scheidungsklage zurückzuziehen:

– Wenn Sie darin einwilligen, ist es für den König unmöglich, sie zu heiraten und die Krise wäre gelöst.

Der Anwalt glaubt, Schritt für Schritt alles erklären und eine schwierige Beweisführung unternehmen zu müssen. Zu seiner großen Überraschung findet er sich einer absolut ruhigen, bereits überzeugten Zuhörerin gegenüber. Er schweigt, als sie ihm erklärt, daß dieser Gang unnötig gewesen wäre, daß sie selbst entschlossen sei bekanntzugeben, daß sie sich nicht scheiden läßt. Goddard glaubt, sie anständigerweise unterrichten zu müssen, daß das Verfahren kompliziert sein und erst mehrere Wochen später wirksam würde. Eine neue Scheidungsklage wäre danach schwierig, «um nicht zu sagen unmöglich».

Mit derselben Ruhe antwortet Wallis:

– Mr. Goddard, die Unannehmlichkeiten, die mir aus einer solchen Vorgehensweise erwachsen, sind momentan völlig bedeutungslos. Ich bin bereit, alles zu tun, um den König auf dem Thron zu halten.

– Ich war mir sicher, daß sie so reagieren würden.

Wallis läßt Perry Brownlow rufen, informiert ihn über ihre Entscheidung: sie wird nicht mehr darauf zurückkommen. Plötzlich wird es Brownlow mulmig. Das doppelte Spiel, das er mehrere Tage lang gespielt hatte, hatte nur ein Ziel: daß sein König auf dem Thron bleibt. Die Aussicht, Eduard zu sehen – dem er in tiefer Freundschaft verbunden ist – wie er die Frau, die er liebt, verliert, entmutigt ihn. Die Annullierung des Ehescheidungsverfahrens befriedigt den Monarchisten in ihm. Sie jagt dem Freund Angst ein. Ziehen wir den Hut vor der Anständigkeit dieses Mannes, der, nachdem er so vieles im gegenteiligen Sinne unternommen hat, Wallis auf einmal rät, dem König eine solche Tragödie zu ersparen. Sie zeigt sich gerührt, aber nicht überzeugt.

Gegen Mittag ruft Eduard sie an. Wallis sagt ihm mit Bestimmtheit, daß sie in Anwesenheit von Mr. Goddard mit ihm spricht. Da sich der König nicht von ihr lossagen wolle, werde sie selbst ihre Scheidungsklage zurückziehen. Am anderen Ende der Leitung ertönt eine ergriffene Stimme:

– Die Dinge sind weiter vorangetrieben, als sie denken. George Allen wird mit Ihnen sprechen.

Allen bestätigt: Es ist nutzlos, daß Wallis ihre Scheidungsklage zurückzieht. Der Abdankungsprozeß ist bereits im Gang. Goddard, den sie informiert, nachdem sie aufgehängt hat, kommt ihr «am Boden zerstört» vor.

– Wenn die Dinge so stehen, sagt er, ist meine Aufgabe beendet. Sicherheitshalber rufe ich Allen noch an, bevor ich Cannes verlasse.

In Wirklichkeit wird Goddard Baldwin anrufen, um ihm eine Aussage vorzulesen, die das Ergebnis seiner Verhandlungen beinhaltet und folgendermaßen abgefaßt ist: «Ich habe die Lage mit Mrs. Simpson durchgesprochen, die mir sagte, daß sie noch immer den Wunsch hat, mir die Rücknahme ihrer Scheidungsklage anzuvertrauen und außerdem alles tun möchte, um den König an der Abdankung zu hindern. Ich bin sicher, daß dies der wahre und aufrichtige Wunsch von Mrs. Simpson ist. Ich habe diese Notizen vor Mrs. Simpson verlesen, und sie hat sie in jedem Punkt bestätigt. Der Leser wird vielleicht denken, Theodore Goddard habe sich vor Baldwin in den Vordergrund schieben, sich besonders herausstreichen wollen. Doch ist die Notiz unterschrieben. Zweifach: zunächst von Theodore Goddard, dann durch Brownlow.

Perry versucht eine Logik, in dieses Wirrwarr von Widersprüchen zu bringen:

– Das letzte Stündlein hat geschlagen, sagt er ernst zu Wallis. Was werden sie tun, wenn der König abdankt?

– Was würden sie an meiner Stelle tun?

Brownlow weiß sehr wohl, was er täte, wenn er Wallis Simpson hieße. Er verließe Frankreich, sogar Europa. Sie hört ihn, ohne ihn zu verstehen. In ihrem vom Schmerz zermarterten Gehirn keimt plötzlich eine absurde, verrückte Idee: Sie will eine solche Distanz zwischen sich und Eduard bringen, daß er sie nie mehr erreichen könnte. Sie wird nach Peking gehen, wo sie während ihres «Lotusjahres» soviele Freunde gewonnen hat. Es ist keine Zeit zu verlieren und sie schickt Inspektor Evans zum Bahnhof von Cannes, damit er ein Abteil nach Genua reserviert: Dort wird sie sich nach China einschiffen. Mit Herman und Perry, die – einmal mehr – nicht fürchten, im Widerspruch mit sich selbst zu sein, verfaßt sie eine neue Presseerklärung: Sie wird sich endgültig in ein fernes Land zurückziehen. Perry Brownlow wird das Konzept dieses Dokuments aufheben.

Ein letztes Mal möchte sie mit Eduard sprechen. Sie hat sich entschieden zu verschwinden, schreit sie ihn an. Er fällt ihr ins Wort:

– Aber es ist zu spät. Man verfaßt die Abdankungsurkunde. Das Kabinett tritt in diesem Augenblick zusammen, um sich damit zu befassen. Natürlich sind Sie frei, zu tun, was sie wollen. Sie können gehen, wohin sie wollen – nach China, nach Labrador oder nach Polynesien. Doch wohin Sie auch gehen, ich werde Ihnen folgen.

Wallis legt auf. Sie schluchzt. «Ich habe mir ununterbrochen wiederholt, daß eine so unglaubliche, so ungeheuerliche Sache nicht wahr sein kann.»

Auf der Villa Lou Viei lastet von nun an Schweigen. In der Angelegenheit hat Wallis endgültig die Initiative verloren. Der letzte Akt wird sich woanders abspielen.

An jenem Tage, am Mittwoch, den 9. Dezember, tritt das Kabinett zweimal zusammen. Es richtet eine letzte Botschaft an den König: «Es widerstrebt den Ministern zu glauben, daß der Entschluß seiner Majestät unwiderruflich ist, und sie möchten hoffen, daß es seiner Majestät beliebt, bevor Sie sich endgültig erklärt, eine Handlung, die Seinen Untertanen so nahegeht und sie so sehr betrüben kann, noch einmal zu überdenken.»

Eduard schreibt die Antwort eigenhändig: «Der König hat die Frage noch einmal überdacht, bedauert jedoch, daß er nicht in der Lage ist, eine andere Entscheidung zu treffen.» Wenn Baldwin dies liest, wird er die schreckliche Äußerung machen: «Ich fürchtete stets, daß er seine Meinung in letzter Minute ändert».

Nun werden sich also die Yorks drum kümmern.

Für Bertie ist die Ungewißheit, die sich während der ganzen Krise hingezogen hat, nun zu Ende. Er wird alle Folgen des Rücktritts seines Bruders zu tragen haben. Als Eduard ihm seinen unwiderruflichen Entschluß abzudanken, mitteilt, wendet er sich an seine Mutter und schluchzt wie ein Kind. Vorläufig ist Eduard noch der achte seines Namens. Er regiert. Man steigt nicht vom Thron wie von einem Stuhl. Die unerläßlichen Formalitäten müssen erfüllt werden. Die Dominions müssen informiert werden, wie es das Statut von Westminster verlangt. In dieser Hinsicht, kein Problem. Auch der finanzielle Aspekt muß geregelt werden. Dann müssen die laufenden Geschäfte erledigt werden. Baldwin wird aus den Tatsachen und Erfordernissen eine Lehre ziehen:

«Seine Majestät wird verfassungsmäßiger Herrscher des Commonwealth mit allen Pflichten, die mit dieser Position verbunden sind, bleiben. Diese Situation bleibt solange bestehen, bis das Gesetz über die Abdankung seiner Majestät verabschiedet ist, einschließlich der Konsequenzen, die sich daraus ergeben. Solange die entsprechenden Gesetze noch nicht verkündet sind durch den König, die Lords und das Volk, wird Ihre Majestät Herrscher bleiben und Sie werden Ihre königliche Zustimmung zu diesem Gesetz geben.» Ironie des Schicksals: Eduard muß seine eigene Abdankung verkünden.

Im Laufe des Tages begaben sich Monckton und Peacock zum Herzog von York. Sie informierten ihn über den Stand der Dinge und legten Wert darauf, sich des Wunsches des neuen Königs zu vergewissern, Eduard den Rang einer Königlichen Hoheit zu erhalten und ihm zu erlauben, im Fort zu residieren, wenn ihm nach Ablauf von zwei Jahren, die von den Ministern verlangt wurden, zugestanden wird, nach England zurückzukehren. Wenig später legten Monckton und Peacock Hand an die Abdankungsurkunde, die dann dem Premierminister vorgelegt wurde.

Am Donnerstag, um ein Uhr morgens, bringt Monckton die Dokumente ins Fort, anders ausgedrückt: die Botschaft des Königs und die Urkunde selbst, ordnungsgemäß gebilligt vom Kabinett. Er bestätigt später, daß es dieser Tag war, der ihn seit Beginn der Krise am meisten erschöpfte. Lange Zeit später sieht Eduard seinen Freund wieder, der übermüdet und etwas zerknittert in dieser Nacht aus dem Nebel auftaucht, um ihm die Dokumente zu bringen, die sein Schicksal besiegeln.

Zusammen lesen sie die Abdankungsurkunde noch einmal durch:

«Ich, Eduard VIII., König von Großbritannien, Irland und den britischen Dominions in Übersee, Kaiser von Indien, erkläre hiermit meinen unwiderruflichen Entschluß, für mich und meine Nachkommen auf den Thron zu verzichten und meinen Wunsch, daß diese Urkunde der Abdankung unverzüglich in Kraft gesetzt werde.

Zum Zeichen dessen unterzeichne ich an diesem zehnten Tag des Dezembers neunzehnhundertsechsunddreißig in Gegenwart von Zeugen, deren Unterschriften folgen».

Eduard legt das Dokument zurück. Er wendet sich an Walter Monckton:

– Sagen Sie Ihnen, daß ich einverstanden bin und morgen unterschreiben werde.

XII

Der Herzog von Windsor

10. Dezember 1936, zehn Uhr morgens. Im Fort sitzt der König im achteckigen Salon am Tisch. Neben ihm stehen Walter Monckton, Edward Peacock und Ulick Alexander. Vor ihm stehen seine Brüder Bertie, Harry und George und betrachten ihn mit echter Ergriffenheit. Langsam, mit sicherer Hand, setzt Eduard seinen Namenszug unter die einzelnen Blätter. Der König unterzeichnet die Botschaft an das Parlament und seine Abdankungsurkunde, beide mit dem Datum des Tages versehen, und besiegelt damit sein Schicksal. Die eine in sieben Ausfertigungen, die andere in acht, fünfzehn Unterschriften: «Ich, Eduard VIII., König von Großbritannien...» Die drei Herzöge, schweigsam und ernst, dem Ende einer Regentschaft angemessen, unterzeichnen ihrerseits.

Würdevoll legt Monckton die Blätter in den roten Aktenkoffer, der auf der Tischkante steht, und dreht den Schlüssel herum. Eduard hat sich erhoben. Die Niedergeschlagenheit, die seinen Blick so häufig überschattet, ist verschwunden. Er verläßt den Raum, tritt aus dem Haus und atmet die frische Morgenluft tief ein. Morgen wird Bertie König sein.

Bevor er den roten Koffer nach London bringt, stellt Monckton dem König eine Frage.

– Der Premierminister bat mich festzustellen, ob Sie wünschen, daß er in seinem Bericht vor dem Parlament heute nachmittag besondere Einzelheiten der Verhandlungen erwähnt.

– Ich schätze die Zuvorkommenheit Stanley Baldwins....

Eduard zögert, überlegt einen Augenblick, dann verfaßt er hastig zwei Notizen: In der ersten bittet er den Premierminister, darauf hinzuweisen, daß die Beziehung zu seinem Bruder, dem Herzog von York, stets hervorragend war. In der zweiten bittet er, den Abgeordneten bekanntzugeben, daß «die andere, am persönlichsten betroffene Person stets, und zwar bis zur letzten Minute, versucht hat, den König von seinem Entschluß abzubringen».

Nachdem Monckton den roten Koffer Alexander Hardinge überreicht hat, wird dieser vom Privatsekretär selbst zu Baldwin gebracht.

Der Kreis hat sich geschlossen.

Man muß nun auch über Geld reden. Diese Gefühls- und Verfassungstragödie kann die Interessen dessen, der gerade auf die Königswürde verzichtet hat, nicht außer acht lassen. Es ist viel über das Vermögen des Königs im Augenblick der Abdankung und über die «Abfindung», die er von Georg VI., seinem Nachfolger, erhalten habe, gesagt worden. Hat man nicht behauptet, daß der Exkönig zwei Millionen Pfund in bar bekommen und man ihm einen Pensionsanspruch von jährlich 60 000 Pfund zugesagt habe?[1] In Wirklichkeit beinhaltet die Abdankungsurkunde keinerlei Verfügung über die finanzielle Zukunft dessen, der nun «Exkönig» geworden ist.

Am selben Tag, im Verlauf des Abends, nur wenige Stunden nach Unterzeichnung der Abdankungsurkunde, wird die Frage zur Sprache gebracht. Der ehemalige und der neue König treffen sich wieder im Fort Belvedere. Sechs ihrer Berater unterstützen sie. «Eine schwierige Sitzung der Juristen, die sich ruhig und harmonisch vollzog», wird Georg VI. schreiben. Was heißen soll,

1 Frances Donaldson, der sich auf «gut informierte Quellen» bezieht.

daß man sich nicht an die Gurgel gegangen ist. Umso besser.

Von Anfang an hat man die Besitztümer der Krone aus der Diskussion ausgeschlossen. Die jahrhundertealte Tradition der englischen Monarchie sieht vor, daß diese direkt von einem Herrscher auf den anderen übergehen. Bleibt der Privatbesitz des Hauses Windsor, Ländereien und Schmuck.

Als ältester Sohn könnte Eduard sie zumindest teilweise beanspruchen. Er läßt wissen, daß er nichts dergleichen unternehmen wird. Wird er indessen all das – ein außerordentliches Vermögen – ohne Entschädigung aufgeben? Alle sind sich an diesem Abend einig, daß dies nicht angemessen wäre. Die Berater des Königs führen also einen Vorschlag an, der allen vernünftig erscheint. Warum Eduard nicht wie einen jüngeren Bruder von Georg VI. betrachten? Zu Lebzeiten Georgs V. verhielt es sich so: Die Herzöge von Kent und Gloucester erhielten jährlich 25 000 Pfund. Ohne noch weiter darüber zu diskutieren, kommt man überein: Der Exkönig wird das Recht auf 25 000 Pfund jährlich haben.

Bleibt zu wissen – das ist wichtig – wem diese Zahlung angelastet werden soll. Alle Teilnehmer dieser Mini-Gipfelkonferenz betrachteten eine Weigerung des Parlaments, sie in das Budget der Zivilliste einzubeziehen, als sehr unwahrscheinlich. Die Berater Eduards geben zu bedenken, was geschieht, wenn sich das Parlament weigert? Der Herzog von York scheint, ohne zu zögern, versprochen zu haben, in einem solchen Falle die Summe selbst zu bezahlen. Seine Berater schlagen vor, daß diese Zusage nur insoweit bindend sein sollte, als daß der «Grund für diese Weigerung nicht einer Handlung Seiner Majestät nach dem heutigen Tag anzulasten sei». Welche Handlung, bitte, welche Handlung? Nehmen wir ein Beispiel: Das Parlament könnte sich über ein Zusammentreffen Eduards mit Mrs. Simpson, ehe es über die Zivilliste abstimmt, schockiert zeigen. Man wägt die Standpunkte ab, diskutiert. Eduard muß versprechen, «Mrs. Simpson nicht mehr zu treffen, bevor über die Zivilliste abgestimmt ist». Erstaunlich, nicht wahr?

Schließlich stimmt das Parlament nicht für den Eintrag der Pension des Exkönigs in das Budget der Zivilliste, sondern erhöht die Summe, die Georg VI. eingeräumt wurde, um 30000 Pfund. Wie Churchill unterstrich, «würde es für den König keine Belastung darstellen, 25000 Pfund zu zahlen». Offensichtlich entschied der neue König – oder seine Umgebung – nicht so, da man die Pension schließlich auf 20000 Pfund verringerte, die auf Eduards Ansprüchen auf Sandringham und Balmoral beruhte, dessen Nießbrauch er lebenslang innehatte und das er an Georg VI. «verkauft» hatte. Man denkt an den Ausspruch, der in Versailles umging, als Ludwig XV. an der Blattern erkrankte: «Keine Kleinigkeit bei den Großen».

Georg VI. will im Verlauf der eher schäbigen Diskussionen, die Monate dauern sollen – es geht um 5000 Pfund –, wissen, wie hoch das Privatvermögen seines Bruders ist. Eduard verweigert die Antwort. Am 21. Februar 1937 schreibt er an Georg VI.: «Ich glaube, es wäre ein Fehler, den Privatbesitz eines Mitglieds der königlichen Familie beim Komitee[1] zu verbreiten, und Ihnen und Ihren Beratern entstünde die Verpflichtung, sich zu diesem Thema zu erklären. Ich habe meine Verpflichtungen erfüllt und denke, daß sie das gleiche tun werden.»

Wir sind in einer glücklicheren Lage als Georg VI. und kennen die Höhe des Privatbesitzes von Eduard zum Zeitpunkt seiner Abdankung. Als Prinz von Wales in den Jahren von 1910 bis 1936 konnte er trotz des zwangsläufig ansehnlichen Haushalts, den er führte, den überwiegenden Teil der bedeutenden Einkünfte des

1 Gemeint ist das Komitee, das zu Beginn jeder Regentschaft vom Unterhaus ernannt wird und das damit betraut ist, Empfehlungen in Form eines Weißbuches herauszugeben. Siehe Michael Block: Buckingham gegen die Windsors, 1994.

Herzogtums von Cornwall anlegen: Hat er 1936 nicht 70941 Pfund bezogen? Wenn man hier einige Erbschaften und die Erträge gewisser Anlagen hinzurechnet, stellen wir fest, daß sein Vermögen eine Million Pfund erreicht hatte, als er König wurde. Während seiner kurzen Regentschaft hat er davon Wallis Schmuck geschenkt, das Fort Belvedere verschönert und 300 000 Pfund auf den Namen von Mrs. Simpson angelegt. Eine Summe, die letztere übrigens später zurückerstattete. Das Ergebnis am Tag der Abdankung? Sein Privatvermögen, zusammengesetzt aus Kapitalanlagen, erreicht 800 000 Pfund. An Grundbesitz hat er nur eine Ranch in Kanada, die ihm nicht nur nichts einbringt, sondern ihm Kosten verursacht. Kann ein Exkönig im Exil mit solchen Einkünften ein seinem Rang angemessenes Leben führen? Sicherlich. Die Wahrheit ist, daß er wird lernen müssen, zu rechnen.

Im Westminster herrscht sehr rege Betriebsamkeit. Vermutlich waren nie zuvor so viele Abgeordnete im Unterhaus anwesend. Überall ist nur von der Abdankung die Rede. Endlich wird man es erfahren, alles erfahren. Der weltgewandteste der Abgeordneten, Harold Nicolson, schreibt in sein Tagebuch: «Das Parlament ist übervoll, ziemlich nervös und lärmend. Während die ersten Fragen gestellt werden, füllen sich die Emporen, und die Leute setzen sich in die Gänge. Ich bin froh, mich frühzeitig in der ersten Reihe niedergelassen zu haben.»

Zuvor muß die Versammlung die Tagesordnung zum Abschluß bringen. Die Frage um den König darf nicht vergessen machen, daß die Abgeordneten gewählt wurden, um Gesetze zu beschließen. Im *Tagebuch von Harold Nicolson* heißt es: «Der Premierminister trifft ein und schafft sich ein bißchen Platz, indem er seine Kollegen mit dem Knie zur Seite schiebt. Er hat einen Koffer dabei und während er sich setzt, merkt er plötzlich, daß er den Schlüssel dazu verloren hat. Er sucht, wühlt einen

Moment in den Taschen und findet ihn endlich. Er öffnet den Koffer, zieht zwei, drei Bögen Papier hervor, die rot mit dem königlichen Monogramm gestempelt sind, und außerdem ein paar eigene handschriftliche Notizen, die so verschmutzt sind, daß es kein junger Kandidat der Labour-Partei wagen würde, sie bei einer Nachwahl in Wapping vorzulegen. Er ordnet diese Papiere alle sorgfältig an und stellt sie ziemlich stolz auf dem Koffer vor sich zur Schau.»

Die mündlichen Anfragen, an die fünfzig, werden rasch erledigt. *Tagebuch von Harald Nicolson*: «Die Anfragen werden fortgesetzt. Eine davon richtet sich an Sam Hoare. Übertrieben feierlich schreitet er bis zum Koffer und legt einen Stapel Papier der Admiralität auf Baldwins Notizen. Er beantwortet die Frage, nimmt dann die Aufzeichnungen der Admiralität auf und wirft dabei die kleinen Papierfetzen Baldwins auf den Boden. Der alte Mann sammelt sie hastig ein und nimmt einen Augenblick später die Blätter mit dem roten Monogramm, geht entschlossen zum Rednerpult, dreht sich zum *Speaker*, verneigt sich, geht zu ihm hin. Er bleibt stehen, verbeugt sich noch einmal: «Eine Botschaft des Königs, von der Hand Seiner Majestät unterzeichnet.» Er reicht das Blatt dem Speaker. Dieser wird «mit zitternder Stimme» die Botschaft vorlesen, nicht ohne daß die Abgeordneten deutlich seine Hände zittern sehen können: «Der Gedanke, daß er jeden Augenblick vor Ergriffenheit zusammenbrechen könnte, steigert unsere eigene Unruhe. Niemals habe ich in dieser Versammlung soviel Ergriffenheit und Besorgnis erlebt.» Stillschweigend hört man die königliche Botschaft:

«Nach langer und reiflicher Überlegung habe ich mich entschieden, auf den Thron, auf dem ich nach dem Tode meines Vaters folgte, zu verzichten, und ich teile Ihnen nun meinen endgültigen und unwiderruflichen Entschluß mit. Ich bin mir der Bedeutung dieses Schrittes bewußt und kann nur hoffen, daß mein Volk meine Entscheidung und die Gründe, die mich dazu gezwungen haben, verstehen wird. Ich möchte nicht auf meine persönlichen Empfindungen eingehen, doch möge man sich darauf besinnen, daß die Bürde, die stets auf den Schultern eines Herrschers lastet, so schwer ist, daß sie unter solchen Umständen, wie jenen, in denen ich mich zur Zeit befinde, nicht getragen werden kann. Ich gestehe, daß ich die Verantwortung, vor der ich stehe, nicht übernehmen kann, ohne das Staatsinteresse zu vernachlässigen und erkläre, daß ich diese schwere Aufgabe nicht mehr effizient und auf für mich befriedigende Art und Weise erfüllen kann. Ich habe also heute morgen eine Abdankungsurkunde mit folgendem Wortlaut verfaßt...»

Nun liest der Sprecher die Urkunde vor. Und er fährt fort: «Mich haben die Aufforderungen zutiefst bewegt, die an mich gerichtet wurden, damit ich eine andere Entscheidung träfe und ich habe sie sorgfältig abgewogen, bevor ich dann zu meinem Entschluß gelangte. Hätte ich länger gezögert, so hätte ich dem Volk Schaden zugefügt, dem zu dienen ich mich zunächst als Prinz von Wales und später als König sehr bemühte und dessen Wohlstand und Glück mir stets sehr am Herzen liegen. Ich gehe in der begründeten Hoffnung, daß der Weg, den ich einschlage, die Stabilität des Thrones und des Empires sowie das Glück meiner Völker gewährleisten wird. Ich bin sehr dankbar für die Wertschätzung, die mir stets vor und nach meiner Thronbesteigung bezeugt wurde und die, da bin ich mir sicher, auch meinem Nachfolger entgegengebracht wird. Ich hoffe, daß die Abdankungsurkunde, die ich gerade verfaßt habe, unverzüglich in Kraft tritt, damit mein gesetzlicher Nachfolger, mein Bruder, Seine Königliche Hoheit Herzog George, den Thron besteige.»

Ein «sehr schlichtes und sehr kaltes Dokument», sagte Emil Ludwig. Die letzte Arbeit eines Königs in einer konstitutionellen Monarchie.

Dann erhebt sich Baldwin. Man sieht ein blaues Taschentuch in seiner Jackentasche. Viele haben gesagt, daß die an diesem Nachmittag gehaltene Rede sein Meisterwerk gewesen sei. Zweifelsohne. Auf meisterhafte Art spricht er Gefühle an und läßt Bilder lebendig werden: das Mitgefühl, den Hauch der Geschichte, die persönlichen Verletzungen, die Größe Englands, sein eigenes Bewußtsein von Pflicht und Dienst für das Land. Er blickt von Zeit zu Zeit in seine Notizen, aber in der Hauptsache spricht er frei. *Tagebuch von Harold Nicolson*: «Sam Hoare hatte seine Notizen durcheinandergebracht, und er zögert ein wenig. Er verwechselt die Daten und fragt an Simon gewandt: «Der 27. war ein Montag, nicht wahr?» Der Kunstgriff, der darin besteht, das Beiseitegesprochene einzusetzen, ist so offenkundig, daß man geneigt ist, es als gewollt anzusehen. Aber in keinem Augenblick will er Rührung erzwingen oder sich nur von seiner Beredsamkeit forttragen lassen. Es herrscht absolute Stille, die nur von den Reportern auf der Empore durchbrochen wird, die davoneilen, um Wort für Wort durchzutelefonieren.»

Baldwin erklärt seine unvergängliche Freundschaft mit dem König, der Abschied nimmt. Er versichert, daß im Laufe der vergangenen Verhandlungen eine «herzliche Freundschaft von Mann zu Mann» entstanden sei. Im übrigen, präzisiert er, als sie sich am Dienstag abend im Fort Belvedere verabschiedeten, «wußten wir und empfanden wir – und wir sagten es uns – daß unsere Freundschaft... uns stärker verbindet denn je und unser Leben lang andauern wird.»

Mit sittlicher Entrüstung weist der Premierminister die Verdächtigung zurück, derzufolge die Regierung den Plan ersonnen hätte, den König willentlich vom Thron zu entfernen. Wie könnte es sich so verhalten, wo man doch praktisch gar nicht mit dem König diskutiert hat? Das Ziel, auf das man sich geeinigt hat, erreichte man in völliger Eintracht und ständiger Zusammenarbeit. Das alles ist nur möglich geworden durch die bewundernswerte Offenheit des Königs. Hier zeigt sich Baldwin bewegt, aufrichtig bewegt.

– Zu dem Zeitpunkt, als er mich darüber unterrichtete, wäre es Seiner Majestät unbedingt möglich gewesen, mir seine Absicht zu heiraten, zu verschweigen und mich so mehrere Monate lang in meiner Unwissenheit zu belassen. Doch der König erwog den Schaden, den zwischenzeitlich Klatsch, Gerüchte und Gerede angerichtet hätten und versuchte, die daraus entstehenden Gefahren für die moralische Autorität der Krone nicht nur hier, sondern im gesamten Empire, zu vermeiden.

Sein Bericht ist mit Anekdoten gespickt. In einem Satz entwirft er ein Bild, im anderen rekonstruiert er einen Dialog. Alles wirkt einleuchtend, überzeugend, überraschend. Die Ergriffenheit erreicht ihren Höhepunkt, als Baldwin mitten aus seinen «Zettelchen» handschriftliche Notizen zieht, die ihm der König am selben Morgen geschickt hat. Er liest sie vor, ohne ein Wort zu verändern: «Der Herzog von York und der König waren im schönsten Sinne des Wortes stets wie Brüder, und der König ist überzeugt, daß der Herzog die Unterstützung des ganzen Empire verdient und erhalten wird.» Die Nachbarn von Baldwin können feststellen, daß die Zeilen eilig und mit Bleistift hingeworfen waren. Was gibt es Ergreifenderes als diese Lobrede auf den neuen König, die vom König kommt, der nun seinen Abschied nimmt? Nun wußten weder die Nachbarn Baldwins noch die anderen Abgeordneten, daß Baldwin noch eine Notiz erhalten hatte über «die andere Person, die direkt von der Sache betroffen ist.» Das hieße, Mrs. Simpson Ehre erweisen. Baldwin verabscheut Mrs. Simpson oder zumindest das, was sie in seinen Augen darstellt.

Schließlich sein Schlußwort:

– Möge heute kein Wort fallen, das man später bereuen könnte, kein Wort, das geeignet wäre, die Seele zu verletzen...

Vereinen wir uns nun hinter dem neuen König, versammeln wir uns um ihn, helfen wir ihm und hoffen wir ungeachtet der Prüfung, der sich unser Land gegenüber sieht, daß die Folgen bald behoben sein werden und daß wir Maßnahmen ergreifen können, die aus diesem Land ein besseres machen werden für alle diejenigen, die hier leben.

«Ich glaube, daß in den kommenden Jahrhunderten», schreibt Nicolson mit seiner einzigartigen Suggestivkraft, die sein Tagebuch so wertvoll macht, «wenn die Menschen die Sätze dieser Rede lesen,... sie nicht ermessen können, welch tragische Macht sich hinter dieser Einfachheit verbirgt: ‹Ich sagte zum König... Der König sagte zu mir...› Das war eines Sophokles würdig und beinahe unerträglich. Attlee fühlte das wohl. Als das beendet war, verlangte er, daß man die Sitzung bis sechs Uhr abends vertagte. Wir gingen hinaus, an Leib und Seele erschöpft, in dem Bewußtsein, der besten Rede gelauscht zu haben, die wir je in unserem Leben zu hören bekommen. Es wurde kein Beifall gespendet. Dies war die Ruhe von Gettysburgh.»

Beaverbrook erkannt selbst an, «daß die Rede bewegend, sehr überzeugend war», mit einer bedeutenden Einschränkung: «und völlig falsch!» Man muß seine Analyse lesen. Jeder Absatz beginnt mit dem Satz: «*Er sagt nicht*» und es stimmt, daß Baldwin *nicht sagt*, daß er seit dem 20. Januar 1936 wußte, daß der König Mrs. Simpson heiraten wollte und daß er erst am 20. Oktober die Frage zur Sprache brachte. *Er sagt nicht*, daß er sich der Zustimmung der Oppositionsparteien versicherte, bevor er den König in die Enge trieb.

Er sagt nicht, daß er dem Privatsekretär des Königs die Einzelheiten lieferte, die ihm erlaubten, den ausschlaggebenden Brief abzufassen. *Er sagt nicht*, daß der Chefredakteur der Times «bezüglich dieses Briefes konsultiert worden ist und zugestimmt hat, daß er als *mutiges Dokument* an den König geschickt werden soll». *Er sagt nicht*, daß er sich geweigert habe, den König für einige Zeit in die Schweiz oder nach Belgien reisen zu lassen.

Er sagt nicht, daß er dem König eine Radioansprache verweigert hat. *Er sagt nicht*, daß er allein den Brief an die Dominions abgefaßt und die Aktion erfolgreich durchgeführt hat, ohne dem König den Text des Briefs oder die Antworten mitzuteilen.

Er sagt nicht, daß er beim Minister von Neuseeland interveniert hat, um zu erreichen, daß dieses Land in einem Sinne antwortet, der ihm behagt, das heißt im Sinne einer Abdankung. *Er sagt nicht*, daß er die Forderung des Königs zurückgewiesen hat, die Frage der Heirat dem Kabinett und den Dominions nicht mehr zu unterbreiten. *Er sagt nicht*, daß er am Tag bevor er die Zusage erhielt, daß der König abdankt, den Herzog von York schon darüber unterrichtet hat, daß er König werden würde. *Er sagt nicht*, daß er dem König versprochen hat, ein Sondergesetz verabschieden zu lassen, damit die Scheidung von Mrs. Simpson beschleunigt werde. *Er sagt nicht*, daß er sich für den Fall einer Niederlage bereit erklärt hat zurückzutreten.

Um sechs Uhr, nach Unterbrechung der Sitzung, hören die Abgeordneten zunächst Attlee im Namen der Labour-Partei die Vorgehensweise des Premierministers billigen, später tut Sinclair das Gleiche im Namen der Liberalen. Churchill erkennt selbst an, daß Eduard seinen Entschluß «zur rechten Zeit, zur rechten Stunde und auf seine Weise» getroffen habe. Er fügt jedoch einen Kommentar hinzu, den man dieses Mal ruhig anhört. Vielleicht – endlich – aus Ehrerbietung.

– Man erkennt bei diesem Prinzen Eigenschaften wie Mut, Natürlichkeit, Anteilnahme und besonders Aufrichtigkeit, Eigenschaften, die selten und kostbar sind und die seine glorreiche Regentschaft in die Annalen dieser alten Dynastie hätten eingehen lassen können. Es ist außerordentlich tragisch, daß diese Eigenschaften selbst in seinem Privatleben nur zu diesem bitteren und melancholischen Ergebnis geführt haben. Doch obgleich unsere Hoffnungen heute enttäuscht worden sind, versichere ich, daß diesem Herrscher die Sympathie der Nachwelt sicher sein wird, daß man sich in den Häusern der Ärmsten seiner Untertanen ganz besonders an ihn erinnern wird und jene zutiefst für seine innere Ruhe und persönliches Wohlergehen sowie das Wohlergehen derer, die ihm teuer sind, beten werden.

Als er den Sitzungssaal verläßt, um die Bibliothek aufzusuchen, stößt Nicolson geradewegs auf Baldwin. Er murmelt ein paar an ihn gerichtete freundliche Worte. Der Premierminister nimmt ihn am Arm:

– Sie sind sehr liebenswürdig, sagt er. Doch was halten sie wirklich von alledem?

– Es war großartig, antwortet Nicolson. Ich bedaure nur, daß Hitler, Mussolini und Lord Beaverbrook nicht auf der Galerie der Peers waren.

– Ja, das war ein Erfolg. Ich weiß es. Das war praktisch nicht vorbereitet. Ich hatte in dem Augenblick einen Erfolg, mein lieber Nicolson, in dem ich ihn am meisten brauchte. Nun ist der Augenblick gekommen zu gehen.

Nicolson antwortet nicht. Baldwin ergeht sich in bitteren Worten gegen Churchill.

– Was kann man mit einem Mann wie dem da machen?

Nicolson meint, daß «Winston sich selbst in eine peinliche Situation gebracht hat». Der Premierminister hebt seine Arme zum Himmel:

– Wir sind alle in einer peinlichen Situation!

Der Tag schreitet voran. Im Fort hat man versucht, Eduard über den Ablauf der Sitzung im Unterhaus zu informieren. In Cannes hat Perry Brownlow, als die Nacht hereinbricht, Wallis gerade eine Zusammenfassung von Baldwins Erklärung vorgelesen.

«Ich war in diesem Augenblick glücklicherweise mit Perry allein in der Villa», sagt sie, «und nur er konnte meine Tränen fließen sehen.»

Am späten Nachmittag teilt Eduard Baldwin seinen Entschluß mit, am nächsten Tag im Radio zu sprechen. Da er ja in ein paar Stunden nicht mehr König sein wird, stellt seine Ansprache kein verfassungsmäßiges Unterfangen mehr dar, sondern die Handlung einer Privatperson. Nur die B.B.C., der unabhängigste aller staatlichen Radiosender, wird noch über ihre Ausstrahlung entscheiden können. Natürlich, kein Zweifel an der Antwort. Seit einer Woche, als er angekündigt hatte, daß der König im Radio das Wort ergreifen wolle, hat sich die B.B.C. beeilt, Übertragungskabel zwischen Windsor und ihren Sendeanlagen zu legen. Man hat die Kabel nicht herausgenommen. Unabhängig, aber vorausschauend, die B.B.C.

Spät in der Nacht arbeitet Eduard an der Abfassung dieser Rede, über deren Bedeutung er sich im klaren ist. Er wird zu den Engländerinnen und Engländern sprechen. Er wird sich erklären können. Im Laufe der letzten Stunden fühlte er das Unverständnis in seiner Umgebung, die Bitterkeit, sogar Feindschaft wachsen. Wenn er frei von der Leber weg spricht, dessen ist er sich sicher, wird sich dies alles in nichts auflösen. Gewisse Mitglieder des Kabinetts ließen verlauten, daß Schweigen ratsam wäre. Man führte den Begriff Würde an. Er hört auf nichts mehr, auf niemanden. Er wird sagen: «Ich wollte Großbritannien nicht wie ein Flüchtling bei Nacht verlassen.»

Und dann kommt das letzte Diner im Fort. Peacock erinnert sich an diesen Abend, der als verdrießlich, geradezu furchtbar im Gedächtnis aller Teilnehmer bleibt. Peacock beschreibt uns Kitty und Georg Hunter, die die Köpfe hängen lassen, trotz der Anstrengung Eduards, die Mahlzeit lebhafter zu gestalten.

Am Freitag, den 11. setzt Eduard, kaum daß er aufgestanden ist, die Bearbeitung der Rede wieder fort. Als Churchill am späten Vormittag im Fort Belvedere ankommt, ist die Ansprache fertig. Eduard legt Wert darauf, daß der unerbittliche Winston das letzte Frühstück im Fort mit ihm einnimmt. Nach der Mahlzeit gehen sie in den Salon, wo Eduard seinen alten Freund über den Text informiert, den er für das Radio abgefaßt hat. Daher rührt die Legende, derzufolge der Text vollständig der Feder Churchills entsprungen sei. Dieser hat sich damit begnügt, gewisse Änderungen vorzuschlagen. Wer mit seinem einzigartigen Stil vertraut ist, kann manche Sätze klar und deutlich als die von Churchill erkennen. Vor allem diesen: «...ein Segen ohnegleichen, dessen sich so viele unter Ihnen erfreuen können, und der mir nicht zuteil geworden ist, der eines glücklichen Heimes mit Frau und Kindern...»

Im Augenblick des Abschieds sieht Eduard Tränen in Winstons Augen. Er steht da auf der Schwelle. In der einen Hand hält er seinen Stock, in der anderen seinen Hut. Mit tonloser, tiefbewegter Stimme beginnt er den ersten Vers einer Ode vorzutragen:

He nothing common did or mean
Upon the memorable Scene[1]

Der Vers, zu dem Churchill den Rhythmus mit seinem Stock markierte, handelt vom Tode Karls I. Andrew Marwell ist der Dichter.

Der König, der gerade seine Koffer packt, weiß nicht, daß zur gleichen Zeit seine Rundfunkrede innerhalb seiner eigenen Familie Befürchtungen weckt, die stündlich wachsen. Was wird er sagen, erzählen, gar enthüllen? Warum eigentlich zeigt sich dieser David bis zum Ende so unangepaßt? In dieser familiären Un-

1 Er tat nichts Niedriges oder Gemeines
Auf dieser denkwürdigen Bühne.

ruhe macht sich Königin Mary zur wortreichen und ungeschickten Vermittlerin. Von Marlborough House läßt sie ihrem Sohn einen Brief bringen:

«Darling David. Meine Gedanken sind in diesen schrecklichen, äußerst beunruhigenden Stunden ständig bei Ihnen gewesen. Ihre Brüder haben mich auf dem laufenden gehalten über die Gespräche, die Sie mit Ihnen geführt haben – und das Land hat die traurige Nachricht ruhig aufgenommen. Wir haben die vor beiden Kammern gehaltene Rede vernommen, die Parlamentarier haben sich wundervoll würdig verhalten. Glauben Sie nicht, daß, da er[1] all das gesagt hat, was gesagt werden konnte und alles erklärt hat, was sich zwischen Ihnen und ihm abgespielt hat, es für Sie nicht mehr erforderlich ist, heute abend im Radio zu sprechen? Sie sind sehr müde nach all den Anstrengungen, denen Sie sich unterzogen haben und denen Sie sich noch unterziehen werden, und sicherlich sollten Sie sich diese zusätzliche Anstrengung und Aufregung ersparen. Ich bitte Sie, befolgen Sie meinen Rat. Bertie sagt mir, Sie wünschen, daß wir uns heute abend wieder zum Diner im Royal Lodge treffen. Ich hoffe, es wird kein Nebel herrschen.

Gott segne Sie. Ihre Mama, die Sie liebt, und so traurig ist. Mary»

Die Leserinnen und Leser werden dieses Mißtrauen wahrscheinlich ungerechtfertigt finden. Sie haben nicht Unrecht. Ein Satz kann mit ein paar Worten alles sagen: Ah! Wenn er gehen könnte, ohne ein großes Getue zu machen!

Eduard möchte das nicht. Es ist ihm wichtig, seinem Volk das zu sagen – endlich –, was er auf dem Herzen hat. Nun wird er allen Widersachern zum Trotz im Radio sprechen.

1 Dieses «er» kann sich nur auf Baldwin beziehen.

Am späten Abend taucht Bertie unerwartet im Fort auf. Bertie ist tief bewegt. Er wünscht allerletzte Ratschläge. Wirklich?

– Dieser Beruf wird für Sie nicht schwierig sein, sagt ihm Eduard. Sie kennen ihn schon im voraus, und sie haben den leichten Sprachfehler, der Sie beim Sprechen in der Öffentlichkeit so hemmt, nahezu überwunden.

Eine Formalität bedrängt Bertie:

– Übrigens, David, fragt er, haben Sie an den Titel gedacht, den Sie nun tragen werden?

– Aber nein, darüber habe ich nicht nachgedacht.

In den Augen Davids ist die Angelegenheit eines Titels völlig sekundär. Er kann sich sehr wohl vorstellen, als Seine Königliche Hoheit Prinz Eduard durch die Welt zu gehen. Bertie aber legt Wert darauf, daß er einen Titel trägt, der denen seiner Brüder zumindest gleichwertig ist. Ohne zu sagen, daß die Frage am gleichen Tag erörtert wurde, erklärt er seinem Bruder ohne Umschweife, daß er ihn zum Herzog ernennen wird.

– Was würden Sie zu unserem Familiennamen Windsor sagen?

– Herzog von Windsor? Das klingt gut. Eduard willigt ein. Würdevoll schließt Georg VI.

– Das wird meine erste Amtshandlung sein. Ich werde es morgen früh meinem *Accession Council* verkünden.

Ein letztes Mal hält das Auto Walter Moncktons vor dem Schloß. Er bringt Eduard den Text der Rundfunkrede zurück, den er – aus reiner Höflichkeit – Baldwin übermittelt hat. Dieser läßt wissen, daß er der Abfassung völlig zustimme, aber hoffe, daß der Exkönig ein paar Worte einfügt, die die Öffentlichkeit informieren, daß der Premierminister ihm stets «die größte Hochachtung» entgegengebracht hat. Eduards Körper strafft sich.

– Sie war sehr groß!

In seinem Herzen ist Bitterkeit, daß Baldwin am Vortag nicht daran dachte, seine eigene Bitte bezüglich Wallis zu berücksichtigen. Gleichviel, er wird ein guter Verlierer sein. Er nimmt den Text sofort wieder auf und fügt dort den «kleinen Satz» ein, den Mr. Baldwin so inständig erbat. Soll der Brief von Lady Hardinge, der Ehefrau Alexanders, den man ihm jetzt überbringt, der letzte Fußtritt sein? Dieser Brief ist trotz aller Anstrengungen der Verfasserin, herzlich zu erscheinen, unglaublich trocken: «Sire, es ist unmöglich – im Augenblick Ihres Wegganges – all die Freundlichkeiten zu vergessen, die Sie uns erwiesen haben, und ich bin dankbar für viele von ihnen. Die Leute, die arbeiten, fühlen sich ohne Sie verloren und ein Chauffeur in London, der mich letzte Nacht von hier[1] zum Parlament zurückbrachte, sagte mir über Mrs. Simpson: «Sie muß wunderbar sein, wenn sie ihn dazu bringt.» Ich hoffe in Ihrem Interesse, daß dieser Mann recht hat und daß Ihre Zukunft glücklich und heiter sein möge.

Ich bleibe Ihre gehorsame Dienerin.»

Das Gepäck ist bereits in die Halle gestellt. Die Dienstboten warten schweigend. Eduard ruft Wallis an. Er sagt ihr, daß er das Fort und in ein paar Stunden England verläßt.

– Wohin gehen Sie?

– Nach Zürich.

– Warum denn nach Zürich?

– Oh, jemand von meinen Leuten sagte mir, daß es dort außerhalb der Stadt ein Hotel gibt, in dem ich mich wohlfühlen werde.

– Aber Sie können nicht in ein Hotel gehen. Sie werden wie eine Meute hinter Ihnen her sein!

In Wirklichkeit hat sich Eduard inmitten des Orkans, der das Fort Belvedere und die Monarchie erschüttert, niemals gefragt, wohin er gehen wird. Er weiß nur, daß er bis zur endgültigen Scheidung von Wallis von ihr getrennt sein wird. In Zürich oder anderswo...

1 Der Brief wurde im St. James-Palast geschrieben.

Als sie aufgelegt hat, verharrt Wallis in einem Schockzustand: «Ich war voller Empörung bei der Vorstellung, daß sich die britische Regierung so gleichgültig verhielt angesichts seiner neuen Situation, die so schwierig war, empört über soviel Undankbarkeit gegenüber seinen Diensten, die er ihnen erwiesen hatte, und daß man ihm nicht einmal den Zufluchtsort zugestand, den er in den ersten Monaten seines neuen Lebens so sehr brauchte.»

Ihr kommt eine Idee: Gemeinsame Freunde, Baron und Baronin Eugen von Rothschild, besitzen in Österreich in der Nähe von Wien das Schloß Enzesfeld. Sie haben Wallis über Weihnachten eingeladen. Auf der Stelle ruft sie bei Ihnen an. «Könnten Sie statt meiner nicht eher Eduard aufnehmen?» Ohne das geringste Zögern stimmen sie zu. Sie ruft im Fort an. Niemand da. Seine Majestät – die Dienerschaft hat sich noch nicht umgestellt – ist zum Diner mit seiner Familie ausgegangen, nach Royal Lodge. Herman Rogers hinterläßt eine Nachricht für den neuen Herzog von Windsor.

Tatsächlich wollte Eduard ein letztes Mal mit seiner Familie bei Tisch sitzen, bevor er um zehn Uhr abends seine Rede hält. Er verabschiedet sich von seinen Dienern, vertraut Walter Monckton den kleinen Hund Slipper an – eines seiner wertvollsten Bindegliedern zu Wallis – und bittet ihn, diesen mitzubringen, wenn er ihn beim Herzog von York aufsucht. Pardon, beim König.

Der Wagen bringt ihn fort. Er wendet sich um zu einem letzten Blick auf das Fort. In der Nacht sieht man nur eine verschwommene Silhouette, eine dunkle Masse, die von ein paar Lichtflecken durchbrochen wird: die Fenster des achteckigen Salons, die seines Zimmers, die von Wallis' Zimmer vielleicht. Ein paar Sekunden und das Fort verschwindet. Sein Herz schnürt sich zusammen: «Das Fort war für mich mehr als eine Heimat: ein Lebensstil. Ich hatte das Fort zu einem Begriff gemacht, so wie mein Großvater Sandringham zu einem Begriff gemacht hatte, und ich liebte es auf die gleiche Weise. Hier habe ich die glücklichsten Tage meines Lebens verbracht.»

Die ganze königliche Familie ist in Royal Lodge versammelt. Seine Mutter und seine Schwester Mary sind aus London gekommen. Seine drei Brüder warten mit ihnen im Salon. Nur Elisabeth, seine Schwägerin, seit ein paar Stunden Königin, ist abwesend. Sie erklärt sich mit einer kurzen Mitteilung, die aus Piccadilly 14 an «David Darling» gesandt wurde. *Sie liegt krank im Bett und fühlt sich sehr unglücklich darüber, nicht nach Royal Lodge kommen zu können. Sie hätte ihn so gerne gesehen, bevor er geht und ihm gesagt, daß sie ihm von ganzem Herzen Gottes Segen wünscht. Sie betet dafür, daß er in seinem neuen Leben Glück finde. Sie vergißt die Hilfe nicht, die David ihnen erwiesen hat, Bertie und ihr in den ersten Tagen ihrer Ehe...*

«Das Diner verlief», wie sich Eduard später erinnert, «wenn man den Umständen Rechnung trägt, ganz angenehm. Ich hoffe, ein guter Gast gewesen zu sein. Aber daran habe ich einige Zweifel.»

Man war noch bei Tisch, als Walter Monckton Eduard mitteilen läßt, daß er bereit ist, ihn zum Schloß Windsor zu fahren.

Nach altem Brauch erhellt und belebt sich der große viereckige Hof jedesmal, wenn der König ihn betritt. Dieses Mal bleibt alles dunkel und verlassen. Lord Wigram empfängt ihn am Eingang und begleitet ihn bis zu seinen alten Räumen im Augusta-Turm. Sir John Reith, Direktor der BBC, bittet ihn, hinter einem Tisch Platz zu nehmen, vor dem ein Mikrofon aufgestellt ist. Man nimmt die obligatorische Stimmprobe vor. Eduard liest wahllos ein paar Zeilen aus einer Zeitung: ein Auszug aus der Rede von Sir Samuel Hoare, in der er Tennisspielern erklärt, daß der neue

König diesen Sport leidenschaftlich betreibe. In feierlichem Ton kündigt Sir John an:

– Hier ist Schloß Windsor. Seine Königliche Hoheit Prinz Eduard.

Danach schlüpft er diskret und höflich aus dem Zimmer und läßt Eduard mit Monckton allein. Man behauptete später ernsthaft, er habe die Tür zugeknallt, um seine Mißbilligung zu demonstrieren. In Wirklichkeit stammte das Geräusch, welches Millionen Hörer aufmerksam werden ließ, von Eduard, der mit seinem Schuh gegen das Tischbein stieß. Klar, klangvoll und warm ertönt die Stimme Eduards:

«Nun habe ich endlich die Möglichkeit, selbst ein paar Worte an Sie zu richten.

Ich habe nie irgendwas verbergen wollen, jedoch war es mir bis heute gemäß der Verfassung nicht möglich zu sprechen.

Vor wenigen Stunden habe ich meine letzte Pflicht als König und Kaiser erfüllt, und nun, da mein Bruder, der Herzog von York, mir nachgefolgt ist, muß ich ihm als erstes meine loyale Ergebenheit erklären. Dies tue ich aus ganzem Herzen.

Sie kennen alle die Gründe, die mich veranlaßten, auf den Thron zu verzichten. Doch möchte ich Ihnen begreiflich machen, daß ich bei meinem Entschluß weder das Land noch das Empire vergessen habe, dem ich fünfundzwanzig Jahre lang zunächst als Prinz von Wales und bis vor kurzem als König zu dienen versuchte. Doch muß man mir glauben, wenn ich sage, daß ich es für unmöglich halte, die schwere Bürde der Verantwortung auf mich zu nehmen und die Pflichten, die mir als König obliegen, zu erfüllen ohne die Hilfe und Unterstützung der Frau, die ich liebe.

Und ich möchte Sie wissen lassen, daß der Entschluß, den ich gefaßt habe, einzig und allein meine Entscheidung war. Die andere beteiligte Person hat bis zum Schluß versucht, mich zu einem anderen Weg zu überreden. Ich habe deshalb diese schwerste Entscheidung meines Lebens nur unter dem Gesichtspunkt dessen getroffen, was schließlich für alle das Beste sein würde.

Der Entschluß wurde mir durch die Gewißheit erleichtert, daß mein Bruder durch seine lange Erfahrung mit Staatsgeschäften und seinen hervorragenden Fähigkeiten fortan imstande sein wird, meinen Platz einzunehmen ohne Unterbrechung oder Nachteil für das Bestehen und den Fortschritt des Empire. Auch erfreut er sich eines Segens ohnegleichen wie so viele auch unter Ihnen, der mir nicht zuteil geworden ist – der eines glücklichen Heims mit Frau und Kindern.

In diesen schweren Tagen fand ich Trost bei meiner Mutter und meiner Familie. Die Minister der Krone und insbesondere Mr. Baldwin, der Premierminister, haben mir stets ihre Hochachtung entgegengebracht. Es hat nie einen konstitutionellen Streit zwischen mir und ihnen oder zwischen mir und dem Parlament gegeben. Ich hätte niemals zugelassen, daß sich eine solche Frage erhöbe.

Als ich Prinz von Wales war und später, als ich den Thron innehatte, haben mir alle Schichten der Gesellschaft, wo immer ich mich auch aufhielt oder auf Reisen im Empire war, die größte Zuneigung entgegengebracht. Ich empfinde dafür große Dankbarkeit.

Ich ziehe mich jetzt von den Staatsgeschäften zurück und lege meine Bürde nieder. Es wird zweifellos einige Zeit vergehen, bevor ich in mein Geburtsland zurückkehre, doch werde ich stets mit größter Anteilnahme das Schicksal des englischen Volkes und des Empire verfolgen; und wenn ich vielleicht künftig irgendwann Seiner Majestät in persönlicher Mission dienlich sein kann, soll es an mir nicht fehlen.

Jetzt haben wir alle einen neuen König. Von ganzem Herz wünsche ich ihm und Ihnen, seinem Volk, Glück und Gedeihen. Gott segne Sie alle. *God save the king*! «

Ein Reporter des amerikanischen Radios, Lowell Thomas, wird schreiben: «Nehmen Sie alle großen Reden der Geschichte, des Theaters, wie sie die leidenschaftlichsten Redner, die großen Staatsmänner gehalten haben; sie werden darunter keine herzzerreißendere finden, als die des Mannes, der heute zum letzten Mal zum Empire sprach.»

Auch das französische Radio überträgt die Rede. Im Salon von Lou Viei sind alle versammelt. Wallis wird es nie vergessen: «Davids Stimme ertönt, ruhig, ergreifend. Ich saß auf dem Sofa, das Gesicht in den Händen, gab mir Mühe, meine Tränen zurückzuhalten. Als seine Stimme verstummte, zogen sich die Anwesenden einer nach dem anderen zurück, ließen mich allein. Ich blieb lange Zeit niedergeschlagen, bevor ich ausreichend Kraft fand, durch das Haus in mein Zimmer zu gehen.»

Die Tränen von Wallis sah niemand fließen. Die Millionen britischer Bürgerinnen und Bürger haben mannigfache Zeugen. Richard Hoggart berichtet, daß man in einem Arbeiterviertel gesagt habe: «Diese Leute haben ihn fertiggemacht. Eduard wählte den einzig vernünftigen Weg, denn die Liebe ist im Grunde genommen das Wichtigste auf der Welt.» Selbst Geoffrey Dawson wird die Sendung als «sehr korrekt und ziemlich ergreifend bezeichnen».

Eduard ist wieder ins Royal Lodge zurückgekehrt, wo ihn seine Familie in ziemlicher Aufregung, wie man sich vorstellen kann, gehört hat. Während das Diner zuvor mit verständlicher Betretenheit verlief, ist die Atmosphäre bei Eduards Ankunft ganz und gar entspannt. Es scheint ihm, als ob die Seinen ihn – endlich – verstünden. Für die Königin Mary ist es spät, sehr spät. Mutter und Sohn schließen sich in die Arme, danach kehrt die Königin, begleitet von Tochter Mary, nach London zurück. Um Mitternacht, sagt Eduard, «brachten mich meine Brüder zur Tür, sie taten dies gerade so, wie sie es getan hätten, wenn ich nach Balmoral oder Sandringham gegangen wäre. Im Augenblick der Abreise indessen war ich es, der sich als Untertan des Königs vor Bertie verneigte.» Sein Bruder George, der Herzog von Kent, – der ihm der Liebste war – brach auf einmal in Zorn aus:

– Das ist nicht möglich! Ich kann es nicht glauben!

Was kann ein Prinz einer konstitutionellen Monarchie tun, wenn ein König nichts unternehmen konnte?

Im Auto sinnt Eduard wieder einmal nach: Vielleicht ist es genau in diesem Augenblick, wo er die sonderbare Überlegung anstellt:

– Ich habe meinen Namen sieben Mal gewechselt: Von Geburt bin ich Prinz Eduard von York, ich bin Prinz Eduard von Cornwall und von York geworden, dann Prinz von Wales, dann Herzog von Cornwall, schließlich König Eduard VIII. Und nun bin ich Herzog von Windsor.

Im Auto gibt ihm Monckton Slipper. Man muß eine Stunde fahren, um von Windsor nach Portsmouth zu gelangen, wo der Zerstörer *Fury*[1] wartet. Die Admiralität wollte zunächst die Jacht *Enchanteress* zur Verfügung stellen. Bei genauer Überlegung schien der Name unangemessen. Deshalb wählte man ein kleines Schiff der Sechsten Flotte. Ist der Name *Fury* wirklich besser als *Enchanteress*[2]?

An der Anlegestelle, am Aufgang zum Schiff ist alles voller Uniformen: Admiral Roger Blackhouse, Vizeadmiral Dudley North, der Kommandant des Zerstörers C. L. Howe und seine Offiziere. Es warten auch Godfrey Thomas und Ulick Alexander, die Eduard bis nach Boulogne begleiten sollen. Die Nachtstunde ist vorgerückt, es wird gleich zwei Uhr, und der Exkönig kommt nicht. Man ist ein wenig beunruhigt. Vor dem Eingang von Unicorne Gate – dem Tor des Einhorns – sind Admiral William Fisher und eine Abteilung Marineinfanterie, mit aufge-

1 Wut, Zorn.
2 Zauberin, fig. bezaubernde Frau.

pflanztem Bajonett und starr vor Kälte, bereit, ihm die gebührende Ehre zu erweisen. Endlich, ein Anruf: Der Wagen des Exkönigs hat gerade den Haupteingang des Stützpunktes passiert.

Fisher sucht überstürzt den Wagen, findet ihn im Gewirr der Lagerhäuser, geleitet ihn an die Anlegestelle. Dann war es eben nichts mit den Ehrenbezeigungen.

– Sie sind zweifelsohne müde, Sire? Vielleicht wollen Sie unverzüglich an Bord gehen?

Eduard lächelt den Admiral an. Nein, er ist nicht müde. Im Gegenteil, er hat sich seit langem nicht so wohl gefühlt. Er ist auch nicht traurig, er hätte nur gewollt, daß die Abschiede kurz sind. Eduard nimmt Slipper auf seinen Arm, drückt Monckton, der zurückbleiben wird, die Hand und erklimmt das Fallreep. Kommandant Howe fragt ihn, ob er er den Befehl zum Auslaufen erteilen könne.

– Auf geht's.

Unter seinen Füßen vibriert sanft die Maschine, ein vertrautes Geräusch, das er oft hörte. Die *Fury* legt ab und wird in St. Helen's Roads über Nacht vor Anker liegen. Als er ein paar Stunden später die Küsten Englands hinter sich läßt, hat da irgendwer den Vergleich gewagt? Sankt Helena bedeutet Exil.

XIII

Die Verbannten

Als schlanker, blonder Mann in grauer Strickjacke und Golfhosen, mit unglaublich jugendlichem Gebaren: so erscheint Eduard vor den Neugierigen, die ihm bei seinen Spaziergängen vor dem Schloß Enzesfeld auflauern.

In Wirklichkeit denkt er, sobald er einen Fuß ins Freie setzt – ein englischer Gentleman ist es sich schuldig, jeden Tag spazieren zu gehen – nur an den Augenblick, wenn er wieder zurückkommt, denn dann kann er in der Villa Lou Viei anrufen. Kaum in Österreich angekommen, war seine erste Regung, Wallis anzurufen. Von nun an lebt er tagtäglich nur noch dafür, mit ihr zu sprechen. Dies dauert eine, an manchen Tagen sogar mehrere Stunden. Er gibt sich nicht damit zufrieden, ruft sie nochmals an: einmal, zweimal, öfters. Er muß eine Stunde Wartezeit hinnehmen. Die Verbindung ist miserabel, Störgeräusche überlagern die Stimmen, Unterbrechungen im ungünstigsten Augenblick schneiden die Gespräche ab. All dem begegnet Eduard mit einer Art triumphierender Freude. Diese Kontakte ersetzen ihm die Nabelschnur, kostbarer vielleicht als sein eigenes Leben. Das Kind im Bauche seiner Mutter ernährt sich über diese Schnur. Für David ist es die Stimme von Wallis, die ihn täglich aufatmen läßt.

Kaum hat er aufgelegt, empfindet er von neuem einen nicht auszuhaltenden Mangel. So sind die Verliebten: Wenn sie sich trennen, sind sie sich sicher – immer –, daß sie es versäumt haben, sich das Wesentlichste mitzuteilen. David und Wallis vergessen nie, daß auch feindliche Ohren mithören können. Also schreiben sie sich.

Der erste Brief, den Wallis nach Enzesfeld schickt, ähnelt einer Botschaft nach einem Sturm. Man sieht sich zwischen diesen beiden Menschen etwas entwickeln, was noch keine Beruhigung, aber eine Annäherung daran ist. Diesen Brief hat Wallis vermutlich am Tag nach Eduards Rede im Radio abgeschickt, damit er ihn bei seiner Ankunft in Enzesfeld vorfindet. Was sich hier abzeichnet, ist der schmerzliche Traum von einem Wiedersehen. Wo? Wann? Ein Name taucht zum ersten Mal auf: Charles Bedaux, ein steinreicher Geschäftsmann, der von Geburt Franzose und eingebürgerter Amerikaner ist. Er hat dem König sein Schloß in Candé, in der Touraine, angeboten. Wir werden Herrn Bedaux wieder begegnen.

Wallis schreibt am 12. Dezember 1936 an Eduard: «Mein Liebling, mein Herz ist voller Liebe für Sie und die Qual, Sie nicht sehen zu können, nach alledem, was Sie erduldet haben, ist unerträglich. Jetzt haben wir alle Welt gegen uns und gegen unsere Liebe. Was können wir tun, außer abzuwarten, daß diese unheilvollen Monate vorübergehen. Ich muß hier bleiben. Das ist ratsamer, als etwas zu unternehmen. In einem Haus bin ich vor der Presse und vor Fanatikern sicherer als in einem Hotel. Ich frage mich, was der beste Ort für Sie sein könnte im Hinblick darauf, daß Sie ständig Leute um sich haben müssen: die Hunters und auch Perry und Kitty, die Buists etc. Amerikaner namens Bedaux haben uns ihr Haus in der Nähe von Tours angeboten. Die Rogers sagen, es sei bezaubernd, aber vielleicht zu nahe...

Man sagt, es gäbe eine Frauenorganisation, die geschworen habe, mich zu töten. Evans stellt Ermittlungen an, und man darf kein Risiko eingehen. Jetzt zu verunglücken, wäre wirklich schwer zu ertragen. Seien Sie auch – ich bitte Sie darum – in Sachen Schutz ein ganzer «Hasenfuß», gerade so, wie ich es auch bin. Die Freundschaft Perrys uns gegenüber ist wundervoll gewesen, in jeder Hinsicht. Sagen Sie es ihm.[1] Ich kann es nicht tun, weil ich jedesmal den Tränen nahe bin. Etwas derartiges habe ich nie zuvor erlebt!»

Telefonieren. Schreiben. Sie wieder treffen. Einen Augenblick träumt Eduard von dem von Churchill entworfenen Plan eines Aufenthaltes in der Normandie. Der Herzog von Westminster – Bendor – wäre bereit, ihm ein Schloß, das er dort besitzt, zur Verfügung zu stellen. «Bendor», schreibt Churchill, «wäre begeistert, wenn sie von Saint-Saëns Gebrauch machen wollten. Dort sind seine Pferde und Hunde, und man kann alle Arten von Jagd veranstalten. Ich weiß nicht, ob Seine Königliche Hoheit jemals Wildschweine gejagt hat. Das ist ein guter Sport und ich schätze ihn: Man muß hart und schwierig quer durch die Wälder galoppieren, die Hügel hinauf und hinunter, es gibt allerdings keine Hindernisse. Dies würden Sie – fürchte ich – als Nachteil empfinden.»[2] Warum nicht? Von Saint-Saëns aus könnte Eduard Wallis entgegengehen, während Sie, Cannes verlassend, ihm entgegenkäme. Der optimistische Traum hält nur kurz an. Die Scheidung der Simpsons wird erst nach Ablauf der Frist nach dem Rechtsspruch nisi, Ende April 1937 wirksam. Vier Monate noch. In dieser Zeit ist es vordringlich, nichts zu unternehmen, was einen Vorwand für einen Widerspruch gegen die Scheidung liefern könnte.

In Cannes hat sich die Journalistenmeute, welche die Villa belagerte – Wallis nannte sie die *Horde* – nach und nach verlaufen. Es bleiben nur ein paar Starrköpfige, die hinter den hohen Mau-

1 Perry Brownlow hat, als er erfuhr, daß Eduard allein in Enzesfeld sein werde, beschlossen, ihn zu besuchen.
2 Brief vom 16. Dezember 1936

ern auf der Stelle treten und auf einen Eventualfall, welcher Art auch immer, warten. Welche Freude, als die entzückende Tante in Begleitung von Mary Burke aus London kommt, um ihrer Nichte Kleider zu bringen. Wallis, die in Tränen aufgelöst ist, schließt sie in die Arme. Mrs. Merryman wird sich im Carlton, an der Croisette, einrichten. Plötzlich möchte Wallis dort ein Appartement nehmen. Allein den Gedanken an die Unannehmlichkeiten, die sie den Rogers verursacht, kann sie nicht mehr ertragen. Katherine und Herman lehnen das strikt ab:

– Sie werden in einem Hotel keinen Augenblick Ruhe haben, sagt Herman. Hier können wir Sie wenigstens schützen.

Jeden Morgen bringt man Wallis beim Frühstück ein Tablett, auf dem sich die Post des Tages auftürmt. Sie sagt später, daß sie während der Zeit in Cannes ein paar tausend Briefe gelesen hat: «Ich kann ohne Übertreibung sagen, daß ich morgens auf einem Tablett mein Leben in Fetzen gerissen fand. Man verdammte all das, was ich darstellte, in Bausch und Bogen. Man beschuldigte mich, zu großen Einfluß auf einen von seinen Untertanen bewunderten König ausgeübt zu haben. Das Vokabular, über das die Leute verfügen, um jemanden zu verunglimpfen und zu zerreißen, ist so außerordentlich groß, daß ich es nicht glauben konnte. Ich denke, es hat kaum eine auf mein Geschlecht anwendbare Bezeichnung bei meinem Frühstück gefehlt.»

In Enzesfeld schufen die Rothschilds auf ihrem Anwesen einen günstigen Rahmen für das persönliche Wohlergehen. Eingebettet in eine prachtvolle Landschaft nimmt sich ihre exklusive Sammlung von Möbeln, Gemälden und Skulpturen wie ein Schmuckkästchen aus. Die mit malerischen Hängen gesäumten Vororte von Wien bilden für Eduard einen bezaubernden Übergang zur nahegelegenen Hauptstadt. Er erblickt die allgegenwärtige Donau, wohin seine Schritte ihn auch tragen. Wien fasziniert ihn, vielleicht weil hier jahrhundertelang eine glorreiche

Monarchie geherrscht hat – deren Höhepunkt und Untergang die Stadt erlebte. Warum hat man diese illustre Stadt auf den Rang der Hauptstadt einer kleinen Alpenrepublik reduziert?

Eine schwere Bedrohung schwebt über ihr. Die Annexion Österreichs durch Deutschland – der «*Anschluß*», durch Hitler in «*Mein Kampf*» angekündigt, bleibt auf der Tagesordnung. Schon haben die österreichischen Nazis den Kanzler Dollfuß ermordet, der sich ihren Absichten widersetzte.

Die Rothschilds wissen genau von den antisemitischen Verfolgungen, die man jenseits der Grenze betreibt. Auch wenn sie hoffen, daß Europa Hitler eine so eindeutige Aggression nicht erlauben wird, so bezweifeln sie es doch. Jedoch verbieten die Regeln der guten Erziehung, die eigenen Ängste mit den Gästen zu teilen. In Enzesfeld spricht man selten von Nazis. Wenn Eduard sich nach Wien begibt – wo die Museen ihm bald sehr vertraut sein werden – wenn er auf die Skipiste geht oder sich gar in seinen Zimmern einschließt, so kehren seine Gedanken unabänderlich, bis zur Obsession, zu Wallis zurück. Weihnachten naht. Weihnachten ohne Wallis!

Eduard schreibt am 22. Dezember 1936 aus Schloß Enzesfeld an sie: «Und nun steht das Weihnachtsfest vor der Tür, das wir fast zusammen verbracht hätten, und wir sind so weit voneinander entfernt!...

Oh! Meine Vielgeliebte, ich lebe nur auf den 27. April hin (vielleicht früher, wer weiß) und für unsere abendlichen Telefonate. WE müssen Gott für diesen Apparat danken, denn ohne ihn wäre das, was wir durchmachen, unerträglich...

Oh, Wallis, warum müssen wir nur so lange warten? Das ist so grausam, doch dürfte ich das nicht sagen. Nachdem wir, einer für den anderen, soviel erleiden mußten, um unser Glück zu finden, werden wir die lange Probe genauso mutig ertragen können, wie wir es in diesen letzten Monaten vor aller Welt getan haben. Das ist so wunderbar, Wallis, und angenehm und heilig, und ich bin wirklich zum ersten Mal in meinem Leben glücklich…

Es ist pathetisch, doch können wir uns zu Weihnachten nur schreiben, daß es viele weitere glückliche Augenblicke in der Zukunft geben wird. Ich werde am Freitag zur Elf-Uhr-Messe in die Kirche nach Wien gehen und Gott inständig bitten, er möge uns für den Rest unseres Lebens segnen. Er war sehr gütig zu WE und beugt sich über uns, ich weiß es. Ich werde die Post nicht an den Namen Hermans schicken. Ich liebe Sie, liebe Sie, Wallis, mehr und noch mehr, und halte Sie ganz fest an mich gedrückt.

Ihr David.»

Ende Dezember erhält Wallis einen Brief von jemandem, von dem man dies am wenigsten erwartet. Ein Geist. Wie soll man glauben, daß sie drei Monate zuvor noch zwischen David und ihm schwankte? Ernest Simpson schreibt Ende Dezember 1936 an Wallis: «Ich brachte es nicht fertig, Ihnen früher zu schreiben. Die Ereignisse, die sich gerade abgespielt haben, verblüfften mich und machten mich gewissermaßen krank. Jedoch, darüber will ich nicht sprechen. Ich möchte glauben, ich glaube wirklich, daß sie alles getan haben, was in Ihrer Macht stand, um diese letzte Katastrophe zu vermeiden. In Gedanken war ich immer bei Ihnen in der Zeit Ihrer Prüfung, und, ich versichere Ihnen, niemand hat das, was sie erlebt haben, stärker nachempfunden. Für ein paar Groschen halte ich mich täglich über ihr Schicksal auf dem laufenden…»

Sie liest noch:

«…Und ihr Leben, wäre es wieder geworden wie zuvor, wenn sie umgekehrt wären? Ich möchte damit sagen: Hätten Sie Ihr früheres Leben wieder aufnehmen können und Ihr Märchenland vergessen, in das Sie sich gewagt hatten? Mein Kind, ich glaube es nicht.» Wir werden nicht mehr von Ernest Simpson sprechen.

Noch vier Monate. Eine Wartezeit, die immer unerträglicher wird. Bei Eduard hat sich ein Exilgefährte niedergelassen. Edward Dudley Metcalfe, der liebe Fruity: Er ist ergeben, treu, und versteht Eduard. Alexandra, seiner Frau, die in England geblieben ist, beschreibt Fruity den verbannten Prinzen: «*Er bereut nichts*. Er hat stundenlang von Wallis gesprochen... Er denkt überhaupt nicht daran, in ein, zwei Jahren nach England zurückzukehren. Er sucht einen Ort, um sich dort niederzulassen. Ich glaube nicht, daß ihm England fehlt, nicht mehr, als alles, was damit zusammenhängt. Er scheint zufrieden damit, von alledem befreit zu sein». An anderer Stelle: «Er streicht jeden Tag, der vergeht, in einem Kalender aus, der neben seinem Bett hängt.»

Wieder an anderer Stelle: «Er ist außerordentlich freundlich, der charmanteste Gefährte... Wirklich, er telefoniert stundenlang nach Cannes. Ich glaube, die Verbindungen sind schlecht und er ist häufig nervös und verstimmt... Mein Zimmer liegt ganz in der Nähe des seinigen und er spricht so laut, daß es schwer ist, nicht zu hören, was er sagt... Er ist hier wie ein Gefangener, der die Zeit seiner Strafe verbüßt... Er lebt nur für den 27. April. Jeden Tag sagt er, wenn wir vom Skifahren zurückkehren: «Wieder einen Tag abzureißen»... Er ist schrecklich *in love* ...»

Godfrey Thomas schreibt, als er auf der Durchreise in Enzesfeld ist, seinerseits an Allen: «Es ist tragisch zu sehen, auf welche belanglosen Beschäftigungen er zurückgreift, um seine Zeit auszufüllen. Er zählt die Weinflaschen im Keller, überwacht die Leistung seines Hundes, überprüft die Kontobücher, während er ungeduldig auf die Stunde wartet, wo er eine Verbindung bekommt».

In der Villa Lou Viei lassen die zahlreichen Anrufe Eduards die Anwesenheit von Wallis bei den Rogers immer heikler werden. Das Telefon befindet sich in der Halle, in der Nähe des Speisezimmers. Eduard ruft meistens gegen sieben Uhr abends an.

Der Kammerdiener, der gerade den Tisch deckt, zieht sich diskret zurück, sobald das Klingeln ertönt. Wallis schnappt sich den Apparat, der glücklicherweise mit einer ziemlich langen Schnur ausgestattet ist, und trägt ihn zum Tisch im Eßzimmer. Sie schreit, um sich verständlich zu machen, genauso wie Eduard am anderen Ende der Leitung. Sobald sie unterbrochen werden, ruft sie wütend die Telefonistin an, rügt sie auf englisch, was die Angesprochene nicht hinnimmt, und sie patriotischerweise auffordert, sich in der Sprache Molières auszudrücken. Katherine Rogers muß Wallis beibringen wie «*I can't hear*» auf französisch heißt.

– Wiederholen Sie das ununterbrochen, und alles wird in Ordnung gehen!

Katherine macht noch mehr: Sie schreibt ihr diesen Satz in Großbuchstaben auf ein Blatt Papier, das sie am Telefon befestigt. Von nun an wiederholt Wallis bei jeder Unterbrechung mit zunehmend annehmbarer französischer Betonung:

– Ich verstehe nicht! Hören Sie, Mademoiselle, ich verstehe nicht. Wenn Eduard ihr seine Verzweiflung klagt, was häufig vorkommt, verliert sie ihre Selbstkontrolle. Sie ergreift mechanisch einen der kostbaren Suppenlöffel mit Korallengriff, welche die Rogers aus China mitbrachten. Hinterher, auf dem Höhepunkt der Verzweiflung, gesteht sie Katherine:

– Ich bin sehr betrübt, schon wieder habe ich einen Ihrer wunderbaren Löffel zerbrochen.

Das Schlimmste ist, daß sich das Gespräch manchmal in die Länge zieht und so den Zeitpunkt des Diners um unbestimmte Zeit verschiebt. Im Anrichtezimmer wartet das Dienstpersonal. Im Salon warten auch die Rogers. Die Beklemmung von Wallis wächst, aber sie sieht klar: «Von uns beiden war es sicherlich David, der die schwersten Augenblicke erlebte, obwohl er mir in seiner gewohnten Zurückhaltung seinen Kummer verheimlichte.»

In Wahrheit verwirrt Eduard seine Besucher. In Enzesfeld stellte Godfrey Thomas fest: «Er ist mehr denn je ein charmanter und aufmerksamer Gastgeber – und außerdem ein wunderbarer Führer im historischen Museum in Wien, so gut wie ein Profi. Welch sonderbare Mischung!»

Die Briefe unterstreichen, präzisieren, vervollständigen die Telefonate. Eduard schreibt am 1. Januar 1937 an Wallis. «Mein Gott! Wie ich sie liebe, sie liebe, meine Wallis, mein angebetetes Herz, mehr und mehr. Mit welcher Ungeduld erwarte ich den kostbaren, teuren und entzückenden Tag! Oh! Lieber Gott, mach, daß er schnell kommt und segne WE dieses Jahr und immer.

Ihr David.»

Am gleichen Tag schreibt auch sie: «Mein liebes, teures Herz, ich konnte es nicht ertragen, Sie weinen zu hören – Sie, der so viele Probleme hatte und so mutig gewesen ist. Mein Baby, weil ich mich so sehr danach verzehre, mit Ihnen zusammen zu sein, nimmt alles enorme Ausmaße an. Mein Liebling, ich liebe Sie. Kommen Sie schnell.»

Sie ist jetzt auf alle Welt böse, auf die Regierung Baldwin und, jeden Tag heftiger, auf die königliche Familie. Wallis schreibt am 3. Januar 1937 an Eduard: «Ich bin über die Art und Weise, wie sich ihr Bruder von Anfang an verhielt, entrüstet, und es ist gewiß, daß er allen Leuten den Eindruck vermittelt, daß weder Ihre Familie noch Baldwin und seine Minister mich akzeptieren. Ich denke wirklich, daß ihre Familie jetzt, wo man einen Entschluß gefaßt hat, keinen solchen Eindruck mehr erwecken sollte. Wenn der Februar vorbei ist werde ich Ihrem Bruder ohne Umschweife einen Brief schreiben, in dem ich ihm die Gründe dafür darlegen werde, daß er Sie nicht wie einen Entrechteten behandeln darf und etwas zu meinen Gunsten unternehmen muß, damit wir eine würdige und angemessene Position einnehmen können, wie es sich selbstverständlich für einen Exkönig von England geziemt, der nur auf seinen Thron verzichtet hat, um das zu bekommen, was sein Nachfolger schon die Möglichkeit hatte zu besitzen.[1] Bis jetzt sind Sie der einzige am Drama Beteiligte, der seinem Herzen einen Stoß gegeben hat. Offen gesagt, ich habe sie alle satt… Ich liebe Sie, mehr und mehr. Wallis.»

Zum neuen Jahr schickt er ihr mit etwas Verspätung durch Inspektor Storier, der den Hin- und Rückweg von Enzesfeld nach Cannes gemacht hat – eine «wundervolle Tasche». Antwort: «Doch es wäre mir lieber gewesen, wenn Inspektor Storier Sie statt der Tasche mitgebracht hätte. Ich denke so oft an die wundervollen Augenblicke, die ich mit Ihnen erlebt habe, doch ertrage ich es nicht, an das Fort zu denken. Ich weine so sehr…»

Große und kleine Demütigungen: das ist von nun an ihr Los. Die Zeitungen berichten offen, daß König Georg VI. Mrs. Simpson niemals den Titel einer Königlichen Hoheit verleihen wird. Trotzdem ruft Eduard seinen Bruder regelmäßig an. «Alle zwei Tage», sagt er später. «Ich rief ihn an, um zu hören, wie es ihm geht. Manchmal rief er mich an, um sich zu erkundigen, ob ich irgendwas brauche oder um sich meinen Rat zu Vorgängen, die ich bearbeitet hatte, einzuholen.» So geschieht es bis zum 21. Januar. An diesem Abend hat sich Eduard gerade zu Tische gesetzt. Man informiert ihn, daß Seine Majestät am Apparat ist. Als wäre es die natürlichste Sache der Welt, läßt Eduard ausrichten, daß er momentan nicht ans Telefon kann und ihn um zehn Uhr abends zurückrufen wird. Antwort: «Seine Majestät wird (morgen) um 8.45 Uhr anrufen und ist zu beschäftigt, um es zu einem anderen Zeitpunkt zu tun.» Fruity Metcalfe vertraut seiner Frau an: «Es

1 Eine Ehefrau.

war ergreifend, das Gesicht Seiner Königlichen Hoheit zu sehen. Der Herzog konnte es nicht glauben, er, der stets gewohnt war, seine Wünsche erfüllt zu sehen. Ich fürchte, daß er noch viele andere Enttäuschungen wie diese hinnehmen muß.»

In einer von der *New York Daily News* 1966 veröffentlichten Artikelserie erzählt der Herzog von Windsor, wie sein Bruder von ihm verlangte, diese Telefonate zu beenden.

«Eines Tages beendete er unser Gespräch ziemlich unvermittelt mit dieser rätselhaften Erklärung: Ich bedaure, David, doch kann ich Sie in Zukunft nicht mehr anrufen. – Ist das Ihr Ernst?, fragte ich. – Ja, es tut mir leid, war seine Antwort. Der Grund sollte uns klar sein, fügte er hinzu. Das war er nie...»

Walter Monckton hat sich erinnert, daß er selbst, als er in Enzesfeld weilte, Eduard davon überzeugte, seinen Bruder nicht mehr anzurufen. Um die Wahrheit zu sagen, diese Telefonate, in deren Verlauf Eduard politische und finanzielle Angelegenheiten erörterte, seine Meinung zu allem und jedem äußerte, verunsicherten Georg VI. zutiefst. Monckton sagt es klar und deutlich: Wenn Eduard schnell begriff, so galt dies nicht für Bertie, der eher begriffsstutzig war und am Telefon Schwierigkeiten hatte, seine Sprachhemmungen in den Griff zu bekommen. Weil, darüber hinaus, Eduard nicht anders konnte, als seinem Bruder von Wallis zu erzählen, kann man sich leicht vorstellen, welche Wirkung solch wiederholte Prüfungen auf den neuen König haben mußten.

Armer Bertie.

Um auf die Skipisten zu gelangen – seine einzige Ablenkung – wagt sich Eduard auf nahezu unbefahrbare Straßen. Wallis schreibt am 31. Januar an Eduard: «Liebling, diese vereisten Straßen machen mich sehr nervös. Täglich liest man Berichte über Unfälle, und es braucht die besten Fahrer der Welt, um sich darauf zu wagen. Das und das Skifahren rauben mir nachts den

Schlaf. Doch glaube ich, daß Sie das tun müssen, um nicht vor Langeweile verrückt zu werden. Ich selbst werde manchmal vom ständigen Warten verrückt. Alles ist so leer…»

Was bei diesen beiden Menschen auffällt, die so weit voneinander entfernt leben, ist, wie sehr sie im Gleichklang schwingen. Sie, die weniger bereit ist, sich fallenzulassen, aber genauso empfindsam. Er, der spontaner im Ausdruck seiner Leidenschaft und seines Schmerzes ist. Eduard schreibt am 26. Januar 1937 an Wallis: «Mein Liebling, ich möchte Ihnen eigentlich nur sagen, daß ich Sie mehr und noch mehr liebe. Ich lege einen eanum Frosch zum 31. bei, damit er in Ihrer Tasche zusammen mit dem dicken Wiener Frosch lebt.[1] Dieser Idiot hat den Satz nicht ins reine geschrieben, wie ich ihn gebeten habe, aber das macht nichts…»

Im gleichen Brief kündigt er an, daß Kitty von Rothschild verreisen wird. Dies ruft bei Wallis einen Ausbruch an Offenheit hervor: «Gott sei Dank! Selbstverständlich hätte sie daran denken können, mit Eugen[2] zu vereisen, wenn sie das geringste Taktgefühl hätte und wenn sie nicht so dumm wäre. Jedoch ist dieser Ort das Beste unter diesen Umständen.»

Am folgenden Tag notiert Fruity Metcalfe für seine Frau: «Wir erhalten jeden Tag an die hundert Briefe. Die Beleidigungsbriefe sind zahlreich und was man darin über Mrs. Simpson sagt, ist unerträglich…» Genauso unerträglich ist der Schock, den alle beide erleiden werden. Ein gewisser Francis Stephenson, ein ehemaliger, obskurer Justizangestellter, nimmt das Recht in Anspruch, über das nach englischer Gesetzgebung alle Bürger verfügen, direkt den Beweis eines abgekarteten Spiels zwischen dem Ehepaar Simpson und – noch schlimmer – den Beweis des Ehebruchs der Klägerin zu erbringen. Dieser Tratsch wäre wirkungslos geblieben, wenn der Gerichtspräsident des Scheidungsgerichtes den

1 Es handelt sich natürlich um Schmuck.
2 Ihr Ehemann.

Anwalt des Königs, Barnes, nicht aufgefordert hätte, die Äußerungen von Stephenson zu überprüfen. «Ich glaube nicht, daß sie beunruhigt sein müssen», bestellt Theodore Goddard Wallis. Beunruhigt, Wallis möchte es nicht sein, doch dieser Schicksalsschlag – ein weiterer! – beunruhigt und erschüttert sie: «Ich hatte nicht gedacht, daß die Welt zwei Menschen dergleichen antun könnte, deren einziger Wunsch ist, sich zu lieben. Ich habe den Eindruck, hundert Jahre alt zu sein und hundert Kilo zu wiegen. Sie werden mich nicht mehr lieben, wenn Sie sehen, welches Wrack England aus mir gemacht hat.»

Das Erstaunlichste ist, daß Barnes sich nicht, wie Goddard dachte, auf ein Zusammentreffen mit Stephenson beschränkt, sondern eine gründliche Untersuchung über das Wesen der Beziehung zwischen Wallis und Eduard einleitet. Ist das juristische Verbissenheit oder – gerade hinsichtlich eines ehemaligen Königs – eine pedantische Anwendung des Gesetzes? Barnes wird eine beachtliche Anzahl an Personen aus der Umgebung des Königs anhören, Diener, Pförtner, Mitglieder der Besatzung der *Nahlin* und ihnen geradeheraus die Frage stellen: Hat Mrs. Simpson ihres Wissens ein intimes Verhältnis mit dem König unterhalten? Der Leser wird es schätzen, denke ich, daß die Gesamtheit der gehörten Zeugen ohne jede Ausnahme bestätigt hat, daß nichts dergleichen gewesen sei.

Die Umfrage zieht sich zwei Monate lang hin und erzeugt bei Wallis und Eduard immer neue Ängste. Es genügt tatsächlich ein *einziges* Beweisstück – sie und er müssen tatsächlich besser als irgend jemand sonst wissen, ob es welche gibt –, und das Gericht wird die Scheidung ablehnen. Das ganze Verfahren müßte in diesem Fall wieder aufgenommen und ein neuerliches Erscheinen vor Gericht angeordnet werden. Es würde in diesem Fall einen zweiten Rechtsspruch *nisi* geben mit der Folge, daß der Augenblick, an dem sie sich treffen könnten, um beinahe ein Jahr hinausgeschoben würde. Diesmal versinkt Wallis in tiefste Verzweiflung: «Was habe ich nur getan, daß man mich so behandelt? Niemals hat jemand das geringste Wort zu meiner Verteidigung gesagt!... Ich fühle mich in einer so verzweifelten Lage. Dies war für mich ein so langer Kampf gegen die Riesen. Die Frauen kommt es immer am teuersten zu stehen. Und Sie, mein Herz, konnten mich nicht beschützen. Sie sehen, wie die Scheidung mich beunruhigt. Es gibt sicherlich eine Möglichkeit zu erfahren, was der Anwalt des Königs vorbereitet. David, Liebling, meine ganze Liebe...»

Erst am 19. März findet sie ihren Seelenfrieden wieder: an diesem Tag erkennt der Präsident des Scheidungsgerichts im Verlaufe einer Sondersitzung darauf, daß keinerlei Beweise für «Vertraulichkeiten, die normalerweise ein gemeinsames Leben anzeigen» zwischen dem Herzog von Windsor und Mrs. Simpson beigebracht worden seien.

Eine solche Angelegenheit hat ganz bestimmt, wie man sich denken kann, die Verärgerung von Wallis über die königliche Familie verstärkt. Hätte man diese erbärmliche Untersuchung ohne Billigung des neuen Königs oder zumindest der Zustimmung der Regierung in Angriff genommen? Wallis entrüstet sich darüber, daß man einen Mann, der ein paar Wochen zuvor noch König war, so leichtfertig behandelt! Am 28. Januar 1937: «Es ist die korrupte Politik Baldwins, die sich grundlos in die Familienverhältnisse einmischt. Wenn sie so weitermachen, wird die Antwort in Form eines Buches erscheinen, das den Engländern zeigen wird, wie sie von Mr. Baldwin betrogen werden. Sie können diesem Mann nicht erlauben, daß er Sie vollends zugrunde richtet und glauben Sie mir, das ist seine Absicht. Können Sie das Ihrem Bruder nicht verständlich machen?»

Anfang Februar konnte man glauben, daß die familiäre Ächtung aufgehoben sei. Sich über einen möglichen Skandal hinwegsetzend, stattet Prinzessin Mary in Begleitung ihres Mannes, des Grafen von Harewood, ihrem Bruder einen Besuch ab. Fruity findet sie sanft, schlicht, jedoch schüchtern. Eduard versucht wohlüberlegt, diesem Zusammentreffen Glanz zu verleihen. Er lädt Mary und ihren Gatten zum Frühstück ins Hotel Bristol in Wien ein und läßt sie mehrere dieser Museen, die er so gut kennt, besichtigen. Eine Masse Journalisten ist ihnen dicht auf den Fersen. Die *New York Times* schreibt, daß Mary diese Reise unternommen hat, um mit Eduard seine finanzielle Lage zu erörtern. Er weiß Sachen darüber, dieser Korrespondent der *New York Times*! Tatsächlich möchte Eduard allem Anschein zum Trotz hoffen, daß die Seinigen ihn noch als ein mit allen Rechten ausgestattetes Mitglied der Familie betrachten. Sein heimliches Ziel? Eines Tages – vielleicht bald – mit der Frau seiner Wahl nach England zurückkehren zu können. Die Wirklichkeit macht diese Illusion zunichte. Ein «Vorhang aus Samt und Hermelin» – dieser Ausdruck stammt von Wallis – ist zwischen ihm und seiner Vergangenheit niedergefallen. Nichts wird das deutlicher vor Augen führen als das sehr trockene – gewissermaßen beleidigende – Dementi, das die Königinmutter unerwartet formuliert. Die amerikanischen Zeitungen haben verbreitet, daß sie bereit war, Mrs. Simpson vor ihrer Abreise aus England zu empfangen. Brutal gibt die Witwe Georgs V. bekannt, daß nichts daran sei. Das ist für Wallis wie eine Ohrfeige: «Ich habe die Zeitungen vom Sonntag, in denen Ihre Mutter ein ungeheuerliches Dementi hat zu den in der ausländischen Presse veröffentlichten Informationen gegeben hat, denen zufolge sie mich empfangen hätte – welch grausames Dementi!»

Ist eine einhellige Ablehnung innerhalb der königlichen Familie, wie sie es glaubt, vorprogrammiert? Vielleicht nicht, da der Herzog von Kent seinerseits Eduard einen Besuch abstattet. Er bestätigt seinem Bruder, daß er von der Zivilliste nichts erwarten darf.

Können Wallis und Eduard wenigstens glauben, über die gesetzlichen Hindernisse, die man Ihnen in den Weg gelegt hat, triumphiert zu haben? Ersinnt man noch Fallen, um zu verhindern, daß sie wieder zusammenkommen? Daß sie heiraten? Zu dem Zeitpunkt, an dem Eduard am 31. Januar einen Brief an Wallis richtet, der von den frohlockenden Worten *Halbzeit*! geprägt ist, beginnen sie ernsthaft von dieser Hochzeit zu sprechen. Wo soll dieses große Ereignis stattfinden? Wallis denkt einen Moment an das Schloß La Croë am Cap d'Antibes, das ihnen der Besitzer, Sir Pomeroy Burton, zur Verfügung stellen will. Herman Rogers kam noch einmal mit ihr auf diesen Charles Bedaux zu sprechen, der aus Bewunderung für den König so spontan sein Schloß Candé in der Nähe von Tours angeboten hat. Katherine weist begeistert auf das Anwesen hin, das sie kennt, «nicht zu groß, weit genug weg, um Schaulustige fernzuhalten, liegt mitten in einem bewaldeten Park, in einem Traumland.» Das Problem für Wallis und Eduard ist, daß sie diesen Mr. Bedaux noch nie getroffen haben und nicht einmal mit ihm sprechen konnten. Herman wird sich deshalb an seinen Bruder, einen bedeutenden Bankier in New York wenden, und ihm eine Frage stellen, wie es direkter nicht mehr geht: Gibt es irgendeine Sache in der Karriere oder im Leben von Charles Bedaux, was dagegen spricht, daß man sein Angebot annimmt? Die Antwort könnte nicht günstiger ausfallen: Bedaux hat mit nichts angefangen, ist Tunnelbauer in New York, und hat ein beachtliches Unternehmen aufgebaut. Er ist mehrere Millionen Dollar schwer. Seine Residenz in der Fifth Avenue erregt die Bewunderung aller, und er hat eine reizende Amerikanerin namens Fern geheiratet, die gewandt und vornehm ist und aus Grand Rapids stammt. Bedaux ist der Erfinder einer Methode der Arbeitsorganisation, die seinen Namen trägt – *das System Bedaux* –, welches die Produktivität in Fabriken und Büros erhöhen soll. Kurz, ein hervorragender Ruf.

Niemand spricht von den Kontroversen, die den Namen Bedaux in den Vereinigten Staaten umgeben, der den Gewerkschaften ein Greuel geworden ist, die das berühmte «System» beschuldigen, die Arbeiter auszulaugen. Manche gehen sogar so weit, ihn unter dem Vorwand einer Gesellschaft, die er in Deutschland gegründet hat, der Sympathie mit den Nazis zu bezichtigen. Er kümmert sich kaum darum, antwortet, daß die besagte Gesellschaft beschlagnahmt wurde und verschweigt, daß er enge Kontakte zu deutschen, Hitler nahestehenden Persönlichkeiten geknüpft hat, um sie wiederzubekommen. Niemand kann vorhersehen, daß sich Bedaux während des Zweiten Weltkrieges ernsthaft mit den Nazis kompromittieren wird. Nachdem er durch das amerikanische Militär festgenommen wurde, nimmt er sich im Gefängnis das Leben.

Man muß wählen: La Croë oder Candé. Eduard legt Wert darauf, seinen Bruder um Rat zu fragen. Hofft er noch immer, daß seine Familie bei den Feierlichkeiten zugegen sein wird? Nicht ohne Zurückhaltung antwortet Georg VI., daß er ein altes Schloß in einer von Geschichte durchdrungenen Landschaft einer Hochzeit im Land der Kasinos vorzieht. Das spräche also für Candé. Wallis beunruhigt sich, als Eduard es ihr mitteilt: Wie kann Eduard darauf beharren, dieser Familie, die sie verachtet, sein Vertrauen zu schenken? Sie beschuldigt ihn der Naivität, wenn er glauben will, sie könnten sich kirchlich trauen lassen. Sie hofft es auch, selbstverständlich, doch haben sich die Zeitungen auf dieses so verlockende Thema gestürzt. Sie schwören, daß kein anglikanischer Priester, der dieser Bezeichnung würdig ist, eine zweimal geschiedene Frau vermählen würde. Umso weniger, wenn sich der Gatte als ein König herausstellt, der gegen die Regeln der Kirche von England verstoßen hat.

Am 6. Februar 1937 schreibt Wallis an Eduard: «Mein lieber, großer Geist, ich weiß nicht, welche englischen Zeitungen Sie lesen, doch scheinen Sie über das, was geschieht, nie auf dem laufenden zu sein. Das wäre das Ende von allem, wenn man Ihnen den Hosenbandorden wegnähme... Ich rate Ihnen, Ihrem Bruder lieber zu schreiben, als ihn anzurufen. Ich denke, daß er mit seinem langsamen Auffassungsvermögen Ihren Vorschlägen nicht folgen kann, wenn Sie reden, und ihm jede Wiederholung auf die Nerven geht.

Wir geben zu viel Geld für das Telefonieren aus, das Geld, das wir eines Tages brauchen könnten. Wir werden uns nur einmal am Tag sprechen dürfen, außer in dringenden Fällen. Sie sollten Ihrem Bruder schreiben, um wieviel günstiger es für ihn wäre, wenn meine endgültige Scheidung ausgesprochen wäre.

Die Scheinheiligkeit der Kirche ist unglaublich. Der Pfarrer von St. Marks wird Dottie Sands, die zweimal geschieden ist, trauen. Also? Warum hat man Sie zum Kreuzigen ausgewählt? Ich frage mich, ob es überhaupt einen entsprechenden Bischof gibt. Ihr Bruder müßte ihn schicken, um uns zu vermählen – andernfalls, warum mit der Kirche Englands spielen?... Ich habe von einer Frau aus Paris einen Brief erhalten, in dem steht, daß «Kitty[1] « voller Gerüchte, Klatsch etc. angekommen ist. Liebling, ich würde Sie gerne sehen, anfassen, in meinem eigenen Haus sein, ich wäre gerne verheiratet, und zwar mit Ihnen. Wallis.»

Dieser Brief überrascht uns durch die Bitterkeit, mit der Wallis über Kitty Rothschild spricht. Fruity Metcalfe wird seiner Frau erklären, daß Wallis ganz einfach auf Kitty eifersüchtig ist: «Ist das nicht lustig?»

Von Zeit zu Zeit versucht Wallis Lous Viei, ihrem Gefängnis, zu entfliehen. Ihr erster Ausflug – um die Presse zu täuschen, waren unglaubliche Tricks erforderlich – führt in die Villa, die Somerset Maugham am Kap Ferrat besitzt. Die sehr treue Sibyl Cole-

1 Die Baronin Eugen von Rothschild.

fax läßt sie zusammen mit den Rogers zum Diner beim berühmtesten britischen Romancier einladen. Am 20. Februar kehrt sie, ein Hauch von Freiheit, für eine Woche dorthin zurück. An Tante Bessie, die nach Amerika zurückgefahren ist, und so die Verzweiflung ihrer Nichte noch verstärkt, schreibt sie: «Ich verbringe hier ein Wochenende mit Somerset Maugham und Sibyl Colefax. Das ist eine wundervolle Abwechslung und welch ein Glück, ein hübsches Zimmer zu haben.» Dies läßt glauben, daß jenes in Lou Viei nicht schön war.

Um die Jahrhundertwende glaubte Leopold II., König von Belgien, auf dieser Landzunge, die steil aus dem Wasser ragte und damals fast menschenleer war, das Paradies auf Erden entdeckt zu haben. Er ließ sich hier einen Wohnsitz errichten. Nach und nach entstanden inmitten von Kiefern und Heidekraut Häuser. In den 30er Jahren baute Somerset Maugham, der von seinem französischen Übersetzer Horace de Carbuccia hergeführt wurde, hier am Hange des Hügels ein langgestrecktes Haus aus ockergelben Mauern und mit klassischem Zuschnitt. In der prallen Sonne, gebenüber dem Kap de Nice gelegen, beherrscht es das Meer: das ist *La Mauresque*.

Hier wird Wallis zum ersten Mal seit der Abdankung Verleumdungen und Hinterhältigkeiten vergessen können. Somerset Maugham empfängt sie zuvorkommend, aber nicht übertrieben: er ist auf seine Weise selbst ein Prinz. Vielleicht fühlt sie sich wie Marie Bashirtseff angesichts des «silberblauen, so luftigen, so milden Himmels» und «kriegt vor Freude keine Luft mehr.»

Bei ihrer Rückkehr nach Cannes findet sie einen neuen Brief von Eduard vor, geschrieben am 18. Februar. Er ist entschieden am Ende: «Oh! Liebling, es kommt vor, daß ich morgens erwache und mich frage, ob ich noch bei Verstand bleibe, wenn diese Trennung länger andauert. Dieser Ort geht mir jetzt auf die Nerven, trotz allem Komfort, den ich hier habe, und Sie, Sie haben nicht einmal das. Ich muß hier vor Ostern weggehen, komme, was da wolle...»

Wallis spricht nur noch von Candé. Eine Art Fieber packt sie. Am 28. Februar 1937 schreibt sie aus Lou Viei an Eduard: «Welche Erleichterung, bald dem englischen Gerede dieses winzigen Ortes zu entgehen. Hier ist die neue Adresse: Schloß Candé, Monts, Indre-et-Loire – tel.: Tours 18.40. Der Bahnhof ist in Tours, doch muß man in Saint-Pierre-des-Corps aussteigen, und der günstigste Zug ist der Südexpress... Das Gekrakel ist auf meinen Knien geschrieben, im Salon genannten Schloßturm, entschuldigen Sie, daß es so aussieht. Nur noch eine Woche hier! Ich fürchte, daß ich mich wohl von der Riviera verabschieden muß. Der Aufenthalt war so trostlos und ich bin sicher, daß Sie Enzesfeld auch nicht mehr sehen wollen. Ich würde Sie so gerne sehen, weil ich an manchen Tagen glaube, nicht mehr allein weitermachen zu können. Wallis.»

Wallis bricht zusammen. Diese «Anti-Simpson»-Organisation , die vor Tante Bessie durch einen gewissen M. de Courcey enthüllt wurde, läßt sie zittern. Sie hofft nicht einmal mehr, daß Scotland Yard sie beschützen könnte – und wollte. Sie empfindet es als unerträgliche Brüskierung, daß Michael Allen ein Diner abgesagt hat, als er erfuhr, daß sie dort sein würde. Sie verabscheut die Engländer. Am 6. März 1937 schreibt sie an Eduard: «Sie berichten alles über mich. Das ist ein rüpelhaftes Benehmen, aber diese Nation ist Frauen gegenüber rüpelhaft.»

In den ersten Wochen empfand Sie Lou Viei als Zufluchtsort. Jetzt verabscheut sie das Haus der Rogers'. Sie sehnt sich nur nach einer «Wohltat»: fortzugehen. Am Samstag, den 6. März 1937 schreibt sie an Tante Bessie: «Sie können sich nicht vorstellen, welche Aufregung hier durch die Abreise verursacht wird, die am Montag stattfinden soll. All die heimlichen Vorbereitungen, das Gepäck etc. Wir hoffen, bis Dienstag vor der Presse sicher zu sein. Wir werden Montag nacht in einem Schloß, das an der Strecke liegt, verbringen und Lyon umgehen. Das in Candé angestellte Personal ist eines Buckingham-Palastes würdig und, weil das nur für uns drei und vielleicht für ein paar Gäste für die Dauer eines Wochenendes ist, erscheint mir das übertrieben, umso mehr, als man zum König sagte, er könne mich nicht vor dem 27. sehen... Auf jeden Fall wird die Hochzeit nicht vor der ersten Maiwoche stattfinden, oder genauer gesagt, nach der Krönung... In London sind alle mit diesem Ereignis beschäftigt und es ist schwierig, Antworten zu bekommen. Das ist für die Nerven der Betroffenen sehr hart. Und das harte Ringen um das Geld vermehrt die Sorgen des Königs noch.»

Er kommt der große Tag. Fieber, Ungeduld, Glück, Beklemmung. Am Montag, den 8. März verläßt Wallis um sechs Uhr morgens Cannes. Gott ! Da Inspektor Evans wieder nach Großbritannien zurückgekehrt ist, hat die französische Regierung zwei Agenten der Sicherheitspolizei abgeordnet, um die künftige Gattin eines Exkönigs zu eskortieren. Wallis, Katherine und Herman haben im Buick Platz genommen. Das Zimmermädchen von Wallis und das von Katherine folgen in einem zweiten Wagen in Begleitung von französischen Polizisten. Bei der Abfahrt aus Cannes regnet es. Der Regen peitscht die ganze Fahrt über ununterbrochen gegen die Windschutzscheibe. Nachdem man die Nacht in Roanne verbrachte und am Dienstag den ganzen Tag lang gefahren ist, erblickt man bei anbrechender Nacht die grauen Mauern und Türme von Candé: Der Anblick dieses Schlosses, das im Jahre 1508 erbaut und im 19. Jahrhundert. restauriert wurde, wirkt verführerisch in diesem Schleier aus Regen. Fern Bedaux erwartet sie, schön und von natürlicher Vornehmheit, auf der Freitreppe. Der self-made-man hat gut gewählt: Die Anmut seiner Gattin verdankt viel der Erziehung, die ihr zuteil wurde, und der Abstammung aus einer sehr alten Familie. Fern hat die Gewohnheit angenommen, die Ereignisse des Tages in einem Notizbuch festzuhalten. Die Notizen wurden mir zur Verfügung gestellt. Unter dem Datum des 9. März 1937 ist zu lesen: «Mrs. Simpson, Katherine und Herman sind gegen fünf Uhr durch das Tor von Monts angekommen. Den Journalisten, Photographen etc. am Haupttor entronnen.»

Charles Bedaux wurde durch seine Geschäfte in New York festgehalten. Fern hat eine Reise nach London abgesagt und eine ganze Woche gearbeitet, damit Candé seiner Gäste würdig ist. Sie stürzt auf Wallis zu: Sie müssen steif und erschöpft sein! Kommen Sie schnell zum Tee! Sie selbst führt die Gäste durch ihr schönes Domizil. Nachdem Wallis einen außerordentlich großen, eichengetäfelten Saal durchquert hat, fällt ihr ein kleiner, «angenehm französischer» Salon mit grüner Täfelung und einer Einrichtung aus der Zeit Ludwigs XVI. auf. Sie zögert keine Sekunde: Hier wird sie sich vermählen.

Nachdem sie in der Bibliothek, wo ein großes Feuer brennt, den Tee genommen haben, führt Fern sie in ihr eigenes Gemach, ein geräumiges Zimmer mit grauer Trianon-Holzverkleidung, dessen Fenster zu den Gärten gehen und sich über die dunkle Masse der Wälder erheben. Sie bittet sie, da sie selbst am übernächsten Tag abreist, sich hier einzurichten. Sie möchte sich zum Diner umziehen: Sie zieht sich zurück. Wallis streckt sich auf dem großen Bett aus. Erschöpft träumt sie davon, einzuschlafen, bevor sie ein Bad nimmt. Unmöglich. «Mein ganzes Denken dreht sich um Einzelheiten unseres Lebens, die noch zu klären sind. Wo werden wir am Anfang wohnen? Was werden wir mit alledem machen, was wir noch in Großbritannien besitzen? Wird sich David eines Tages wieder mit seiner Familie aussöhnen?» Sie spürt, wie ein Schauder sie überläuft bei dem Gedanken, daß ihre Heirat «mit dem Mann, der über das größte Empire der Welt geherrscht hat, nicht im Schoße seiner Familie stattfinden wird», und auch nicht in dem der ihren, «sondern in einem fremden Land, in einem Schloß, das Fremden gehört. Dahin führte die Abdankung also.»

Sie gibt sich ganz der Bitterkeit und dem Kummer hin – wieder einmal –, und zwar bis zu dem Augenblick, in dem das Telefon läutet. Ein Diener teilt ihr mit, daß *Seine Königliche Hoheit* aus Österreich anruft. Einen Augenblick später vernimmt sie die klare Stimme Eduards:

– Liebling, ich bin so glücklich, Sie endlich in Candé zu wissen! Da verfliegen die trübsinnigen Gedanken.

Fern Bedaux notiert: Das Telefon läutete andauernd bis Mitternacht. Der Herzog von W. hat dreimal angerufen.

Eduard schreibt am 22. März 1937 an Wallis: «Wenn alles gut geht, werde ich heute in acht Tagen am Montag, den 25., abreisen. Das sind fünfzehn Wochen in Enzesfeld mit seinem Telefon! Es wird da, wo ich hingehen werden, vielleicht schlimmer, doch wird es auf jeden Fall eine Veränderung für mich wie auch für Sie sein… Ich habe eine Kopie der Heiratsvorschriften in Frankreich erhalten. Wie gut es tut, das zu lesen. Oh, Wallis, ich liebe Sie so sehr, passen Sie gut auf sich auf.»

In Candé hat Wallis, um den Druck der Zeitungen ein wenig zu verringern, eine Mini-Pressekonferenz abgehalten. Über den Krieg in Spanien befragt, sagt sie nicht ohne Besonnenheit: «Ich bin bestürzt über beide Lager. Der Krieg bedeutet den Ruin für das prächtige Spanien.» Natürlich sprechen die Journalisten vor allem über den offen gesagt beachtlichen Saphir, den sie an der linken Hand trägt.

Eduard nutzt zu dem Zeitpunkt, als er Enzesfeld verläßt, eine neuerliche Reise des Inspektors Storier, um Wallis den kleinen Hund Slipper zu schicken. Eduard schreibt: Ich schicke Ihnen «Mr. Loo vollständig mit seinem Halsband und seiner Leine», seinem Kamm, seiner Bürste, seinen Hundekuchen, seiner Decke. Das alles ist begleitet vom Kamm von Wallis, dem Puder von Wallis, dem Lippenstift von Wallis und dem Gürtel von Wallis, den bis dahin im österreichischen Zimmer mitten zwischen

Photos von Wallis aufbewahrten Reliquien. In Candé springt Slipper aus dem Auto Storiers und direkt in die Arme seines Frauchens. Welch ein Glück!

Abschied von Enzesfeld und der lästigen Kitty! Eduard hat von einem Umweg über die Normandie abgesehen, der unnötig und zu kompliziert ist. Er zieht in die Villa Landhaus Appersbach in St. Wolfang, in der Nähe von Salzburg. Er hat diesen neuen Wohnort gewählt, weil Wallis und er ihn unlängst zusammen besichtigt hatten. Sie kann sich so die Umgebung, in der er lebt, besser vorstellen. Am 2. April 1937 schreibt er an Wallis: «Der Wechsel des Gefängnisses ist ein starker Trost, und es ist so ruhig und abgeschieden. Die Gegend ist so hübsch, wie WE sie mögen. Sie fehlen mir so verzweifelt, Tag für Tag mehr. Es ist wundervoll, jetzt denken zu können: ‹Noch dieser Monat›... Gott segne WE, meine vielgeliebte Wallis. Ich habe gestern abend ein Gebet für uns in unserer lieben, kleinen Kapelle gesprochen.»

Einige Tage nach der Ankunft Slippers taucht Bernard Rickatson-Hatt unerwartet in Candé auf. Die Rogers schlagen ihm eine Partie Golf vor. Wallis begnügt sich damit, sie zu begleiten. Zusammen mit den beiden Scotch-Terriern von Katherine läuft Slipper hinter ihr her. Plötzlich verschwinden die drei Hunde. Einige Zeit später sieht man die beiden Terrier wieder, Slipper jedoch nicht. Beunruhigt bemerkt Wallis:

– Das sieht Slipper nicht ähnlich, so zu verschwinden!

Man findet ihn sterbend im Unterholz. Eine Viper hat ihn gebissen. Am Spätnachmittag verendet er bei einem Tierarzt. Ein Todesstoß für Wallis: «Muß ich alles, was ich liebe, verlieren?» Sie weint bitterlich. Zu *Fern Bedaux* sagt sie: «Oh! Meine Teure, es ist eine so schreckliche Sache passiert!» Alles, was Wallis und Eduard betrifft, hält die Journalisten – und die Öffentlichkeit – so sehr in Atem, daß die Presse den Tod Slippers wie ein bemerkenswertes Ereignis darstellt. Was Fern anbelangt, die im Ritz geduldig auf die Hochzeit wartet, so erwirbt sie einen kleinen Cairn-Terrier, der dem anderen bis aufs Haar gleicht und – ohne Umstände – ein Halsband bei Cartier und schickt ihn damit am selben Tag nach Candé… mit einem Privatflugzeug! Wallis, über den Schlag keineswegs getröstet – ihr Kummer wird noch lange dauern –, aber besänftigt, nennt den Hund Snucky.

Am 7. April 1937 schreibt Eduard an Wallis: «Ich weine auch und weiß, welch schreckliche Nacht sie durchmachten. Ich möchte dem nichts mehr hinzufügen, weil das so traurig und hart ist, meine Teuerste, aber ich bin mir sicher, daß Sie gerne hätten, daß Mr. Loo in der Nähe von einem der kleinen Pfade, die ich für Sie beim Fort gebahnt habe, begraben wird… Ich bin völlig beunruhigt und aufgerieben durch diese drei Wochen, die ich verbringen muß, bevor ich mit Ihnen zusammen sein kann, um mich nie mehr von Ihnen zu trennen, meine Vielgeliebte… Um Himmels willen, hüten Sie sich vor diesen blutrünstigen Reptilien… Ein Junge hält ein Mädchen so fest, mein Herz.»

Wallis läßt Slipper lieber in Candé begraben: «Ich habe Herman gerade Mr. Loos Decke gegeben, damit er ihn darin einwickelt, bevor er ihn begräbt. Wenn Sie kommen, können Sie einen kleinen Stein auf sein Grab legen. Gott selbst scheint WE vergessen zu haben, denn hier haben wir wieder einen weiteren unnötigen Kummer. Es war unser Hund, nicht Ihrer und nicht meiner, der unsrige und er liebte uns alle beide so sehr.»

Wahrhaftig, sie halten es nicht mehr aus. Am 14. April rät sie ihm, Winston Churchill zu schreiben und ihm eine Kopie des Briefwechsels mit seinem Bruder zu senden. Ihre den kleinlichen Diskussionen über die Zivilliste hinzugefügte schlichte Nachricht soll «deutlich die Kampagne der Regierung» vor Augen führen. Es genügt ihr nicht, sich zu verteidigen. Sie will, daß er in die Offensive geht: «Sie müssen Ihre Waffen herausholen. Wir müssen uns schützen. Man hat uns so sehr angegriffen, daß man jede Gelegenheit wahrnehmen muß. Wie dumm die beiden

Lager sind. Wenn er[1] sich vom Thron stoßen läßt, ist er selbst schuld. Genau dann, wenn die Familie die Gefahr spürt – eine schöne Geschichte-, wird er seine Einstellung zu Ihnen überprüfen.»

Der 27. April ist vorbei, und sie warten noch immer. Aus London ruft in den Vormittagsstunden des 3. Mai George Allen Wallis an. Sie hat gewonnen. Ist es möglich? Nicht recht überzeugt, bestürmt sie ihn mit Fragen: Geschieden, wirklich? George Allen bestätigt: Die Scheidung steht fest. Endgültig. Sie legt auf, von Eindrücken geschüttelt wie von einem Sturm. Auf der Stelle ruft sie Eduard in Österreich an. Seine Reaktion ist prompt:

– Wallis, der Orient-Expreß kommt in den Nachmittagsstunden durch Salzburg. Ich werde morgen Mittag in Candé sein.

Jetzt hat sie seltsamerweise Angst. Und wenn sie ihn nach all den langen Wochen enttäuscht? Und er, «wie hat er die tiefgreifenden Umwälzungen in seinem Leben überstanden?»

Zur besagten Stunde – um die Essenszeit – erscheint Eduard in Candé. Um zu ihr zu kommen, springt er mit großen Sätzen die Treppe hinauf. Sie wirft sich in seine Arme. Sie sieht, daß er abgemagert, angegriffen, doch «so fröhlich wie zuvor» ist. Leise sagt er zu ihr:

– Liebling, wie lang diese Wartezeit gewesen ist! Ich kann kaum glauben, daß wir endlich wieder vereint sind.

Er weiß, daß sie sich nicht mehr verlassen werden. Niemals.

Charles Bedaux, «untersetzt, mit dem Kopf eines Boxers», ist aus New York angekommen. Mit seiner Energie und seiner Fähigkeit, sein Publikum zu bezaubern, erobert er Eduard und Wallis auf der Stelle: Man wird nicht Milliardär, ohne sich auf einige Gaben berufen zu können.

1 Georg VI.

Der Hochzeitstermin ist festgelegt: der 3. Juni. Warum dieses Datum? Man kann sich das kaum erklären. In England ist der 3. Juni, Geburtstag König Georgs V., dem Gedenken an den verstorbenen König gewidmet. Das heißt riskieren, daß alle Mitglieder der königlichen Familie eine Einladung für diesen Tag ablehnen.

Eduard möchte noch immer nicht glauben, daß Georg VI. sämtlichen Angehörigen verbieten kann, an den Feierlichkeiten teilzunehmen. Hat ihn Lord Mountbatton nicht wissen lassen, daß er da sein würde? Als Wallis weiß, daß sich Georg VI., nachdem er befragt wurde, für den 4. Juni ausgesprochen hat, schreibt sie an Tante Bessie: «Das heißt demnach, daß Seine Majestät an seinem Bruder nicht desinteressiert ist und die Brücken noch lange nicht abgebrochen sind.» Und weiter: «Ich halte fest, daß der 4. auf einen Freitag fällt, ich werde auch mein möglichstes tun, um den 5. durchzusetzen.» Tatsächlich erweist sich der 5. als ungeeignet und man greift auf den 3. zurück. Was die Familie von Wallis anbelangt, ist das jedenfalls überhaupt kein Problem: Mrs. Merryman schickt sich an, den Ozean erneut zu überqueren, um die Warfields zu repräsentieren. Immer treu zu Diensten.

Am 12. Mai wird König Georg VI. zum König und Kaiser gekrönt. In Candé versucht Eduard, die vollständige Zeremonie, die vom Rundfunk übertragen wird, zu hören. Stellen wir uns diesen Mann vor, der selbst König gewesen ist und monatelang seine eigene Krönung vorbereitet hat, wie er das Ohr an den Radioapparat preßt, um einen Nachfolger zu hören, der niemand anders ist als der eigene Bruder. In seiner Nähe ist Wallis, gewiß. Und die Bedaux', die Rogers, Dudley Forwood – der Stallmeister – nicht zu vergessen. Zwischen David und Wallis sitzt Tante Bessie, die gerade zur rechten Zeit zurückgekehrt ist. Was dachte Eduard genau in diesem Augenblick? Er hat es nie jemandem, nicht einmal Wallis, anvertraut. Sie hat selbst mit zusammengeschnürtem Herzen die Kavalkaden, das Rollen der Karossen, die

Kanonenschüsse, die feierlichen Glocken, die Trompetensignale, den Klang der Orgeln, die Kirchenlieder und die kirchlichen Sprechrituale gehört. «Ich versuchte die Gedanken, die über mich hereinbrachen, zu verscheuchen, doch die Vorstellung dessen, was hätte sein können, sein sollen, ergriff gegen meinen Willen wieder und wieder Besitz von mir.»

Die *Königskrönung* ist vollzogen. Jemand stellt das Radio ab. In der Stille erheben sich alle, verabschieden sich. Eduard und Wallis bleiben allein. Dann sagt er langsam:

– Sie brauchen nichts zu bedauern… ich tue es auch nicht. Ich weiß nur eines, daß ich ohne Sie nicht glücklich sein kann.

Man hat viel über ihn gesagt und geschrieben: Die Stellung als König wäre für Eduard nur eine Last gewesen, und allein der Gedanke daran hätte ihn stets bedrückt. Die erklärte Liebe zu Mrs. Simpson sei zum idealen Vorwand für eine befreiende Abdankung geworden. Die Beschuldigung ließ ihn in der ganzen Zeit seiner Verbannung nicht mehr los. Stets hat er sie zurückgewiesen, ja, sich sogar darüber empört: «In gewissen Kreisen hat man behauptet, daß ich kein König sein wollte, daß ich meine persönlichen Gefühle über den Thron und über meine Pflicht gestellt hätte, weil ich mich um nichts als mein persönliches Glück kümmern würde. Das ist eine Lüge. Ich sage es heute und ein für allemal: Mein ganzes Leben lang habe ich mich auf das Amt des Königs vorbereitet, vierzig Jahre lang; als Prinz von Wales habe ich meinem Land und dem Commonwealth ergebenst gedient. Ein Jahr lang habe ich als König mit soviel Hartnäckigkeit und Opferbereitschaft wie möglich gearbeitet. Natürlich wollte ich König sein. Und mehr noch, ich wollte König bleiben.»[1] Soll man es glauben? Nach Brian Inglis, einem sachkundigen und außerordentlich unparteiischen Kommentator, ist die Legende, derzu-

1 Text von 1957.

folge Eduard VIII. nicht König bleiben wollte, «von Grund auf falsch». Die Kritik, die ihn zweifelsohne am meisten verletzt hat, ist die von der *Times* am Tage nach der Abdankung vorgebrachte: Geboren und ausgebildet für ein «heiliges Vermächtnis» – wie der Erzbischof von Canterbury sagt –, hätte er «alles seiner Schwäche für eine andere Lebensform geopfert».

Jedes Mal, wenn man ihm diese alte Leier wiederholt, wird er in die Luft gehen: «Ich habe die Krone nicht so gering geschätzt, daß ich überstürzt auf sie verzichtet hätte. Ich habe sie im Gegenteil so hoch geschätzt, daß ich sie lieber zurückgegeben habe, als eine Schmälerung ihres Ansehens zu riskieren.» Nun, das klingt nicht nur wahr, es klingt auch schön.

Erneut belagern die Journalisten das berühmteste Paar der Welt. Sie kommen in ganzen Zügen an und nehmen die Hotels in Tours im Sturm. Eines Tages entdeckt Herman Rogers unweit vom Parktor eine riesige Karawane. Verblüfft sieht er den Milliardär Cornelius Vanderbilt ganz gemütlich daraus aussteigen. Eine große amerikanische Zeitung hat ihn – jeglichen Snobismus überbietend – als Sonderberichterstatter engagiert.

– Ein Vanderbilt, der in einem Wohnwagen eine Reportage macht! ruft Eduard aus. Niemals hätte sich mein Vater so etwas vorgestellt!

In London wie in New York, in Paris wie in Tokio, in Berlin wie in Rio lebt man in der Erwartung der Jahrhunderthochzeit. Tausend Fragen bieten sich der Neugierde einer unersättlichen Öffentlichkeit dar. Vor allem: Werden der Herzog von Windsor und Mrs. Simpson kirchlich heiraten?

Die Aussichten bleiben trübe. Die Feindseligkeit der Bischöfe läßt nicht nach: Da sie die Scheidung nicht anerkennen, betrachten sie Mrs. Simpson noch immer als verheiratet – übrigens mit wem? – und infolgedessen ist es für sie unmöglich, sie mit dem Herzog zu vermählen. Ein einziger Lichtblick: Einige Geistliche setzten sich darüber hinweg und trauen geschiedene Eheleute, falls das Scheidungsurteil zu ihren Gunsten gefällt wurde. Dies ist bei Wallis Warfield der Fall.

Nun geht eines morgens in Candé ein Brief ein: Ein unbekannter anglikanischer Geistlicher aus Darlington, Reverend Robert Anderson Jardine, bietet an, nach Frankreich zu kommen, um das junge Ehepaar zu trauen. Eduard lebt wieder auf. Wallis strahlt. Man beauftragt Allen, Auskünfte über Jardine einzuholen. Sie sind gut. Nichts hindert Eduard mehr daran, Jardine positiv – und mit Dankbarkeit – zu antworten.

Die Initiative führt zu verschiedenen Interpretationen. Für die einen ist es die Geste eines mutigen Geistlichen, der nicht zögert, sich gegen einen Bischof aufzulehnen, um unglücklichen Christen zu helfen. Die anderen stellen ihn als Opportunisten dar, der versucht, Aufmerksamkeit zu erregen und Nutzen daraus zu ziehen. Letztere Hypothese wird sich bald als falsch herausstellen. Die Bischöfe werden Jardine nicht verzeihen, daß er Ihnen diese Beleidigung zugefügt hat. Er wird aus der Kirche hinausgeworfen und ins Exil gehen müssen. Eduard und Wallis werden also von einem geistlichen Rebellen getraut. Gleichwohl möchte man glauben, daß das von Jardine gespendete Sakrament Gott, unserem Herrn, ebenso wohlgefällig war, wie wenn es der Erzbischof von Canterbury persönlich getan hätte.

Eduard möchte sich überzeugen, daß die Krönungszeremonie ein positives Ergebnis nach sich gezogen hat, das Verhältnis zwischen den Seinen und ihm selbst entspannt hat. Wallis ist davon viel weniger überzeugt. Sie schätzt es richtig ein!

Das Vorzeichen? Es ist das, was man als «die Münzaffäre» bezeichnen könnte. Es ist üblich, anläßlich der Krönung eines Königs eine Gedenkmünze zu prägen. Selbstverständlich hat man davon auch für die Krönung von Georg VI. Gebrauch gemacht. Nicht weniger selbstverständlich schickt Bertie seinem Bruder eine dieser Münzen. Der treue Ulick Alexander, der sein Amt am Hofe behalten hat, wurde mit dem Versand beauftragt. Unglücklicher Ulick! Die Münze wird ihm mit einem Begleitschreiben zurückgeschickt, dessen Schroffheit das schwache Echo eines tiefen Zorns ist. Der Herzog von Windsor schreibt am 14. Mai 1937 an Ulick Alexander: «Lieber Ulick. Da ich weiß, daß der Schatzmeister im Namen des Königs die Krönungsmünzen verschickt, sende ich diese, welche ich heute morgen mit der Post erhalten habe, an Sie, den zuständigen Beamten, zurück. Bitte teilen Sie dem König mit, daß ich durch die Absicht, die er mir gegenüber bekundete, gerührt bin, sie jedoch nicht annehmen möchte, da er Mrs. Warfield keine geschickt hat, die schließlich seine zukünftige Schwägerin ist. Hochachtungsvoll, Ihr Eduard.»

Trotz dieses schlechten Omens hofft Eduard noch. Schließlich hat sich der Hof noch nicht offiziell geäußert. Das Verdikt kommt aus London, unerbittlich und endgültig. Kein einziges Mitglied der königlichen Familie wird an der Hochzeit teilnehmen. Nicht einmal der Lieblingsbruder? Nicht einmal der. Nicht einmal die zärtlich geliebte Schwester? Nicht einmal sie. Selbst seine Mutter nicht? Vor allem nicht seine Mutter.

In Eduards Mund macht sich ein bitterer Geschmack breit. Nicht nur, daß man ihm die Wärme familiärer Zuneigung verweigert, man behandelt ihn auch wie einen aus seiner eigenen Familie Ausgestoßenen.

Seine Bitternis wächst noch bei der auf den 18. Mai 1937 datierten Erklärung, die die offizielle Bekanntgabe der Hochzeit durch Buckingham begleitet. «Die Einladungen zur Hochzeit des Herzogs von Windsor und von Mrs. Wallis Warfield sind denen vorbehalten, die die letzten Monate mit ihnen verbrachten. Da man Seiner Majestät dem König geraten hat, kein Mitglied der Königlichen Familie zu entsenden, um sie zu repräsentieren, wird niemand aus der Verwandtschaft Seiner Königlichen Hoheit anwesend sein.» *Man hat geraten.* Wer hätte hinter diesen drei Worten nicht die Anspielung auf Mr. Baldwin erkannt?

Die von Eduard verfaßte Einladung gibt sich schnörkellos: «Schloß Candé, Monts, (Indre-et-Loire), den 18. Mai 1937. Seine Königliche Hoheit der Herzog von Windsor gibt seine Vermählung mit Mrs. Wallis Warfield, Tochter der verstorbenen Mr. und Mrs. Teakle Wallis Warfield aus Maryland, bekannt, die am Donnerstag, den 3. Juni im Schloß von Candé, Monts, stattfinden wird.»

Wird Wallis am 3. Juni wenigstens als Königliche Hoheit anerkannt? Als Eduard das behauptet, zuckt sie mit den Schultern. Eduard versichert ihr, daß man es nicht wagen wird, gewisse Grenzen zu überschreiten. Sie antwortet, daß diese Grenzen längst überschritten worden sind. Der Schicksalsbote wird wieder Sir Ulick Alexander sein. Er ruft den Herzog von Windsor an: Walter Monckton ist unterwegs nach Candé und bringt einen Brief von Georg VI., der «keine sehr erfreulichen Nachrichten enthält.»

Das ist das geringste, was man dazu sagen kann. Der Brief des neuen Königs bestätigt alle Befürchtungen, die Wallis schon seit langem aussprach.

Georg VI. schreibt am 27. Mai 1937 aus dem Buckingham-Palast an den Herzog von Windsor: «Mein lieber David. Ich gebe diesen Brief Monckton, damit er ihn Ihnen aushändigt und werde versuchen, die außergewöhnliche Situation, die wegen Ihrer Frau entsteht, die durch die Hochzeit mit Ihnen nicht «Königliche Hoheit» werden kann, zu erklären.

Ich habe lange und viel darüber nachgedacht, und man hat mir gerade gesagt, daß Sie mit dem Thronverzicht alle Ihre Titel aufgegeben haben, besonders Ihr Recht auf den Titel «Königliche Hoheit», da Sie nach dem Gesetz nun nicht mehr in der Erbfolge stehen. Da ich möchte, daß Sie diesen Titel weiterhin tragen, muß ich ihn Ihnen wieder verleihen. Doch gleichzeitig hat man mir versichert, daß es mir unmöglich sein wird, Mrs. Warfield zur Königlichen Hoheit zu ernennen aufgrund der Patente[1] von Königin Viktoria, die definitiv entschieden hat, daß der Titel nur von den nahen Verwandten des Herrschers, die in der «Thronfolge» stehen, getragen werden darf.

Ich bedauere, nicht anders darüber entscheiden zu können, doch muß ich gemäß der Verfassung handeln. Ich wurde hierüber durch den Premierminister unterrichtet, aber auch durch die Premierminister der Dominions, die diesbezüglich zu Rate gezogen wurden.

Ich hoffe, daß Sie die beiden außerordentlichen Schwierigkeiten meiner Position verstehen und Sie das nicht als Beleidigung betrachten und zwischen uns treten lassen.

Sie können sich nicht vorstellen, wie unglücklich und traurig es mich macht, so an Sie schreiben zu müssen, doch wollte ich es Ihnen zuerst erklären.

Immer der Ihre. Bertie.»

Am selben Tag veröffentlicht das *London's Journal* diese Meldung: «Whitehall, den 28. Mai 1937. Der König war glücklich, durch die «Patente» unter dem Großen Siegel des Königreiches mit Datum vom 27. Mai 1937 bekanntzugeben, daß der Herzog von Windsor trotz seiner Abdankung am 10. Dezember 1936 und der Abdankungserklärung, durch welche dieser Vorgang in Kraft getreten ist, das Recht hat, ausschließlich für seine Person den Titel, Name und Eigenschaft der Königlichen Hoheit zu behalten und zu verwenden, während seine Frau und seine Nachkommen, falls sie welche haben werden, keinen Anspruch auf oben erwähnten Titel, Namen und Eigenschaften haben werden.»

1 Verlautbarungen eines Monarchen, in denen Privilegien erteilt werden.

Die voreilige Veröffentlichung – man wird feststellen, daß die Patente vom 27. Mai sind und der Brief Georg VI. vom 28 – läßt Eduard nicht einmal die Zeit, zu protestieren, oder gar zu diskutieren.

Der Historiker fragt immer nach der Daseinsberechtigung einer solchen Entscheidung. Seit dem von Georg VI. erwähnten Belieben der Königin Viktoria tragen die Mitglieder der Königlichen Familie, «die in der Linie der Thronfolge stehen» – alle – den Titel Königliche Hoheit, so daß die Gattin eines betroffenen Prinzen durch ihre Hochzeit den gleichen Titel bekommt. Als Bertie Elisabeth heiratete, machte er sie zur Königlichen Hoheit, obwohl sie überhaupt kein königliches Blut hat. Harry hat das bei seiner Gattin gleichermaßen in Anspruch genommen. Warum also Wallis nicht?

Der König behauptet, daß Eduard aufgrund seiner Abdankung nicht mehr dieser vielzitierten Linie der Thronfolge angehört und *ipso facto* seine Eigenschaft der Königliche Hoheit verloren hat und er ihn demnach wiederernennen mußte. Warum wird die Gattin willentlich vom wiedervergebenen Privileg ausgeschlossen?

Man sagt, die Dominions – besonders Kanada und Australien – waren auch dieses Mal dagegen, daß Wallis in den Genuß dieser Ehre käme. Das Kabinett hatte die Frage per Telegramm an sie gerichtet und diese teilten mit, daß es nicht in Frage käme, Mrs. Warfield zur Königlichen Hoheit zu machen.

Die Wahrheit ist, daß Mr. Baldwin – immer er – versucht hat, dem entthronten König einen letzten Stoß zu versetzen. Über Wallis ist er es, den er treffen will. Die Wahrheit ist auch, daß die Königliche Familie, genauer gesagt König Georg VI., darauf besteht, in Wallis nur eine Art männerfressende Abenteurerin zu sehen. Bertie neigt zu der Ansicht – Baldwin hat sich selbst zum Echo dieser seltsamen Argumentation gemacht –, daß sich Eduards Augen früher oder später öffnen würden und er mit

Horror entdecken würde, welche Art von Kreatur Mrs. Simpson sei. Wenn er sich dann scheiden ließe, was würde dann aus dem Titel Königliche Hoheit, den man seiner Ehefrau so leichtfertig zugestanden hätte? Es gibt überhaupt kein Mittel, einer Person, die Königliche Hoheit geworden ist, den Titel wieder zu entziehen. Mehr noch: Sollte sich Wallis in der Folge wieder verheiraten, könnte sie ihn auf ihren neuen Ehegatten übertragen. Derart ist die ungeheuere Gefahr, die über dem Thron von England schwebt.

Nun, da die Zeit diese Episode mit der Patina der Geschichte überzogen hat, wird man schwerlich glauben können, daß derartige Ideen in den Köpfen derer keimen konnten, die sich im Zentrum einer königlichen Familie oder der Regierung eines Empires befanden. Als man sich auf die Staatsräson berief, hat man den gesunden Menschenverstand aufgegeben.

Die Moral aus alledem wird Eduard selbst ableiten. Nachdem er den Brief seines Bruders gelesen hat, sagt er zum schmerzlich berührten Monckton: *This is a nice wedding present!* Das ist ein schönes Hochzeitsgeschenk!

Eine Einzelheit bleibt noch zu erwähnen. Am 29. Mai wird dem Right Honourable Stanley Baldwin durch Georg VI. ein Titel verliehen: Von nun an ist er Earl.

Eduard antwortet auf der Stelle. Der Herzog von Windsor schreibt am 2. Juni 1937: «Lieber Bertie, am Vortag meiner Hochzeit möchte ich mich auf die Patente vom 28. Mai 1937 und auf die Ankündigung (die, nehme ich an, offiziell war) beziehen, die zur gleichen Zeit veröffentlicht wurde.

Man hat mir mitgeteilt, daß alle beide – die Patente und die Ankündigung – auf einem irreführenden Vorwand gründen: Der Titel Königliche Hoheit ist nicht durch Brauch und auch nicht durch Patente, die von vorausgegangenen Herrschern erlassen wurden, auf diejenigen beschränkt, die in der «Thronfolge stehen» und mein Thronverzicht hat mein Recht, den Titel zu verwenden, nicht aufgehoben, sondern es war eine nationale Angelegenheit, mir seinen Gebrauch wieder zu gestatten.

Unter diesen Umständen möchte ich Ihnen signalisieren, daß ich selbst nicht mit diesen Patenten vom 28. Mai 1937 in Verbindung gebracht werden möchte und daß ich das Recht beanspruche, den Titel Königliche Hoheit zu tragen kraft alter Sitte und der Patente, die von Königin Viktoria und König Georg unterzeichnet worden sind. Dieser Anspruch ist durch die Tatsache bekräftigt, daß Sie sich in Ihrer Rede vom 20. Dezember 1936 bei Ihrer Thronbesteigung auf mich als Ihre Königliche Hoheit bezogen haben. Immer der Ihre. David.»

Eduard kann es nicht verstehen. In seinen Augen kann die Größe seines Opfers die Hochzeit mehr als rechtfertigen: Sie heiligt sie. Sein Leben lang wird er diesen Affront nicht vergessen. Zu Wallis wird er sagen:

– Die Brücken sind hinter mir abgebrochen. Ich habe Sie mitgerissen in das Nichts.

Das ist vielleicht das Bemerkenswerteste: Nie mehr erscheint Eduards Glück strahlender als beim Näherrücken des Augenblicks, in dem Wallis vor Gott und den Menschen seine Ehefrau wird. Lady Alexandra Metcalfe, die wieder zu Fruity gekommen ist, notiert: «Ich habe ihn niemals glücklicher und ruhiger gesehen.»

Sich der Bedeutung des Augenblicks bewußt, führt Alexandra ihr Tagebuch, ein bissiges Zeugnis einer Frau, die eine gute Beobachtungsgabe besitzt. So sehen wir am 2. Juni, dem Vortag der Hochzeit, den Reverend Jardine erscheinen, «ein kleiner Mann mit rotem Gesicht und großer Nase». Wir hören Wallis ernsthaft auf der Tatsache bestehen, daß ihr Zimmer und das des Herzogs sich im Schloß einander gegenüber befinden «und daß er das W1 und W2 nennt». Am 12. Mai, als Alexandra der Krönung Georgs VI. beigewohnt hat, stellte sie fest, daß es vorher geprobt worden war. Sie fand es darum noch aufregender, in Candé einer anderen *Probe* beizuwohnen: der Hochzeitszeremonie des ehemaligen Königs im grüngetäfelten Salon. Im großen benachbarten Salon spielt der berühmte Organist Dupré, der eigens dazu aus Paris gekommen ist. Flankiert von Fruity steht David in der Nähe eines Alkovens, der in einer Ecke eingerichtet ist. Wallis hat den Arm von Herman Rogers ergriffen. Der Reverend Jardine zelebriert die Messe. «Und während dieser ganzen Zeit preßte Seine Königliche Hoheit die Kiefer zusammen, ganz genauso wie es der König während der Krönungszeremonie tat.»

Alexandra führt uns Eduard im Morgenrock vor, der mit strubbeligen Haaren auf dem Boden sitzt und dabei ist, die aus allen Ecken und Enden der Welt eingetroffene Post zu lesen. Sie zeigt uns eine Wallis in dem Augenblick, wo sie schlafen geht, Eduards Arm drückt, einen Knicks vor ihm macht und dabei die Worte sagt:

– *Good night, Sir.*

«Auf die gleiche Art und Weise, wie sie das bei jemanden von uns hätte tun können.»

Nacht und Stille hüllen das Schloß ein. Eduard erlebt seine letzte Nacht als Junggeselle.

Am 3. Juni reißt der Himmel auf, um eine Sonne erscheinen zu lassen, deren Helligkeit den ganzen Tag über zunimmt. Man hat einen regnerischen Frühling durchlebt und in den vergangenen Tagen sind dunkle Wolken über Candé gezogen. «Ein Zeichen», werden die Journalisten natürlich schreiben. Der Tag wird – *Wallis dixit* – «wunderbar, warm, sonnig» sein.

Nach langen Verhandlungen war vorgesehen, daß fünf Sonderberichterstatter – nicht einer mehr – an der Hochzeitszeremonie teilnehmen. Unter ihnen ist nur ein einziger Franzose: Maurice Schumann, damals Reporter bei der Agentur Havas. Er hat den Ablauf der Ereignisse minutiös beschrieben. Um fünf nach elf durchschreiten die fünf Privilegierten «unter den mißgünstigen Blicken von gut hundert ihrer Kollegen» das Parktor. Sie sind alle mit einem Cut bekleidet, weil die Journalisten damals, wenn es nötig war, noch einen Cut trugen. Sie werden in den großen Salon geführt, der, so schreibt er, so geräumig ist, «daß mir schien, als wären wir alle auf einer großen Bühne und eine Art Vertrautheit hätte alle Unterschiede zwischen Major Edward Metcalfe, Trauzeuge des Herzogs, und dessen Stallmeister Dudley Forwood aufgehoben». Diejenige, die an diesem Tag zur Herzogin von Windsor wird, schreibt in ihren *Memoiren* nur: «Herman Rogers führte mich zum Altar und tat dies zweifellos mit einem Gefühl der Erleichterung, daß er mich dem Schutze meines Ehemanns anvertraut.»

Gehen wir über dieses Beispiel an Kürze hinaus. An der Hochzeit nehmen die engen Freunde, die wir gut kennen, teil: die Rogers, die Metcalfes, die Bedaux', Dudley Forwood... und die liebe Tante Bessie, die ganz bewegt ist, den Ausgang einer Geschichte zu erleben, deren Anfang sie so eng und lange mitverfolgen konnte. Alles ist bereit, es kann beginnen.

Um 11 Uhr 30, setzt sich Dr. Mercier, Bürgermeister von Monts, an einen mit einem Tuch aus rosa Seide bedeckten Tisch. Acht Minuten später öffnet sich eine Tür und der Herzog von Windsor erscheint, selbstverständlich im Cut, mit perlgrauer Krawatte über einer hellgrauen Weste und einer weißen Nelke im Knopfloch. Er grüßt die Journalisten höflich und nähert sich dem Generalkonsul von Großbritannien, Mr. Graham, der unter seinem Arm die Mappe trägt, in der sich die unterschriebenen Urkunden befinden.

– Mr. Graham, es scheint mir, als habe ich Sie schon einmal getroffen. War das nicht in Südamerika? Die Bestürzung des kleinen Diplomaten ist derart, daß ihm sein Register entgleitet. Er fängt es auf und antwortet mit veränderter Stimme: «Ihr Königliche Hoheit täuscht sich nicht. Ich bin seit fünf Jahren in Nantes und war zuvor in Ecuador.»

11 Uhr 43: In der Öffnung der großen Tür erscheint diejenige, die noch für einige Augenblicke Mrs. Warfield ist. Maurice Schumann notiert: «Sie zwingt sich kein Lächeln ab.» Alexandra Metcalfe hat sie «im langen blauen Kleid mit sehr eng anliegendem Oberteil, das ebenfalls blau ist», gesehen. «Sie trug einen Strohhut mit Tüll und Federn und hatte am Handgelenk ein entzückendes Armband, mit Diamanten und Saphiren: sein Hochzeitsgeschenk». Der französische Journalist bestätigt dies: «Alles, was sie trägt, ist in Blaßblau, ihrer Lieblingsfarbe – Kleid, Schuhe, Hut –, einzig ein paar Blumen auf ihrer Frisur werfen einen weißen Schimmer auf sie.»

Da man in Frankreich ist, muß man sich zuerst standesamtlich trauen lassen. Dies übernimmt Dr. Mercier. Er liest die Artikel des Bürgerlichen Gesetzbuches vor. Seite an Seite betonen sie mit dem gleichen zustimmenden Kopfnicken die Wort «Treue», «Hilfe», «Fürsorge», «Schutz». Die beiden *Ja* auf die üblichen Fragen werden mit gleich bewegter Stimme und unterschiedlicher Bestimmtheit gesprochen. Was für ein Ereignis für den Bürgermeister eines kleinen Marktfleckens der Touraine! Er geht zur unerläßlichen Ansprache über und kommt zum Schluß, indem er an «den Bund, der von unzähligen Herzen heute am 3. Juni 1937 im stillen gefeiert wird», erinnert.

– Danke, murmelt der Herzog.

Die standesamtliche Trauung ist zu Ende. Eduard verläßt den großen Salon und bleibt vor einem großen Fenster stehen, von dem man das Tal der Lys überblickt. Er dreht sich um und sagt auf Englisch zu den Journalisten:

– Genau das Wetter, das ich erträumt habe...

Wie am Vortag bei der «*Probe*» beschlossen, tritt Reverend

Jardine als erster in den grünen Salon, während Marcel Dupré sein Talent an der Orgel entfaltet und ein Motiv von Camille Saint-Saëns gemessen und langsam improvisiert. Dicht auf ihn folgen Eduard und Fruity. Am Arm von Hermann tritt Wallis durch die andere Tür ein. Mit einer Natürlichkeit, die dem Benehmen eines Landpfarrers angemessen ist, hält der Reverend die Messe. Fruity hält dem Herzog das geöffnete Gebetbuch, das Königin Mary ihm zum sechsten Geburtstag geschenkt und auf dessen erster Seite sie geschrieben hatte: «Für David Liebling, seine liebende Mutter.» Eduard und Wallis antworten dem Pastor, Eduard mit heller Stimme, Wallis mit tieferem Ton. Zu jeder kirchlichen Hochzeit gehört eine erbauliche Bibelauslegung. Der Reverend versäumt dies nicht. Um zu zeigen, daß man ihn nicht als einen Ketzer oder Abtrünnigen ansehen sollte, hält er eine Rede, die Maurice Schumann selbst im Jahre 1937 «ziemlich streng» findet, zum Thema Ehe als «Mittel gegen die Sünde». Er trifft die Anwesenden damit umso mehr, als sie dergleichen am wenigsten erwarteten:

– Wenn irgend jemand, stößt er mit lauter Stimme hervor, einen berechtigten Grund sieht, der der gesetzlichen Ehe zwischen diesem Mann und dieser Frau im Wege steht, so soll er jetzt sprechen oder für immer schweigen!

Niemand tritt vor, um diesen «berechtigten Grund» zu verkünden. Der Reverend ergreift die rechte Hand dessen, der König von England war, und legt sie in die rechte derer, die seine Frau wird. Danach spricht er die religiöse Formel, die die beiden Eheleute nach ihm wiederholen.

– Ich, Eduard, sagt der Pastor.

– Ich, Eduard.

– Ich, Wallis, sagt der Pastor.

– Ich, Wallis.

Als der Reverend fragt, ob sie Mann und Frau sein wollen, antworten sie mit *Ja*, sie ohne zu zögern, er etwas überstürzt. «Es gibt keine Titel und auch keinen Flitterkram», notiert Maurice Schumann «Zwei Vornamen vereinen sich vor Gott.» Marcel Dupré läßt die Orgel erklingen, ein Choral von Johann Sebastian Bach, während Eduard und Wallis niederknien.» *Bericht von Alexandra*: «Als sie nach der Zeremonie in den Salon zurückkehrten, liefen ihnen die Tränen über die Wangen.»

Es ist drei Uhr nachmittags.

Langsam fällt der Vorhang. Eduard wird seine Gewißheit bezeugen können – oh, wie sehr! –, daß «wahrhaftig die Liebe über die Politik gesiegt hat.» Tante Bessie wird den Brief noch einmal lesen können, den Wallis vor sechs Jahren an sie richtete, nach ihrem ersten Zusammentreffen mit dem Prinzen von Wales. «Ich, die ich seit ich hier bin, hoffte, ihn kennenzulernen!»

Der Historiker wird sich seines Glückes erinnern, als er das Archiv erforschte und diesen Koffer aus rotem Leder mit dem königlichen Wappen, Relikt einer abgebrochenen Regentschaft, der vom damaligen König bis nach Candé mitgenommen wurde, wiederfand. Mit Herzklopfen, sicher, darin Staatsgeheimnisse zu entdecken, hatte der Historiker ihn geöffnet: Es war nur ein kleiner Teddybär darin.

Nachwort

Eingezwängt in einen grauen, zweireihigen Anzug, dessen strikte Eleganz sich die Leserin, der Leser leicht vorstellen kann, reicht der Herzog von Windsor mir, dem ganz jungen Mann, lächelnd eine ziemlich kräftige Hand. Seit seiner Hochzeit in Candé sind fast fünfzehn Jahre vergangen. Kaum zu glauben, daß er die fünfzig schon überschritten hat. Er wirkt zehn Jahre jünger.

Wie kommt es, daß er uns, André Castelot und mich, an diesem späten Vormittag im Dezember 1951 in der rue de la Faisanderie 85 in diesem herrschaftlichen Stadthaus, das ihm Paul-Louis Weller zur Verfügung gestellt hat, empfängt? Also, in der Nacht habe ich die Lektüre eines der ersten Exemplare der französischen Übersetzung von «*Geschichte eines Königs*», Untertitel: «*Die Memoiren Seiner Königlichen Hoheit, des Herzogs von Windsor*» beendet. Zwei jungen Verlegern, Pierre Amiot und Jean Dumont, war gerade ein Kraftakt gelungen, der ihre seit langem etablierten Konkurrenten erbost: Sie haben die Rechte an diesem Buch erworben, das in den angelsächsischen Ländern bereits ein Bestseller ist. Nun aber hat der französische Rundfunk zwei Monate vorher mit der Ausstrahlung der ersten Folgen von «La tribune de l'Histoire» (Die Tribüne der Geschichte) begonnen: ein belangloses Ereignis im Hinblick auf den Lauf der Welt, gewiß, doch wird der Leser wohl einräumen, daß sie für André Castelot, Colin-Simard und mich selbst eine gewisse Bedeutung hatte. Als wir erfuhren, daß der Exkönig von England seine Memoiren veröffentlicht hat, dachten wir gleich, das sei ein Thema für ein Sonderprogramm.

Kräftig unterstützt durch, ich muß es sagen, die Verleger, haben wir um ein Interview nachgesucht. Hinsichtlich der Antwort machten wir uns kaum Illusionen. Doch wir wurden überrascht: Sie war positiv. Daher dieses Treffen in der rue de la Faisanderie.

– Ich denke, wir werden es hier machen?

Der Herzog zeigt auf einen Tisch, den man für diese Gelegenheit mitten in die Halle gestellt hat. Sein Französisch ist ausgezeichnet, nur mit einem leichten Akzent gefärbt. Er erkundigt sich nach den Fragen, die wir ihm stellen werden.

– Es handelt sich um eine Sendung, die sich an Geschichtsinteressierte wendet, erklärt André Castelot. Sind Sie bereit, über Ihre Kindheit zu sprechen? Über Königin Viktoria? Er stimmt zu, doch warum glaubte ich, einen Schatten über sein Gesicht huschen zu sehen? Die Techniker zögern mit dem Aufstellen des Mikrophons. Damals war man weit davon entfernt, bezüglich des Radios von Flexibilität sprechen zu können. Ein Lastwagen wartet vor der Halle und die Techniker ziehen enorme Kabel quer durch die Halle.

– Wie lange wird das dauern, fragt der Herzog mit einer Ruhe, die alle Ungeduld entkräftet.

– Fünf Minuten, Eure Exzellenz.

– Gut, ich komme in fünf Minuten wieder zu Ihnen zurück.

Er springt leichtfüßig und flink die Treppe hinauf. Ich schaue ihm nach, und seltsamerweise drängt mir eine Art unsichtbarer Film seine Bilder auf. Kurze, bruchstückhafte Szenen, die jedoch ein Schicksal hervorheben. Die außergewöhnliche Episode seiner Abdankung, gewiß, doch besonders das, was sich in den letzten fünfzehn Jahren bei ihm ereignet hat. Die Flitterwochen in Österreich. Die von den Männern um Georg VI. gestellten Bedingungen: die monatliche Überweisung einer auf 20 000 Pfund gekürzten Pension, wofür er versprechen soll, nicht ohne die Genehmigung seines Nachfolgers nach England zurückzukehren. Eduards scharfe Zurückweisung einer derartigen Forderung. Der neue Premierminister Chamberlain versucht es herunterzuspielen: «Für den Fall, daß Seine Königliche Hoheit nach England zu kommen oder dort zu bleiben wünschte, und zwar unter Umständen, die dem öffentlichen Interesse zuwiderlaufen, ist man übereingekommen, daß die Minister erforderlichenfalls den König auffordern, seinem Bruder nahezulegen, nicht zu kommen oder nicht zu bleiben.» Die enttäuschte Hoffnung, sein geliebtes Fort Belvedere wiederzusehen, das für die Armee verwendet wurde und das weder er noch Wallis je wieder betreten werden. Das eigenartige Angebot von Charles Bedaux im Herbst 1937, für den Herzog und die Herzogin von Windsor eine Reise nach Deutschland zu organisieren mit dem Ziel, «Unterkunft und Lebensbedingungen der Arbeiter zu studieren». Die Besichtigung einer Unmenge von Industrieanlagen und Gebäudekomplexen unter der Leitung von Dr. Ley, einem hochrangigen Nazi. Das Zusammentreffen in Berchtesgaden mit Hitler, der die Windsors zum Tee empfängt, was ganz schlecht aufgenommen wurde. Später Amerika, der Empfang im Weißen Haus durch Franklin Roosevelt, die Vorbereitungen Bedaux' für eine Rundreise durch die Vereinigten Staaten, die erbitterten Proteste der Industriellen und der amerikanischen Gewerkschaften, die einwenden, daß diese Rundreise nur Propaganda zugunsten des «System Bedaux» sei. Die Rückkehr der Windsors nach Paris, die mindestens ebenso verunsichert waren wie ihre Freunde: «Eine Katastrophe in jedem Sinne des Wortes,» sagt Perry Brownlow. Es folgt die Rede am 6. Mai 1939 in Verdun, die von vielen Radiosendern mit Ausnahme des B.B.C. ausgestrahlt wird: «Seit zweieinhalb Jahren habe ich mich freiwillig aus öffentlichen Angelegenheiten herausgehalten und beabsichtige auch, es weiterhin zu tun. Ich spreche nur in meinem eigenen Namen und ohne irgendeine Regierung vorher benachrichtigt zu haben. Ich spreche einfach als Soldat des letzten Krieges, und mein innigster Wunsch ist es, daß ein so verrückter und auch so grausamer und zerstörerischer Krieg die Menschheit nie mehr überkommen möge...»

Der Krieg, die dringende Bitte, in der Armee seines Landes zu dienen. Die Rückkehr nach England zusammen mit Wallis. Die Weigerung sämtlicher Familienangehöriger, jene zu treffen. Die Ernennung Eduards zum Verbindungsoffizier beim französischen Hauptquartier. Die Verpflichtung von Wallis in der motorisierten Abteilung des Roten Kreuzes. Der Feldzug in Frankreich, die Niederlage, die Gefahr, in Gefangenschaft zu geraten und eine Geisel zu werden. Die Übersiedlung nach Spanien, dann nach Portugal. Das überraschende Angebot Churchills. «Ich bin durch den König und das Parlament ermächtigt worden, Ihnen das Amt des Gouverneurs und Befehlshabers der Bahamas anzutragen. Falls Sie einwilligen, wäre es möglich, Sie zusammen mit der Herzogin direkt von Lissabon dorthin zu bringen.» Eine unglaubliche Angelegenheit noch: Der Plan der Entführung des Herzogs durch die Nazis, um ihn wieder auf den Thron zu bringen, wenn erst einmal die Armee Hitlers in England einmarschiert wäre. Die Einschiffung in Lissabon, ohne daß er von alledem irgend etwas erfahren hätte. Die Ankunft am 17. August auf den Bahamas. Das beispiellose Schauspiel eines Königs, der sich die Uniform eines Gouverneurs der Kolonien überzieht. Er füllt sein Amt gut aus; Wallis ihrerseits widmet sich wohltätigen Werken. Der Magenkrebs von Wallis wird erfolgreich operiert. Die Abreise von den Bahamas in die Vereinigten Staaten am 3. Mai 1945. Die Einschiffung nach Europa. Eine nur fünf Tage lange Rast. Der Besuch Eduards bei seiner Mutter, ohne Wallis. Die beiden Treffen mit seinem Bruder – ohne Wallis. Der Wunsch, mit einer Mission beauftragt zu werden, die ihm erlaubt, die anglo-amerikanische Freundschaft zu stärken. Weigerung. Die Rückkehr nach Frankreich, die Wahl des Schlosses de la Croë im Jahre 1949 als Residenz. Das vergebliche Warten auf eine Einladung zur Hochzeit von Prinzessin Elisabeth und Philip Mountbatten. Der Einzug in die rue de la Faisanderie in Paris im Frühjahr 1949.

Die Techniker sind bereit. Der Herzog setzt sich und ergreift «auf ein Zeichen», wie wir sagen würden, das Wort. Er erinnert an die Urgroßmutter, die für ihn Gangan war (auf Englisch Great-Grandmama, auf Französisch Grand-Grand-Maman). Er spricht von ihren Hauben aus weißem Tüll, ihren Kleidern aus schwarzem Satin und von ihren glänzenden Stiefeletten mit elastischen Schäften. Woran er sich am liebsten erinnert? Die Residenz in Osborne, auf der Insel Wight. Er beschreibt uns Gangan, die, um vor dem Wind geschützt zu sein, ihr Frühstück in einer Bretterhütte einnimmt, in der ihr das Dienstpersonal, Hindus mit Turban, eine Schale Porridge serviert. Er hat nichts von der Beerdigung der Königin vergessen. Er war sieben Jahre alt. Er erzählt von der Kälte, die er ertragen mußte und dem Gefühl der Einsamkeit inmitten so vieler Erwachsener: die Prinzen in Uniform, die Prinzessinnen die unter ihren Tüllschleiern schluchzten.

Das war es. Es ist vorbei. Die Techniker nehmen das Mikro mit, ziehen die Kabel Richtung Straße. Der Herzog begleitet uns, schenkt uns das gleiche Lächeln wie bei unserer Ankunft und fragt:

– Kommen Sie zu unserem Empfang?

Wir hatten die Einladung schon erhalten. Wir wären auf jeden Fall hingegangen.

Am 3. Dezember drängen sich über hundert Menschen im großen Salon von Paul-Louis Weiller. Wallis geht wie abwesend mitten durch sie hindurch. Im Februar desselben Jahres mußte sie ins Krankenhaus eingeliefert werden: Die Entwicklung ihrer Krebserkrankung machte die Entfernung der Gebärmutter und eine Strahlenbehandlung erforderlich. Wie Eduard hat auch sie sich seit der Hochzeit kaum verändert. Die gleiche Frisur; ihre Eleganz und ihre Schlankheit sind geblieben. Die Gesichtszüge sind ausgeprägter geworden und vielleicht auch die Würde, die ihre Person ausstrahlt. An diesem Tag, als Eduard von einem zum anderen eilt, sah ich sie nicht ein einziges Mal lächeln.

Durch ein Ankommen oder einen Aufbruch, ich weiß es nicht mehr, gab es ein Gedränge der Gäste, und ohne es gewollt zu haben, stand sie mir plötzlich unverhofft gegenüber. Ich versuchte verzweifelt, irgend etwas zu sagen. Der einzige Satz – oh, Verzweiflung –, der mir über die Lippen kam:

– Der Empfang Ihrer Hoheit ist wundervoll. Sie warf mir einen zornigen Blick zu und erwiderte ohne Nachsicht:

– Niemals Eure Hoheit.

Der einzige Satz, den die Herzogin von Windsor je an mich gerichtet hat, ahndete einen Schnitzer.

Die Jahre sind vergangen. Der Herzog hat unzählige Versuche, wieder in sein Land zurückzukehren und dort zu leben, unternommen. Er hat nur Zurückweisungen erfahren. Man hat ihm erlaubt, an der Beisetzung seines Bruders Georg und auch an der seiner Mutter teilzunehmen, doch von der Seite der Seinigen erfuhr er nur eisige Kälte. Jedes Mal hat man ihm signalisiert, daß die Anwesenheit von Wallis unerwünscht ist. Am Tag der Beerdigung von Königin Mary schrieb er an seine Frau: «Ich habe die ganze Zeit über gekocht vor Wut, weil Sie nicht hier gewesen sind, an Ihrem Platz an meiner Seite.»

Im Dezember 1964 operiert man den Herzog in Texas am offenen Herzen. Elisabeth II. läßt ihm Blumen bringen: Das ist ein

Fortschritt. Drei Monate später wird Eduard in London an den Augen operiert. Die Königin besucht ihn... und sie drückt Wallis die Hand, als sie sie bei ihm findet: das ist ein weiterer Fortschritt. Im Juni 1967 bringt man in Marlborough House eine Gedenktafel für Königin Mary an ihrem Wohnsitz an. Die Windsors, sie und er, sind eingeladen und werden an der Seite der Königin, Prinz Philip, der Königinmutter, der Gloucesters und der Kents in den ersten Rang geführt. Die Strafe hat dreißig Jahre gedauert.

Ende 1952 hat ihnen die Stadt Paris am Rande des Bois de Boulogne eine sehr schöne Residenz aus grauem Stein zur Verfügung gestellt, die in einem fast siebentausend Quadratmeter großen Park verborgen liegt. Ich habe sie besichtigt. Nachdem ich zunächst ein Tor durchquert habe und dann einen Kiesweg entlanggegangen bin, wurde ich in einem mit Marmor gefließten Eingang empfangen, von wo aus ich einen großen Salon, ein geräumiges Eßzimmer und eine große Bibliothek erblicken konnte. Im ersten Stock, in den man über eine Marmortreppe gelangt, hat man mir das Zimmer des Herzogs und das Bett, das er aus Fort Belvedere hierher bringen ließ, gezeigt. An den Wänden hingen Fotos, auf denen nur zwei Personen zu sehen waren: sein Pate, Zar Nikolaus II., – und Wallis.

Im Laufe der Jahre hat sich das Haus mit erlesenen Möbeln und Gemälden gefüllt. Neben den Porträts des Prinzen von Wales und der Königin Mary findet sich ein Degas und ein Fantin-Latour. Auf den zahlreichen Tischen und Tischchen haben sich Familienandenken angesammelt, Porzellan und Dosen von Fabergé. Blumen, von denen das Haus immer voll ist, ergänzen die bezaubernde Fülle.

Im November 1971 teilte man Eduard mit, daß er an Kehlkopfkrebs leidet. Man hat ihn mit Kobalt behandelt. Bald wußte er, daß er unheilbar krank ist. «Sein Mut und seine Schicksalsergebenheit nötigten allgemeine Bewunderung ab», erinnerte sich sein Arzt Jean Thin.

Seine einzige Sorge war, daß man die Herzogin zu sehr beunruhigt. Als er schwächer wurde, mußte er im Zimmer bleiben. Abgesehen von seiner Ehefrau waren seine Krankenschwester und sein Hund, der auf dem Bett und in Reichweite seiner Liebkosungen schlief, seine einzigen Gefährten.

Als sich Elisabeth II. zu einem Staatsbesuch nach Frankreich begab, hatte die Schwäche des Herzogs bereits alarmierende Ausmaße angenommen. Er hielt es jedoch für ausgeschlossen, die Königin von England in seinem Zimmer zu empfangen. Diese Möglichkeit kam nicht in Frage. Er versuchte, sich anzuziehen. Die Ärzte weigerten sich, die Infusion zu unterbrechen, die ihn am Leben erhielt. Man versteckte den Schlauch unter seinem Hemd, ließ ihn wieder aus dem Kragen hervortreten, von wo aus er schließlich hinter einem Vorhang verschwand.

Die Königin trat ein und zum großen Entsetzen des Arztes und der Krankenschwester unternahm Eduard eine beachtliche Anstrengung, um sich zu erheben. Würde er den Schlauch mit sich ziehen? Die Königin bat ihn hastig, sich zu setzen. Sie unterhielten sich eine Viertelstunde lang «herzlich». Er starb im Mai 1972.

Wallis überlebte ihn um fünfzehn Jahre. Die letzten Jahre waren eine lange Qual für sie. Das ganze Leben schien aus diesem vollständig gelähmten Körper gewichen zu sein. Sie konnte sich nicht mehr verständlich machen und mußte künstlich ernährt werden.

Ich begab mich in dieses Haus, wo mich der Butler, George, empfing. Er führte mich in das Zimmer im ersten Stock, in dem sie ruhte. Auf der Schwelle hielt ich inne, denn ein unüberwindlicher Widerstand sagte mir, daß es nicht gut wäre, diese Frau, deren Geschichte die Welt bewegt hatte, aus der Nähe zu betrachten.

Draußen war es schön. Ein goldenes, durch die Vorhänge gedämpftes Licht erwärmte das Zimmer.

Ich erinnere mich, daß ich George gefragt habe, ob die Herzogin noch Momente geistiger Klarheit habe.

Das Gesicht des Butlers nahm einen ernsten Ausdruck an:

– Wir haben hier lange Zeit geglaubt, daß sie nichts mehr um sich herum wahrnehmen würde. Die Ärzte bestätigten dies. Wir haben uns schließlich an dieses Wort «debil» gewöhnt, das sie gerne benutzten. Doch letzte Woche habe ich meine Meinung geändert.

Ich betrachtete ihn überrascht.

– Ja, mein Herr. Ich sagte mir, und ich weiß nicht warum, daß ihr Bett ziemlich lange auf dem gleichen Platz stand. Ich habe die Krankenschwestern gebeten, mir zu helfen, es umzustellen. Am nächsten Morgen, als ich das Zimmer betrat, näherte ich mich dem Bett. Sie weinte. Ich habe sie gefragt: «Wünscht Ihre Hoheit, daß ich das Bett an seinen früheren Platz zurückstelle?» Ich habe, wohlgemerkt, überhaupt keine Antwort erhalten. Das Bett kam auf seinen Platz zurück. Sie hörte auf zu weinen.

Wallis Warfield, Herzogin von Windsor, starb am 24. April 1986. Sie war neunzig Jahre alt.[1]

1 Die Herzogin von Windsor hat ihr ganzes Vermögen dem Institut Pasteur vermacht. 1987 brachte ihm der Verkauf ihres Schmuckes 274 Millionen FF ein.

Quellen

Grundlegende Quellen dieses Buches sind die *Archive des Herzogs und der Herzogin von Windsor*. Die Herzogin von Windsor hat sie dem Institut Pasteur vermacht.

In erster Linie konsultiert wurden: *Histoire d'un roi*, Mémoires du duc de Windsor (französische Ausgabe, Paris 1951; deutsch: *Eines Königs Geschichte. Die Memoiren des Herzogs von Windsor*, Berlin 1951) und die *Mémoires de la duchesse de Windsor*, Originaltitel: *The Heart has its Reasons* (französische Ausgabe, 1956).

Unter den zahlreichen herangezogenen Werken sind zu nennen: die Biographien über Wallis, Herzogin von Windsor, von Ralph C. Marin, Frances Donaldson, Stephen Birmingham, Diana Mosley, Geoffrey Bocca und Charles Higham. Die offizielle Biographie von Philip Ziegler: *King Edward VIII* (London, 1990). *Le Destin du roi Edward VIII* von Emil Ludwig (französische Ausgabe, Paris, 1946). Die sehr durchdachte Studie von Brian Inglis: *l'Abdication d'Edouard VIII* (französische Ausgabe, Paris, 1966), der Bericht über die Krise von Lord Beaverbrook, *Winston Churchill* von Jacques Chastenet.

Darüber hinaus die *Mémoires* von Winston Churchill, die Biographie Stanley Baldwins von Keith Middlemas und John Barnes, *La Vie de Walter Monckton* von Lord Birkenhead, die Erinnerungen des Reverend Jardine: *At long last*, das Tagebuch von Harold Nicolson, von dem eine französische Ausgabe 1966 unter dem Titel *Journal des années tragiques* erschienen ist, sowie das Tagebuch von Cecil Beaton und das von Henry Channon.

Last but not least zu nennen sind die bedeutenden Arbeiten von Michael Bloch: *L'Amour souverain* (französische Ausgabe, Paris, 1986), *Opération Willi*, *The Duke of Windsor's War*, *Buckingham contre les Windsor* (französische Ausgabe, Paris, 1994).

Inhalt